中国人民大学中国财政金融政策研究中心
Center for Financial Policy Studies of Renmin University of China

大金融书系
Macro-Finance Book Series
International Monetary Institute of RUC

不断深化的地缘经济风险

中国人民大学国际货币研究所出品

人民币国际化丛书
INTERNATIONALIZATION OF RENMINBI

王 芳　钱宗鑫　王 博　等 著

中国人民大学出版社
·北京·

“人民币国际化”课题组

学术指导　陈雨露

负 责 人　王　芳

成　　员（排名不分先后）

王　博	王业东	王道平	王晨曦
王景业	庄毓敏	陆利平	李　力
芦　东	陈天鑫	张　杰	范小云
赵雪情	夏　天	钱宗鑫	谭小芬

导 论

中国人民大学人民币国际化课题组于2011年成立，长期聚焦人民币国际化进程中的重大理论问题和政策难题，坚持做独立、深度、系统的学术研究，致力于为中国高水平金融开放和积极参与全球金融治理建言献策。课题研究成果通过年度报告、学术著作等公开出版物对外发布，形成了“人民币国际化报告”“人民币国际化丛书”等学术品牌。

课题组以人民币国际化指数RII动态追踪人民币国际化进程。该指数综合考虑了人民币在贸易计价结算金融交易和官方储备等方面执行国际货币职能的发展动态，既可以观察人民币国际化发展的纵向变化，也可以与其他主要货币国际化指数进行横向比较。RII在《人民币国际化报告2012》中首次披露，并保持每年定期发布。RII的数值越大，说明人民币国际化水平越高。

2024年四个季度末的RII数值分别为4.84、7.40、6.30和5.68，全年的季度平均值为6.06。RII波动向上的整体趋势保持不变，比2023年的季度平均值5.46增长了约11%，增速略有放缓。RII的季度性特征依然明显，再度在第二季度末创出历史新高，而且年内波动幅度进一步加大。2024年RII增长的主要动力仍然来自直接投资交易和跨境贸易结算，两者的贡献度分别达到83.48%和27.25%；在以美元计价的全球可划分币种官方外汇储备中，人民币的占比为2.18%，对RII的贡献度为−14.71%。从三级指标表现看，人民币贷款和人民币直接投资在全球占比的增长率最高，分别达到46.65%和16.82%，成为人民币国际化的年度亮点。

截至2024年底，美元、欧元、英镑、日元的国际化指数分别为51.13、24.07、3.69和4.47。过去5年，美元、欧元、英镑、日元、人民币的国际化指数季度平均值的年复合增长率分别为－0.24%、－1.65%、0.00%、－0.32%和17.41%。从时间维度看，人民币国际化正在推动国际货币格局缓慢调整；从综合发挥国际货币职能的角度横向比较来看，人民币的地位和作用有望继续提高，进一步拉开与英镑、日元之间的差距。

世界正经历百年未有之大变局。国际经济金融版图与力量对比的深刻调整，对国与国之间的经济关系和全球经济网络产生了重大影响。欧美发达国家拒绝放弃其在全球供应链、国际货币金融体系和全球治理中长期享有的优势地位与垄断权力，它们更希望维持这种霸权，以持续获取巨额政治经济利益。由此，我们看到，昔日力推经济全球化的发达国家集体转向逆全球化；技术封锁、征收高额关税、投资限制、立法补贴等贸易保护主义措施重新抬头；为遏制中国发展，美国不仅挑起对华"贸易战""科技战"，更将全球供应链"泛安全化"，不惜在全球范围内推动"脱钩"、"断链"和"去中国化"；为制裁俄罗斯，甚至将国际货币和国际金融基础设施等全球公共产品"武器化""政治化"；由于美国阻挠上诉机构成员任命，WTO争端解决机制已陷入瘫痪……

在错综复杂的全球经济网络中，国家和区域之间始终存在着直接或间接的联系，没有任何经济体能完全隔绝于地缘经济风险之外。第一，全球治理面临规则真空期。随着自由贸易和全球化理念受到质疑，WTO等多边协调机制被边缘化，全球治理可能陷入"旧规则瓦解，新规则未立"的尴尬境地，而规则重塑、凝聚共识的过程很可能动荡且漫长。第二，美元主导的国际货币金融体系难解系统性风险。各国对美元的依赖越深，就越容易受美国经济金融运行和宏观政策行为的冲击。若美国内部财经纪律约束不足，其不可持续的债务风险、通胀风险、银行业风险及金融市场风险便会演变成全球性风险；只要美元仍是“唯一安全资产”，在缺乏有效外部约束的情况下，美国便可将征收全球关税等单边主义政策用作打击他国的经济武器。第三，经济领域成为地缘竞争新战场。随着地缘政治竞争重心日益从军事转向经济，国家间的商业活动和资本流动都有可能沦为对抗与冲突的工具。因此，在当前及未来相当长的时期内，全球地缘经济风险必将持续深化发展，我们必须做好应对挑战的充分准备。

在此背景下，人民币国际化课题组从 2024 年秋季起，以中国人民大学、南开大学两校的国际金融团队为主体，邀请多位高校的国际金融学者和硕博研究生，共同推进该科研项目。课题组历时 9 个多月，对地缘经济风险开展了系统深入的学理化研究，通过概念辨析、风险溯源和效应分析，尝试构建以国际货币金融体系变革来有效应对地缘经济风险冲击的分析框架。在选题研讨、开题论证和提纲细化的基础上，相继组建起 8 支研究队伍；通过选取该框架中具有代表性的若干具体问题，借助现代经济学研究范式完成了 8 篇学术论文；经过多轮课题组内部汇报讨论和 10 余位外部专家的评审，数易其稿，最终合力推出了这本名为《不断深化的地缘经济风险》的学术著作。

《不断深化的地缘经济风险》是课题组 2025 年度的研究成果。本书按照“问题—影响—对策”的研究逻辑展开讨论，在内容结构上自然划分为三个部分。

全书第一部分包括第一章和第二章，主要是辨析地缘经济风险本身，重点讨论什么是地缘经济风险，旨在厘清地缘经济风险的产生根源和演变逻辑，以及应当如何度量地缘经济风险，并对地缘经济风险指数的科学性和准确性进行了验证。

第一章“地缘经济风险的产生”由钱宗鑫团队撰写。作者根据既有文献，将地缘经济风险定义为全球经济网络中特定经济关系意外变化对其本身以及其他经济主体福利产生的预期损害。由于经济学意义上的大国和小国在全球网络中的影响力具有不对称性，所以大国的经济金融运行和政策行为选择可能从客观和主观两个维度对外产生地缘经济风险冲击。作者认为，全球经济网络的建立与发展，既对技术和要素禀赋的地理分布产生了影响，也通过收入分配改变了各国国内以及国与国之间的政治经济关系，因而长期来看，基于利己主义和单一核心的世界经济格局具有内在不稳定性，这是导致近年来地缘经济风险集中爆发的根本原因。面向未来的国际经济新秩序应当坚持包容性的发展理念和多元化的发展模式。

第二章“地缘经济风险的演化”由王道平、王业东团队撰写。作者聚焦由国际关系驱动的、通过经济手段表现的对抗与摩擦，基于官方权威媒体《人民日报》1979—2024 年的文本大数据，结合专门构建的“地缘经济主题词典”和“风险与行动词典”，系统测度了中国官方叙事中对地缘经济风险的感知度和关注度，构建了中国地缘经济风险指数 GER 和六个分项指数。本章经过多方交叉比对，不仅验证了该指数的科学性和有效性，也确认其对我国特定领域经济金融表现具有显著的预测能力。研究发现，2018 年以来中国地缘经济风险水平显著抬升且波动大幅加剧，中美关系是致使风险飙升的核心因素，对中国经济社会造成了深层次、结构化、复合性的冲击。在此基础上，作者就“特朗普 2.0”对华经济政策趋势进行了展望，强调中国必须在关键技术自主可控、对外开放与市场多元化、金融韧性建设以及战略预判与制度性博弈能力等方面做好前瞻性布局。本章所构建的 GER 指数及其分项指数，成为后续各章重要的量化研究工具，为进行地缘经济风险评估和对策研究奠定了实证基础。

全书第二部分由第三～五章组成，主要分析了地缘经济风险所产生的主要影响及其作用机制，重点讨论地缘经济风险对中国经济金融运行、国际贸易投资以及全球金融市场的影响，通过构建理论模型或实证模型，尝试从一般意义上评估风险影响并探讨应对办法。

第三章“地缘经济风险对中国的宏观影响”由李力、夏天团队撰写。作者在总结地缘经济风险跨国溢出的经验事实基础上，构建SVAR模型，从实证层面探究了地缘经济风险冲击对于我国实体经济与金融市场的负面溢出效应，并从汇率和信贷状况等角度分析了背后的传导机制。基于以上经验证据，本章构建了包含金融摩擦的新凯恩斯两国DSGE模型，在“中心—外围”框架下讨论不同类型风险冲击的影响，并通过仿真模拟进一步揭示了地缘经济风险影响的传导机制。研究发现，利用金融部门的发展优势，美国可以借助经济政策工具人为制造风险冲击，并在全球资本追逐美元安全资产的过程中获得正向的消费补偿效应。与此同时，中国等外围国家则因资本外流而消费下降。换言之，美国具备滥用其金融危机“避风港”地位并在全球风险上升中获益的经济激励。本章在学理上阐释了近年来美国频繁地主动制造地缘经济冲突的动机，同时也将地缘经济风险问题与美元主导的国际货币金融体系直接联系起来，从而指明了包括中国在内的广大外围国家有效应对地缘经济风险的努力方向。

第四章“地缘经济风险对国际贸易投资体系的影响”由谭小芬团队撰写。本章梳理了地缘经济风险冲击下国际贸易格局、国际投资格局和全球供应链格局变化的若干特征事实，并分别构建实证模型进行讨论。研究发现，地缘经济风险上升与贸易收缩具有极强的相关关系，中美互加关税导致两国间贸易显著下降并发生贸易转移；显著抑制了全球跨境资本流动，对于跨境信贷流动的负向抑制尤为突出，全球资本流动在地缘经济碎片化浪潮中呈现出明显的区域化、行业化与政治化分层与再配置格局；显著加剧了国家层面的供应链断裂，政治同盟关系、关键基础设施投资争夺和核心产业保护等可能在其中发挥了重要作用。作者认为，中国应推动出口市场多元化，加强关键领域供应链本土化与“多元备份”机制建设；应当及时填补国际货币金融服务等优质全球公共产品供给不足的缺口，参与国际经贸规则重构，主动塑造有利的国际环境，在加强自身抵御地缘经济风险冲击的能力之外，也为广大新兴市场经济体提供共享全球供应链发展红利、对冲主要经济体政策转向的负面溢出效应等创造有利条件。

第五章“地缘经济风险与金融市场：双边货币互换的稳定器作用”由芦东团队撰写。本章梳理了地缘经济风险对股市、债市、外汇、大宗商品、离岸融资市场等金融市场的影响特征，基于文献梳理和实证研究，特别讨论了与人民币相关的双边货币互换的稳定器作用。实证结果表明，双边货币互换协议能显著促进签约国对华进口贸易中的人民币使用，并减少美元使用；这一效应在与金融相关的地缘经济风险（金融GER）上升时期显著增强，但在抵御与贸易相关的地缘经济风险（贸易GER）方面则不显著。作者认为，双边货币互换可以稳定人民币贸易融资成本、维持离岸人民币金融市场相对稳定，通过减少金融市场的不稳定性来增强人民币的国际竞争力。国际货币体系中的人民币有望从“替代性配角”向“关键性主角”转变，国际金融市场对人民币的信心和需求亦将同步上升，这将进一步提升我国应对地缘经济风险冲击的能力和底气。中国可以在全球金融治理中发挥更积极和更有建设性的作用，中国可以人民币国际化推动国际货币体系改革，为全球金融市场增添稳健性因素，为构建公正和可持续的国际金融秩序作出贡献。

全书第三部分由第六～八章组成，主要回答了如何应对地缘经济风险的不断深化发展，重点讨论了全球支付体系、储备货币格局和人民币国际化三个方面，系统论证了国际货币金融体系变革是应对地缘经济风险冲击的制度性解决方案。

第六章“金融制裁、地缘经济风险与全球支付体系”由王博、陈天鑫团队撰写。本章从美西方国家金融制裁俄罗斯的典型案例切入，构建了金融制裁指数，运用有向无环图与SVAR模型，实证检验了金融制裁的影响。研究发现，由于美西方国家在国际货币金融体系中处于绝对优势地位，它们通过冻结资产、切断 SWIFT 等制裁措施导致俄罗斯货币贬值、利率上升、物价上涨、投资环境恶化、产出下降，这些制裁措施的经济破坏力明显。作者认为，全球支付体系在技术驱动下走向整合，但 SWIFT 被“武器化”暴露了现行全球支付体系的脆弱性，各国出于安全考虑竞相寻求替代方案。地缘经济风险使跨境支付网络的碎片化趋势越发明显，该过程具有内在的时滞性和动态特征，它在短期内往往会强化美元的国际货币地位，但全球支付体系正在逐步分层：美元网络优势仍在，然而区域性、本币化结算方式的兴起势必对美元霸权构成长期压力。在地缘经济风险冲击下的全球支付体系变局中，要做实人民币跨境支付系统，抓牢央行数字货币发展机遇，为人民币国际化打开新局。

第七章“地缘经济风险与储备货币”由王晨曦、王景业团队撰写。本章从全球外汇储备规模增长和结构变迁的经验事实出发，在文献回顾的基础上，从实证和理论两个角度讨论了地缘经济风险对储备货币选择的影响机制及其政策启示。实证结果表明，储备货币发行国的地缘经济风险水平和经济政策不确定性程度对其储备货币占比具有显著的负向影响；非储备货币发行国在其地缘经济风险上升时倾向于持有更多美元资产来避险。作者构建的小型开放经济模型对此提供了理论支持，同时发现，地缘经济风险提高所带来的不确定性提升、贸易结算方式改变和金融制裁的可能性，会引发各国央行的储备资产币种调整。作者认为，以美元为中心的传统国际货币体系的局限性日益凸显，外汇储备是广大新兴市场国家抵御美国客观或主观上制造的地缘经济风险冲击的第一道防线；推动欧元、人民币等其他主要货币的国际使用，形成多元化储备货币格局，是未来国际货币体系改革的正确方向。

第八章“地缘经济风险对人民币国际化的影响”由陆利平团队撰写。本章介绍了人民币和其他主要货币国际化指数的最新进展，对中国人民大学编制的人民币国际化指数 RII 与 CRI、ORI、RGI 等其他机构类似指数进行了比较研究。在梳理典型事实和既有文献的基础上构建计量模型，实证分析了地缘经济风险指数 GER 与主要货币国际化指数的关系。研究发现，当地缘经济风险上升时，人民币国际化程度提升；从地缘经济风险六个分项指标来看，贸易、投资、技术、供应链和其他风险的回归系数均显著为正，金融 GER 对人民币国际化的影响不显著。跨国面板数据的实证结果表明，目前人民币国际化未对美元、英镑等传统国际货币形成替代，地缘经济风险上升整体提高了货币国际化水平，人民币、日元表现出相似的避险资产属性，欧元也具有一定的避险能力，但对美元和英镑没有明显影响。作者认为 GER 对 RII 具有较好的预测能力，并根据前述实证分析建立了预测模型，2025 年四个季度 RII 的预测值分别为 5.52、6.96、6.80、7.16，人民币国际化将继续保持稳中有升的发展趋势。

地缘经济风险的复杂本质决定了其鲜明的跨学科属性，涉及国际政治、国际关系、经济学、金融学等多个领域。课题组专注于从国际货币体系改革角度来分析和讨论当前地缘经济风险演化的逻辑，揭示其内在特征和影响机制，进而将应对地缘经济风险冲击与人民币国际化连接起来。希望我们的工作能起到抛砖引玉的作用，诚邀更多同仁共同推进人民币国际化和全球金融治理改革研究！

目　录

第一章　地缘经济风险的产生 …………………………………………… 1
一、地缘经济风险的定义 …………………………………………… 1
二、地缘经济主体网络关系的决定因素 ………………………… 5
三、网络结构中权力的集中 ……………………………………… 17
四、网络结构的分配效应及其对大国行为的影响 ……………… 24
五、地缘经济风险的形成 ………………………………………… 32
六、研究结论与政策建议 ………………………………………… 44
第二章　地缘经济风险的演化 …………………………………………… 51
一、中国地缘经济风险指数的测度 ……………………………… 51
二、地缘经济风险指数有效性验证 ……………………………… 57
三、地缘经济风险指数的影响 …………………………………… 64
四、“特朗普 1.0”时期我国的地缘经济风险 ………………… 77
五、本章小结 ……………………………………………………… 82
第三章　地缘经济风险对中国的宏观影响 ……………………………… 85
一、引言 …………………………………………………………… 85
二、地缘经济风险跨国溢出的经验事实 ………………………… 88
三、地缘经济风险跨国溢出的理论建模 ………………………… 97

四、研究结论和政策建议 …… 115
第四章 地缘经济风险对国际贸易投资体系的影响 …… 120
一、地缘经济风险影响国际贸易投资体系的特征事实 …… 120
二、地缘经济风险对国际贸易的影响 …… 138
三、地缘经济风险对国际投资体系的影响 …… 143
四、全球产业链供应链格局再调整 …… 153
五、政策建议 …… 165
第五章 地缘经济风险与金融市场：双边货币互换的稳定器作用 …… 172
一、地缘经济风险下的金融市场 …… 172
二、地缘经济风险下的双边货币互换 …… 187
三、地缘经济风险下人民币双边货币互换对金融市场贸易融资货币选择的影响：理论假说与实证分析 …… 202
第六章 金融制裁、地缘经济风险与全球支付体系 …… 222
一、以美国为首的西方国家金融制裁俄罗斯的经济效应评估 …… 222
二、全球支付体系的演变及其现有缺陷 …… 239
三、全球支付体系多元化对金融制裁与中心外围问题的解决 …… 253
四、结论与政策建议 …… 261
第七章 地缘经济风险与储备货币 …… 268
一、国际储备货币格局及演变 …… 268
二、地缘经济风险对储备货币的影响机制 …… 275
三、对策与启示 …… 303

本章附录 …… 307

第八章　地缘经济风险对人民币国际化的影响 …… 308

一、引言 …… 308

二、典型事实 …… 309

三、文献综述 …… 323

四、研究设计 …… 330

五、实证结果分析 …… 331

六、结论与政策建议 …… 337

附录 1　人民币国际化指数 RII …… 342

附录 2　人民币国际化课题组研究成果概览 …… 354

后　记 …… 363

第一章 地缘经济风险的产生

本章结合既有文献，在求同存异的原则下从客观和主观两个维度定义地缘经济风险。客观维度从全球国家（地区）经济网络的视角出发，将地缘经济风险定义为国家（地区、国家团体）之间经济关系意外变化对其本身以及其他经济主体福利产生的预期损害。主观维度从大国的视角出发，将地缘经济风险定义为全球国家（地区）经济网络中的大国为达到其经济或政治目的利用各种经济工具对其他国家福利产生的预期损失。基于这两个定义，本章分别讨论了全球贸易、投资、金融、技术网络关系发展变化的决定因素和这些网络关系中大国和小国之间影响力不对称性的形成机制，为从客观和主观两个维度深入理解地缘经济风险奠定理论基础。技术、要素禀赋、法治环境等的地理分布、规模经济和政府政策共同决定了全球经济网络，而从长期的视角看，全球经济网络的动态发展不仅会对技术和要素禀赋的地理分布产生影响，也会通过影响各国内部和国家间的收入分配，改变国内国际经济政治格局，进而改变各国的政策选择，反向影响全球经济网络。因此，地缘经济风险的形成在长期中具有内生动态变化的特点。尽管基于利己主义和单一核心的世界经济格局可能在一段时期内维持稳定，但在长期中存在内在不稳定性，导致地缘经济风险的集中爆发。国际经济新秩序应该建立在更具包容性的发展理念和多元化的发展模式基础之上。

一、地缘经济风险的定义

地理环境对国家和区域政治经济关系的塑造具有独特的影响。中国古代思想家在论述治国之策时，就对应对和利用地缘政治、经济关系提出了一系列主张。早在春秋战国时期，就有管仲诱导鲁国逐绨布之利而荒废农业生产以实现经济打击目的，从而使鲁国因粮荒而归附齐国的案例。秦汉以来，通过开拓陆路、内河漕运、海上航线等贸易通道，控制盐、铁等关键资源，运用朝贡贸易、海禁等手段获取地缘经济优势的主张和实践屡见不鲜，可以认为是研究现代地缘经济的重要思想源头。

就学科发展而言，19 世纪末，瑞典地理政治学家 Rudolf Kjellen 首次将地缘政治学（Geo-politics）作为一个单独的学科提出，用地理环境来分析国家关系和政治事件。经过一百多年的发展，地缘政治学形成诸多研究分支，包括海权论、陆权论、文明冲突论等一系列理论、为支撑国家之间的竞争和博弈提供了理论分析视角。随着冷战的结束，美苏之间的军备竞赛宣告终结，意识形态的对立和政治对抗的强度有所降低。在核平衡的背景下，大国之间全面军事冲突的可能性减少，经济因素逐渐成为全球交往和国际竞争的重要考量因素。这一转变促使国际社会和专家学者更加关注地缘经济的研究，尤其随着经济全球化进程的反复，地缘经济风险成为国际经济政治往来中重要的关注点。

（一）文献中的地缘经济风险定义

地缘经济风险由地缘政治风险研究分化而来，其定义在全球政治经济环境日益复杂的背景下不断演变，全球学者在长期研究中尚未形成普遍认可的统一界定。不同学者对地缘经济风险的阐释和研究角度各异，现有文献主要围绕地缘经济学的范畴进行探讨，且与地缘政治研究有着密切的联系。其中，有部分学者提出了一些地缘经济风险分析的框架，从不同维度衡量地缘经济风险。

尽管国际政治研究者很早就已开始使用地缘经济这一概念，然而，大多数学者认为地缘经济（Geo-economics）这一术语于 20 世纪 90 年代被正式提出。1990 年，Edward N. Luttwak 在美国政治外交性杂志《国家利益》（*The National Interest*）上发表文章阐述地缘政治向地缘经济的转向，并表示没有比地缘经济更合适描述当下国际冲突逻辑的术语了。随着军事威胁和军事联盟的关系减弱，尤其是大国之间的军事对抗似乎已成为一种“象征性”的威慑手段，其本质上仅作为预防那些几乎不可能发生的极端威胁的手段（例如全面战争、核战争等），因此军事力量的竞争逐步被经济手段的竞争所取代，对抗和冲突的手段由地缘政治视角下的军事力量转为地缘经济视角下的资本和商业武器。Luttwak 在文中提出，随着地缘政治动因的减弱，政治冲突转而需要使用商业武器来解决，包括但不限于进口限制、出口补贴、政府资助等。

仅就地缘经济而言，其本身可以视为地理条件对经济产生影响的结果，由此产生的地缘经济关系是受地理条件影响的国家之间或国家组织之间经济关系的总和。不同学者基于各自的研究成果，为地缘经济学提供了多样化的定义。毛汉英（2014）认为地缘经济是“在地缘政治的影响和支配下，国家与区域之间围绕商品市场、资源供应、资金技术流向等形成的竞争、合作与结盟关系”，是在冷战结束后“以经济利益和经济关系取代政治军事对抗而出现的新型国际关系”。Blackwill 和 Harris（2016）将地缘经济学定义为“使用经济工具来促进和捍卫国家利益并推进地缘政治目标”。Clayton，Maggiori 和 Schreger（2024）将地缘经济学定义为“政府利用其国家现有的金融和贸易关系中的经济实力来实现地缘政治和经济目标”的战略。Thoenig（2024）则认为地缘经济学是“贸易、外交和地缘政治之间相互作用的研究”。Aiyar 等（2023）从地缘经济碎片化的视角给出定义，认为地缘经济是“由政策驱动的全球经济一体化倒退，通常由战略考虑指导”。相较于地缘政治，地缘经济在三个维度上展现出了明显差异。一是在目标上，地缘政治关注的是控制领土、人口和资源的竞争，而地缘经济学则关注的是在新市场上推广商品和服务。此外，地缘经济学更注重控制金融和经济资产，而不是控制特定领土，并且技术主导地位也对地缘经济学至关重要。二是在方法上，地缘政治依赖于使用军事力量等武力手段，而地缘经济则依赖于封锁、禁运等经济工具。三是在主体上，地缘经济学的研究主体是具有全球战略的国家和跨国公司；而地缘政治的研究主体则是具有政治目标的国家和领导人个人。

在地缘经济学视角下，地缘经济秩序被用来描述国际贸易与投资法制框架下经济与安全关系的宏观层面变化（Roberts et al.，2019），在反全球化趋势的背景下，新兴的地缘经济秩序展现出新的特征，其核心焦点已从正和博弈（追求绝对收益）转变为零和博弈（关注相对收益）。这种变化进一步引发了关于国家和区域如何利用其地缘优势来制定相应的地缘经济战略以拓展自身的发展空间的思考。芬兰国际事务研究所（Finnish Institute of International Affairs，FIIA）2021 年发布地缘经济学系列简报，将地缘经济风险认定为“国家利用经济手段实现强权政治目标的风险”，并认为这种风险会从直接博弈的大国之间蔓延至整个网络化的全球经济。各国通过加强对经济战略部门企业的控制来抵御这种地缘经济强权政治，它体现在一系列新的贸易和出口管制手段、投资审查机制、制裁和补贴等政策上。

总的来说，地缘经济风险可以概括为由地缘经济因素引发的风险。各类定义中的关键词包括不同主体（国家联盟、国家或地区）间的经济关系、经济手段、政治或经济目的或者后果。

（二）本书的定义

基于对既有文献中的定义求同存异的原则，本书将从以下两个维度对地缘经济风险进行界定。存异体现在部分文献强调大国博弈的主观目的，而另一部分文献强调国家（地区、国家团体）之间经济关系的客观变化。在关注大国博弈主观目的的文献中一些强调政治目的，另一些则强调经济目的。本书的定义包括了客观和主观维度，且主观维度定义同时考虑政治和经济目的。求同体现在客观维度的文献均关注国家（地区、国家团体）之间的经济关系，而主观维度的文献均强调大国实现其目的的工具是经济手段。

1. 客观维度（网络视角）

在经济全球化波折的进程中，各国（地区、国家团体）经贸往来密切，经济联系紧密交织成网络结构，其中任一主体的变动均会对其他主体产生不同程度的直接或间接影响。因此，国家（地区、国家团体）之间经济关系意外变化对其本身以及其他经济主体福利产生的预期变化就构成了地缘经济风险。

2. 主观维度（大国视角）

不同国家因其政治、经济等力量的差异，在网络结构中的影响力量各不相同，大国因其强大的影响力，在网络结构中引发的震荡更为显著，而受到其他主体的影响相对较小，这构成了地缘经济风险扩散过程中的不对称性。因此，大国在现有网络关系中更有能力，也更可能利用各种经济工具达到其经济或政治目的。受此影响，其他主体为维持现有网络关系不得不让渡经济或政治利益，或选择接受关系改变带来的损失，这均带来福利预期损失，即地缘经济风险。

二、地缘经济主体网络关系的决定因素

（一）贸易网络关系的决定因素

1. 技术、要素禀赋、法治环境等的地理分布

国家之间的技术差异是产生国际贸易的重要原因之一。以两个经济体之间的贸易为例，当一个经济体在某一种商品上可以凭借技术优势获得比另一经济体更低的单位成本时，该经济体会生产并出口这种商品，同时进口没有技术优势的商品，由此形成贸易往来。现实世界中，可能存在有的国家没有任何一种产品处于绝对有利的地位的情形。根据李嘉图的比较优势理论，一个经济体不一定生产具有绝对优势（或者说单位生产成本绝对低，劳动生产率绝对高）的产品，而只要生产具有比较优势的产品，便可进行对外贸易，并从中获益和实现社会劳动的节约。

技术带来的生产率差异不仅影响国家间贸易网络关系的形成，还会

影响国内同一产业不同企业的出口决策（Melitz，2003）。生产率的差异与出口所需固定成本的结合，共同导致了企业在出口决策上呈现出明显的异质性：只有那些生产效率高的企业，才能有效克服出口带来的额外管理成本，从而最终选择积极开拓海外市场。因此，在大多数国家和地区中，都只有一部分企业从事出口，而且出口企业与非出口企业相比，通常规模较大，生产率较高。

要素禀赋的国别差异在国际分工和贸易中也起着重要作用。各国资源条件（或者说生产要素丰裕程度）的不同，也是国际贸易产生的重要原因之一。一国应专业化生产并出口密集使用其相对丰裕要素的商品，同时进口需密集使用其相对稀缺要素的商品。举例而言，劳动力资源相对充裕的国家适宜出口劳动密集型产品，而资本要素相对充沛的国家则在资本密集型产品领域有比较优势。

单位产品的生产成本优势有时并不来自技术或禀赋，也可能是规模经济的结果。单位产品的生产成本可能随着生产规模扩大而降低，因此即使两个经济体其他要素相同，经济体也可以通过扩大生产规模在国际贸易中获得优势。规模经济不仅体现在单独厂商的生产与出口决策中，也可能体现在行业层面。现实经济中，存在无法用自然资源来解释的行业地理集中现象，例如集中于加利福尼亚州硅谷的半导体工业、集中于纽约的投资银行业，以及集中于好莱坞的娱乐业。产生这种现象的原因可能是，厂商的地理集中能促进专业化供应商队伍的形成，有利于劳动力市场共享，有助于知识外溢。根据规模经济和不完全竞争的国际贸易理论，厂商的集中带来的外部规模经济有助于该产业中的企业降低生产成本，从而在国际贸易中取得竞争优势。

两国间贸易关系的形成可能来自跨国企业的全球采购决策。当企业选择进行国际外包，即将部分中间产品和零部件通过在国外市场外包生产，再通过贸易进口到国内来组织下一步生产时，贸易网络关系由此产生。其中，契约环境会影响企业全球采购（即是否进口来自国外的中间产品）的决策。契约环境的核心是法律体系及契约执行效率，其完善程度直接影响贸易成本。制度质量较高的国家能够通过清晰的产权界定、高效的纠纷解决机制降低事前（如信息搜寻、谈判）和事后（如履约监督、争议处理）的交易成本，从而吸引更多贸易伙伴。

其他地理特征在贸易关系网络形成中也发挥着重要作用。地理位置优越的国家或地区，如沿海港口城市，往往更容易成为贸易中心，促进全球贸易网络的形成和发展。地理位置的变迁，如新航道的开通、交通技术的进步等，会重新塑造全球贸易网络的格局和节点的重要性。国家之间的地理距离越邻近，贸易关系越容易建立。

2. 政府政策的作用

地缘政治因素，如国家间的政治关系、安全局势和外交政策，对全球贸易网络的稳定性和安全性具有重要影响。政治稳定和友好的国际关系有助于促进贸易合作和降低贸易风险，而政治冲突和紧张局势则可能导致贸易中断或转向。地缘政治的变化，如大国的崛起、地缘政治板块的重组等，都会引发全球贸易网络的调整和重塑（Gopinath et al.，2025）。

国际贸易政策方面的一个核心争论是关于战略贸易政策的讨论。在一些产业中，仅有为数不多的几家企业参与实际竞争。因为参与的企业数目少，这些产业中的企业可以获得超额利润。在国际上，存在着争夺这些超额利润的竞争。根据战略贸易政策理论，在不完全竞争的市场环境中，在规模收益递增的情况下，要提高产业或企业在国际市场上的竞争能力，必须首先扩大生产规模，取得规模效益。而要扩大生产规模，仅靠企业自身的积累一般非常困难，对于经济落后的国家来说更是如此。对此，政府可以对某些部门进行重点扶持，特别是那些具有比较优势、在国际市场上占据比较大的市场份额但同时也面临激烈国际竞争的产业。通过给予各种形式的政策支持（比如研发补助、出口信贷支持等），这些产业会变得强大，在与国外同行的竞争中拔得头筹。特别是在典型的寡头垄断竞争市场中，这种产业政策会特别有效。

战略性贸易政策理论建立在不完全竞争贸易理论的基础上，为国家进一步干预贸易活动提供了理论依据（Krugman，1986）。战略性贸易政策在实施的范围和空间上仍具有争议。一方面，政府干预可能使本国企业在国际市场获得优势。另一方面，该政策可能引发贸易争端，导致其他国家采取报复措施，破坏自由贸易环境。如早期的美德贸易博弈、美日贸易摩擦以及后来的日韩贸易竞争等，短期内为本国厂商赢得了竞争，但长期看也抬升了贸易成本，增加了自由贸易的门槛和壁垒。此外，战略性贸易政策改变了市场的自然竞争格局，可能造成资源配置的扭曲。例如，政府对特定产业的补贴可能吸引过多资源流入，而这些资源在其他产业可能更有效率。在实际操作中，准确挑选出应扶持的战略性产业并非易事，需要精准判断产业的发展潜力、市场前景等多方面因素。同时，政府为了支持某个特定行业而采取的产业政策，可能对其他经济部门造成损失，如导致该产业上下游企业成本的增加等。

以日本曾实施的战略性贸易政策为例，日本在20世纪70年代后期将半导体产业作为重点扶持对象。20世纪80年代，日本在随机存取存储器（Random Access Memory，RAM）领域超越美国，因其产量大且被普遍认为能够带来技术外溢和超额收益，当时预测日本将主导整个半导体产业。然而到20世纪90年代，日本未能将RAM优势延伸至微处理器等核心领域（在这一领域，美国仍占主导），且RAM因韩国等新兴国家涌入竞争，沦为低利润行业。这一案例凸显了产业规划中预判与动态调整的复杂性。因此，批评者认为，政府的鼓励导致受青睐的产业投资过度，不受青睐的产业可能投资严重不足，日本的产业政策甚至可能降低了整个经济的增长和生产效率。

（二）投资网络关系的决定因素

1. 技术、要素禀赋等的地理分布

技术水平决定了企业进入海外市场时，在出口贸易和直接投资中的

选择。对企业而言，从事国际贸易会产生运费等可变成本，进行对外直接投资则需投入一定程度的固定成本。技术、资金、管理等方面的优势可以给企业带来垄断优势并借此获得垄断性利润。若一家企业垄断利润足够高，企业垄断利润和节省运费带来的边际收益超过直接投资的固定成本时，企业会选择以外国直接投资（Foreign Direct Investment，FDI）的方式参与国际市场。因此，最有效率的企业会参与国际市场，而这些最有效率的企业中，采取FDI方式进入国际市场的企业效率最高，效率次之的企业则以出口方式进入国际市场；同时，企业异质性较明显和较大的产业会更多地使用FDI。

跨国公司在东道国进行直接投资时，也会考虑东道国当地的禀赋条件。根据生产折中理论和比较优势投资理论（又称边际产业扩张理论），跨国公司在直接投资时会考虑东道国的地理位置、自然资源、低廉的生产要素成本等东道国固有的、不可转移的自然禀赋优势。相较于横向FDI，把不同生产阶段分别配置在成本相对较低的不同国家的纵向FDI，体现出对国际要素禀赋差异的充分利用以及要素禀赋对FDI组织形式和目的地选择的重要影响。此外，根据比较优势理论，对外直接投资可以从本国已经处于或即将处于比较劣势的产业及边际产业依次进行，而这些产业又是东道国具有明显或潜在比较优势的部门。如果没有外来资金、技术和管理经验，东道国这些优势就不能被利用，这样投资国对东道国进行直接投资就可以充分利用东道国在要素禀赋方面的比较优势，并扩大两国的贸易。

2. 贸易网络与投资网络的关系：贸易和投资的替代与互补关系

贸易网络与投资网络之间可能存在替代与互补两种关系。首先，FDI与出口是对外输出的两种方式，二者可相互替代。对跨国公司而言，如果内部化成本低于出口成本，即在海外设厂并销售的净收益高于在国内生产后出口的净收益时，FDI将替代出口（Antràs，2003）。其次，当产品发展到一定阶段时，对外直接投资可能会促进母国进口贸易的增长，贸易和投资网络的建立呈现互补关系。以纵向 FDI 模式为例，根据知识资本理论，跨国公司可以将资本密集度超过一定程度的生产（如产品的开发环节）放在国内，而将劳动密集的环节布局在劳动力成本较低的国家，并最终将产品在国内市场销售。此时，投资和贸易网络形成了互补。

3. 政府政策的作用

关税等贸易政策的实施导致自由贸易成本壁垒提高，企业可能选择以对外直接投资替代出口贸易。即贸易保护可能对直接投资存在诱发效应，企业对外直接投资可能是出于对贸易壁垒的跨越行为。

东道国的政府优惠政策和投资国鼓励本国企业对外投资的优惠政策也会对投资网络的形成和分布产生影响。投资便利化是指政府吸引外国直接投资、提升企业投资效率和管理有效性达到最大化的一系列举措。随着投资便利化水平的提高，投资环境会变得越来越公正、透明、高效，具有可预见性，从而降低跨国投资的交易成本，促进国际投资网络的形成。东道国可以通过协调、简化国外投资者在投资过程中面对的程序与政策，比如提高当地基础设施质量、改善金融服务效率等，以提高投资便利化和自由化水平。

经贸合作的深化与自由贸易协定的签订也会影响投资网络的形成。自由贸易协定或区域伙伴协定除贸易条款外，往往包含投资自由化、投资促进和投资便利化等方面条款。投资自由化条款等能够推动投资领域进一步开放，减少外国投资者在国内经济活动中面临的限制和障碍、增强投资收益保护、降低投资成本、降低投资领域相关政策的不确定性，减少投资风险，进而推动跨国投资。

地缘政治关系和地缘经济风险会对外国直接投资产生影响。全球金融危机以来，外国直接投资不断外流，全球经济割裂的情况不断加重。不同国家之间出于国家安全或经济安全的考虑，在政策的推动下造成了经济割裂。很多国家形成了一些区域性的集团。有些国家的政策制定者要求更多企业，尤其是战略领域（如半导体、医药等行业）的企业把海外的供应链或子公司挪回本土市场（Gopinath et al.，2025）。

（三）金融网络关系的决定因素

1. 资本流动网络

基于地理因素的引力模型不仅能较好地解释商品贸易，而且对资本流动也有着较好的解释力。地理距离、贸易联系、金融中心效应等均对金融资本流动产生影响。距离增加会减少双边资本流动，金融中心能吸引更多资本，贸易联系越强资本流动越多，且资本流动倾向于流向市场规模大的经济体（Portes and Rey，2005）。资金来源国的货币政策立场是跨境资本流动的重要决定因素。资金来源国相对收紧的货币政策促使银行将贷款重新分配给更安全的外国交易对手。此外，外国投资者可能会关注资金接受国的经济和政治发展，在不确定性增加时可能决定推迟或转移其投资。

推拉框架是分析国际资本流动驱动因素的经典范式，该框架将金融资本跨境流动的驱动因素按照国际环境和国内环境分为推动因素和拉动因素。拉动因素主要包括经济增长率、财政赤字、外债比率、国内资产收益率、利率水平等周期性因素，以及制度质量、当地金融市场发展情况、资本账户开放程度、汇率制度等结构性因素（Calvo et al.，1993；López and Stracca，2021）。较高的资产收益率、较好的国内经济基本面、完善的制度和成熟的金融市场均可以吸引资本跨境流入，且资本管制越宽松，资本流入越多。推动因素在全球金融危机后愈发受到重视，主要包含全球流动性、主要发达经济体的货币政策、国际风险情绪、主要发达经济体的经济增长率、跨国银行杠杆水平以及大宗商品价格等周期性因素；以及全球机构投资者的发展及其持仓行为等结构性因素（欧明刚和杨佩玮，2023）。主要发达经济体货币政策影响全球市场利率和全球流动性。当全球流动性收紧或国际风险情绪高涨时，跨国银行信贷收缩，国际资本往往从新兴经济体流出寻求安全资产。自全球金融危机以来，监管变化导致银行体系资本化程度提高，全球流动性（国际银行贷款和债券发行）对全球风险的敏感性显著下降，而对美国货币政策的敏感性上升（Avdjiev et al.，2020）。

地缘政治风险是影响短期跨境资本流动的重要因素。地缘政治风险的差异化分布致使不同国家经济基本面分化，一国地缘政治风险升高会恶化经济基本面，致使投资收益下降，与经济基本面较好的关联国家形成投资回报差，且地缘风险上升会引发投资者避险情绪，进而通过套利机制和投资者情绪机制驱动资本流出该国（陈学彬和龙磊，2024）。

2. 国际货币体系与国际货币地位

本书从货币国际化的决定因素看国际货币体系的形成。货币国际化决定因素可以从微观和宏观两个方面考量。

从微观角度看，贸易企业的策略选择是货币国际化的重要决定因素之一。一方面，为了将相对于竞争对手的价格波动降到最小，出口商倾向于选择与竞争者相同的货币进行计价；另一方面，出口商还会出于对冲宏观经济波动、降低交易成本的动机，选择波动性较小的货币计价。因此，大国基于国际贸易中的主导地位和影响力更可能用本币作为出口计价货币（Goldberg and Tille，2008）。企业希望的汇率传递程度决定其合同中计价货币的选择，而企业希望的汇率传递程度受其进口强度和定价行为策略互补性的影响，竞争对手计价货币的选择对其影响较大。当来自国外的竞争较弱时，出口企业更倾向于用本币计价，这类企业通常具有较大的市场份额和差异化程度较高的产品。贸易中计价货币的选择中，主要国际货币的国际地位具有一定的持续性（Bacchetta and van Wincoop，2005；Amiti et al.，2022）。

从宏观角度看，贸易和投资往来也与货币国际使用息息相关。双边贸易和投资可以促进主要货币在其伙伴国的使用。自由贸易协定能够推动一国货币用于计价结算，如在北美自由贸易协定成员国间使用美元计价结算的比例很高，欧洲自由贸易联盟成员国也更倾向于使用欧元计价结算，而中国与伙伴国（地区）签订自由贸易协定也能够显著促进跨境贸易人民币计价结算（邓富华和霍伟东，2017）。

金融波动和金融市场发展对投资计价货币选择有着重要影响。具体地，一国汇率的波动上升会降低市场对以该国货币计价的股票和债券的投资；出口国金融发展水平越高，采用出口国货币为出口计价货币的可能性越大；货币可自由兑换也是货币国际化的重要条件，其与资本市场开放程度密切相关；国际货币支付结算系统建设可以为货币国际化提供重要技术支撑（Liu et al.，2019；Galstyan et al.，2020）。计价货币的选择还会影响外汇储备货币的选择，货币价值储藏功能与计价功能存在一定的互补性，国际货币的贸易计价、金融交易计价和价值储藏功能是联系在一起的（Ito and McCauley，2020；Gopinath and Stein，2021）。

3. 全球跨境支付体系

贸易货币的选择还会受到支付结算成本和体系完善性的影响。例如，美元等结算体系配套生态完整，虽然支付环节的成本较高，但包括融资体系在内的整体成本相较其他货币更低。

跨境支付作为全球经济金融体系的核心基础设施，是指通过特定结算工具和支付网络实现资金跨国界转移的金融活动，其应用场景涵盖国际贸易、国际投资及其他跨国经济往来形成的国际债权债务清偿。国际清算银行在近几年的报告中多次提到，跨境支付是全球金融体系中容易被忽略的部分。根据金融稳定委员会关于提升跨境支付的报告，现行全球跨境支付模式主要包括代理行模式、互联模式、闭环单一平台模式以及点对点模式四大类。近年来，由于美元的“长臂管辖”和变化无常的地缘政治形势，跨境支付面临“成本高、效率低、透明度低”的三难问题，现行代理行、闭环、互联、点对点等跨境支付模式，都难以同时解决这三个问题。

具体地，代理行模式是传统的跨境支付清算模式，指一国商业银行在境外代理银行开立清算账户，主要通过环球银行金融电信协会（Society for Worldwide Interbank Financial Telecommunication，SWIFT）

渠道发送跨境报文，借助境外代理行的支付清算体系完成跨境资金支付清算的模式，长期在跨境支付中占据主导地位。其中，SWIFT 是邮差的角色，而各国的跨境支付系统，例如美国的纽约清算所银行同业支付系统（Clearing House Interbank Payment Systems，CHIPS）是账房先生的角色。然而，代理行模式存在支付效率较低、支付成本较高、客户信息及安全性得不到充分保障、信息不透明、监管存在一定难度等问题。且 SWIFT 网络存在制约，易被西方国家变为对其他国家进行金融制裁的“长臂管辖”工具。国际清算银行（Bank for International Settlements，BIS）的研究表明，近年来，在美元武器化的影响下，地缘政治所导致的合规风险过高，代理行模式的跨境成本急剧上升。自 2014 年至 2019 年上半年，美国财政部外国资产管理办公室向违反美国制裁规定的企业开出的罚单总金额为 32.97 亿美元，其中对银行业的罚款为 28.04 亿美元，占比高达 85%，包括渣打银行、汇丰银行、法国巴黎银行、英国巴克莱银行、德意志银行等国际大型银行。由此，提供跨境支付服务被许多银行视为得不偿失，促使它们缩减甚至完全退出了国际代理行业务，全球代理行网络持续收缩，2011—2018 年，全球代理行数量下降了 20%。此外，制裁还加剧了金融排斥现象，部分新兴经济体用户因制裁而无法接入全球金融系统网络，另一些则难以负担高昂的网络接入和合规成本。有些经济体甚至面临着与跨境支付体系脱钩的潜在风险，如俄乌冲突爆发后，SWIFT 依据欧美制裁要求将俄罗斯主要银行排除在外，实质上切断了其跨境支付通道。

互联模式是指，通过搭建单独的跨境支付系统或连接两个不同辖区的支付基础设施，由支持支付服务提供商向另一辖区的支付基础设施传递支付指令，完成跨境支付。例如，持续连接结算系统（CLS System）属于典型的互联模式，其优点是透明度和效率比较高，但是成本也较高，且面临一定程度的制裁风险。闭环单一平台模式通过一个独立的平台或系统，将支付交易限制在一个封闭的网络环境中进行，即由单一的支付服务商同时向付款方和收款方提供服务。以贝宝（PayPal）、支付宝、微信支付为代表的闭环单一平台模式主要使用API、区块链和分布式账本等技术，以保证支付交易的安全性和可靠性。使用闭环单一平台模式可以减少支付环节和费用，节省支付成本，服务效率较高。但合规风险、信用风险较大，透明度不高和难以有效监管。支付宝和微信支付的跨境业务模式，因被视为“不受监管的跨境支付活动”，在尼泊尔、印度等市场曾遭遇业务暂停。此外，包括印度尼西亚、越南和老挝在内的多个东南亚国家监管机构，也持续向中国相关监管方表达关切或提出监管质疑。在闭环模式下，货币没有发生实际的跨境流动。例如，中国游客在泰国、老挝等国家旅游时，使用微信支付向其商户付款，货币本质上并没有流出中国，而是从付款方的账户转移到了当地商户在中国开设的微信支付账户上。闭环模式将实际上的国际贸易转变为了国内贸易，给收款方所在国家的税务部门、监管部门等带来了不利影响。点对点模式是指在两个交易主体之间直接进行支付，无需第三方机构参与。该模式的主要优点是成本低、效率高、透明度高、包容性强，但目前还是以私营部门为主导。随着分布式账簿技术的发展，点对点模式在私人数字货币（加密货币）领域发展迅速，典型代表是比特币或全球稳定币。点对点凭借去中介化特征提升了支付效率，但是伴生的洗钱、货币替代和金融稳定风险较大，透明度低。

现行跨境支付体系存在着速度慢、成本高、透明度低等一系列问题，因此国际社会中的改革呼声日益高涨，央行数字货币（Central Bank Digital Currencies，CBDC）的发展也带来了国际支付体系的变革。批发型CBDC可以使其他国家的银行在没有央行账户担保的情况下持有任何中央银行的储备金，拓展现有跨境支付体系（Calle and Eidan，2020）。然而，现行国际支付体系缺乏基于CBDC的高质量框架。在数字经济时代，改革国际支付体系，建立新的多边跨境支付平台成为国际社会的共同呼声。世界主要国家纷纷在CBDC跨境支付领域展开探索。据BIS调查，超过一半的央行正在进行CBDC的研发或试点工作以提升跨境支付效率，未来国际合作将为CBDC提供广泛的应用场景。例如，mBridge（货币桥项目）等成为当前跨境支付体系的有益探索。

相对于传统跨境支付体系，mBridge拥有五方协商共治的治理机制、上桥下桥灵活衔接的支付机制等，具备高效包容的监管等机制，展现出更强的经济、安全稳定及普惠效应，可提供更快捷、便宜、透明、包容的跨境支付服务，代表国际支付体系改革发展方向。在监管透明度方面，货币桥依托区块链技术并加载智能合约，利用合规科技和监管科技实现监管数据收集。在隐私保护方面，所有敏感数据如交易记录、用户证书等都被保存在参与方的节点，并通过区块链隐私管理机制实现保护。mBridge成功开展真实交易试点，创新优势显著，吸引众多观察员和参与方，货币桥项目能规避货币替代风险，提升成员国的信心，推动国际货币体系良性演进。

（四）技术网络关系的决定因素

全球技术合作网络（或称全球创新网络）是全球生产网络的自然延伸，是跨越地理界限将全球不同层级的生产者分散化的产品开发、研发活动整合在一起的网络形态，呈现出参与者日益多元化、互动频繁等特征（Ernst，2006）。

通过嵌入全球技术网络，企业能够突破自身知识和资源的局限，广泛地获取异质性、多样化的新知识和新资源。这不仅能够让企业的知识储备始终保持新鲜度，不断拓宽知识的广度，还能有效降低企业在创新过程中面临的成本和风险。与此同时，丰富的知识和资源为企业创新提供了强大的动力，有助于企业优化创新流程，显著提高创新的效率和能力，在激烈的市场竞争中占据优势。对于发展中国家的企业而言，嵌入全球创新网络更是实现创新追赶和超越的重要契机。通过参与全球创新网络，发展中国家的企业能够获取到关键的战略资源，打破长期以来的技术锁定困境，逐步缩小与发达国家企业之间的技术差距，实现创新能力的跨越式发展（Rosenkopf and Almeida，2003；李雪松等，2022）。

在全球技术网络形成过程中，国家的自身特征以及国家之间的其他网络关系发挥重要作用。地理因素、社会因素及贸易因素等均对全球创新网络的形成产生影响。经济主体更倾向于与地理邻近、制度相近、文化背景相似的经济体建立链接。

国际生产网络通过学习渠道和乘数渠道影响技术跨境扩散，密集的生产网络会推动生产者更快更多地采纳新技术。具体地，学习渠道指技术扩散通过知识溢出和模仿行为实现。一国在接触其他国家的技术后，通过主动学习或被动吸收来提升自身生产率。两国的技术差距越大，模仿成本越低，学习效率越高，潜在的学习效应越强。乘数渠道指技术进步通过投入产出关联扩散。需求拉动是指下游产业技术升级后，其产出增加会扩大对上游产业的需求，刺激上游产业投资研发。反之，上游产业技术升级降低中间品价格，使下游产业有更多资源投入自身技术升级。国家间投入产出关系越紧密，越有利于技术进步的跨境扩散（Magalhães and Afonso，2017）。

国家间签订贸易协定会直接提高彼此展开技术合作的概率。在全球贸易协定网络中，信息交流和制度保障等机制对国际技术合作网络影响重大。从信息交流机制来看，贸易协定能带来诸多经济和政治利益，一国签订贸易协定可提升政府可信度。有紧密贸易协定关系的国家间信息交流更为频繁，技术合作的不确定性得以减少，使得技术合作关系的构建更加容易。从制度保障机制来说，贸易协定推动成员国（地区）建立更清晰透明的规章制度，其中驱逐和负面曝光的问责机制发挥关键作用，显著降低了成员国（或地区）间的潜在制度风险，为跨国企业开展国际技术合作提供有力支持（Kinne，2013；陈紫若等，2023）。

三、网络结构中权力的集中

（一）大国与小国在政策博弈中的非对称性

Hirschman（1945）最早提出，市场不仅是实现资源分配的工具，还是施加政治影响力的渠道。通过分析德国在二战前的贸易政策，他指出，德国凭借签订双边贸易协定网络，使东欧和拉美多国在出口上高度依赖德国，形成了德国占优的经贸关系，从而加强其政治上的影响力。在二战后建立的国际经济体系中，大国尤其是美国，由于掌握了国际贸易和国际金融领域的规则制定权力，在相关机构中依靠自身雄厚实力占据主导地位，形成的所谓“基于规则的国际秩序”，实际上是基于美国实力和意愿的国际秩序。虽然像以世界贸易组织（World Trade Organization，WTO）为代表的国际组织强调“共识机制”，但实际情况是，哪些议题优先讨论、规则如何制定，往往是由少数几个大国说了算，多数中小国家更多扮演的是接受者与适应者的角色。

全球化和区域化的持续发展演化也让非对称性的形式更加多样化。Clayton，Maggiori 和 Schreger（2024）建立了现代经济胁迫模型，用来分析当前的大国如何在没有正式法律支持的情况下，通过高关税、进口限额等多种组合手段施加对外的影响。这些大国不仅掌握了国际贸易规则的议程设置权，还利用本国市场优势，凭借国内经济手段巩固和扩大它们在全球体系中的相对优势。

现有研究强调经济实力在小国结盟决策中发挥了核心作用，但这一结论存在军事威慑变量缺失的问题：如果要证明经济因素（如贸易依存度和外资依赖）能够独立于军事压力影响小国结盟偏好，研究者需找到经济高度脆弱但未受大国军事威慑的典型案例。然而，此类案例在现实中极为罕见。因此，小国对经济大国的依赖往往与安全依附交织共生，其结盟决策需要在“经济—安全双重博弈”框架下分析——经济理性与生存逻辑共同决定国家行为，单一变量难以充分解释复杂的战略选择。

（二）中心—外围结构的形成

中心—外围概念的雏形可追溯至 20 世纪四五十年代的结构主义学派。传统经济理论认为国际贸易能够带来普遍的收益，而阿根廷经济学家 Prebisch 与 Singer 则基于拉美国家的贸易数据提出了“贸易条件恶化理论”(Prebisch-Singer Hypothesis)。Prebisch(1950)指出，世界经济体系中，“中心”国家以发达工业国为代表，而“外围”国家(如拉丁美洲)主要供应初级产品。在初级产品出口的外围国家和工业制成品出口的中心国家之间，存在系统性的价格剪刀差：技术进步导致工业品价格在中心国家下降，而外围国家则因劳动力过剩造成初级产品价格持续下跌。因此，为了减少对发达国家的依赖，拉美国家需要实行进口替代工业化政策。

Fujita 和 Thisse(2002)将克鲁格曼的中心—外围模型扩展到开放经济，证明全球化会加剧中心—外围分化，其中发达国家为技术核心角色，发展中国家承担劳动密集型生产。

根据中心—外围模型，国际贸易成本处于高位时，国家倾向于自给自足或区域性分工；但随着全球化进程推进，运输与交易成本下降至临界值以下，市场规模更大的国家(如美国、欧盟)凭借其国内市场的“本地市场效应”(Home Market Effect)，吸引外资、技术与人才持续流入，逐步形成全球价值链的核心枢纽。中心国家通过技术壁垒与高技能劳动力垄断，维持高端产业竞争力；外围国家则因劳动力技能低、资本匮乏陷入低端锁定。中心国家通过跨国公司直接投资控制外围国家的产业链关键环节，形成中心—外围权力结构。在全球化持续推进的过程中，中心国家通过一系列制度性安排不断巩固自身的结构性优势。它们主导着技术标准的设定与扩散机制，同时对关键技术出口设置壁垒，迫使外围国家主要依赖外部技术引进，进而延迟了自身产业结构的升级进程。借助规模经济与网络效应的叠加，中心国家在多个战略性产业中建立起“赢者通吃”的主导格局，而外围国家即便进行模仿，也往往难以打破技术代差所构成的路径壁垒。这类国家间经济关系中的不对称性，并非偶然的结构失衡，而是市场逻辑与制度性权力长期交织演化的产物。中心国家依靠规模效应、技术垄断和制度制定权，在全球分工体系中维持着主导地位；与此同时，外围国家则普遍面临“低端锁定”与“依附性发展”的双重制约。正是在这样的背景下，中心—外围分析框架为理解当今全球经济治理体系的结构性矛盾提供了关键视角。Rodrik（2011）将模型与全球化矛盾结合，指出外围国家被迫接受由中心国家主导的国际规则（如金融自由化、知识产权保护等），导致其政策自主权受限，陷入“不稳定增长陷阱”。Franco 等（2024）将模型扩展至数字经济领域，证明中心国家（如美国）通过数据垄断和算法控制强化对外围国家的经济支配（如亚马逊平台对拉美电商的挤压）。

进入 21 世纪后，全球权力结构发生了深刻调整，技术霸权加速崛起，叠加大国间博弈的复杂化趋势，催生了以“地缘经济”策略为核心的中心—外围新变体。Schindler 和 DiCarlo（2022）提出“外围中心化”（Pericentricity）概念，认为大国竞争的主要战场已不再局限于传统的中心国家内部，而是逐步转向东南亚、中亚、非洲等具有战略意义的外围地带。在这些区域，多国力量的同时渗透与争夺日益激烈，形成了一个由基础设施投资、金融网络控制与技术标准输出构成的新型依附结构。在此结构中，外围国家对中心国家产生制度性依赖，进而为后者的地缘扩张提供了稳定支撑。外围国家虽然能够接入更多外部资源与发展通道，但其对主导国技术标准的依赖依旧强烈，且其在全球价值链中的定位也趋于固化，面临“接入却难以跃升”的结构性困境。

从结构主义到依附理论，再到世界体系理论及其后续延展，对于中心—外围结构的理解不断拓展和深化。在当前的地缘经济语境中，大国通过基础设施控制、供应链管理、能源输送与数字主权输出等非传统方式，构建出一种更具隐蔽性的新型依附体系。这种机制不再表现为殖民统治与军事压迫，而是通过规则制定与资源网络控制维系了全球的等级分化与结构性不平等。在这一机制的演化进程中，技术限制从中心国家在全球秩序中的结构性优势，逐渐转化为其可操作的地缘经济政策工具，成为大国施加经济压力与重塑国际关系网络的重要渠道。

（三）中心—外围结构在金融网络中的反映

在目前的全球债务债权结构中，大量发展中国家背负着沉重的主权债务，这些债务有相当比例来自从发达国家借来的外债或资源抵押。这种结构可以从历史上追溯到殖民时期。当时许多亚非拉国家从独立国家沦为了半殖民地、殖民地国家，被动地进入世界经济体系，充当了初级产品供应者和最终产品倾销国，始终未能发展出独立自主的工业体系，更不用说成熟健全的金融体系了。这种状况的长期存在，导致发展中国家在此后的发展过程中，一直依赖外币、外资和外国技术，未能建立起现代财政制度和货币制度，缺乏本币金融工具和有效资本市场，主权融资高度依赖于外币计价的债务，发行渠道依赖于外国市场，从而暴露在汇率与利率的双重风险之中（Panizza，Hausmann and Eichengreen，2005）。

国际货币体系的不对称性固化了债务债权的单向格局。发达国家居于中心地位，其货币成为大量国家必须持有的储备货币，凭借其自主的货币政策和强大的货币信用，发达国家主权债券被全球视为“安全资产”，可持续吸引跨境资本。表面上看，这些国家大规模发行国债，似乎承担了巨额债务，但实质上，它们通过低利率吸引外资，再用筹集到的资本购买高收益资产或以本币形式贷款给他国。这一机制在美国表现得淋漓尽致，其“过度特权”使其在国际收支中长期处于受益方。这种模式构成了“以债为权”的结构性循环，中心国家的债务成为全球资本体系的稳定锚和压舱石，外围国家则成为资本循环过程中的廉价成本分担者。

这一结构性分化在资本市场中被进一步放大。外围国家即使在经济基本面改善的情况下，由于制度信任不足、政治风险预期等因素，还是需要支付比中心国家更高的融资成本。以 2024 年数据为例，美国与西欧等中心国家的股权风险溢价分别为 5.5％与 6.55％，而拉美、中东与非洲等外围地区则高达 12.32％与 12.78％。中心国家因其制度健全，市场流动性较高，即使面临财政赤字，也能以极低成本进行再融资，从而实现“以债养债”与资本回流的双重效应。

随着全球金融一体化加速，跨境股票价格的联动性日益增强，但这一联动是一种以美国等发达国家为主导的单向引导结构。钱宗鑫等（2023）撰文指出，全球股市已逐步形成结构化的“价格引导链条”，发达市场的股市收益率对新兴市场具有引导作用，而后者对前者的反向影响不显著，呈现出明显的“单向引导”特征。这一发现凸显了全球金融结构中以发达经济体股市为中心的中心—外围传导格局。究其原因，美国股市作为全球流动性最强的市场，为跨国资本提供了极大的交易便利和退出灵活性，吸引了大批资本进入，信息在此聚集，并相互影响；此外，以标普 500 和纳斯达克为基准的交易型开放式指数基金（Exchange Traded Fund，ETF）、指数衍生品和全球投资组合普遍嵌入美股参数，使美国股市价格实质上构成了“全球定价锚”。大量风险管理模型以内生方式将美股特征纳入估值逻辑，这种路径依赖进一步巩固了美国市场的定价主导地位。对新兴市场而言，即便本国经济基本面稳定，也可能因美股下跌而出现同步或放大性调整。这种波动逻辑并非来自国内市场的内在需求，而是源于全球投资者以美股为“风险信号器”。美股波动引发本地价格震荡与资产重估，由此形成的传染机制，压制了新兴市场的价格自主权，进一步削弱了其金融监管和宏观政策的独立性。

大宗商品的国际定价体系也体现出鲜明的“中心—外围”特征。中心国家依托其在交易平台、金融工具、货币体系与信息发布机制中的多种优势，牢牢掌控大宗商品的价格话语权，多数发展中国家则长期处于“被定价”地位，丧失话语权。当前全球主要大宗商品价格几乎全部通过以美元计价的期货市场形成，如纽约商品交易所、伦敦金属交易所等。这些市场既决定了全球商品价格，也承担了风险管理、套利和资本配置等功能。孙海泳（2024）指出，美国通过重构其在印太地区的关键矿产供应链布局，不仅掌控了包括锂、镍、铬在内的战略资源出口，还通过标准输出、产业链控制和金融工具绑定，实质性掌握了这些资源的国际定价权力。这种制度嵌入使得发展中国家在价格谈判中陷入难以独立议价的困境，只能被动承受国际价格波动的冲击。定价权背后实质是资源配置权与金融治理权的体现。价格主导意味着风险可外溢、利润可回流，而被定价方则需承担价格波动带来的输入性通胀与产业链成本转嫁。尤其在全球流动性收缩或地缘冲突导致大宗商品价格剧烈波动时，外围国家往往陷入“高价采购—产业被动—政策约束”的困境，难以独立进行政策应对。因此，大宗商品市场的国际定价体系并非纯粹的市场结果，而是深层的制度安排与权力配置的结果。发展中国家若要突破这种“价格依附”，不仅需要在消费规模上具备主导地位，更需要在交易平台、金融工具和话语机制上实现制度性突破。

这种不对称结构被制度化嵌入国际金融治理体系之中。中心国家，尤其是美国，通过对国际金融机构的制度性控制，掌握着政策议程的主导权和规则设定权。发展中国家在债务危机与援助谈判中，必须接受外部设定的经济条件和政治安排才能获得援助。这种制度安排不仅削弱了主权国家的经济自主性，也加剧了国际制度的不公平性，形成了一种以权力逻辑而非共识协商为基础的全球治理模式。

债权结构的非对称分布、股票市场的价格引导机制以及大宗商品市场的定价主导权，最终都指向一个更深层次的制度性根源——即国际货币体系中心货币发行国所掌握的结构性优势与政策外溢能力。如前文所述，美元等中心货币凭借其在储备功能、计价体系与全球资产定价中的优势主导地位，使其货币政策在全球范围内具备强大的引领、传导效应。反观外围国家，即便尝试通过本币政策稳定内需，其政策效果往往被全球金融结构所抵消，形成实际操作上的宏观调控困境。

更进一步，全球支付体系的集中化特质放大了这种结构性不对称。以 SWIFT 为代表的跨境支付网络，虽名义上为中立的金融通信系统，但其在接入标准、交易规则与信息节点上长期由欧美主导，且与美元结算体系高度绑定。这一安排使得中心国家能够将支付系统从技术基础设施转化为施压工具，实现对其他国家的“制度性金融制裁”。如2012年伊朗多家银行被排除出SWIFT支付系统后，其国际结算与外汇收入渠道遭到大幅度切断，引发国内经济深度衰退；2022年俄乌冲突爆发后，西方国家通过将俄罗斯排除在SWIFT支付系统之外与美元资产冻结的双重手段，对俄罗斯实施了强制性金融隔离。这些案例清晰表明，支付系统已经演化为国家战略资源的一部分，成为中心国家在全球博弈中实施“非对称制裁”的关键工具（Farrell and Newman，2019）。

因此，在“货币政策—资产定价—支付控制”构成的全球金融权力链条中，中心国家凭借其货币发行权、市场深度、支付网络与制度领导，构建起多层次的系统性主导地位。而外围国家则普遍陷入“价格被锚定、资本被牵引、交易被监控”的结构性依附之中。

四、网络结构的分配效应及其对大国行为的影响

（一）全球化、技术进步与收入分配的关系

根据经典贸易理论，国与国之间在劳动力、资本以及技术等诸多生产要素方面存在差异，自由贸易的开展会对各国内部生产要素的收入分配格局产生影响。斯托尔帕-萨缪尔森定理（Stolper-Samuelson Theorem）对此提供了理论支撑，如果一个国家参与自由贸易，本国相对稀缺要素的实际收入会下降，而相对充裕要素的实际收入则会上升。在发达国家，资本丰富，技术先进，存在大量从事高端服务业的高技能劳动者，但从事低端服务业的劳动力却较为短缺。此时，贸易自由化的推进往往有利于资本所有者及高技能人群，其收入水平普遍提升；相比之下，低技能人群的实际收入则受到冲击，收入差距随之扩大。对于发展中国家，贸易自由化给大量劳动密集型产业带来了机遇，大量低技能劳动力在贸易开放中反而可能实现收入增长，从而在一定程度上缓解国内

的收入不平等现象。

随着全球化持续推进、技术变革层出不穷，全球就业结构和收入分配格局出现了新的演化趋势。首先，高技能与低技能岗位在增加，而中等技能岗位却明显萎缩，究其根源是自动化技术的推广和劳务外包的泛滥。具体来说，流水线操作员与行政助理这样的中技能岗位，由于工作内容具有较高的重复性和可程序化性，容易被算法与机器设备替代；工程师、医生等高技能职业，由于技术进步带来了更强的专业化需求，在这一过程中反而持续获益；餐饮服务人员、护工等低技能劳动岗位，由于工作内容具有人机互动性，不易被自动化替代，因而在技术变革中维持了相对稳定的就业水平（Acemoglu and Autor，2011）。其次，贸易与投资的全球化扩大了市场规模，增加了资本与技术的流动性。跨国公司在全球范围内重组产业链条，优化资源配置，降低生产成本。但这在提高经济效率的同时，却对发达国家的中等技能劳动群体造成了巨大冲击，造成了结构性的收入分配不均。比如，美国制造业受中国制造业的冲击，物美价廉的中国产品占领了美国市场，原本的美国本土制造业竞争力不足，或转移他国或倒闭关门，造成大量本土岗位流失，产业工人收入持续下滑，最终推高了政府在福利救助上的财政负担（Autor，Dorn and Hanson，2013）。

从全球层面看，全球化的推进在一定意义上缩小了国家之间的发展差距。一些人口众多的发展中国家，典型代表如东亚国家，抓住了全球化的机遇，实现了经济的腾飞。伴随着中国、印度等大型新兴经济体的加速崛起，东西半球经济水平的差距开始收窄，全球整体不平等程度在2000年前后达到峰值后开始出现下降趋势（Lakner and Milanovic，2016）。数据显示，在全球最顶端的富裕群体从全球资本流动中持续受益的同时，亚洲新兴经济体的中等收入群体收入也在全球化过程中实现了大幅增长，而欧美等发达国家的中下层群体的收入却增长停滞甚至下降（Milanovic，2016）。收入分配的大分流或许部分解释了为何不同群体、不同地域对全球化的态度存在巨大差异。在东亚国家，全球化通常被视为带来了投资和就业，是摆脱贫困和实现经济增长的重要外部动力；而欧美发达国家由于在全球竞争中失去了工作，越来越多的中低收入阶层认为全球化是工作不稳定和收入增长乏力的风险来源（Rodrik，2018）。

（二）收入分配如何影响宏观经济

在《资本论》中，马克思对资本主义社会的收入分配机制进行了系统的阐释。在资本主义生产模式下，资本家凭借对生产资料的掌控占有了工人所创造的剩余价值，借此实现利润积累。为了尽可能多地攫取剩余价值，资本家往往会采取压低工人工资的手段。从社会整体层面来看，工资水平的下降会导致工人消费能力的降低，而这无疑会限制社会总需求的增长。当社会的有效需求难以满足生产扩张的需要时，就可能发生结构性的生产过剩危机。即便通过市场的拓展或是借助金融体系在短期内缓解生产过剩危机，但只要生产的社会化与生产资料的资本主义私人占有之间的矛盾依然存在，这种危机就无法从根源上被消除。其结果就是资本主义经济陷入周期性的波动之中，由此引发一系列的社会动荡。

凯恩斯则从总需求视角分析了收入分配对宏观经济的影响。在《就业、利息和货币通论》中，他认为社会总需求是经济发展最重要的因素。消费作为需求的构成因素之一，本质上是收入的函数，从根源上看增加消费必须增加收入。低收入群体面临较困窘的生活现状，增加的收入需要更快地转化为消费以满足生存和安全需要，往往具有更高的边际消费倾向，即每增加一单位收入，低收入群体更倾向将更高的比例用于消费；高收入群体由于生活必需品较为充足，其边际储蓄倾向更为突出。这也就意味着随着财富的不断向上集中，社会整体消费能力会不断下降。从投资角度看，企业的投资决策高度依赖于对市场的预期，如果企业对未来预期悲观，那么投资的意愿就会下降，进而可能造成失业率上升和经济下行压力加剧。由于经济大萧条时期各国关税壁垒高企，出口难度陡升，凯恩斯则将提振需求的突破口转向政府支出，主张政府通过适度扩张的财政政策对总需求进行干预，削峰填谷进而减小商业周期的波动。

在现代经济增长理论框架下，收入不平等对经济增长的影响与资本市场的完善程度密切相关。Galor 和 Zeira（1993）指出，在资本市场不完善的情形下，收入差距会通过制约人力资本造成社会群体间增长路径的分化。特别是在信贷约束较强的经济体中，缺乏可抵押资产的家庭往往难以获得教育贷款或创业融资，资源的限制使得他们无法很好地进行人力资本积累。更为严重的是，教育机会和投资资源在不同收入群体之间的结构性差异会演变为路径依赖，在代际之间加剧社会阶层的固化，代际机会的不平等会限制经济的长期可持续发展。

收入不平等除了制约经济增长，还威胁着金融体系的稳定。从微观视角看，家庭和个人是最小的消费单位，低收入家庭由于收入较低、稳定性较差，有时被迫举债度日。如果低收入家庭普遍提高负债，加总每一户家庭后社会整体的杠杆水平将显著提升。一旦遭遇经济或政策的意外冲击，金融系统的高杠杆将沿链路快速传导，形成多米诺骨牌式的系统动荡，风险将层层放大；从家庭和个人的投资行为来看，高收入群体在资产配置上偏好高风险高回报的金融资产和投机项目来增加投资收益，但这挤压了对实体经济的金融支持，易催化资产泡沫从而加剧市场不稳定性。针对上述问题，国家往往采取联合措施进行干预，如调整税收政策、提高最低工资水平以及强化金融监管等。这些政策在一定程度上缓解了收入差距的扩大，降低了金融的系统性风险。

在全球层面，Milanovic（2016）系统分析了收入分配格局的演变及其宏观影响。尽管全球化与技术进步通过优化资源配置和提高全要素生产力推动全球减贫事业不断发展，一定程度上降低了全球贫困率，从全球层面减少了收入不平等现象。但是视角向下进入国家内部，许多国家内部的收入分配反而出现了更加不均衡的现象。由于资本收益率增速长期高于劳动报酬增速，资本所有者的收入在社会整体收入中的占比不断上升；形成强烈对比的是，劳动者的实际收入增长陷入迟缓乃至于不进反退，这就导致了收入增长差距的进一步拉大。此外，由于每个国家的发展阶段不同，收入不平等的影响机制和后果也往往不同，在发达国家，收入不平等可能抑制个人消费和激化社会矛盾，进而影响经济发展；在发展中国家，收入不平等更多地体现在底层收入群体在享受均等社会保障上的重重阻碍，如教育、医疗、养老等公共资源，这种状况不利于社会阶层流动，对经济的长期可持续增长形成阻碍。

（三）收入分配对政治结构的影响

收入分配一方面影响着经济的运转，另一方面深深影响着政治的结构。以下将从政府规模、决策机制、制度民主化以及全球化和技术变革的维度展开论述。

在政府规模层面，中位选民假说提供了解释政府规模的收入分配视角。该假说认为，在西式民主政体中，中位选民的经济偏好影响着他们的投票决策，进而决定政府的财政支出和税收政策。如果社会收入分配比较均衡，中位选民的收入，即中位数会接近社会收入的平均水平，此时选民们对社会再分配的需求较小，不会寻求较大规模的社会公平计划或财政扩张计划，因此更倾向于支持较小规模的政府。但是如果收入差距拉大，中位选民的收入较低时，他们就会转而倾向支持高税收、高福利待遇，以促进社会财富再分配。因此，中位选民假说预测收入不平等越大，政府的规模就会越大；相反，当中位选民收入较高时，他们更倾向于低税收政策，从而使政府规模可能缩小。

在政策决策机制层面，高收入的精英们将掌控政策的议程设置和决定方式。马克思在《资本论》中指出，国家是统治阶级的统治工具，上层建筑存在的根本目的是维护统治利益。在资本主义国家，资产阶级牢牢掌控生产资料，并通过上层建筑来维系生产关系，剥削统治无产阶级。制度经济学研究表明，高收入群体利用资源优势，通过游说和政治捐款塑造政策方向。高收入群体把控着社会决策层，政策更容易向富裕阶层倾斜，政治权力向富人集中，低收入选民趋于仅仅扮演参与者的角色，形成"政策捕获"现象，民主制度的实质效力沦为形式。此外，政治宣传、信息不对称和短期经济记忆使得不少低收入群体误判自身利益和社会定位，转而支持有损于自身利益的政策；立法者在回应选民需求时更倾向于迎合富裕阶层，进一步加剧了政策制定的阶级偏向（Bartels，2008）。

在制度民主化层面，Acemoglu 和 Robinson（2009）将民主化定义为一种制度性让渡过程，即统治精英在面对社会动荡压力时，为避免革命性冲突，主动将政治权力部分转移给广大民众，从而建立起更具参与性和约束力的政治制度。他们发现，经济不平等与民主化之间存在倒 U 形关系：在不平等程度较低的国家，由于社会整体稳定，精英和民众对制度变革需求较低，民主化动力较弱；在中等程度不平等国家，财富差距足以促使底层群体反抗，精英阶层为避免激烈冲突往往作出制度妥协，因此民主化最可能发生；而在高度不平等的国家，精英阶层掌握着过多资源和权力，更倾向于通过镇压而非妥协维持现状，民主化可能性较低。

全球化和技术变革也深刻改变了收入分配与政治权力的互动模式。资本全球化和生产全球化迫使各国政府竞相降低企业税率以维持投资吸引力、防止资本大量流出，从而削弱了国家主权在生产和分配领域的控制力。传统制造业的衰落以及随之而来的收入停滞，造就了大批空心化的生产地域和不断滑落的中产阶级，长期积蓄的不满催生了民粹主义的快速崛起。在受全球化冲击严重的国家中，民粹主义群体对精英统治极为不满，在制造业萎靡、收入停滞的国家，民粹主义往往倾向左翼，强调财富再分配和国家干预；在受到移民潮等文化冲击的国家，民粹主义则倾向右翼，推动政治向民族主义和保护主义方向转变（Rodrik，2018）。

（四）政治利益集团对大国政策的影响

收入分配不均衡加速催化了形形色色的利益集团，这些利益集团积极参与国内政治的决策过程以期影响本国对外政策的走向。集体行动理论认为，富裕阶层人数少、内部利益高度趋同，在组织协调方面具有天然优势。以金融界巨头和跨国公司为例，它们凭借强大的资源整合能力和动员能力，能够迅速形成庞大高效的游说团体，干涉引导政策制定的关键环节和关键人物，进而影响政府的决策天平，促使出台的政策有利于自身利益，比如削减资本利得税和放宽金融监管等。相比之下，人数更多的贫困群体组织协调成本高、搭便车现象频繁，摇旗呐喊的声势难以转化为有凝聚力的政治力量，通常需要依赖政府或外部组织提供的相应激励，才能够聚焦并推进特定政策主张。中产阶级居于两者之间，在民主国家扮演着平衡方向的中坚力量。他们的政治倾向在多数情境下决定着社会的整体走向。当中产群体不断萎缩时，调和利益天平两端的温和声音就会趋于沉寂，经济压力带来的焦虑与不满情绪发酵，极易成为民粹主义或极端政治力量的温床，进而威胁社会的稳定与和谐。

集体行动理论也解释了即便某些政策会损害社会整体福利，一些有影响力的行业协会或团体也会坚持游说政府以求通过。以美国钢铁和汽车产业为例，有关协会团体凭借强大的游说能力和动员能力，成功实现保护性关税与进口配额政策的落地生效。然而，这些政策带来的成本最终通过消费品价格上涨的方式，被转嫁到整个社会群体身上。Grossman 和 Helpman（1994）构建的“保护待售模型”（Protection for Sale Model）对这种游说行为进行了刻画。该模型指出，政府在制定政策时，面临着社会整体福利和政治献金偏好的取舍。不同行业基于自身利益考量，通过政治献金的方式，试图从政府手中“购买”贸易保护。换言之，政治献金扮演着影响政策导向的重要砝码。那些拥有强大游说能力、能够提供高额政治献金的产业，更容易获得政府的贸易保护支持，而消费者利益在这种利益权衡过程中被置于次要位置。

在实证层面，基于“中国冲击”现象的研究发现，制造业就业率下降较严重的地区，其国会议员更倾向于支持对华强硬措施。这反映出了国内经济分配矛盾与对外政策偏好之间的内在转化。当利益受损群体规模不断扩大，其累积的政治影响力便会成为左右政策走向的重要力量。从政策制定者的角度来看，当受损群体的政治诉求达到一定规模，形成不容忽视的社会压力时，为了缓解国内矛盾、维护政治稳定，他们常常会选择推行贸易保护主义或经济民族主义政策（Autor et al.，2013）。

除了经济政策，大国的安全和外交政策也受到国内集团影响。Putnam（1988）提出二层博弈理论，指出外交政策的制定与实施始终处于国际谈判场域与国内政治环境的双重约束之下，二者相互交织、彼此影响，共同塑造着最终的政策形态。任何国际协议的达成，看似只是国家间博弈的结果，实则在国内层面还需经历一场激烈的利益博弈。因此，大国的对外政策绝非单纯由其在国际结构中的地位所决定，国内利益集团之间的博弈结果往往在其中起到关键的制约作用。在民主国家，领导人尤其需要平衡不同国内利益集团的诉求，那些因全球化而经济受损的群体政治影响力上升时，往往推动国家政策转向保护主义，或寻求重新定义国际规则。

综合上述分析可得，全球经济体系由于聚集效应与排斥效应的共同作用，形成了特定的贸易与投资网络结构。在这一结构下，各国由于资源禀赋和发展阶段的差异，参与全球产业分工的能力也呈现出不均衡的态势，这种能力上的差距进一步构成国家间不对称的博弈关系。不仅如此，贸易投资关系的不对称也扩散和反映到金融和技术关系的不对称上。大国由于处在中心—外围体系的中心位置，拥有更强的影响力，能通过政策外溢等方式主导网络结构演化。

具体而言，这一动态过程包含两个相互关联的维度。一方面，全球化深化带来国际与国内收入分配格局的改变，推动国内利益集团的重构。收入分配的变化不仅影响宏观经济稳定，也重塑了不同利益集团间的博弈格局。新形成的利益集团基于自身诉求，通过各种渠道对政策制定施加影响，进而改变大国的政策取向。另一方面，全球网络结构并非静态存在，而是在多种因素作用下持续演变。这种演化改变了国家间的国际利益关系和博弈结构，迫使大国不断调整对外政策以维护其中心地位。

当大国政策发生变动时，所产生的外溢效应将辐射至外围国家，可能引发这些国家政策调整或经济结构的连锁反应，进一步扩大地缘经济风险的传播范围。这种风险传递不仅表现为外围国家对大国政策变化的被动适应，更可能反过来影响全球网络结构本身，形成复杂的双向反馈机制。

五、地缘经济风险的形成

（一）大国对外政策变化对国家关系网络的影响

地缘经济风险的重要诱因之一，是国际经济网络中占据主导地位的中心国家对外政策的明显变化。这些中心国家在全球贸易、投资、金融、技术及制度规则制定方面具有关键影响力，通常掌握重要的市场准入、资本流动、结算体系及产业链核心环节。相比之下，外围国家在制度设计与规则制定方面的能力相对不足，其经济运行在很大程度上依赖于中心国家提供的市场、融资、技术标准和安全保障等条件，在全球体系中通常处于外围或依附的位置。在这种格局下，中心国家政策的调整不仅影响国内经济，更通过网络效应在全球范围内引发系统性风险，外围国家往往成为风险传导链条上的首要冲击对象。

在全球经济金融一体化的背景下，一国制定的宏观政策不仅对本国国内目标经济变量发挥作用，而且会通过金融市场渠道、贸易渠道、资本流动渠道、大宗商品价格和信息渠道等影响到其他国家金融市场的稳定性和实体经济的发展。且越处于国际经济金融与国际货币体系中心的国家，对其他国家产生的政策溢出影响越大。

1. 货币政策溢出效应

以美国为例，美国作为国际金融体系的中心国家和国际生产与贸易的主要参与者，其货币政策调整的效应会通过多种潜在和相互叠加的渠道向外围新兴市场国家溢出，进而影响新兴市场国家的宏观经济表现与金融市场状况，包括经济增速、通货膨胀、资产价格、跨境资本流动等。

首先，美国货币政策可以通过金融市场联系对其他经济体造成影响（Rey，2015）。当美国采取紧缩性的货币政策时，美国利率上升会加大美国和其他经济体之间的利差，给金融市场带来更大压力，引发外围国家尤其是新兴市场国家资本流出规模上升和国内资产价格下降，引发资本回流，导致外围国家货币贬值、股市下跌和债务风险上升。同时，美国采取紧缩性货币政策会引发外围国家借贷利率上升，恶化企业的外部融资环境，提高企业的资金成本，通过收紧外部融资约束影响企业生产与投资，对外围国家经济增长产生负面影响。

其次，美国货币政策也可以通过贸易渠道给其他经济体带来溢出效应。一方面，美国收紧货币政策带来信贷紧缩，在抑制国内需求的同时，不仅会削减对全球市场的直接进口需求，还会降低国家间投入—产出联系形成的间接需求，造成贸易伙伴订单量缩减，生产成本抬升，阻碍外国企业扩产投资。另一方面，美国实施紧缩性货币政策会引发其他经济体汇率大幅波动，导致货币对美元贬值（Rey，2015），虽然可以获得出口价格优势，但同时也可能面临美国及其他国家经济增速减缓带来的需求减少导致的出口下降压力。货币贬值还会使生产材料依赖进口的经济体生产成本增加，导致产出下降，还可能引发输入性通货膨胀。

最后，跨国企业在货币政策溢出中也发挥着重要作用。具体而言，不仅母公司与其海外子公司之间的投资和收益会同步变动，位于不同国家的子公司之间也存在类似的相互影响。与本土企业相比，这类企业对外部经济金融冲击更加敏感，拥有外国母公司或在外国设有子公司的企业的业绩表现与其关联企业所在国经济波动高度相关。因此，美联储收紧流动性对美国企业造成的金融冲击与需求冲击会进一步沿着跨国企业的海外子公司网络向其他国家传导，使其他国家的美国关联企业面临高于本土企业的投资与产出波动。

2. 财政政策溢出效应

在全球经济一体化的背景下，国家之间的经济往来日益密切，国际贸易和国际资本流动使世界各经济体更加紧密地结合，经济政策的相互溢出和相互依存大大强化，一个国家的财政政策冲击也会通过各种渠道影响其他国家的经济发展。研究发现，美国增加政府支出，会引起美国产出增加、加拿大产出减少；美国增加所得税，会引起两国实际利率上升，美国产出下降、加拿大产出没有显著变化。对经济合作与发展组织国家的研究显示，财政政策冲击的溢出效应显著，且在经济衰退时对产出有更大的影响。对于政策制定者而言，理解一国财政政策的溢出效应以及传导路径至关重要。

与货币政策的跨国传导路径类似，中心国家的财政政策会通过金融市场利率联动、国际资本流动和国际贸易联系等渠道对其他国家产生溢出效应。

中心国家财政政策变化会通过影响国内利率、国际市场利率进而对其他国家产生影响。比如减少税收和扩大政府支出都会增加国内总需求，使产品价格有上升的压力，为防止物价上涨而收紧货币政策时，会导致实际利率上升。一国国内利率水平，尤其是大国的利率水平会通过国际资本流动推高世界利率水平，从而导致外国利率上升、产出减少。

从贸易渠道看，中心国家财政政策会通过影响汇率、国内总需求、相对物价水平直接影响国际贸易，从而对其他国家的产出、就业、通胀等造成溢出效应。具体而言，当中心国家采取扩张性财政政策推高国内利率、引起资本内流使本币升值后，出口价格上涨，国内外消费会同时向与该国有贸易联系国家的产品转移，其他国家出口增加，产出和收入增加；与此同时，本币升值会使其他国家企业的实际边际成本上升，压缩外国厂商的利润空间，造成产出和就业的减少。

从国际资本流动看，当一国调整财政政策增加政府支出时，本国利率水平上升，引起国际资本内流。一方面，国内利率上升提高了国际市场资本投资收益率，当资本投资收益率超过 FDI 预期收益率时，外国的 FDI 规模减小，不利于外国产出增加和经济增长；另一方面，国内外的相对利差和汇率预期影响了外汇预期收益率，短期资本会从外国流出，由于短期资本流动频繁、方式隐秘、难以控制，短期投机资本会成为影响外国资产价格、加剧经济波动以及增大经济调控难度的扰动因素。

3. 其他政策溢出效应

在宏观审慎政策框架下，一国强化金融监管举措，旨在有效防范系统性金融风险，提升金融体系的稳定性，可以在很大程度上降低金融危机发生并传导到其他经济体的可能性。宏观审慎政策会通过金融机构之间资产负债表的关联和其他敞口、资产价格波动以及实体经济的反应产生溢出效应。国际资本流动规模的扩大、国际资本流动渠道的拓宽会进一步加强国家间金融市场的联动性，金融风险、实体经济风险也会相互传染。

宏观审慎政策主要通过限制资本流动、加强金融监管以及系统性风险防范等手段，增强本国金融系统的稳定性，进而阻断危机的跨国传播路径。对于在全球化进程中影响力较大，且与其他国家在金融和贸易领域联系紧密的中心大国而言，其宏观审慎政策的外部性表现得尤为突出。这种外部性既可能为正，也可能为负。从正外部性看，有效的金融监管措施有助于促进地区金融稳定，为经济对外依存度较高但自身应对能力相对薄弱的国家带来积极影响。然而，负外部性同样不容忽视，宏观审慎政策可能存在“以邻为壑”的问题，如紧缩性政策可能会增加金融风险发生的概率。此外，政策变动会对国际短期资本流动产生影响，一旦短期资本流动突然中断，将对经济基础较为脆弱的经济体造成严重冲击。

一国实行宏观审慎政策，可能会限制国际资本流动、提高金融交易成本，从而导致国际游资具有攻击性和危害性的资金涌入其他国家，对其他国家的金融稳定产生负面影响（Avdjiev et al.，2017）。如果一国宏观审慎政策收紧了市场流动性、减少了货币供应量（比如经济上行期），此时国内利率上升，引发资本回流与国际资本涌入。一方面，流入外国的直接投资规模缩小，不利于其长期的经济增长和产出增加；另一方面，短期资本从外围国家加速流出，冲击外国资产价格、加剧经济波动、提高经济调控难度。如果一国宏观审慎政策导致本国利率上升，本币升值，对进口品的购买力增加，则本国出口将会下降，进口将会增加。此外，宏观审慎政策的实施可能会限制经济增长，导致居民收入水平下降，消费需求降低，总需求下降会带来进口需求的下降。

环境规制政策会对国际直接投资产生影响。具体而言，根据污染天堂假说，开放经济条件下，自由贸易可能会导致高污染产业不断从发达国家迁移到发展中国家。对于不同类型的母国环境规制而言，其可能产生差异化的对外直接投资效应。环保处罚政策会抑制企业对外直接投资（温梦瑶，2022），而空气质量监测政策和碳排放交易试点政策可以促进企业对外直接投资。

具体而言，空气质量监测政策等环境监管收紧会激励高污染行业向海外投资，流向环境监管较弱的国家。碳排放权交易试点政策在缩减企业的利润规模、降低企业在国内生产积极性的同时又激励了企业研发创新，从长远来看，最终会使得企业生产率增加，在创新和成本的双重驱动下，企业会增加对外直接投资。环保处罚使得企业获得银行贷款（尤其是长期贷款）的可能性大幅降低，融资约束收紧，融资成本上升，吸引外部资金能力受限，从而抑制了企业对外直接投资水平；而且环境规制所带来的企业绿色创新支出和企业社会责任支出，会进一步挤出企业对外直接投资。

关税和非关税壁垒等贸易保护政策会破坏自由贸易网络，如果没有任何外国的报复，一国单方面提高关税可能使该国的福利提高。然而，考虑到外国也会相应征收报复性关税，福利提高的程度会大幅降低，甚至带来福利损失。关税升级还会导致全球供应链的重构，第三方国家可能从两国贸易战中获益。

贸易政策变化会对全球供应链网络产生直接和间接影响。中美贸易摩擦下美国政府实施对中国的进口关税保护，意欲切断与中国的供应链和一体化进程，重新寻找中国进口品的替代来源国，重构全球供应链。企业进行成本高昂的搜寻，并与达到一定生产力水平的潜在供应商进行谈判。全球供应链在预期自由贸易的背景下形成。随后，本国政府对进口原材料意外地征收了关税。这可能导致与原始供应商重新谈判或寻找替代供应商。高额关税会使公司用国内或免征关税国家的替代品取代效率最低的供应商，但额外的搜寻成本会削减福利。整体来看，小额关税使供应链保持原样，而大额关税使新目的地的供应商更具吸引力。

具体而言，如果关税不太高，则不会有任何一个原始生产者退出。这时企业已经承担了进入和搜寻成本，只需要支付其固定和可变运营成本就可以保持活跃，中间投入成本存在上升空间。低关税不会影响供应关系的地区选择，但可能通过两种方式扰乱当前的供应链。首先，关税使下游买家的外部选择恶化，从而导致原来的供应关系重新谈判，形成对供应商更有利的条款和价格；其次，与原始供应商重新谈判导致更高的中间投入品价格从而恶化贸易条件，居民消费价格上涨，价格指数上升，生产商可能会选择更换其生产率最低的进口供应商。

如果关税足够高，中间投入成本过大，下游生产商将会重新搜寻，更换来自不同国家的供应商。高关税导致下游生产商将进口转移到免征关税的低工资国家或者本国，关税越高，下游生产商的议价能力越强，与原始供应商重新谈判的价格越低，当关税高于某个临界值时，下游生产商会切断与生产率最低的供应商的关系，并在不受关税限制的国家或地区进行新的搜寻匹配。这种转移提高了新采购的中间投入品的价格，平均投入品价格可能会上涨。因此，高额关税会促使企业更换低效供应商，引发供应链部分环节转移，并产生额外的搜寻成本。

因此，投入品关税对贸易条件和福利的影响具有不确定性。小额关税下，福利变化取决于劳动投入、中间品使用及贸易条件改变等因素，可能缓解中间品过度使用问题，但会恶化贸易条件，整体福利成本难以确定。征收高额关税时，若供应链部分转移到国外，福利可能因贸易转移和搜寻成本增加而下降；若转移到国内，福利变化取决于国内利润分配。以特朗普关税为例，美国因关税而导致的贸易条件恶化和福利损失约为 GDP 的 0.12%。

此外，反倾销税等灵活的保护主义措施在进口激增的情况下保护产业的能力可以作为“安全阀”，使各国能够在维持贸易政策合作的同时，也可能对供应链上的企业产生负面影响。例如，针对中国的反倾销税会降低美国对目标产品的进口，提高了这些产品国内外生产商的价格，增加了下游行业企业的生产成本。

在全球经济金融高度互联的背景下，汇率风险作为金融风险的重要组成部分，其传染机制呈现出显著的跨国联动特征。即使一国宏观经济基本面保持稳健，仍有可能受外部影响而出现汇率风险，这种全球货币联动带来的传染效应积聚可能引发严重的货币危机。外汇市场之间的风险溢出效应是指单个外汇市场的波动在影响自身的同时，对其他外汇市场造成的冲击所引起的市场波动。外汇市场是全球最大且最具流动性的金融市场，外汇市场（即汇率）的波动或冲击会显著影响其他金融市场，进而影响全球金融系统的稳定。在主权货币作为国际储备货币条件下，主要货币之间存在明显的收益率溢出和波动溢出效应。自美国次贷危机以来，汇率风险的扩散和传染呈现出日益紧密的网络关联特征。美国次贷危机和欧债危机导致主要国家外汇市场大幅震荡，体现了各国和地区外汇市场间的关联关系。

现有研究表明，美元和欧元在汇率风险溢出方面发挥了重要作用，而其他货币在整体上则更多扮演汇率风险的接受方角色。汇率风险溢出呈现出明显的货币集群效应和“群组聚类”特征，随着全球经贸重心向亚太地区转移，汇率风险溢出格局呈现“东升西降”的显著特征：次贷危机后欧美对亚太的净溢出效应有所减弱，而欧债危机以来亚太对其他地区的净溢出效应不断增强；同时，亚太货币在汇率风险溢出网络中的中心性呈上升趋势，欧美地区则相对下降，这一结构性变化是亚太地区综合影响力不断增强在货币汇率层面的体现（陈学彬和李鑫，2024）。

跨境资本流动在促进本国就业和经济增长的同时，也可能增加金融体系应对外部冲击的脆弱性。囿于传统微观审慎监管在维护金融稳定方面的局限性，越来越多的经济体尤其是新兴经济体开始采用外汇宏观审慎政策来稳定外汇市场，应对跨境资本流动的不利冲击。外汇宏观审慎政策作为维护外汇市场稳定的重要工具，通过价格和数量双重渠道发挥作用：在价格层面可以抑制汇率过度波动，在数量层面则通过三方面影响跨境资本流动——限制银行外币计价的资产负债，提高外币贷款利率，收紧外汇信贷，降低银行和企业的汇率风险敞口；约束国内外银行信贷行为；以及增强国内金融体系抵御异常资本流动冲击的能力——进而降低跨境资本流动的波动性，缓解银行跨境经营所引发的经济金融波动。

除上述传统的贸易、金融及审慎监管渠道外，中心国家越来越多地通过对技术网络的控制来实现政策外溢和地缘经济影响。技术限制政策渠道指的是中心国家通过利用关键技术、平台标准与信息基础设施，对外围国家实施地缘经济影响的机制。与经济政策和贸易投资政策不同，中心国家对外围国家进行技术封锁或隔离，并不需要增加关税或采取货币手段，而是凭借其自身技术集中度和路径依赖性，其限制后果更加持久，应对难度更大。

主要政策工具包括对核心技术和设备的出口管制，重要平台服务（如云计算、操作系统、开发工具包等）的市场准入限制，数据流动的获取限制以及技术标准的排他性锁定。典型案例如美国近年来针对中国、俄罗斯等国家实施的芯片出口限制、技术封锁与投资审查制度。这类措施将深深影响目标国的科技发展战略，高额的技术开发成本和推广成本将使外围国家知难而退，转而重新评估其在全球供应链中的位置，进而采取配合态度。这些政策工具的战略目标不单纯是获取技术竞争领先，更在于通过关键技术节点的控制，在国际博弈中获得结构性优势（Farrell and Newman，2019）。

技术限制政策既不同于传统贸易投资限制的高关税、高市场壁垒、进口配额等硬手段，也区别于宏观经济政策的周期性调节方式，其源于中心国家长久的技术积累和庞大的市场需求所厚植的全球技术依赖格局，外围国家既缺乏足够的能力，也欠缺坚定的动力发起挑战。中心国家遂通过制度化政策路径将结构性优势转化为战略性制约工具（Blackwill and Harris，2016）。

综上，在全球经济金融一体化的波折进程中，由于技术、要素禀赋、地理文化距离、制度与法治环境等驱动因素，各国（地区、国家团体）经贸往来密切，经济联系形成网络结构，网络中任何主体的变动都会对其他主体产生一定程度的影响。越处于网络中心的主体，其政策变动的溢出效应越强。

（二）大国博弈对国际关系格局的潜在影响

上一节讨论了中心国家的单边政策变化如何通过国际经济网络的不对称结构形成外溢效应，并对外围国家构成经济冲击。然而，地缘经济风险的加剧并不仅仅源于个别大国的政策变动，更深层次的原因在于中心国家之间长期、结构性的战略博弈不断深化。这种博弈不仅重新塑造了国家之间的经济关系，更系统性地推动了国际关系格局的演化。

1. 网络结构视角：从单一全球网络到中心国家主导的多个阵营网络

回顾国际经济网络的发展历程，最直观的变化是从互联互通的上下游全球网络逐步走向由中心国家主导的多个阵营网络，即“朋友圈供应链”的出现，这种网络结构变化的直接驱动力是中心国家之间的战略竞争。

近年来，以美国为代表的西方中心国家试图通过“印太经济框架”和“跨大西洋贸易与技术委员会”等多边机制构建由自身主导的供应链阵营，试图实现供应链的“去中国化”。这种阵营化的网络结构使全球供应链和投资网络迅速分化为多个中心国家主导的阵营，直接造成全球经济合作效率下降、交易成本上升。与此同时，外围国家被迫在不同阵营之间站队，放大了外围国家经济的不确定性。

然而，网络结构变化只是国际关系格局最直观的表层体现，更深层次的变化则涉及推动这种阵营化网络的中心国家之间权力结构的变化。

2. 权力结构视角：中心国家间网络节点武器化与权力博弈的加剧

网络阵营化产生的深层原因在于中心国家之间权力结构的转移与战略竞争加剧。经济网络本质上体现的是中心国家之间的权力博弈关系，当金融支付体系、关键技术标准、核心产业链等经济网络节点被战略性地武器化时，权力结构便发生了根本性改变（Farrell and Newman, 2019）。

例如，美国利用 SWIFT 支付体系对其他中心国家（如俄罗斯）实施经济制裁，体现了金融网络节点武器化；美国针对中国半导体、人工智能等高技术领域实施出口管制，体现了技术网络节点武器化。节点武器化表明，经济网络不再是单纯的经济互动，而是成为中心国家权力博弈的战略工具。这种博弈使得原本的中立经济互动转变为带有战略竞争色彩的权力互动，并进一步加剧中心国家之间在网络节点控制权上的竞争。这一权力竞争不仅导致中心国家之间关系的紧张，也通过网络结构的剧烈波动间接对外围国家形成了长期的经济安全风险。

权力结构的变化推动了网络结构的变化，网络结构的变化进一步要求变革国际制度。

3. 制度演化视角：中心国家博弈下的国际经济制度规则变化

长期来看，中心国家围绕着网络结构与权力结构的双重竞争，其表现形式和结果必然反映在国际经济制度与规则体系发生根本性的演化和重构。现有国际经济体系［如WTO多边贸易体系、国际货币基金组织（International Monetary Fund，IMF）全球金融治理框架］最初是在美国主导下建立的。然而，随着中心国家之间博弈的加剧，很多问题无法在规则体系下及时解决，这些传统制度的有效性与公信力遭受严重挑战，制度规则层面的不确定性显著增加。

例如，美国近年来不断阻挠WTO争端解决机制的有效运作，这一机制已经长期瘫痪；IMF、世界银行等全球金融治理机构的改革长期停滞，无法有效回应新兴中心国家要求增加投票权的挑战。这些现象均显示，现有国际制度已经无法适应中心国家之间激烈博弈的需要。

既有规则效力的衰减推动中心国家建立新的规则体系，中心国家均试图在传统制度之外建立以自身为核心的新制度和新体系。这种制度竞争一方面可能缓解旧制度失灵带来的治理缺位，另一方面也显著加剧了全球制度结构的封建化，增加了外围国家在制度选择与适应上的风险与成本。

（三）外围国家的应对策略及其对国际关系格局的反馈效应

前文详细分析了地缘经济风险的产生机制，即国际经济体系中的中心国家如何通过单方面的政策调整和战略竞争来推动全球经济网络的调整与重构。然而，外围国家如何应对和自处？事实上，全球经济网络中的外围国家在一定程度上也扮演着关键角色。

外围国家通常经济规模较小，产业基础薄弱，高度依赖中心国家所提供的市场、资金、技术和制度规则。这种经济上的不对称性易使外围国家受到中心国家的冲击。然而，外围国家并非完全被动地承受这种风险，成为中心国家的牵线木偶而亦步亦趋。它们会根据自身的经济实力、政治目标和长期战略，采取不同策略进行回应，在保护自身利益的基础上，尝试塑造全球经济网络的结构，营造更有利的外部环境。

基于经典的国际政治经济学理论，可以将外围国家应对中心国家博弈的策略归纳为三种基本模式：战略依附型策略、多元平衡型策略和自主发展型策略。

1. 战略依附型策略

这一策略最直接地体现了外围国家的经济弱势地位与短期战略导向，表现为明确选择依附于某一特定中心国家或阵营，以快速获得资金支持、市场准入和安全保护（Prebisch，1950）。例如，波兰、立陶宛等东欧国家选择经济上依赖美国与欧盟，安全上依赖北约，以此来抗衡俄罗斯。中亚地区传统上继承了苏联的经济体系和军事体系，长期保持与俄罗斯的友好关系。这种明确选边的策略，一方面显而易见地带来短期收益，另一方面却降低了外围国家的经济和外交自主性，不利于保持战略灵活。

2. 多元平衡型策略

此策略体现了外围国家在应对大国博弈时所采取的更加谨慎灵活的态度，即避免明确选边站队，同时与多个中心国家保持紧密关系，通过对冲来减少风险（Rodrik，2018）。历史中的不结盟运动，正是当时第三世界国家在美苏两大阵营间摇摆不定，减少风险，坐收渔利的策略体现。当下，东盟国家采取的“不选边”战略短期内提升了外围国家的经济稳定性和政策弹性，同时缓和了全球经济网络的阵营化趋势，留下了中间地带。然而，这种策略的长期可持续性高度依赖于国际权力结构，两极体系下此策略获利最多，战略空间最大，但随着大国博弈进入白热化，外围国家的战略模糊空间势必不断被蚕食。

3. 自主发展型策略

它强调外围国家通过自力更生，不断扶持发展本土产业，通过区域经济合作强化竞争力和话语权，逐步降低对中心国家经济体系的长期依赖，以追求经济长期的稳定与安全。历史上，拉美、非洲和东亚都采取过这一策略。亚洲“四小龙”通过出口导向型产业，成功凭借产业转移的机遇建立了本土产业体系；拉美国家的进口替代型战略虽然功败垂成，但也建立了一定的产业规模；非洲大陆自由贸易区也正在不断深化发展。尽管该策略在短期内资源投入巨大，且面临技术积累不足等现实问题，但长期来看，制造业作为立国根本，坚持自主发展能够推动产业自立自强，减少受制于人的情况，并且有助于缓解全球经济网络中心—外围结构的长期失衡现象，推动全球经济格局走向多极化，从根本上降低全球地缘经济的系统性风险。

综上，外围国家并非地缘经济风险的被动接受者，相反可以成为积极施动者，它们的策略选择是国际经济体系塑造过程中极为重要的一环。理解这三种策略的理论内涵、历史演进和现实情况，有助于深入把握地缘经济风险产生的机制与全球经济格局的演化。

六、研究结论与政策建议

本章从客观和主观两个维度定义地缘经济风险。客观维度从全球国家（地区）经济网络的视角出发，将地缘经济风险定义为国家（地区、国家团体）之间关系意外变化对其本身以及其他经济主体福利产生的预期损害。主观维度从大国视角出发，将地缘经济风险定义为全球国家（地区）网络中的大国为达到其经济或政治目的利用各种经济工具对其他国家福利产生的预期损失。

技术、要素禀赋和法治环境等的地理分布、规模经济和政府政策一起决定了国家（地区）之间的贸易、投资、金融、技术等经济关系网络格局。短期内技术、要素禀赋和法治环境等相对稳定，而规模经济也与市场容量、交易成本等长期形成的各国市场特征紧密联系在一起，因此，政府政策成为驱动国家（地区）之间经济关系网络格局变动的主要因素。而在国家（地区）之间经济关系网络的形成过程中，聚集效应、排斥效应和大国政策一起产生了网络结构中影响力的集中，少数大国的政策能够对其他国家和地区的贸易、投资和金融活动产生巨大影响，且主导着全球技术标准和各项经济制度的发展。而单一小国的政策很难对其他国家和地区产生显著影响。这在现行的全球经济网络中形成了中心—外围的结构特征。短期内政府政策对国际经济格局突变的主导作用和大国在经济网络中的影响力使得大国政策成为短期内地缘经济风险的主要来源。

近代以来，居于世界经济网络中心的发达资本主义大国的政府政策往往是以自身利益为中心的，忽略其政策对外围国家的负面溢出效应，甚至利用其在网络结构中的影响力迫使外围国家政策改变以实现自身利益最大化。然而，大国在中心—外围结构中权力的使用并非没有限制。既有政策对当前国际经济关系的影响在长期中会通过影响国内国际收入分配的方式改变中心国家面临的国内外经济政治利益格局，进而迫使其政策发生改变。由于这一过程是一个不断积累的过程，这使得地缘经济风险呈现出长期稳定、集中爆发的特点（参见本书第二章的定量描述）。

从近代世界经济史来看，英国利用工业革命带来的技术优势，结合军事力量和殖民政策，通过自由贸易政策形成自身利益最大化的世界经济格局。然而北美洲通过移植英国在当时具有先进性的资本主义制度，加之其独特的地理优势，孕育了英国强大的竞争对手美国。自由贸易格局下，英美经济力量的对比逐渐发生了改变，第二次世界大战进一步加速了这一改变。

布雷顿森林体系建立了以美元为中心的国际货币体系和美国主导的世界贸易规则。美元的国际货币地位的确立为以美元计价的金融资产交易的繁荣奠定了基础。不仅如此，美国发展了与其科技创新需求相适应的资本市场体系，该体系一方面推动了美国技术进步，为其制定全球技术标准创造了客观条件，另一方面形成了不断完善的金融市场风险定价机制和交易机制，吸引了全球资本流入，奠定了美国的金融霸主地位。美元债券市场的发展进一步为其跨国公司提供了全球融资工具，同时强化了美元的国际地位。基于其技术和资本的优势，以及在全球贸易规则制定过程中的话语权，多边主义的自由贸易和投资格局有利于美国通过控制核心技术，结合比较优势和规模经济在全球配置资源。一方面，利用全球市场最大化其跨国公司知识资本的垄断利润；另一方面，利用发展中国家丰富的劳动力和自然资源降低生产成本，并实现经济利益的最大化。在东欧剧变之后，东西两大阵营对立的结束进一步增强了美国在经济、政治和军事上对世界格局的影响力。因此，美国进一步推动了多边主义的贸易和投资格局的发展。世界贸易组织成为其推动多边贸易和投资合作的重要平台。

然而，自由贸易和投资也逐渐改变了美国国内和国际的收入分配和政治经济格局。一方面，自由贸易和投资导致了美国中等技能岗位的收缩，国内收入分配的恶化推动了贸易保护主义的抬头，并通过抑制有效需求限制了经济的发展。另一方面，全球化缩小了其他经济体尤其是新兴市场经济体与美国在经济发展水平上的差距，增强了这些经济体在世界经济中的话语权。多边自由贸易和投资对美国核心利益集团的吸引力下降。中心国家贸易和投资政策的转向，推动世界经济从全球化向地缘经济碎片化转变，动摇了全球供应链的稳定性，加剧了外围国家面临的地缘经济风险。

英美主导的世界经济格局的变迁史表明，基于单一国家和利己主义发展起来的世界经济格局虽然可能在一段时间内具有一定的稳定性，但长期中存在内在的不稳定性，而当前正是其内部矛盾集中爆发的阶段，这表现为地缘经济碎片化和各国面临的地缘经济风险急剧上升。为维护和平与发展两大主题和全人类的福祉，世界各国应该从两方面努力改革全球经济金融治理体系。一方面，推动世界经济的参与国家和地区树立更具包容性的发展观，在追求自身发展的同时兼顾其他国家和地区的利益。另一方面，要推动国际经济金融格局的多元化，改变单一中心国家主导的经济网络格局，限制单一国家滥用其影响力。发展中经济体，尤其是新兴市场经济体，应进一步加强在国际经济金融体系改革中的合作，不断扩大朋友圈，团结更多的外围国家，在全球经济金融治理体系中强化外围国家的话语权，完善对话机制，推动合作共赢，共同为减贫、应对全球气候环境变化等方面创造更好的全球制度环境。通过更好的包容性为世界新发展格局的长期稳定奠定基础。

参考文献

[1] 陈学彬，李鑫．关联网络视角下的国际外汇市场汇率风险溢出研究．金融研究，2024 (8)：20-38.

[2] 陈学彬，龙磊．地缘政治风险与中国短期跨境资本流动：理论机制与实证分析．国际金融研究，2024 (3)：39-50.

[3] 陈紫若，王郑鑫，韩龙艳，等．全球贸易协定网络与国际创新合作网络的共同演化：基于跨网络效应的比较分析．财贸经济，2023 (7)：159-176.

[4] 邓富华，霍伟东．自由贸易协定、制度环境与跨境贸易人民币结算．中国工业经济，2017 (5)：75-93.

[5] 李雪松，党琳，赵宸宇．数字化转型、融入全球创新网络与创新绩效．中国工业经济，2022 (10)：43-61.

[6] 毛汉英．中国周边地缘政治与地缘经济格局和对策．地理科学进展，2014 (3)：289-302.

[7] 欧明刚，杨佩玮．国际资本流动研究新进展．经济学动态，2023 (6)：132-148.

[8] 钱宗鑫，付鹏璐，宋科．股票市场国际联动与金融传染．中国工业经济，2023 (2)：36-54.

[9] 孙海泳．美国重构印太关键矿产供应链的布局、制约因素及其对中国的影响．太平洋学报，2024 (6)：48-61.

[10] 温梦瑶．环保处罚下的企业行为："迎难而上"还是"避走他乡"?：来自对外直接投资的经验证据．会计与经济研究，2022 (4)：93-108.

[11] Acemoglu, D. and David Autor (2011). Skills, Tasks and Technologies: Implications for Employment and Earnings. In *Handbook of Labor Economics*. edited by O. Ashenfelter, R. Layard and D. Card. Amsterdam: Elsevier.

[12] Acemoglu, D. and James A. Robinson (2009). *Economic Origins of Dictatorship and Democracy*. Cambridge: Cambridge University Press.

[13] Aiyar, S., Andrea Presbitero, and Michele Ruta (2023). *Geoeconomic Fragmentation: The Economic Risks from a Fractured World Economy*. London: CEPR Press.

[14] Amiti, M., Oleg Itskhoki, and Jozef Konings (2022). Dominant Currencies: How

Firms Choose Currency Invoicing and Why it Matters. *The Quarterly Journal of Economics*, 137 (3), 1435-1493.

[15] Antràs, P. (2003). Firms, Contracts, and Trade Structure. *The Quarterly Journal of Economics*, 118 (4), 1375-1418.

[16] Autor, D. A., David Dorn, and Gordon H. Hanson (2013). The China Syndrome: Local Labor Market Effects of Import Competition in the United States. *The American Economic Review*, 103 (6), 2121-2168.

[17] Avdjiev, S., Catherine Casanova, Patrick McGuire, et al. (2017). International Prudential Policy Spillovers: A Global Perspective. *International Journal of Central Banking*, 13 (S1): 5-33.

[18] Avdjiev, S., Leonardo Gambacorta, Linda Goldberg, et al. (2020). The Shifting Drivers of Global Liquidity. *Journal of International Economics*, 125 (6), 103324.

[19] Bacchetta, P. and Eric van Wincoop (2005). A Theory of The Currency Denomination of International Trade. *Journal of International Economics*, 67 (2), 295-319.

[20] Bartels, L. M. (2008). *Unequal Democracy: The Political Economy of the New Gilded Age*. Princeton: Princeton University Press.

[21] Blackwill, R. D. and Jennifer M. Harris (2016). *War by Other Means: Geoeconomics and Statecraft*. Cambridge, MA: Harvard University Press.

[22] Calle, G. and Daniel Eidan (2020). Central Bank Digital Currency: An Innovation in Payments. R3 White paper, 4, 1-20.

[23] Calvo, G., Leonardo Leiderman, and Carmen Reinhart (1993). Capital Inflows and Real Exchange Rate Appreciation in Latin America: The Role of External Factors. *IMF Staff Papers*, 40 (1), 108-151.

[24] Clayton, Christopher, Matteo Maggiori, and Jesse Schreger (2024). A Framework for Geoeconomics. NBER Working Papers, No. 31852.

[25] Ernst, D. (2006). Innovation Offshoring; Asia's Emerging Role in Global Innovation Networks. *East-West Center Special Reports*.

[26] Farrell, H. and Abraham L. Newman (2019). *Of Privacy and Power: The Transatlantic Struggle over Freedom and Security*. Princeton: Princeton University Press.

[27] Franco, S. F., J. M. Graña, and C. Rikap (2024). Dependency in the Digital Age? The Experience of Mercado Libre in Latin America. *Dev Change*, 55: 429-464.

[28] Fujita, M. and Jacques-Francois Thisse (2002). *Economics of Agglomeration: Cit-*

ies, *Industrial Location*, *and Regional Growth*. Cambridge: Cambridge University Press.

[29] Galor, O. and Joseph Zeira (1993). Income Distribution and Macroeconomics. *The Review of Economic Studies*, 60 (1), 35-52.

[30] Galstyan, V., Caroline Mehigan, and Rogelio Mercado (2020). The Currency Composition of International Portfolio Assets. *Journal of International Money and Finance*, 103, 102-132.

[31] Goldberg, L. S. and Cédric Tille (2008). Vehicle Currency Use in International Trade. *Journal of International Economics*, 76 (2), 177-192.

[32] Gopinath, G., Pierre-Olivier Gourinchas, Andrea Presbitero, et al. (2025). Changing Global Linkages: A New Cold War? . *Journal of International Economics*, 153, 104042.

[33] Gopinath, G. and Jeremy C. Stein (2021). Banking, Trade, and the Making of a Dominant Currency. *The Quarterly Journal of Economics*, 136 (2), 783-830.

[34] Grossman, G. and Elhanan Helpman (1994). Protection for Sale. *The American Economic Review*, 84 (4), 833-850.

[35] Grossman, G. M., Elhanan Helpman, and Stephen J. Redding (2024). When Tariffs Disrupt Global Supply Chains. *American Economic Review*, 114 (4), 988-1029.

[36] Hirschman, A. (1945). *National Power and the Structure of Foreign Trade*. Auckland: University of California Press.

[37] Ito, H. and Robert McCauley (2020). Currency Composition of Foreign Exchange Reserves. *Journal of International Money and Finance*, 102, 102104.

[38] Kinne, B. J. (2013). Network Dynamics and the Evolution of International Cooperation. *American Political Science Review*, 107 (4), 766-785.

[39] Krugman, P. (1986). *Strategic Trade Policy and the New International Economics*. Massachusetts: MIT Press.

[40] Lakner, C. and Branko Milanovic (2016). Global Income Distribution: From the Fall of the Berlin Wall to the Great Recession. *The World Bank Economic Review*, 30 (2), 203-232.

[41] Liu, T., Dong Lu, and Wing Thye Woo (2019). Trade, Finance and International Currency. *Journal of Economic Behavior & Organization*, 164, 374-413.

[42] López, G. G. and Livio Stracca (2021). Changing Patterns of Capital Flows. *Committee on the Global Financial System Paper*, No. 66.

[43] Magalhães, M. and Óscar Afonso (2017). A Multi-sector Growth Model with Technology Diffusion and Networks. *Research Policy*, 46 (7), 1340-1359.

[44] Melitz，M.(2003). The Impact of Trade on Intra-Industry Reallocations and Aggregate Industry Productivity. *Econometrica*，71 (6)，1695 - 1725

[45] Milanovic，B.(2016). *Global Inequality: A New Approach for the Age of Globalization*. Cambridge，MA：Harvard University Press.

[46] Panizza，U.，Hausmann，R.，and Eichengreen，B.(2005). The Pain of Original Sin. In *Other People's Money: Debt Denomination and Financial Instability in Emerging Market Economies*. edited by B. Eichengreen and R. Hausmann，Chicago：University of Chicago Press.

[47] Portes，R. and Hélène Rey (2005). The Determinants of Cross-border Equity Flows. *Journal of International Economics*，65 (2)，269 - 296.

[48] Prebisch，R.(1950). The Economic Development of Latin America and Its Principal Problems. United Nations Department of Economic Affairs，Economic Commission for Latin America (ECLA)，New York.

[49] Putnam，R.D.(1988). Diplomacy and Domestic Politics：The Logic of Two-level Games. *International Organization*，42 (3)，427 - 460.

[50] Rey，H.(2015). Dilemma not Trilemma：The Global Financial Cycle and Monetary Policy Independence. NBER Working Papers，No. 21162.

[51] Roberts，A.，Henrique Choer Moraes，and Victor Ferguson (2019). Toward a Geoeconomic Order in International Trade and Investment. *Journal of International Economic Law*，22 (4)，655 - 676.

[52] Rodrik，D.(2018). Populism and the Economics of Globalization. *Journal of International Business Policy*，1 (1)，12 - 33.

[53] Rosenkopf，L. and Paul Almeida (2003). Overcoming Local Search Through Alliances and Mobility. *Management Science*，49 (6)，751 - 766.

[54] Seth Schindler，S. and Jessica DiCarlo (2022). Towards a Critical Geopolitics of China-US Rivalry：Pericentricity，Regional Conflicts and Transnational Connections. *Area*，54，638 - 645.

[55] Thoenig，M.(2024). Trade in the Shadow of War：A Quantitative Toolkit for Geoeconomics. In *Handbook of the Economics of Conflict*. edited by Massimo Morelli，Debraj Ray，and Oeindrila Dube. Amsterdam：Elsevier.

第二章 地缘经济风险的演化

随着全球政治经济格局的深刻调整和国际竞争的日趋激烈，地缘经济风险已成为影响国家经济安全与发展的重要因素。本章利用新闻文本大数据，构建了中国地缘经济风险指数，旨在量化中国官方视角下地缘经济风险程度及其动态演变。本章构建的地缘经济风险指数聚焦于由国际关系驱动、通过经济手段表现出的对抗与摩擦，能够更准确、更具针对性地衡量中国所面临的地缘经济风险。研究发现，中国的地缘经济风险在过去四十余年中呈现出显著的阶段性特征；进一步的实证分析表明，地缘经济风险对中国的宏观经济状况、金融市场表现和对外经济活动具有显著的影响。这些发现为理解和预测地缘经济风险冲击下的中国宏观经济和金融市场波动提供了有价值的经验证据，也为相关政策制定者评估风险、制定应对策略提供了重要的参考依据。

一、中国地缘经济风险指数的测度

（一）基于新闻文本的中国地缘经济风险指数测度方法

本章旨在构建中国地缘经济风险指数［Geoeconomic Risk（GER）Index，GER 指数］，以量化中国视角下的地缘经济风险感知程度及其动态演变。我们选择中国官方权威媒体《人民日报》作为文本分析的数据来源。《人民日报》作为中国最具权威性的官方媒体之一，其报道内容在很大程度上反映了中国政府的政策重点、官方立场以及对国内外环境的判断，是观察中国视角下地缘经济风险感知的理想窗口，其报道内容为观测中国地缘经济风险认知提供了一个独特的分析视角。本研究搜集整理了《人民日报》自1979年1月至2025年4月期间刊载的全部文章，时间跨度覆盖了中国改革开放以来的主要历史时期。原始数据包含每篇文章的发布日期和正文文本。在进行文本分析前，我们对数据进行了标准化预处理，包括去除元数据、统一编码、分句等操作。

参照Caldara和Iacoviello（2022）、Ji等（2025）、Wang等（2025）的研究，本章构建了专属词典，以识别与地缘经济风险相关的文章。考虑到地缘经济风险的核心在于国家或行为体主动运用经济手段达成地缘政治或战略目的，本研究主要聚焦于贸易政策（如关税、贸易管制）、技术限制（如出口管制、技术壁垒）、投资审查、金融制裁及供应链调整等具有明确战略意图的领域。虽然宏观经济政策可能产生跨境风险溢出，但其主要基于国内经济形势调整，其产生的风险外溢效应可能具有“被动性”，即不一定是基于地缘经济的主观动机，因此，本章暂不将宏观经济政策纳入核心测度范围，以提升指数的针对性和准确性。本章构建了包含两个维度词汇的综合词典库：第一，地缘经济主题词典。该词典基于地缘经济学理论、国际政治经济学文献以及世界经济论坛的《全球风险报告》等权威资料，系统梳理并收录了与贸易、投资、技术、金融、供应链等地缘经济核心领域相关的关键词（例如，“贸易战”“关税壁垒”“技术脱钩”“投资审查”“经济制裁”“供应链韧性”等）。第二，风险与行动词典。该词典旨在捕捉地缘经济风险的状态和动态，其中风险性词汇为直接表达风险、威胁或负面状态的词语，例如，“风险”“威胁”“危机”“不确定性”“紧张”“对抗”“恶化”等；行动性词汇是描述具体地缘经济行为或措施的动词或名词，例如，“实施”“限制”“报复”“反制”“谈判”“制裁”“脱钩”“审查”“管制”“补贴”等。

基于构建好的两个词典，文章筛选标准如下：若一篇文章同时包含地缘经济主题词典中的至少一个关键词，并且在该关键词出现的同一语句中，也包含风险与行动词典中的至少一个词语（风险性或行动性词汇均可），则该文章被判定为地缘经济风险相关文章。这种句内共现的筛选方式旨在提高识别精度，确保文章内容聚焦于具体的地缘经济事件或互动，而非泛泛而谈。

为构建最终的中国地缘经济风险指数，我们遵循以下步骤：首先，对于每个月度，计算被识别出的地缘经济风险相关文章数量，并除以该月《人民日报》刊载的总文章数量。这一比例控制了报纸发行量和版面变化的影响，更准确地反映了地缘经济风险议题的相对关注度。其次，参照 Caldara 和 Iacoviello（2022）的做法，我们对原始比例序列进行了标准化处理，将全样本均值标准化为 100。标准化后的指数值直观反映了地缘经济风险关注度相对于历史平均水平的变化。指数值高于 100 表示当期《人民日报》对地缘经济风险的关注度高于历史平均水平，低于 100 则表示低于历史平均水平。指数的波动直观地揭示了官方媒体视角下中国地缘经济风险感知的动态变化。

（二）中国地缘经济风险指数

中国地缘经济风险指数[①]的演变趋势如图 2.1 所示。总体而言，中国的地缘经济风险在过去四十余年中呈现出明显的阶段性特征。在 1979—2017 年期间，指数主要围绕其长期均值 100 波动，虽存在一些局部峰值，但整体水平相对平稳，未出现极端高位。这可能反映了在中国改革开放和逐步融入全球经济体系的宏观背景下，官方叙事中地缘经济层面的对抗性风险感知相对较低或不突出。然而，自 2018 年起，中国地缘经济风险指数出现了显著的提升，平均水平大幅抬高，波动性急剧增强，且多次出现远超历史极值的峰值，尤其在 2019 年达到历史最高点。

---

① 本章所构建的地缘经济风险指数的持续更新详见 https：//my. nankai. edu. cn/jrxy/wdp/list. htm。

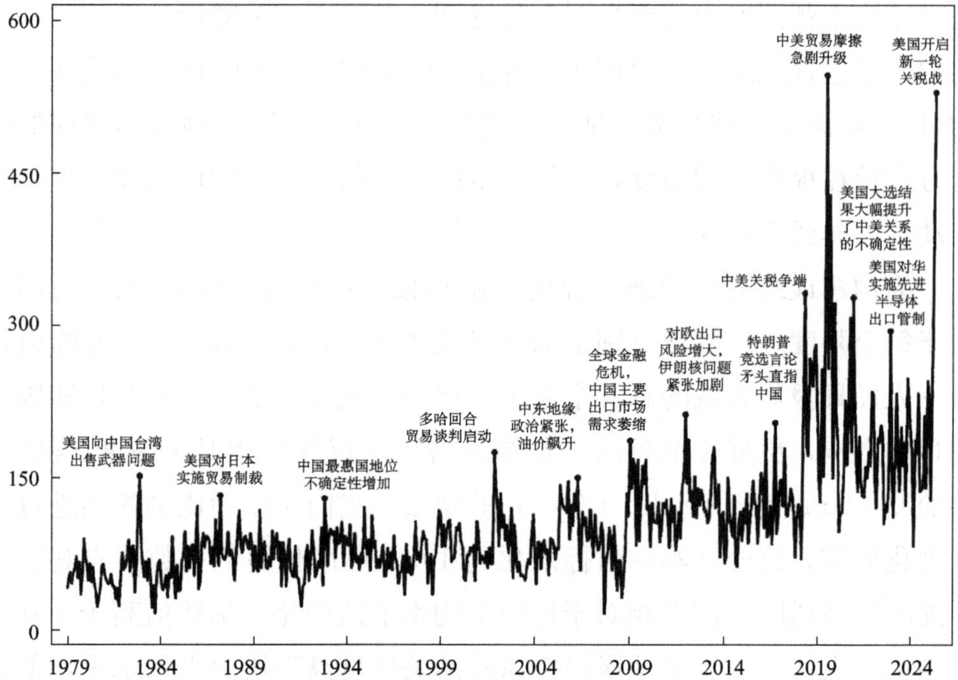

图 2.1　中国地缘经济风险指数演变趋势

2018 年通常被视为中美关系发生转折的关键节点。美国将中国定位为“战略竞争对手”，并开始在经济领域采取一系列对抗性措施。始于 2018 年的关税战是这一转变最直接和最初的表现，直接导致了地缘经济风险指数的首次急剧攀升。随后，这种竞争迅速扩展到科技领域、投资领域、金融领域，甚至影响到全球供应链布局。每一次对抗性政策的出台或升级，都直接推高了《人民日报》等官方媒体对相关风险的关注和报道强度，从而使得地缘经济风险指数出现持续高位和剧烈波动。可以说，中美关系的结构性变化是 GER 指数趋势发生根本转变的最主要外部原因。此外，与中美竞争相伴随的是全球范围内对传统全球化模式的反思以及保护主义、经济民族主义的兴起，同时，新一轮技术革命如 5G、人工智能、半导体、生物技术、新能源等不仅是经济增长的新引擎，也成为大国博弈的关键领域。这些因素使得国际经济互动的不确定性和摩擦点显著增加，导致地缘经济风险指数增高。

总体而言，地缘经济风险指数的变化，本质上是中国官方媒体对这一复杂、严峻且充满不确定性的国际地缘经济环境变化的风险感知与反应的量化体现。指数的持续高位表明，近年来地缘经济竞争与摩擦已成为中国面临的核心外部挑战之一，相关风险感知在官方媒体中的关注度达到了前所未有的高度。

（三）中国地缘经济风险分项指数

为了更深入地理解中国地缘经济风险的结构性特征和驱动因素，本章进一步构建了六个关键领域的分项地缘经济风险指数，分别是：贸易风险、投资风险、技术风险、金融风险、供应链风险以及其他风险指数。这些分类是基于本章在构建地缘经济主题词典时，已预先根据地缘经济学的核心议题和风险表现形式，对主题词汇进行的系统性归类。分项指数的构建逻辑与总体地缘经济风险指数的核心识别方法保持一致，关键区别在于筛选文章时所依据的主题词范围不同。与总体的地缘经济风险指数的处理方式一致，对于每个分项领域和每月，本章计算被识别出的该分项相关文章数量，并除以当期《人民日报》刊载的总文章数量，得到每个分项的原始频次，并在此基础上对每个分项的原始频次占比序列进行标准化，设定整个样本期的各自均值为100。这样处理后，每个分项指数的波动便可直观地反映该特定领域风险关注度相对于其自身历史平均水平的变化。通过上述方法，本章为贸易、投资、技术、金融、供应链及其他这六个关键维度分别构建了独立的时间序列指数。这些分项指数不仅揭示了不同类型地缘经济风险在中国官方媒体叙事中的演变轨迹和相对重要性，也为理解总体地缘经济风险指数波动的内在结构和驱动力提供了更细致的分析视角。

各分项指数的变化趋势如图2.2所示。贸易风险指数的走势与总体地缘经济风险指数高度相关，尤其是在2018年之后。自2018年中美贸易摩擦加剧以来，该指数急剧攀升，并在2019年达到顶峰，清晰地印证了贸易争端是触发本轮地缘经济风险急剧升温的首要和核心因素。此后，贸易风险虽有所回落，但仍维持在历史高位。投资风险指数同样自 2018 年起开始呈现上升趋势，但在 2020 年后出现了更为显著的高峰。这表明与投资相关的地缘经济风险，如外资准入限制、投资安全审查，以及对海外投资的潜在风险等成为日益重要的议题，其突出性可能略滞后于贸

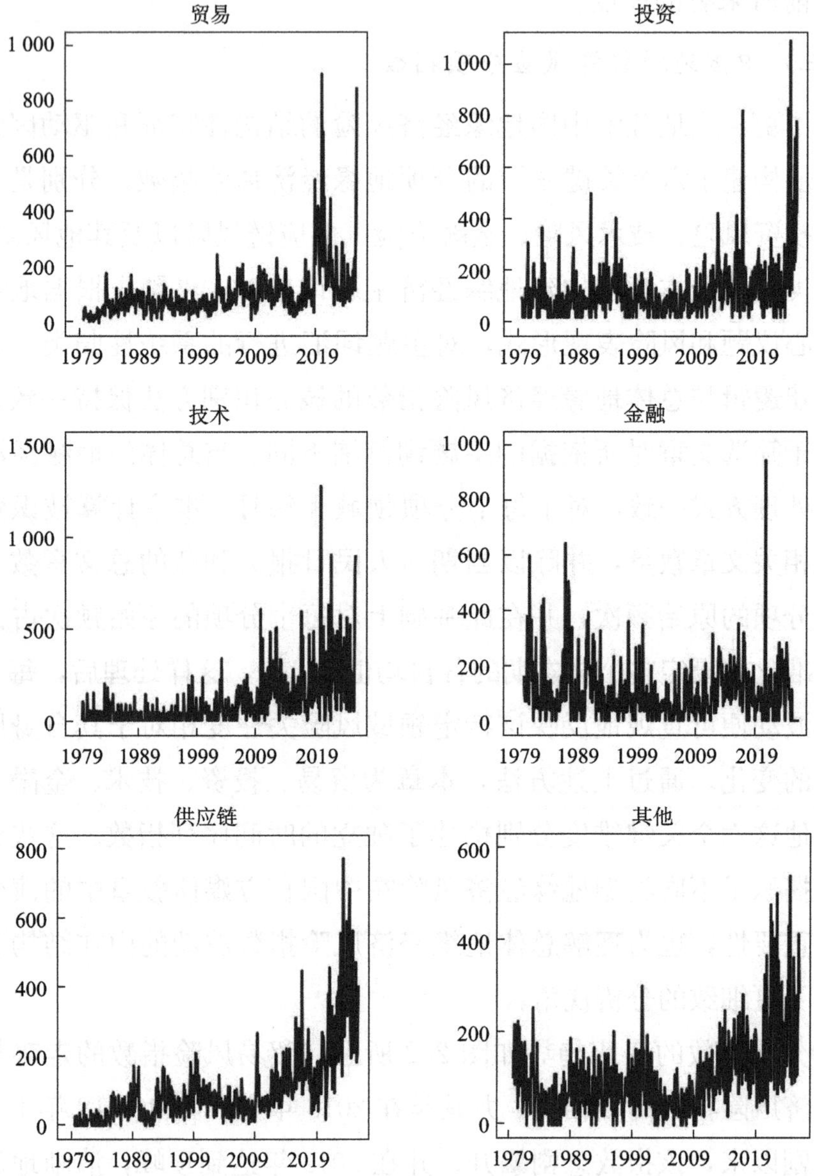

图 2.2　细分领域的地缘经济风险

易风险，但在近年持续发酵。技术风险指数在2018年前同样处于相对低位。从2018年开始，该指数经历了急剧且持续的攀升，这与中美科技竞争的不断加剧，涉及领域从5G、半导体到人工智能、生物技术等不断扩展的现实高度吻合。技术领域的博弈和限制已成为驱动中国地缘经济风险感知的核心且持久的因素。金融风险指数在整个样本期内表现出较高的波动性，且在2018年之前就存在若干显著峰值，这可能与亚洲金融危机、全球金融危机、人民币汇率改革等相关。在2019年末至2020年初，该指数出现了一个异常尖锐的峰值，可能与当时关于金融“脱钩”、中概股监管，以及涉港涉疆金融制裁等议题的集中讨论有关。自2020年初新冠疫情全球暴发开始，供应链风险指数出现了爆炸性且持续性的增长，成为近年来最为突出的地缘经济风险维度之一。这清晰地反映出疫情冲击以及日益紧张的国际关系使得全球供应链的脆弱性、安全性和韧性问题成为官方叙事和政策考量的重中之重。其他风险指数捕捉了未能明确归入前五类的地缘经济风险因素，其走势在2018年后也呈现整体抬升，且波动与总体地缘经济风险指数有一定的同步性，反映了地缘经济风险议题的泛化和复杂化。

综合来看，通过对《人民日报》文本的分析，本章构建的地缘经济风险指数及其分项指数有效地描绘了中国视角下地缘经济风险感知的演变情况。中国的地缘经济风险在2018年发生了结构性转变，风险水平和波动性均大幅提升。从风险结构来看，贸易风险是引爆本轮风险升温的导火索；技术风险迅速成为核心且持久的对抗焦点；供应链风险则在新冠疫情后异军突起，成为近年来最为突出的风险维度；投资和金融风险也呈现加剧态势，但波动模式各有特点。这些分项指数的动态演化共同塑造了总体地缘经济风险的复杂面貌，为理解当前中国面临的外部经济环境挑战提供了新的视角。

二、地缘经济风险指数有效性验证

（一）地缘经济风险冲击与重要地缘经济事件

为检验本章构建的中国地缘经济风险指数的有效性，特别是其捕捉关键风险变化的能力，本节识别并分析了指数时间序列中的主要冲击。我们将相关的月度指数对其自身的三个滞后项进行回归，并将回归残差定义为地缘经济风险的冲击，即未预期到的变动。表 2.1 展示了样本期内排名前 15 位的地缘经济风险指数月度正向冲击值（Shock），及其对应的指数绝对水平（GER）和该月份发生的或对该月份产生显著影响的关键地缘经济事件（Event）。如表 2.1 所示，本章构建的地缘经济风险指数的主要正向冲击（即风险的非预期急剧上升）与中国在样本期内经历的关键地缘经济紧张事件或重大政策调整表现出高度的一致性。地缘经济风险指数上升应该与重要的地缘经济风险事件冲击密切相关，指数中最大的几次冲击清晰地对应了历史上地缘经济风险显著增加的时期。

表 2.1　地缘经济风险指数主要冲击及对应事件

时间	排名	GER	Shock	Event
2001-11	13	172.6	101.3	多哈回合贸易谈判启动；阿富汗战争快速推进
2018-3	7	228.8	134.5	2018 年 3 月，时任美国总统特朗普签署备忘录，宣布计划对至少 500 亿美元的中国商品加征关税
2018-4	3	330.3	173.3	2018 年 4 月初，中国宣布对美国部分商品加征报复性关税。美国随后威胁对额外 1 000 亿美元中国商品加税。4 月 16 日，中兴事件爆发
2019-3	11	255.1	106.5	中美贸易谈判处于关键时期，但进展不顺，围绕华为的科技博弈持续发酵
2019-5	6	294.4	135.1	5 月 10 日，美国将 2 000 亿美元中国商品的关税从 10%提高到 25%。5 月 15 日，美国商务部将华为及其关联公司列入“实体清单”，限制其购买美国技术和产品
2019-5	1	546.5	308.5	中国宣布对美国商品加征报复性关税于 6 月 1 日生效。中国宣布建立“不可靠实体清单”制度
2019-8	9	427.9	121.2	8 月 1 日，特朗普宣布将于 9 月 1 日对剩余约 3 000 亿美元中国商品加征 10%关税。中国随后宣布暂停购买美国农产品。8 月 5 日，人民币兑美元汇率“破 7”，美国财政部随即宣布将中国列为“汇率操纵国”
2020-6	15	224.3	93.3	新冠疫情全球蔓延对全球供应链、国际贸易投资造成了持续冲击和风险；中美关系在疫情背景下持续紧张，涉及疫情溯源、《中华人民共和国香港特别行政区维护国家安全法》（6 月 30 日通过）等议题，美国酝酿相关制裁措施；美国继续在科技领域施压

续表

时间	排名	GER	Shock	Event
2020-9	10	305.8	112.1	美国对中国最大芯片制造商中芯国际（SMIC）实施出口限制；美国大选临近，对华强硬言论增多；美国对涉疆问题的实体和个人实施制裁，包括对棉花等产品的进口限制
2020-11	8	325.9	124.4	11月12日，特朗普政府发布行政命令，禁止美国人投资于被认定与中国军方有关联的中国公司
2022-11	4	293.1	166.1	俄乌冲突持续对全球能源、粮食安全造成影响，地缘经济风险持续；G20巴厘岛峰会（11月中旬），中美元首举行会晤，讨论管控分歧、避免冲突
2023-10	12	246.0	104.9	10月17日，美国宣布新规，进一步收紧对华高端芯片及制造设备的出口管制，弥补去年规则的漏洞；10月7日，巴以新一轮冲突爆发
2024-11	14	243.5	94.9	美国总统大选结果出炉及其对未来中美关系和全球经贸格局的影响
2025-3	5	363.6	165.7	美国再次以芬太尼问题为由，提出对中国输美产品再加征10%关税。3月10日起，中国上调部分美国进口食品关税
2025-4	2	528.9	275.7	关税战轮番升级。4月2日，美国总统特朗普在白宫签署行政令，宣布实施“对等关税”；4月4日，中国发布系列反制措施；4月9日，欧盟成员国投票通过首轮对美关税反制措施

首先，中美贸易摩擦是导致地缘经济风险指数产生剧烈冲击的最主要因素。自2018年3月美方宣布加征关税计划起，地缘经济风险指数便开始出现大幅冲击（排名第7），随后关税升级（2018年4月，排名第3），美方将华为列入实体清单并进一步加征关税（2019年5月，排名第6），中方宣布反制措施及建立“不可靠实体清单”（2019年6月，排名第1，历史最大冲击），以及贸易战延伸至汇率领域（2019年8月，排名第9）等关键节点，均对应了指数排名前列的巨大冲击。2025年，美国发起新一轮贸易摩擦也引发了显著冲击（2025年3月，排名第5；2025年4月，排名第2）。这表明地缘经济风险指数对中美这一核心地缘经济关系的紧张程度变化极为敏感。

其次，科技领域的竞争与限制也是驱动指数冲击的重要来源。除了与贸易摩擦交织的华为事件和中兴事件，美国针对中芯国际的出口限制（2020 年 9 月，排名第 10）；禁止投资与中国军方关联企业的行政令（2020 年 11 月，排名第 8）；以及 2022—2023 年持续收紧的高端芯片及设备出口管制，都清晰地体现在指数的剧烈波动上。

最后，重大全球性事件及其地缘经济后果同样能被指数捕捉。例如，新冠疫情对全球供应链的冲击及引发的关于“脱钩”和产业链重构的讨论（2020 年 6 月、2020 年 9 月），阿富汗战争、多哈回合贸易谈判启动（2001 年 11 月）以及俄乌冲突爆发后对全球能源、粮食和金融体系产生的连锁反应，也均在指数的波动中有所反应。此外，全球政治经济格局的重大变化，如美国大选带来的政策不确定性（2020 年 9 月、2024 年 11 月），也在指数中有所体现。总体而言，对地缘经济风险指数主要冲击的分析结果表明，本章构建的地缘经济风险指数能够有效地捕捉到由重大地缘经济事件，尤其是中美经贸和科技摩擦、全球性危机冲击等因素引发的地缘经济风险感知的剧烈、非预期变化。这种冲击与实际事件的良好对应关系，为本章构建的地缘经济风险指数作为衡量中国视角下地缘经济风险的有效指标，提供了有力的实证支持。

（二）地缘经济风险指数与相关变量对比

1. 地缘经济风险指数与经济政策不确定性指数对比

图 2.3 的上半部分对比了本章构建的中国地缘经济风险指数（GER，左轴）与 Davis 等（2019）构建的中国经济政策不确定性指数（EPU，右轴）。从图中可以看出，两个指数在部分时期表现出一定的协同波动，尤其是在面临重大内外部冲击时，例如，2019 年中美贸易摩擦升级期间以及 2020 年新冠疫情暴发初期，两者均出现了显著峰值，表明这些事件同时带来了地缘经济风险和广泛的经济政策不确定性。然而，两者也存在明显的差异。首先，GER 指数对特定的、由外部驱动的地缘经济对抗事件表现出更高的敏感度和更剧烈的峰值。例如，在

2018 年中美贸易摩擦加剧初期以及 2022 年末美国强化芯片出口管制等时点，GER 指数迅速攀升至极高水平，而同期 EPU 指数的反应相对温和或存在滞后。这表明 GER 更能捕捉到因国际关系紧张而直接运用经济工具所带来的风险感知。其次，EPU 指数有时会在 GER 指数相对平稳时出现独立的高峰。这可能源于国内经济政策的重大调整，如货币政策转向、财政刺激计划讨论、行业监管变化、重要的党和国家会议期间政策信号的密集释放等，这些调整虽带来了经济政策的不确定性，但未必直接构成地缘经济意义上的对抗或风险。总体而言，该对比表明本章构建的地缘经济风险指数更聚焦于由国际关系驱动的、运用经济手段产生的风险，而经济政策不确定性指数则衡量了更宽泛的国内宏观经济政策环境的不确定性。相比于 EPU 指数，本章构建的地缘经济风险指数能够更为准确地衡量中国地缘经济风险。

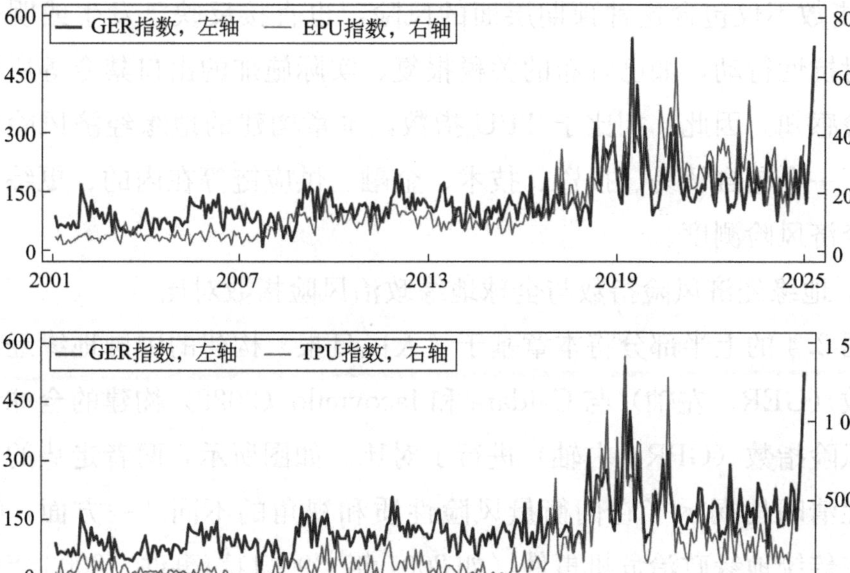

图 2.3　地缘经济风险指数与不确定性指数对比

2. 地缘经济风险指数与贸易政策不确定性指数对比

图 2.3 的下半部分展示了中国地缘经济风险指数（GER，左轴）与

Davis 等（2019）基于类似 EPU 方法构建的中国贸易政策不确定性指数（TPU，右轴）的对比。GER 指数与 TPU 指数之间表现出较强的相关性，尤其是在 2018 年后，贸易摩擦成为焦点，使得两者的主要峰值时点高度重合。这印证了贸易是地缘经济博弈的核心领域，贸易政策的不确定性自然构成了地缘经济风险的重要维度。尽管如此，两个指数仍非完全一致。第一，GER 指数的覆盖范围更广。当地缘经济风险主要源于非贸易领域时，GER 指数可能独立于 TPU 指数而波动。例如，涉及重大跨国投资的审查与限制、关键技术的出口管制或获取限制、金融制裁的威胁或实施，以及非因贸易政策不确定性引发的供应链中断风险，这些都可能推高 GER 指数，而 TPU 指数对此的反应则相对有限或不直接。第二，两者侧重点不同。TPU 指数主要衡量关于贸易政策本身的不确定性，如未来关税走向不明、贸易协定谈判前景难料等，而 GER 指数不仅包含这种预期层面的风险，也直接反映已发生或明确威胁的对抗性行动，如已宣布的关税报复、实际施加的出口禁令等所引发的风险感知。因此，相比于 TPU 指数，本章构建的地缘经济风险指数提供了一个包含贸易、投资、技术、金融、供应链等在内的、更综合的地缘经济风险测度。

3. 地缘经济风险指数与全球地缘政治风险指数对比

图 2.4 的上半部分将本章基于《人民日报》构建的中国地缘经济风险指数（GER，左轴）与 Caldara 和 Iacoviello（2022）构建的全球地缘政治风险指数（GPR，右轴）进行了对比。如图所示，两者走势的显著差异性清晰地揭示了它们衡量风险性质和视角的不同。一方面，GPR 指数在传统地缘政治危机事件（如 2001 年“9・11”事件、2003 年伊拉克战争，以及早期的军事冲突和恐怖袭击）期间达到峰值，而 GER 指数在这些时期反应平淡甚至处于低位，这表明 GPR 指数更侧重于军事、安全和政治冲突风险。另一方面，GPR 指数在 2018 年之前的几十年中波动相对较高，反映了冷战及后冷战时期的地缘政治格局。而 GER 指

数则在2018年之后经历了爆炸性增长，远超其历史水平及同期的GPR指数。这表明，在中国官方媒体的视角下，以经济手段为主要特征的地缘经济竞争和风险，在近年来已成为远比传统地缘政治冲突更为突出和紧迫的议题。因此，GER指数并非GPR指数的简单替代或补充，而是捕捉了一种不同性质、不同时期焦点和不同主体视角的风险。这种差异性凸显了在当前国际环境下，单独衡量地缘经济风险，特别是从特定国家视角进行衡量的必要性。

4. 地缘经济风险指数与中美关系紧张指数对比

图2.4的下半部分对比了中国地缘经济风险指数（GER，左轴）与Rogers等（2024）构建的衡量中美双边关系紧张程度的指数（UCT，右轴）。可以看出，两者在2018年后表现出显著的同步性和高度正相关，印证了中美关系是当前驱动中国地缘经济风险感知的核心主线。双边关系的恶化几乎同步地反映在经济领域的摩擦风险感知上升上。然而，两者并非完全等同。一方面，UCT指数可能先于或独立于GER指数升高。如果中美关系紧张主要体现在非经济领域，例如，纯粹的外交口水战升级、军事战略层面的姿态展示，而尚未立即转化为具体的经济制裁、关税或投资限制措施时，UCT指数可能已经大幅升高，但GER指数的反应可能相对滞后或幅度较小。另一方面，GER指数可能对纯粹的经济摩擦更敏感或反应更具体。某些技术性的贸易争端、特定的反倾销/反补贴调查或涉及具体产业的投资审查案可能首先在经济层面引发显著的风险感知，推高GER指数，而此时未必已引发UCT指数所捕捉的整体双边关系的同等剧烈变化。此外，GER指数还可能受到中国与其他国家或地区（如欧盟）之间地缘经济摩擦的影响，这部分风险则不会被聚焦于中美双边关系的UCT指数所捕捉。总体而言，虽然中美关系紧张是GER指数波动的重要驱动力，但UCT指数衡量的是更广泛的双边关系，而GER指数则聚焦于这种紧张关系在经济领域具体体现出的风险和潜在对抗。并且，GER指数对经济手段的运用更为敏感，

且理论上能涵盖更广泛的国际经济关系风险。

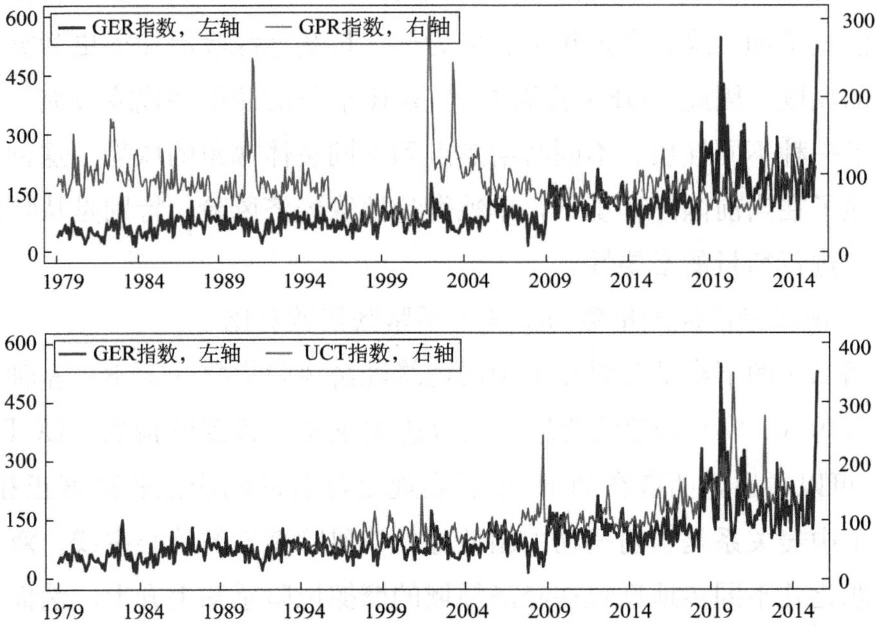

图 2.4　地缘经济风险指数与 GPR 指数和 UCT 指数对比

三、地缘经济风险指数的影响

为考察本章构建的地缘经济风险指数（GER）及其各分项指标对宏观经济价格波动的预测能力，设定如下回归模型：

$$Y_t = \beta_0 + \beta_1 GER_{t-1} + \beta_2 X_{t-1} + \varepsilon \qquad (2.1)$$

式中，被解释变量 Y_t 为宏观经济指标，包括消费者价格指数（CPI）、生产者价格指数（PPI）、通货膨胀率（Inflation，以 CPI 增长率衡量）、股票市场收益率（Lret，以沪深 300 指数的月对数收益率衡量）、实际利率（Interest，以一年期国债到期收益率减通货膨胀率衡量）、实际有效汇率指数（Exchange，以世界银行中国实际有效汇率指数衡量）、出口情况（Exports，以出口总额增长率衡量）、进口情况（Imports，以进口总额增长率衡量）、外国直接投资（FDI，以外国直接投资总额增长率衡量）。解释变量 GER_{t-1} 为滞后一期的 GER 指数或者其分项指数对数值，X_{t-1}为控制变量，包括滞后一期的中国经济政策不确定性指数[EPU 指数，由 Davis 等（2019）构建]、中国贸易政策不确定性指数[TPU 指数，由 Davis 等（2019）构建]、全球地缘政治风险指数[GPR 指数，由 Caldara 和 Iacoviello（2022）构建]和中美紧张关系指数[UCT 指数，由 Rogers 等（2024）构建]的对数值。

（一）地缘经济风险对未来价格水平的影响

本章首先分析了地缘经济风险对未来价格水平的影响。表 2.2 显示了地缘经济风险对消费者价格指数（CPI）的预测能力。在控制了其他相关不确定性因素后，地缘经济风险指数能够显著正向预测下一期的 CPI。由于地缘经济紧张可能导致供应链扰动、进口商品成本增加、企业将风险溢价部分转嫁给最终消费者等，因此，地缘经济风险的上升预示着未来消费价格水平存在上行压力。进一步分析各分项指数可以发现，贸易领域的地缘经济风险对 CPI 的正向预测作用尤为显著，这印证了贸易摩擦、关税壁垒等是推升消费价格的重要渠道。然而，投资、技术、金融以及其他领域的 GER 分项指数，以及供应链风险指数，在本模型中对 CPI 的预测作用尚不显著，这可能意味着这些风险对消费价格的传导更为间接、存在更长的滞后。值得注意的是，中美紧张关系指数对 CPI 呈现显著的负向预测作用，这可能反映了双边关系极度紧张时期对总需求的显著抑制效应超过了成本推动效应。

表 2.2 地缘经济风险对未来 CPI 的影响

	(1) cpi	(2) cpi	(3) cpi	(4) cpi	(5) cpi	(6) cpi	(7) cpi
L. GER	0.266** (0.113)						
L. 贸易		0.232*** (0.076)					
L. 投资			0.015 (0.024)				

续表

	(1) cpi	(2) cpi	(3) cpi	(4) cpi	(5) cpi	(6) cpi	(7) cpi
L. 技术				0.028 (0.023)			
L. 金融					−0.023 (0.021)		
L. 供应链						−0.065 (0.054)	
L. 其他							0.020 (0.036)
L. epu	0.150 (0.105)	0.216** (0.098)	0.224** (0.102)	0.197* (0.105)	0.254** (0.101)	0.285*** (0.107)	0.217** (0.106)
L. tpu	−0.057 (0.057)	−0.100 (0.061)	−0.024 (0.057)	−0.021 (0.056)	−0.035 (0.057)	−0.032 (0.057)	−0.022 (0.057)
L. gpr	−0.018 (0.105)	−0.014 (0.104)	−0.027 (0.106)	−0.026 (0.105)	−0.024 (0.105)	−0.020 (0.106)	−0.023 (0.106)
L. uct	−0.003*** (0.001)	−0.003*** (0.001)	−0.004*** (0.001)	−0.003*** (0.001)	−0.004*** (0.001)	−0.004*** (0.001)	−0.004*** (0.001)
_cons	98.918*** (0.653)	98.951*** (0.610)	99.681*** (0.568)	99.715*** (0.566)	99.732*** (0.567)	99.761*** (0.568)	99.666*** (0.571)
R^2	0.056	0.068	0.038	0.042	0.041	0.042	0.038
观测值	278	278	278	278	278	278	278

注：***、**和*分别表示在1%、5%和10%的统计水平上显著，括号内为标准误。

与CPI不同，地缘经济风险对生产者价格指数（PPI）的预测呈现显著的负向关系。表2.3的结果显示，地缘经济风险指数显著负向预测了下一期的PPI，即地缘经济风险的升高预示着未来生产者价格面临下行压力。这揭示了地缘经济风险可能通过抑制总需求（导致企业投资萎缩、生产放缓）、引发悲观预期（促使企业降价去库存）以及可能的外需减弱等渠道，对工业品出厂价格产生显著的抑制作用。从分项指数看，投资风险和其他风险的负向预测作用支持了需求抑制的逻辑。特别值得关注的是，供应链风险对PPI存在显著且幅度较大的负向预测效应，这可能是由于对于生产者而言，无论是对未来中断的担忧还是实际发生的扰动所引发的需求冲击远大于其成本冲击，或者这种风险感知本身就强烈抑制了企业的生产意愿和定价能力。相比之下，贸易风险对PPI的预测作用不显著，可能反映了其成本推动和需求抑制两种力量在生产者层面短期内相互抵消。

表 2.3　地缘经济风险对未来 PPI 的影响

	(1) ppi	(2) ppi	(3) ppi	(4) ppi	(5) ppi	(6) ppi	(7) ppi
L. GER	−3.521*** (0.812)						
L. 贸易		−0.388 (0.572)					
L. 投资			−0.349** (0.175)				
L. 技术				−0.292* (0.171)			
L. 金融					−0.247 (0.158)		
L. 供应链						−1.954*** (0.379)	
L. 其他							−0.548** (0.263)
L. epu	−0.083 (0.758)	−1.201 (0.736)	−0.924 (0.746)	−0.809 (0.772)	−1.056 (0.740)	0.189 (0.754)	−0.669 (0.778)
L. tpu	1.186*** (0.413)	0.901** (0.454)	0.720* (0.414)	0.725* (0.415)	0.680 (0.419)	0.610 (0.398)	0.667 (0.416)
L. gpr	−0.600 (0.753)	−0.486 (0.778)	−0.499 (0.772)	−0.490 (0.774)	−0.411 (0.775)	−0.200 (0.744)	−0.608 (0.775)
L. uct	0.000 (0.009)	0.003 (0.009)	0.002 (0.009)	0.001 (0.009)	0.004 (0.009)	0.004 (0.009)	0.003 (0.009)
_cons	115.871*** (4.695)	106.734*** (4.565)	105.988*** (4.153)	105.349*** (4.153)	105.780*** (4.161)	107.216*** (3.999)	106.487*** (4.170)
R^2	0.078	0.016	0.028	0.024	0.023	0.101	0.029
观测值	278	278	278	278	278	278	278

注：***、** 和 * 分别表示在 1%、5%和 10%的统计水平上显著，括号内为标准误。

本章进一步分析了地缘经济风险指数对未来通货膨胀率（Inflation）的预测作用。如表 2.4 所示，地缘经济风险对通货膨胀率的预测结果与CPI基本一致。地缘经济风险指数对通胀率有微弱的正向预测作用，而贸易风险的正向预测作用更为显著，再次凸显了贸易渠道在风险向消费端通胀传导中的关键角色。其他 GER 分项指数的影响不显著。与 CPI 模型类似，EPU 指数倾向于推高通胀，而 UCT 指数则显著预示通胀下行。结合地缘经济风险对 CPI 和 PPI 的预测结果可知，地缘经济风险指数对中国价格体系表现出复杂的影响。一方面，地缘经济风险主要通过贸易渠道对 CPI 和通胀率施加了温和的上行压力；另一方面，地缘经济风险通过抑制需求对 PPI 产生了显著的下行压力。这揭示了地缘经济风险通过成本推动和需求抑制两条不同路径传导至宏观经济，且在不同价格指数上体现出不同的主导力量。这些发现为理解和预测地缘经济冲击下的中国宏观经济波动提供了有价值的实证依据。

表 2.4　地缘经济风险对未来通货膨胀率的影响

	(1) inflation	(2) inflation	(3) inflation	(4) inflation	(5) inflation	(6) inflation	(7) inflation
L. GER	0.003* (0.001)						
L. 贸易		0.002** (0.001)					
L. 投资			−0.000 (0.000)				
L. 技术				0.000 (0.000)			
L. 金融					−0.000 (0.000)		
L. 供应链						0.000 (0.001)	
L. 其他							−0.000 (0.000)
L. epu	0.002 (0.001)	0.003** (0.001)	0.003** (0.001)	0.003** (0.001)	0.003** (0.001)	0.003** (0.001)	0.003** (0.001)
L. tpu	−0.000 (0.001)	−0.001 (0.001)	−0.000 (0.001)	−0.000 (0.001)	−0.000 (0.001)	−0.000 (0.001)	−0.000 (0.001)
L. gpr	−0.001 (0.001)	−0.001 (0.001)	−0.001 (0.001)	−0.001 (0.001)	−0.001 (0.001)	−0.001 (0.001)	−0.001 (0.001)

续表

	(1) inflation	(2) inflation	(3) inflation	(4) inflation	(5) inflation	(6) inflation	(7) inflation
L. uct	−0.000** (0.000)	−0.000** (0.000)	−0.000*** (0.000)	−0.000*** (0.000)	−0.000*** (0.000)	−0.000*** (0.000)	−0.000*** (0.000)
_cons	−0.012 (0.008)	−0.012 (0.008)	−0.005 (0.007)	−0.005 (0.007)	−0.004 (0.007)	−0.005 (0.007)	−0.005 (0.007)
R^2	0.049	0.057	0.039	0.038	0.043	0.039	0.038
观测值	278	278	278	278	278	278	278

注：***、** 和 * 分别表示在 1%、5%和 10%的统计水平上显著，括号内为标准误。

（二）地缘经济风险对未来金融市场的影响

在金融市场方面，本章首先分析了地缘经济风险对股票市场收益的影响。以沪深 300 指数的月对数收益率作为股票市场收益率的衡量指标，表 2.5 的结果显示，总体地缘经济风险指数对下一期股票市场回报具有显著的负面预测作用。当宏观层面整体地缘经济紧张程度加剧时，预期未来的股票收益将有所下降。分项指标中，贸易风险和技术风险能够显著负向影响股票收益率。与国际贸易相关的摩擦、争端或政策变化，以及围绕关键技术、产业链控制等方面的竞争和限制，是驱动中国股票市场对地缘经济风险做出反应的主要因素。这些风险可能通过影响企业进出口业务、扰乱全球供应链、限制技术获取与发展，以及加剧市场不确定性等渠道，传导至投资者预期和资产定价中，从而对股票市场回报构成压制。其他地缘经济风险分项指数的预测作用均不显著。

表 2.5　地缘经济风险对未来股票市场收益率的影响

	(1) lret	(2) lret	(3) lret	(4) lret	(5) lret	(6) lret	(7) lret
L. GER	−0.041** (0.017)						
L. 贸易		−0.019* (0.011)					
L. 投资			0.000 (0.004)				

续表

	(1) lret	(2) lret	(3) lret	(4) lret	(5) lret	(6) lret	(7) lret
L. 技术				−0.007* (0.004)			
L. 金融					0.002 (0.003)		
L. 供应链						−0.009 (0.009)	
L. 其他							−0.006 (0.006)
L. epu	0.012 (0.019)	−0.001 (0.018)	−0.002 (0.018)	0.005 (0.018)	−0.003 (0.018)	0.009 (0.021)	0.006 (0.020)
L. tpu	0.000 (0.009)	0.002 (0.010)	−0.004 (0.009)	−0.004 (0.009)	−0.003 (0.009)	−0.006 (0.010)	−0.005 (0.009)
L. gpr	0.006 (0.023)	−0.003 (0.023)	−0.001 (0.023)	0.005 (0.023)	−0.002 (0.023)	0.007 (0.024)	0.001 (0.023)
L. uct	0.000 (0.000)	0.000 (0.000)	0.000 (0.000)	0.000 (0.000)	0.000* (0.000)	0.000 (0.000)	0.000 (0.000)
_cons	0.079 (0.119)	0.061 (0.121)	−0.008 (0.115)	−0.024 (0.114)	−0.007 (0.115)	−0.040 (0.118)	−0.017 (0.115)
R^2	0.041	0.027	0.014	0.029	0.016	0.020	0.018
观测值	218	218	218	218	218	218	218

注：***、** 和 * 分别表示在 1%、5%和 10%的统计水平上显著，括号内为标准误。

表 2.6 展示了地缘经济风险对中国实际利率（Interest）的预测结果。分析表明，地缘经济风险指数显著负向预测了下一期利率水平，这可能是由于地缘经济风险升高引发了避险情绪，资金流向更安全的资产，从而压低利率。此外，在风险升高的背景下，市场可能预期未来经济活动将放缓，进而预期更宽松的货币政策。从分项指数看，贸易风险和供应链风险均显著负向预测了利率，再次凸显了这两个领域风险对金融市场情绪和预期的重要影响。值得注意的是，金融风险反而显著正向预测了利率。这可能是因为金融领域的直接对抗风险可能引发资本外流担忧或流动性紧张预期，反而推高了实际利率水平。

表 2.6　地缘经济风险对未来实际利率的影响

	(1) interest	(2) interest	(3) interest	(4) interest	(5) interest	(6) interest	(7) interest
L. GER	−0.417*** (0.127)						
L. 贸易		−0.355*** (0.087)					
L. 投资			0.042 (0.028)				
L. 技术				−0.025 (0.028)			
L. 金融					0.059** (0.025)		
L. 供应链						−0.146** (0.064)	
L. 其他							0.054 (0.042)
L. epu	0.188 (0.133)	0.049 (0.124)	0.015 (0.129)	0.075 (0.133)	0.010 (0.127)	0.199 (0.144)	−0.033 (0.141)
L. tpu	0.013 (0.067)	0.090 (0.072)	−0.028 (0.067)	−0.035 (0.067)	−0.014 (0.067)	−0.060 (0.068)	−0.017 (0.068)
L. gpr	−0.363** (0.150)	−0.414*** (0.149)	−0.349** (0.152)	−0.360** (0.153)	−0.377** (0.151)	−0.276* (0.156)	−0.364** (0.152)
L. uct	−0.001 (0.001)	−0.001 (0.001)	−0.001 (0.001)	−0.001 (0.001)	−0.001 (0.001)	−0.001 (0.001)	−0.000 (0.001)
_cons	5.298*** (0.918)	5.542*** (0.907)	4.031*** (0.868)	4.150*** (0.866)	4.082*** (0.858)	3.827*** (0.870)	4.209*** (0.866)
R^2	0.066	0.087	0.034	0.029	0.048	0.046	0.033
观测值	257	257	257	257	257	257	257

注：***、** 和 * 分别表示在 1%、5%和 10%的统计水平上显著，括号内为标准误。

对于汇率市场，表 2.7 展示了地缘经济风险对实际有效汇率指数（Exchange）的预测结果。地缘经济风险指数的系数为正，同时多个分项指数表现出显著的预测能力但符号并不相同。贸易风险能够显著负向预测汇率，意味着贸易风险上升预示着本币未来可能贬值，这可能是由于贸易争端、关税壁垒或出口限制等风险，往往会削弱一国的出口前景和贸易条件，对本币币值施加下行压力。与贸易风险相反，投资风险、技术风险、金融风险、供应链风险以及其他风险均显著正向预测实际有效汇率指数。这表明这些非贸易领域的风险上升，反而预示着未来人民币实际有效汇率的升值。一方面，这可能是由于这些风险的加剧可能并未引发大规模资本外流，反而可能因为对未来更严格资本管制的预期、国内资产的相对安全性，或是企业或居民部门的避险行为而导致资本净流出减少甚至出现阶段性净流入，从而支撑了实际有效汇率。另一方面，当供应链面临风险时，中国的进口受到的冲击大于出口，从而对本币币值产生了升值压力。

表 2.7　地缘经济风险对未来实际有效汇率的影响

	(1) exchange	(2) exchange	(3) exchange	(4) exchange	(5) exchange	(6) exchange	(7) exchange
L. GER	3.767** (1.744)						
L. 贸易		−6.151*** (1.140)					
L. 投资			0.994*** (0.365)				
L. 技术				0.608* (0.359)			
L. 金融					1.105*** (0.325)		
L. 供应链						6.125*** (0.745)	
L. 其他							3.370*** (0.518)
L. epu	12.372*** (1.629)	14.175*** (1.466)	12.715*** (1.553)	12.717*** (1.618)	12.795*** (1.526)	9.137*** (1.481)	10.113*** (1.528)
L. tpu	−2.728*** (0.887)	−0.324 (0.905)	−2.129** (0.862)	−2.183** (0.869)	−1.854** (0.863)	−1.767** (0.782)	−1.615** (0.817)
L. gpr	−0.323 (1.617)	−0.866 (1.550)	−0.362 (1.608)	−0.411 (1.621)	−0.696 (1.597)	−1.290 (1.462)	0.436 (1.522)
L. uct	0.083*** (0.019)	0.073*** (0.018)	0.084*** (0.019)	0.085*** (0.019)	0.081*** (0.019)	0.078*** (0.017)	0.087*** (0.018)

续表

	(1) exchange	(2) exchange	(3) exchange	(4) exchange	(5) exchange	(6) exchange	(7) exchange
_cons	35.687***	66.762***	45.344***	47.070***	45.436***	41.351***	40.573***
	(10.086)	(9.099)	(8.647)	(8.703)	(8.577)	(7.857)	(8.192)
R^2	0.593	0.626	0.597	0.591	0.603	0.669	0.642
观测值	278	278	278	278	278	278	278

注：***、** 和 * 分别表示在 1%、5%和 10%的统计水平上显著，括号内为标准误。

总体而言，地缘经济风险对中国金融市场的影响呈现多维特征。总体地缘经济风险、贸易风险以及技术风险显著抑制了股票市场回报。总体风险和贸易风险、供应链风险倾向于压低未来利率，可能反映避险情绪和增长放缓预期，但金融风险则有相反的作用。对实际有效汇率的影响尤为复杂：贸易风险施加贬值压力，而投资、技术、金融、供应链等风险却伴随着升值预期，这可能与资本流动管理、进口压缩以及复杂的市场预期密切相关。这些发现表明，不同类型的地缘经济风险可能通过不同渠道作用于金融市场，不能简单地将风险等同于市场下行或货币贬值。

（三）地缘经济风险对未来对外经济活动的影响

本章进一步分析了地缘经济风险对未来对外经济活动的影响。表 2.8 考察了地缘经济风险对未来出口（Exports）的影响。回归结果显示，地缘经济风险指数对未来出口额存在显著的负向预测作用。这表明，整体地缘经济风险的上升，在控制了其他不确定性因素后，预示着中国未来出口表现将面临下行压力，这可能是由于外部需求减弱、贸易壁垒增高或国际营商环境恶化所致。在各分项风险中，供应链风险对出口的负向预测作用尤为突出且高度显著。这一发现强调了在全球生产网络日益复杂的背景下，源于地缘政治因素的供应链不稳定预期或实际中断，已成为制约中国出口能力的关键风险因素，其影响可能通过中断生产、抬高成本或延误交付等方式体现。贸易、投资、技术或金融领域的特定地缘经济风险，对短期出口额并未显示出统计上显著的直接预测力。这可能是由于这些风险对出口的影响更为间接、滞后时间更长，或者其部分效应已被包含范围更广的供应链风险或总体风险指数所吸收。

表 2.8　地缘经济风险对未来出口的影响

	(1) exports	(2) exports	(3) exports	(4) exports	(5) exports	(6) exports	(7) exports
L. GER	−9.541*** (3.312)						
L. 贸易		1.055 (2.292)					
L. 投资			−0.801 (0.706)				
L. 技术				−0.404 (0.689)			
L. 金融					−0.986 (0.632)		
L. 供应链						−5.163*** (1.561)	
L. 其他							−1.402 (1.060)
L. epu	−4.780 (3.094)	−8.004*** (2.948)	−7.189** (3.001)	−7.315** (3.107)	−7.183** (2.964)	−4.140 (3.100)	−6.454** (3.131)
L. tpu	4.162** (1.685)	2.717 (1.819)	2.924* (1.666)	2.983* (1.669)	2.666 (1.677)	2.614 (1.638)	2.774* (1.674)
L. gpr	0.515 (3.071)	0.958 (3.117)	0.802 (3.108)	0.850 (3.113)	1.090 (3.103)	1.581 (3.061)	0.513 (3.117)
L. uct	−0.087** (0.036)	−0.077** (0.037)	−0.082** (0.037)	−0.082** (0.037)	−0.079** (0.036)	−0.077** (0.036)	−0.081** (0.037)
_cons	69.862*** (19.156)	38.268** (18.294)	42.872** (16.715)	41.518** (16.714)	42.916** (16.666)	46.292*** (16.454)	44.285*** (16.784)
R^2	0.143	0.117	0.121	0.118	0.124	0.151	0.122
观察值	278	278	278	278	278	278	278

注：***、** 和 * 分别表示在 1%、5%和 10%的统计水平上显著，括号内为标准误。

在进口方面，表 2.9 的结果表明，地缘经济风险指数对未来进口额（Imports）的负向预测作用更为显著且幅度更大。这清晰地指向地缘经济风险不仅通过外部渠道影响出口，也通过抑制国内投资、生产活动以及消费者信心等内部渠道，显著削弱了对外国商品的需求。与出口情况类似，供应链风险对进口的负向预测效应同样非常显著。这进一步印证了供应链风险的核心地位，表明对供应链稳定性的担忧或实际中断，严重阻碍了生产所需中间品、技术设备以及最终消费品的顺畅流入，对国内经济活动的正常运行构成显著制约。和出口情况一致，贸易、投资、技术、金融或其他特定风险类别同样未能显著预测短期进口额的变化。

表 2.9　地缘经济风险对未来进口的影响

	(1) imports	(2) imports	(3) imports	(4) imports	(5) imports	(6) imports	(7) imports
L. GER	−13.135*** (3.419)						
L. 贸易		0.501 (2.394)					
L. 投资			−0.661 (0.738)				
L. 技术				−0.809 (0.718)			
L. 金融					−0.728 (0.662)		
L. 供应链						−8.714*** (1.577)	
L. 其他							−1.650 (1.106)
L. epu	−7.417** (3.194)	−11.767*** (3.079)	−11.129*** (3.137)	−10.537*** (3.239)	−11.187*** (3.103)	−5.363* (3.131)	−10.011*** (3.267)
L. tpu	7.152*** (1.740)	5.468*** (1.900)	5.521*** (1.741)	5.485*** (1.740)	5.341*** (1.755)	4.884*** (1.655)	5.298*** (1.746)
L. gpr	−3.336 (3.170)	−2.787 (3.256)	−2.891 (3.249)	−2.899 (3.246)	−2.671 (3.248)	−1.653 (3.091)	−3.263 (3.253)
L. uct	−0.103*** (0.037)	−0.090** (0.038)	−0.093** (0.038)	−0.097** (0.039)	−0.091** (0.038)	−0.088** (0.036)	−0.094** (0.038)
_cons	105.432*** (19.779)	65.023*** (19.111)	67.621*** (17.471)	66.301*** (17.425)	67.552*** (17.444)	74.412*** (16.618)	69.701*** (17.512)
R^2	0.197	0.153	0.156	0.157	0.157	0.239	0.160
观测值	278	278	278	278	278	278	278

注：***、**和*分别表示在1%、5%和10%的统计水平上显著，括号内为标准误。

表2.10显示了地缘经济风险对外国直接投资（FDI）的预测作用。地缘经济风险对未来FDI流入存在显著的负向预测效应。即地缘经济风险的升高增加了在中国投资的政治、政策和运营不确定性，降低了投资回报的预期稳定性，从而对外资产生了明显的抑制作用。分项风险中，贸易领域的地缘经济风险是抑制FDI的重要因素。这表明贸易争端、关税壁垒以及潜在的市场准入限制等，直接恶化了依赖中国作为生产基地或目标市场的外国投资者的营商环境预期，影响了其投资决策。金融领域的地缘经济风险对FDI显示出微弱但统计上显著的正向预测作用。这可能是由于该风险主要指向对外金融制裁或资本流出限制，反而增强了在岸资金的相对吸引力。其他分项风险，如投资、技术、供应链、其他对FDI的短期预测力不显著。

表2.10　地缘经济风险对未来FDI的影响

	(1) fdi	(2) fdi	(3) fdi	(4) fdi	(5) fdi	(6) fdi	(7) fdi
L. GER	−0.321** (0.146)						
L. 贸易		−0.241** (0.099)					
L. 投资			−0.019 (0.031)				
L. 技术				−0.046 (0.030)			
L. 金融					0.049* (0.029)		
L. 供应链						0.073 (0.072)	
L. 其他							−0.040 (0.046)
L. epu	−0.077 (0.138)	−0.156 (0.130)	−0.166 (0.133)	−0.114 (0.137)	−0.221* (0.132)	−0.228 (0.138)	−0.140 (0.139)
L. tpu	0.048 (0.074)	0.087 (0.078)	0.009 (0.073)	0.004 (0.073)	0.032 (0.073)	0.017 (0.073)	0.004 (0.073)
L. gpr	0.012 (0.137)	0.014 (0.136)	0.023 (0.138)	0.022 (0.137)	0.012 (0.137)	0.027 (0.138)	0.015 (0.138)

续表

	(1) fdi	(2) fdi	(3) fdi	(4) fdi	(5) fdi	(6) fdi	(7) fdi
L. uct	0.003* (0.002)	0.003* (0.002)	0.003* (0.002)	0.003* (0.002)	0.003** (0.002)	0.003** (0.002)	0.003* (0.002)
_cons	1.304 (0.869)	1.097 (0.809)	0.375 (0.757)	0.318 (0.750)	0.309 (0.750)	0.205 (0.762)	0.417 (0.759)
R^2	0.035	0.039	0.018	0.026	0.028	0.021	0.020
调整后 R^2	0.016	0.020	−0.001	0.007	0.009	0.002	0.001
观测值	264	264	264	264	264	264	264

注：***、**和*分别表示在1%、5%和10%的统计水平上显著，括号内为标准误。

总体而言，地缘经济风险对中国的对外经济活动产生了显著的抑制作用。风险的升高预示着未来出口、进口以及外国直接投资流入的同步下降。其中，供应链风险是冲击国际贸易的核心渠道，贸易风险则直接削弱了中国对外资的吸引力。这些发现量化了地缘经济紧张局势对中国深度参与全球化的实体经济层面所带来的实际挑战。

四、"特朗普 1.0"时期我国的地缘经济风险

从地缘经济风险指数可以看出，2018 年之后我国的地缘经济风险发生了根本性转变。原因在于，2017 年特朗普就任美国总统后（"特朗普 1.0"），美国对华政策发生了重大转向，经济政策开始高度政治化。"美国优先"战略推动贸易保护主义抬头，美国频繁使用关税、投资审查、技术封锁等地缘经济工具，意图打压中国崛起。这场以关税战为起点，逐步蔓延至科技、金融和人文等多个领域的摩擦，构成了近年来我国地缘经济风险激增的主要源头。

中国作为贸易大国、制造中心和全球价值链枢纽，面临空前的外部不确定性。这些风险不仅影响出口、投资、企业预期，也波及宏观经济稳定和政策空间，甚至重构了全球产业链格局。

（一）"特朗普 1.0"时期的对华地缘经济政策回顾

自特朗普第一任期开始，美国就将中国定位为"战略竞争者"，系

统性推动对华经济打压。其地缘经济政策具有以下特征：

1. 关税战全面爆发

2018年，美国对中国发起“301调查”，并从同年7月起持续四轮加征关税。这四轮关税措施涉及约3 700亿美元的中国输美出口商品，具体税率如下：

第一轮（2018年7月）：针对价值340亿美元的商品加征25%的关税。

第二轮（2018年8月）：针对价值160亿美元的商品，同样加征25%的关税。

第三轮（2018年9月）：最初针对价值2 000亿美元的商品加征10%的关税，后提升至25%。

第四轮（2019年9月）：针对价值1 200亿美元的商品加征15%的关税。

2. 科技脱钩与技术制裁

特朗普政府以国家安全为由，将技术合作和技术流动纳入地缘政治范畴，开启了对华高科技领域的全面制裁和系统脱钩，芯片、5G、AI、新能源等战略领域成为重点打压对象。美国以《出口管理条例》（EAR）为依据，限制台积电、阿斯麦（ASML）等非美企业使用美国技术为中国企业代工先进芯片，形成“长臂管辖”，具体体现在多个层面。

（1）中兴事件成为转折点，美国禁止其采购关键芯片。2018年4月16日，美国商务部发表声明称，将禁止该国企业向中国电信设备制造商中兴通讯出售任何电子技术或通讯元件，将对该公司执行为期7年的出口禁令。这次制裁是中国公司在国际市场上遭遇的最严厉的制裁之一，对中兴的生产和经营造成了巨大的影响。4月17日，中兴通讯在深圳和香港证券交易所上市的股票停牌；其在美国的几大供应商股价也遭受重创，其中光纤网络设备生产商狂跌36%，触及近两年低点。7月13日，在中兴通讯缴纳14亿美元罚款及保证金并宣布将展开检讨后，美国商务部正式解除了对该公司的出口禁令，中兴可以重新向美国公司购买零件，恢复正常生产，事件正式结束。

(2) 华为及多家中企被列入实体清单，限制其与美国企业合作。2019 年 5 月 16 日，美国商务部产业与安全局（BIS）将华为及其非美国附属的 68 家公司纳入“实体清单”。“实体清单”用于 BIS 对于特定对象的出口限制，凡是纳入该清单的实体均成为 BIS 限制出口的对象。美国认为位于实体清单上的企事业单位等有较大的可能性把美国产品应用到大规模杀伤性武器计划、恐怖主义或其他违背美国国家安全的活动，所以通过公开列举此类当事方来实施严格的出口限制。一旦被列入这个清单就失去了在美国的贸易机会，会遭到技术封锁和国际供应链隔离。2020 年针对华为的全面禁令，几乎切断了其获取 7 纳米及以下高端芯片的可能。

(3) 科研与技术交流打压：限制中国学者赴美科研交流，取消签证、调查联合实验室，削弱中美科技合作信任基础。

(4) 技术标准与规则塑造排斥中国：美国在 5G、人工智能、区块链等国际标准制定中遏制中国参与，意图将其排除在未来科技秩序之外。推动盟友国家联合建立无中国的半导体、新能源、关键材料产业链（如美日荷芯片联盟、五眼联盟技术合作）。

3. 金融与数据管控的兴起

特朗普政府将对华投资列为国家安全潜在威胁的重要领域，对中国企业在美并购、股权收购、技术合作等行为进行了系统化审查。此类投资审查机制的强化不仅抑制了中国对美的直接投资，还通过“寒蝉效应”间接影响了第三国与中国的技术合作意愿，形成链式隔离效应。金融与数据维度的脱钩，不仅直接影响中国企业的海外融资渠道和数字平台运营能力，也象征着中美博弈从实体产品转向制度控制权的新阶段。

(二)“特朗普 1.0”时期的地缘经济风险的主要影响

中美贸易摩擦不仅构成经济领域的双边冲突，其所带来的地缘经济风险具有深层次、结构化的特点，给中国经济社会多个层面带来了复合性冲击，主要表现在以下五个方面：

（1）出口与产业链断裂风险。中国作为世界制造中心，深度嵌入全球供应链体系。特朗普政府加征关税并设置非关税壁垒，直接导致中国对美出口商品大幅下滑，尤其是高附加值产品（如电子设备、机械制造、航空零部件）受限严重。此外，跨国公司为了规避关税与政治风险，将生产线向越南、印度、墨西哥等地转移，造成供应链转移趋势明显。此举不仅削弱了中国作为全球制造中心的地位，也提升了产业链断裂的系统性风险。

（2）FDI与外资环境受扰。地缘经济风险的上升显著影响了外资对中国营商环境的信心。特朗普政府通过扩大美国外国投资委员会（CFIUS）权限与中资企业审查范围，使得高技术领域的对华FDI明显萎缩。部分外资企业出于风险控制考虑，延缓或取消在华投资项目，形成观望-撤离-再布局的资本外流链条。同时，美国对中国企业在美IPO、融资渠道的干预也促使中资企业加速回流香港与A股市场，调整全球资本配置路径。

（3）技术断供与创新体系承压。中兴与华为事件标志着美国对中国技术企业“卡脖子”策略的全面升级。高端芯片、EDA软件、核心材料与设备成为制裁对象。面对断供风险，中国科技企业被迫在技术路径、供应商选择、芯片架构、产业链组织等方面快速重构。短期内，创新能力受到约束，技术体系建设承压；长期来看，这一外部冲击反而成为自主研发和国产替代战略的催化剂，引发了“去美化”的技术路线探索。

（4）宏观政策不确定性上升。地缘经济风险显著推高了中国的政策不确定性指数。政策制定者需在宏观调控、外贸稳定、科技安全、汇率管理之间实现动态平衡，政策目标呈现多重化与协同困难。一方面，必须稳定企业与市场预期；另一方面，又需在复杂的国际环境中维持灵活应变能力。由此带来政策出台频率加快、效果预期差异扩大，加剧了企业对未来营商环境的风险判断。

（5）资本市场与汇率波动。地缘经济事件频发推动市场避险情绪升温。2018—2020年间，人民币对美元多次出现阶段性贬值，“破7”成为舆论焦点。同时，A股市场中的科技板块和出口导向型企业对外部冲击极为敏感，波动幅度显著高于其他板块。中美摩擦所引发的股市动荡与汇率波动不仅影响投资者信心，也对企业的融资能力和跨境经营成本带来了实质性影响。

综上所述，中美贸易摩擦所引发的地缘经济风险通过贸易、投资、技术、金融与政策预期等多个渠道传导，构成对中国国家安全、产业安全与经济稳定的系统性挑战。这一过程也迫使中国在体制机制、战略布局、对外开放等方面进行深刻调整，展现出制度韧性与战略定力的相互博弈。

（三）“特朗普2.0”对华经济政策的趋势与中国的应对策略

2025年初，特朗普再次就任美国总统（“特朗普2.0”），标志着中美关系进入了一个更加复杂和战略博弈强化的阶段。回顾“特朗普1.0”政府（2017—2021年）的对华政策，其核心特征是：经济民族主义、单边主义操作、以国家安全为框架的经济脱钩，以及对中国崛起的系统性遏制。在“特朗普2.0”政府开启之际，其对华经济政策可能延续甚至强化“特朗普1.0”时期的战略逻辑，包括全面加强“去风险化”战略、强化“关税＋非关税壁垒”组合拳、实施“金融脱钩＋资本收缩”措施、政策舆论联动推动“中国威胁论”制度化等。

基于“特朗普1.0”时期以“极限施压”为特点的外交政策，为更好地应对特朗普再次上台之后可能的地缘经济风险，中国应从以下方面提前布局：

（1）打造关键技术领域的自主可控体系。聚焦半导体、操作系统、高端制造设备、关键材料等“卡脖子”环节，加快国家战略科技力量重组与投入。

(2) 加快高水平对外开放与市场多元化布局。强化与东盟、RCEP、共建“一带一路”国家的产业链合作，建立稳定的出口替代市场；借助中欧、中阿、中非合作机制推动非美经贸规则博弈体系构建。

(3) 建设全球金融韧性防线。提升人民币跨境支付系统（CIPS）使用频率，完善本币结算机制，推进与友好国家的货币互换安排；完善对企业海外资产的金融保护机制，防范境外制裁与冻结风险。

(4) 加强战略预判与制度性博弈能力。建立国家层面的中美经贸战略风险预警系统，动态研判制裁传导链条；设立全球对美政策应对智库，加强与其他被遏制国家（如俄罗斯、伊朗、古巴等）的战略协同。

“特朗普 2.0”时期的对华经济政策，预计将更加结构化、制度化、多维化，意在重塑全球供应链与技术网络中的主导权。中国在新时代背景下，必须从战术应对转向战略塑局，在保持经济增长韧性的同时，塑造更具制度张力与外部协调力的大国经济安全体系。

五、本章小结

本章基于新闻文本数据，通过文本大数据挖掘构建了中国地缘经济风险指数，系统地测度了中国视角下地缘经济风险感知的动态演变，并深入分析了其对中国宏观经济和金融市场的影响。通过对官方权威媒体《人民日报》自 1979 年至 2024 年间的文本数据进行分析，并结合专门构建的“地缘经济主题词典”与“风险与行动词典”，本章量化了地缘经济风险议题在官方叙事中的关注度，从而构建了中国总体地缘经济风险指数以及贸易、投资、技术、金融、供应链和其他风险六个关键领域的分项指数。

对构建的地缘经济风险指数及其分项指数的分析表明，中国的地缘经济风险感知在过去四十余年中呈现出显著的阶段性特征。在 2018 年之前，风险水平相对平稳；自 2018 年以来，中国地缘经济风险水平显著抬升且波动加剧。中美关系的紧张是驱动本轮风险升温的核心外部因素，而技术领域的竞争与限制、全球供应链的脆弱性等问题也日益成为重要的风险来源。

通过将地缘经济风险指数的非预期冲击与历史上重要的地缘经济事件进行比对，可以发现两者具有高度的一致性，表明指数能够有效捕捉关键风险的爆发。此外，通过与经济政策不确定性指数、贸易政策不确定性指数、全球地缘政治风险指数以及中美紧张关系指数的对比分析，进一步证实了本章构建的地缘经济风险指数在衡量由国际关系驱动、通过经济手段施加的特定风险方面具有其独特性和更高的敏感度，能够更准确、更具针对性地衡量中国所面临的地缘经济风险。

在验证指数有效性的基础上，本章进一步考察了地缘经济风险对中国宏观经济和金融市场的深远影响。研究发现，地缘经济指数及其分项指标对未来价格水平、金融市场表现以及对外经济活动均具有显著的预测能力。这些影响机制复杂且在不同维度呈现出异质性，例如，地缘经济风险通过成本推动和需求抑制的双重渠道影响价格体系，同时对金融市场和实体经济的对外联系构成了显著的负面冲击。

本章特别聚焦于“特朗普 1.0”时期这一地缘经济风险急剧演化的关键阶段。通过回顾该时期美国对华的系统性地缘经济政策，深入分析了这些政策对中国经济社会多个层面带来的深层次、结构化的复合性冲击。基于此，对未来可能出现的“特朗普 2.0”时期对华经济政策趋势进行了展望，并提出了中国应采取的应对策略，强调了在关键技术自主可控、对外开放与市场多元化、金融韧性建设以及战略预判与制度性博弈能力等方面进行前瞻性布局的重要性。

综上所述，本章通过构建和分析中国地缘经济风险指数，不仅为量化和理解中国面临的外部经济挑战提供了新的视角和工具，也为评估这些风险的潜在影响并制定应对策略奠定了坚实的实证基础。

参考文献

［1］ Caldara，D. and Iacoviello，M.（2022）. Measuring Geopolitical Risk. *American Economic Review*，112（4），1194－1225.

［2］ Davis，S. J.，Liu，D.，and Sheng，X. S.（2019）. Economic Policy Uncertainty in China since 1949：The View from Mainland Newspapers. Fourth Annual IMF-Atlanta Fed Research Workshop on China's Economy Atlanta. 19：1－37.

［3］ Ji，Z.，Shen，X.，Wang，D.，et al.（2025）. Measuring Geoeconomic Risk. *SSRN Electronic Journal*.

［4］ Rogers，J. H.，Sun，B.，and Sun，T.（2024）. U. S.-China Tension. *SSRN Electronic Journal*.

［5］ Wang，D.，Shen，X.，and Ji，Z.（2025）. Measuring Geoeconomic Risk in China：The View from Mainland Newspapers. Working Paper.

第三章 地缘经济风险对中国的宏观影响

近年来，随着国际地缘政治冲突不断加剧，我国高水平对外开放进程中面临的地缘经济风险显著抬升。本章基于第二章构建的地缘经济风险指数，通过构建 SVAR 模型从实证层面探究了地缘经济风险冲击对于我国实体经济与金融市场的负面溢出效应，并从汇率和金融状况等角度分析了背后的传导机制。基于 SVAR 模型的经验证据，我们利用 Banerjee 等（2016）构建了包含金融摩擦的新凯恩斯两国 DSGE 模型，通过仿真模拟进一步揭示了地缘经济风险冲击影响我国宏观经济波动的传导路径。通过分析对不同风险冲击的脉冲响应，我们发现，美国可以利用其金融优势，采用政治手段推动他国经济风险的上升并从中获益。本章的研究对于我国在地缘经济风险显著增加的背景下加强外部输入性风险的防控具有重要的政策启示。

一、引言

近年来，国际地缘政治冲突正在改变全球经济关系的格局，尤其是中美经贸摩擦引发了全球供应链重塑。自 2024 年 5 月特朗普政府宣布对华加征新一轮高额关税以来，全球贸易局势急剧恶化，金融市场剧烈震荡，美国国内抗议活动蔓延，各国纷纷采取反制措施，自二战后的几十年建立起来的全球经济一体化正面临政策驱动下的地缘经济碎片化风险，全球贸易、投资、金融市场正沿着地缘政治路线重新定向，各国面临的地缘经济风险显著上升。这些由国际地缘政治冲突、经济制裁、贸易壁垒等事件引发的地缘经济风险，极有可能通过多种渠道从一个国家或地区扩散到其他国家或地区，进而影响全球经济稳定。这种现象在全球化高度互联的背景下尤为显著，其传导机制复杂且影响深远。

近年来，随着全球金融一体化程度不断加深，外部冲击的跨国溢出效应受到了不少学者的关注。大量文献讨论了美联储等发达经济体的非常规货币政策冲击对于新兴市场和发展中经济体实体经济与金融市场的溢出效应（Chen and Qian，2016）。不少文献也关注经济不确定性冲击的跨国溢出效应。例如，Carrière-Swallow 和 Céspedes（2013）发现，新兴市场和发展中经济体易受全球不确定性冲击（如地缘政治冲突、大宗商品价格波动、发达经济体政策变化）的影响，这些冲击可能导致资本流动逆转、汇率波动和信贷紧缩。不确定性的上升会导致资本外流和风险溢价增加，推高国内融资成本，抑制企业投资和家庭消费。若存在外币债务，汇率贬值会通过资产负债表效应加剧信贷收缩（如企业净资产缩水，银行惜贷）。Bhattarai 等（2020）揭示了美国政策的不确定性会通过金融渠道的快速传导对新兴市场和发展中经济体构成重大威胁，并揭示了其诱发全球系统性风险的路径，为理解“不确定性驱动的全球化风险”提供了新视角。Miranda-Agrippino 和 Rey（2020）揭示了全球金融体系的高度互联性，指出美国货币政策与全球风险偏好是驱动金融周期的主要力量，这为理解国际资本流动的顺周期性、金融危机的传染机制及政策制定提供了重要参考，尤其对新兴市场和发展中经济体管理跨境金融风险具有现实意义。此外，Devereux 和 Yu（2020）探讨了金融全球化如何重塑货币政策的跨国传导机制，强调汇率制度选择与资本流动管理的复杂性。研究发现，在高度联通的金融体系中，单一国家的货币政策可能通过跨境资本流动和风险溢价渠道产生显著的外溢与回溢效应，并对新兴市场和发展中经济体构成双重挑战。

不少国内学者也从美联储货币政策变动以及外部金融风险等视角考察了外部冲击对于我国实体经济和金融市场的溢出效应。例如，温兴春和梅冬州（2020）发现，在开放经济条件下，金融开放程度和资本流动顺周期的叠加会使得风险跨部门传递的负面影响显著放大，在国有企业部门中尤为显著。郝大鹏等（2020）探究了美联储货币政策变动和政策不确定性对我国宏观经济的影响和作用机制，发现金融摩擦程度的增加和银行杠杆率的上升会加剧美联储政策变动的负面外溢效应。吴立元等（2021）发现，资本管制能有效缓冲国外货币政策冲击对宏观经济波动的影响，并提高本国货币政策的独立性。马理和文程浩（2021）通过构建两国 DSGE 模型探究了美国的货币政策与关税政策对中国经济的溢出效应。方意等（2021）基于波动风险与传染风险的视角，探讨了全球外汇市场的风险传染机制以及跨市场传递机制。

在全球金融一体化的背景下，地缘风险增加诱发的跨境资本流动的日益频繁极可能会放大实体经济波动，并带来风险的跨国传染。现有文献针对在开放经济条件下的跨境资本流动与本国金融稳定展开了大量的探讨。在实证研究层面，不少学者发现了跨境资本流动诱发金融危机的证据。例如，Forbes 和 Warnock（2012）区分了四种类型的极端资本流动：激增、停滞、外逃和撤回，发现全球风险偏好是极端资本流动的关键驱动因素。Bruno 和 Shin（2015）聚焦于全球银行体系在跨境资本流动和流动性创造中的作用，揭示了国际银行业如何通过美元融资和杠杆渠道影响全球金融周期。Reinhart 和 Reinhart（2009）研究了大规模资本流入对经济体产生的系统性影响及其与金融危机的关联，发现资本流入激增会加大新兴市场和发展中经济体金融系统的脆弱性，并诱发经济危机。

随着跨境资本流动波动性的增加，加强资本流动的宏观审慎管理已成为新兴市场和发展中经济体的共识。在资本自由流动的情况下，不少理论研究（Jeanne and Korinek，2010；Bianchi，2011）认为，信贷繁荣（如过度借贷）会导致金融脆弱性，但个体市场参与者（如借款人和银行）往往忽视自身行为对系统性风险的贡献，即存在负外部性，这为加强资本流动的宏观审慎管理提供了理论基础。Farhi 和 Werning

(2012)发现，在固定汇率制度下，最优资本管制政策可以缓解三元悖论的约束，帮助国家在资本自由流动的环境中保持一定的货币政策独立性，从而提高经济稳定性。Bianchi 和 Mendoza（2018）探究了宏观审慎政策的设计问题，重点关注政策的时间一致性和有效性，解释了为何许多国家在危机后转向规则型宏观审慎框架，并强调政策透明度对稳定私人部门预期的重要性。

国内学者对于开放经济条件下资本流动的宏观审慎管理也进行了一系列有益的探讨。在实证层面，范小云等（2020）探讨了资本账户开放和宏观审慎政策是否会使资本流动波动对股市波动造成负面影响，发现合理使用宏观审慎政策对于开放条件下维护金融市场稳定至关重要。谭小芬和李兴申（2021）讨论了在美国宽松的货币政策冲击下，收紧宏观审慎政策会导致跨境债券基金净资本流入增加，且政策效果在利率水平越低、金融发展水平越低的国家中表现得更加明显。在理论层面，芦东等（2019）通过在开放经济模型中引入跨境资本流动管理政策，发现其能有效地实现宏观经济和金融的稳定。黄益平等（2019）通过构建两国 DSGE 考虑了跨境融资宏观审慎管理对于外部冲击的缓冲效果，发现其能有效降低外部输入性风险的不利影响。

尽管现有文献围绕外部冲击的跨国溢出效应以及应对措施进行了一系列的探索，但是较少有学者关注到地缘经济风险对我国实体经济和金融市场的不利影响。与以往研究相比，本节的主要贡献在于通过 SVAR 模型的实证分析和 DSGE 模型的理论分析相结合，探究地缘经济风险冲击对我国宏观经济和金融市场的溢出效应和背后的机理，并就地缘经济风险不断上升的背景下我国的政策应对措施进行了探讨。

二、地缘经济风险跨国溢出的经验事实

本节将基于第二章构建的地缘经济风险指数进一步探究其对我国宏观经济与金融市场的溢出效应。我们首先总结了地缘经济风险跨国溢出

的经验事实，基于此构建理论模型，进一步分析了地缘经济风险跨国溢出的内在机理，并提出了应对措施和政策建议。

（一）实证模型设定与数据说明

为了深入探讨地缘经济风险对我国宏观经济波动以及金融市场的影响，我们构建了包含地缘经济风险指数（GER）、工业增加值增速（IP）、CPI通货膨胀率（CPI）、利率（Rate）、社会消费品零售总额增速（CON）、消费者信心指数（CI）等6变量的月度SVAR模型。考虑如下滞后p阶的SVAR模型：

$$B_0Y_t = c + B_1Y_{t-1} + B_2Y_{t-2} + \cdots + B_pY_{t-p} + w_t \tag{3.1}$$

式中，$Y_t=\{GER, IP, CPI, Rate, CON, CI\}$是所有观测变量构成的矩阵。$c$是截距项，$B_1$，$B_2$，…，$B_p$是系数矩阵，而$B_0$则是同期系数矩阵。$w_t$是结构化冲击，满足$E(w_t)=0$，如果$t=s$，则$E(w_s'w_t)=\sum_w$；如果$t\neq s$，则$E(w_s'w_t)=0$。结构化冲击的含义是指不同的扰动项之间是相互独立的，因此可以对其赋予经济学解释。如果矩阵B_0是可逆的，则上述结构式VAR模型可以进一步写成下列简约式形式：

$$Y_t = cB_0^{-1} + B_0^{-1}B_1Y_{t-1} + B_0^{-1}B_2Y_{t-2} + \cdots + B_0^{-1}B_pY_{t-p} + B_0^{-1}w_t \tag{3.2}$$

记$B_0'=cB_0^{-1}$，$B_1'=B_0^{-1}B_1$，$B_p'=B_0^{-1}B_p$且$u_t=B_0^{-1}w_t$，$E(u_tu_t')=\sum_u$。如果我们将结构化扰动项的方差协方差矩阵$\sum_w$标准化为单位阵，则$E(u_tu_t')=\sum_u=B_0^{-1}B_0'^{-1}$。我们实际估计的是下列简约式模型：

$$Y_t = c' + B_1'Y_{t-1} + B_2'Y_{t-2} + \cdots + B_p'Y_{t-p} + u_t \tag{3.3}$$

简约式模型估计出来后，我们还必须将矩阵B_0'恢复到结构式模型。由于简约式模型的扰动项u_t是结构化扰动项w_t中每一项冲击的线性组合，无法分离出单一冲击的影响，进而也就不具有经济学含义，因此，我们必须先确定矩阵B_0'，然后回到结构化模型，再进行脉冲响应分析，才能获得有经济学意义的解释。

由于简约式模型的协方差矩阵 $\sum_u$ 是对角矩阵，我们无法唯一确定矩阵 B_0^{-1}，通常还必须对矩阵 B_0 施加约束条件。本章采取的施加约束条件的方法是乔利斯基分解。由于地缘经济风险往往具有突发性和难以预测的特点，其相对于其他经济序列来说比较外生，因此，我们将地缘经济风险指数放到 SVAR 模型中的第一个位置进行估计。

我们的样本区间为 2006 年 1 月—2024 年 12 月。其中，地缘经济风险指数（GER）由第二章构建，我们采用 7 天银行间质押式回购加权利率作为利率的代理变量。工业增加值增速（IP）等宏观经济变量的数据来自 Wind 数据库。我们根据 AIC 等信息准则将滞后阶数选为 2 阶来估计上述 SVAR 模型。

（二）地缘经济风险的跨国溢出效应评估

图 3.1 给出了 1 个标准差的地缘经济风险冲击的脉冲响应函数。从图 3.1 中可以看出，在地缘经济风险指数增加 1 个标准差后，工业增加值增速（IP）在半年内呈现出显著的负向响应，在未来第 3 个月时最大降幅达到 1.1%，在未来 6 个月内工业增加值的累计降幅约为−4.8%。而样本中工业增加值增速的标准差为 6.7%，因此，就经济意义而言，地缘经济风险指数增加 1 个标准差会导致工业增加值增速在半年内出现约 0.72 个标准差的负向变动。CPI 通货膨胀率（CPI）的脉冲响应呈现驼峰状，从第 3 期开始出现显著下降，下降幅度在未来第 8 个月时达到最大（−0.12%）。利率（Rate）也在未来 3～10 个月内出现了显著的负向变动。此外，社会消费品零售总额增速（CON）的负向响应与工业增加值增速（IP）非常相似，在未来第 3 个月时达到最大降幅（约−1%）。与此同时，消费者信心指数（CI）也在未来 6 个月内出现了显著下降。这些结果表明，地缘经济风险上升会导致一年内宏观经济活动低迷。产出和价格水平的显著负向响应表明，地缘经济风险事件可能在短期内引发总需求收缩。

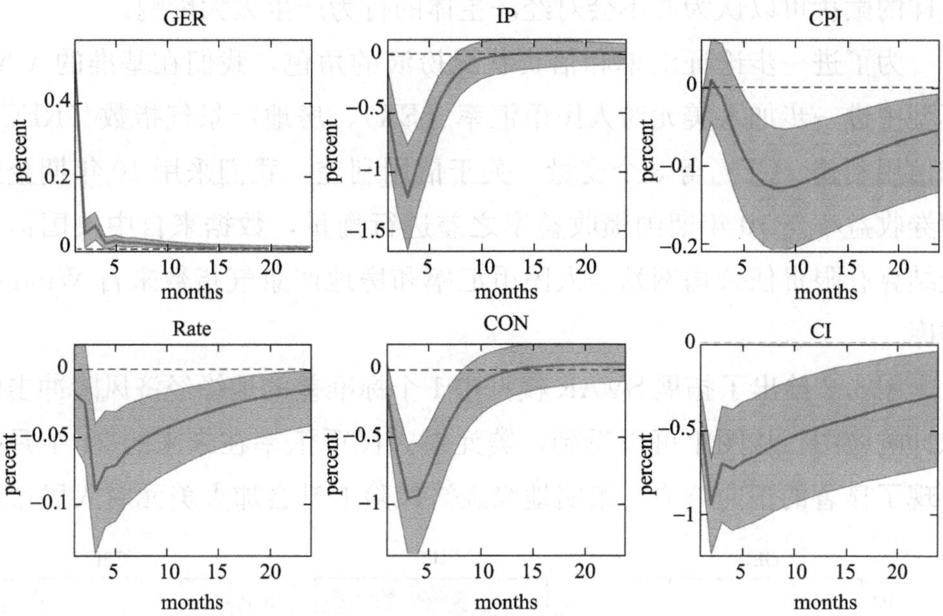

图 3.1　SVAR 模型 1 个标准差的地缘经济风险冲击的脉冲响应图

注：图中阴影区域为脉冲响应函数 1 个标准差的置信区间。

（三）地缘经济风险跨国溢出的渠道分析

接下来从汇率和信贷状况两个视角来分析地缘经济风险的跨国溢出渠道。我们基于 SVAR 模型的反事实分析（counterfactual analysis）技术展开分析。SVAR 模型反事实分析的具体思路是：如果我们想验证 X 是否通过影响 Z 进而影响 Y 这一传导机制，可以通过在 SVAR 模型中生成一些随机扰动序列，使得在 X 的冲击下，Z 的脉冲响应函数保持不变（一直为 0），并计算这一情景下 Y 的反事实脉冲响应，通过与基准情形（不限制 Z）下 X 对 Y 的脉冲响应函数进行对比，我们便可以分析 Z 的变动对于 X 影响 Y 可能存在的强化或弱化的效果。Hamilton 和 Herrera（2004）及 Kilian 和 Lewis（2011）等均表示，从扰动项的角度对脉冲响应函数进行反事实分析可以很大程度地避免“卢卡斯批判”问题，这是因为这种方法没有改变 SVAR 模型的系数，即 SVAR 模型的结构没有发生变化，而只是从扰动项出发对模型进行了小幅度的微扰，这样的微扰可以认为并不会对经济主体的行为产生太大影响。

为了进一步论证汇率和信贷状况扮演的角色，我们在基准的 VAR 模型中进一步加入美元对人民币汇率（EX）、房地产景气指数（RECI）和信用利差（CP）等 3 个变量。关于信用利差，我们采用 10 年期企业债券收益率与 10 年期国债收益率之差进行衡量，数据来自中央国债登记结算有限责任公司网站。人民币汇率和房地产景气指数来自 Wind 数据库。

图 3.2 给出了拓展 SVAR 模型中 1 个标准差的地缘经济风险冲击的脉冲响应图。从图中可以看到，美元对人民币汇率在未来的 24 个月内出现了显著的正向响应，表明地缘经济风险上升会加大美元对人民币汇

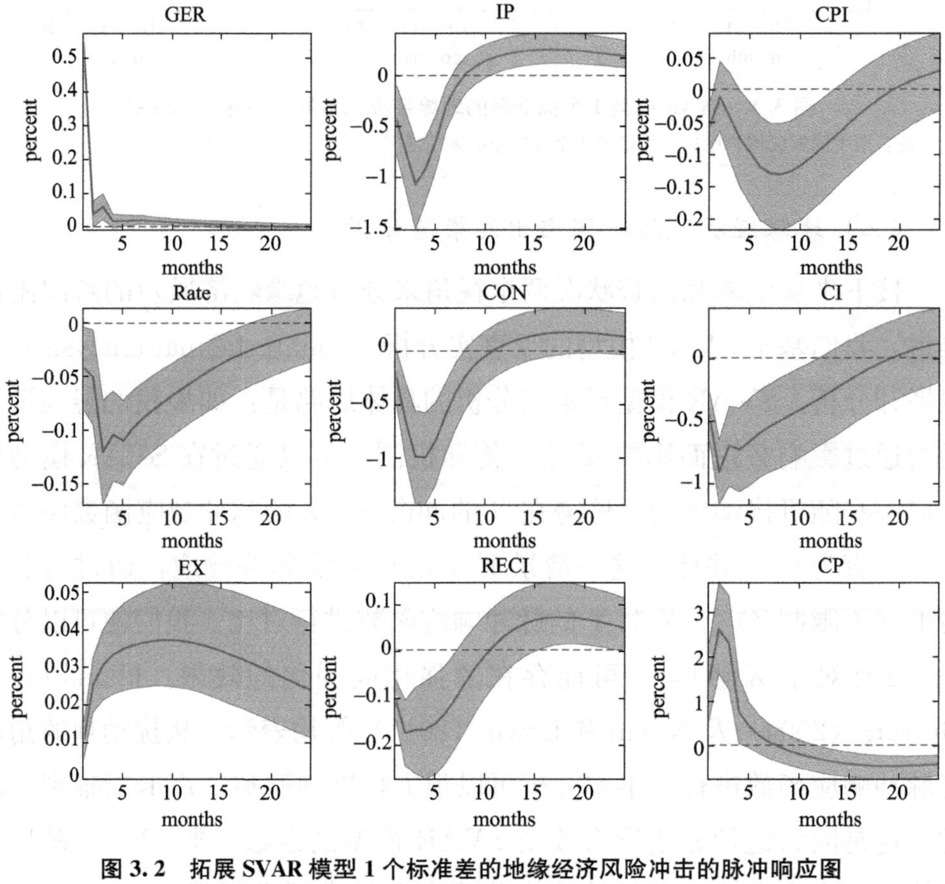

图 3.2　拓展 SVAR 模型 1 个标准差的地缘经济风险冲击的脉冲响应图

注：图中阴影区域为脉冲响应函数 1 个标准差的置信区间。

率的贬值压力，而这会带来资本外流的增加，进而对国内实体经济带来不利影响，同时利率的下降也加剧了资本外流的压力，而这也进一步证实了地缘经济风险导致的紧缩效应。此外，地缘经济风险还可能扰乱金融市场的平稳运行。如图 3.2 所示，房地产景气指数（RECI）在地缘经济风险增加后的未来 3 个月内显著下降。信用利差（CP）则在未来 3 个月内呈现出显著的正向响应，在未来第 2 个月时最大增幅达到 2.5%。这些结果表明，地缘经济风险也会给房价和信贷市场带来压力。综上所述，图 3.2 的结果表明，地缘经济风险可以通过同时扰乱实体经济和金融部门，一方面带来汇率贬值的压力，另一方面会对信贷状况带来紧缩效应，进而导致经济下行压力加大。

在图 3.3 中，我们在人民币汇率对应的方程中加入一些随机扰动序列，使得在 1 个标准差的地缘经济风险冲击下，人民币汇率保持不动，计算出此时工业增加值增速和 CPI 通货膨胀率等变量的反事实脉冲响应函数，并将其与图 3.2 中相应的基准脉冲响应函数进行对比。从图 3.3 中可以看出，当美元对人民币汇率没有出现贬值时，工业增加值增速的脉冲响应函数在未来 3 个月内下降的幅度相对于基准情形也明显更低，且反事实情形下工业增加值增速在未来 4 个月后的脉冲响应函数变得不显著。CPI 通货膨胀率、消费的反事实脉冲响应函数也可以得出类似的结论。即反事实情形下，地缘经济风险冲击带来的产出在初期下降的幅度会显著地变小。这说明汇率贬值带来的资本外流压力的加大会进一步强化地缘经济风险冲击对产出的紧缩效应，而保持人民币汇率的稳定则有利于缓冲地缘经济风险冲击带来的不利影响。

类似地，我们也可以分析融资状况在地缘经济风险冲击传导中扮演的角色。一方面，鉴于我们在图 3.2 中的分析中发现地缘经济风险会带来房地产市场下行的压力，我们在计算地缘经济风险的反事实脉冲响应函数时，假定房地产景气指数保持不变。从图 3.4 中可以看出，此时地缘经济风险冲击对于工业增加值增速在初期的不利影响变得不显著，从

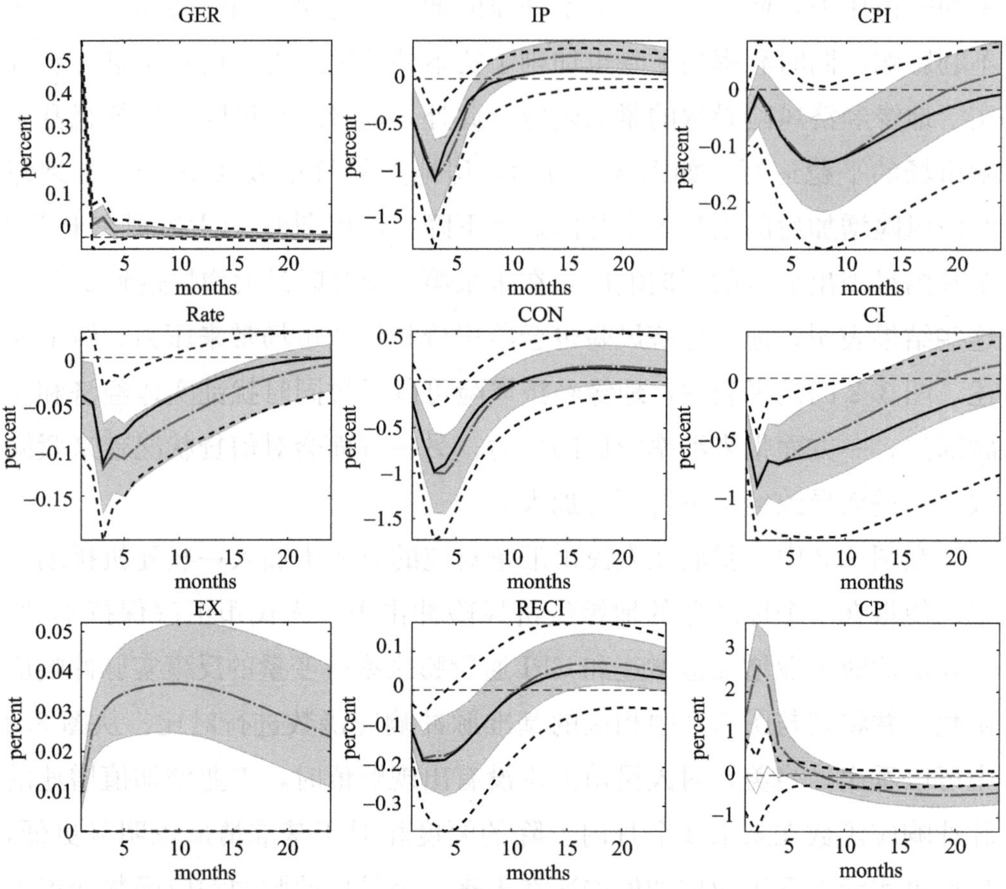

图 3.3　基准脉冲响应函数和反事实脉冲响应函数（汇率固定）

注：点划线表示地缘经济风险增加 1 个标准差的脉冲响应函数，阴影区域表示 1 个标准差的置信区间。黑色实线是在汇率保持不变的情况下，地缘经济风险增加 1 个标准差的反事实脉冲响应函数，黑色虚线表示 1 个标准差的置信区间。

第 2 期开始的负向影响的幅度也变得更弱，且负向响应的持续时间更短，从第 4 期开始，负向响应变得不显著。而且地缘经济风险冲击对于消费和 CPI 通货膨胀率的不利影响的幅度也会变小且变得不显著。这说明信贷市场的紧缩会进一步放大地缘经济风险冲击对实体经济的不利影响。

另一方面，鉴于我们在图 3.2 中的分析中发现地缘经济风险会带来信用利差（CP）的上升，我们在计算地缘经济风险的反事实脉冲响应

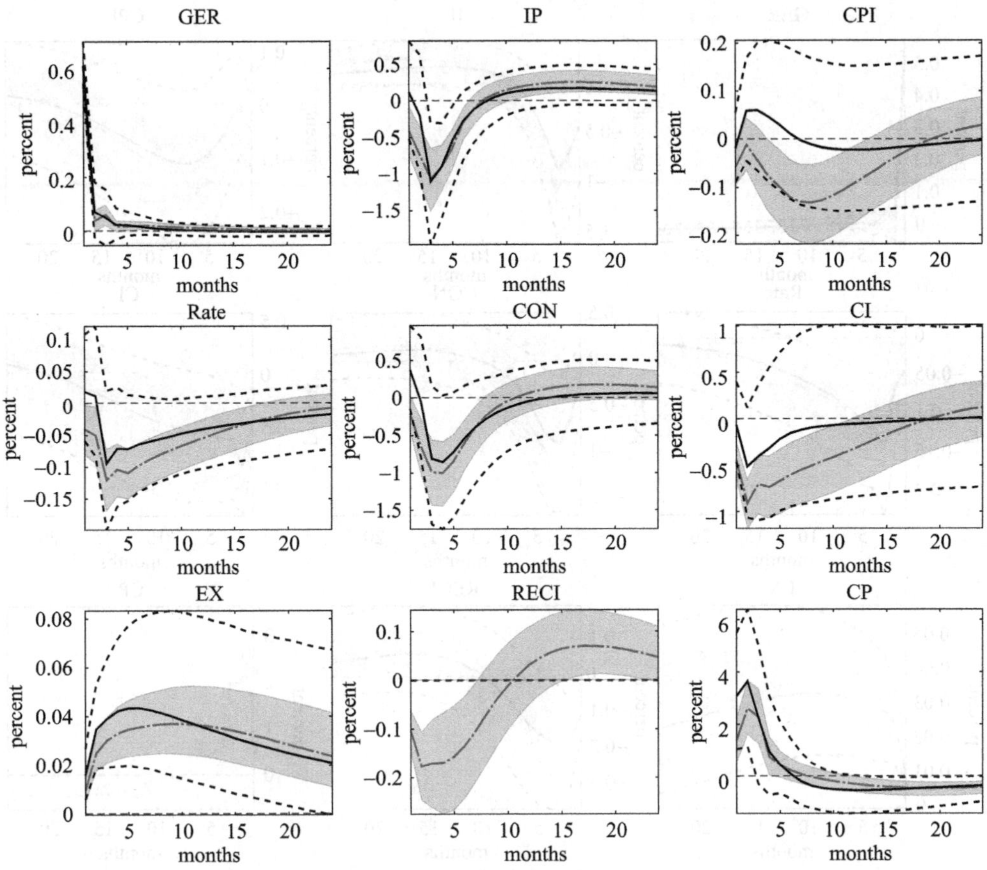

图 3.4　基准脉冲响应函数和反事实脉冲响应函数（房地产景气指数固定）

注：点划线表示地缘经济风险增加 1 个标准差的脉冲响应函数，阴影区域表示 1 个标准差的置信区间。黑色实线是在房地产景气指数保持不变的情况下，地缘经济风险增加 1 个标准差的反事实脉冲响应函数，黑色虚线表示 1 个标准差的置信区间。

函数时，假定信用利差保持不变。从图 3.5 中可以看出，此时地缘经济风险冲击对于工业增加值增速的负向影响在初期的不利影响变得不显著，且第 2～3 期的负向影响的幅度会变小，并从第 4 期开始变得不显著。而且地缘经济风险冲击对于消费和 CPI 通货膨胀率的负向影响的幅度也会不同程度地被削弱。这说明信贷市场的紧缩会进一步放大地缘经济风险冲击对实体经济的不利影响。

综合本部分 SVAR 模型的脉冲响应函数分析以及反事实分析中的

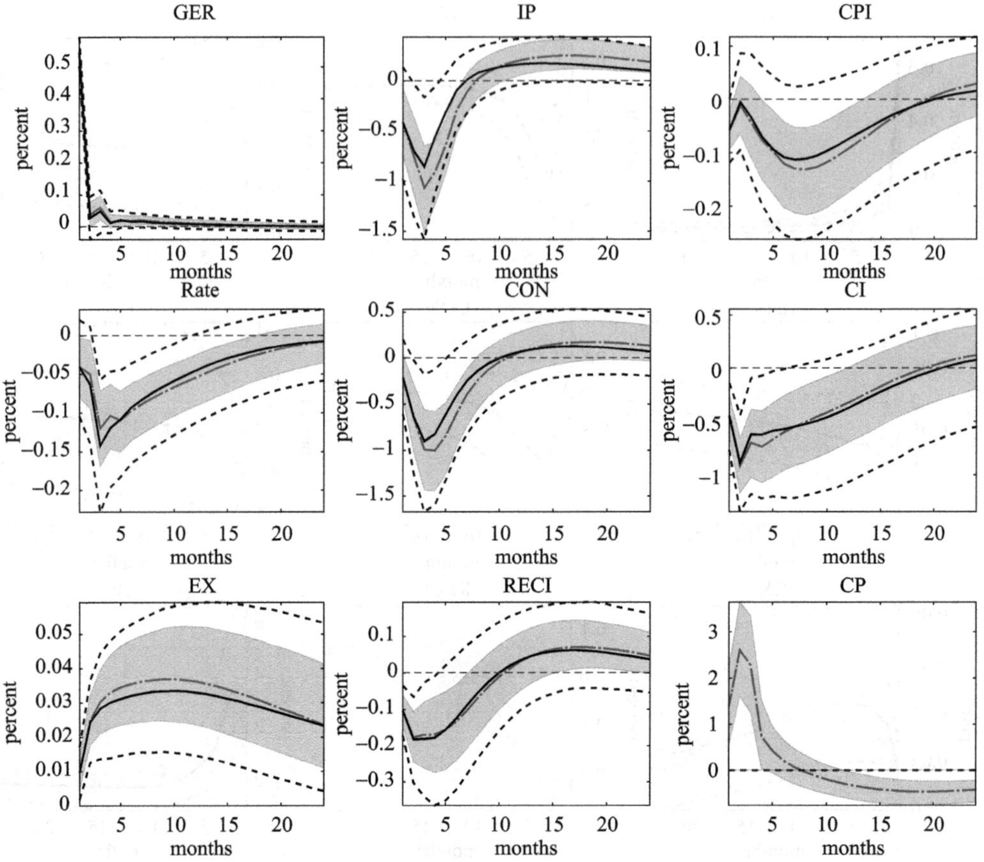

图 3.5　基准脉冲响应函数和反事实脉冲响应函数（信用利差固定）

注：点划线表示地缘经济风险增加 1 个标准差的脉冲响应函数，阴影区域表示 1 个标准差的置信区间。黑色实线是在信用利差保持不变的情况下，地缘经济风险增加 1 个标准差的反事实脉冲响应函数，黑色虚线表示 1 个标准差的置信区间。

相关内容，我们可以总结出以下关于地缘经济风险冲击跨国溢出效应的经验事实：地缘经济风险的上升会给我国实体经济部门带来一定程度的紧缩性压力，并加大汇率贬值的压力，带来信贷状况的紧缩。而汇率贬值压力的加大和信贷状况的紧缩又会进一步放大地缘经济风险冲击对实体经济和金融市场的不利影响。

SVAR 模型的分析对于我国在当前地缘经济风险不断加剧的背景下的宏观政策应对措施也具有一定的政策启示。首先，鉴于地缘政治紧张局势使得我国实体经济受到加征关税的较大拖累，而外贸出口动能的减弱会进一步加剧我国经济下行压力，此时应该加大适度宽松的货币政策的逆周期调控力度。其次，由于地缘经济风险还会冲击人民币汇率的稳定，适度宽松的货币政策在具体实施时应该统筹使用价格和数量等多种货币政策工具，尤其是要更加注重数量型工具的运用，通过降准和再贷款等手段保持实体经济流动性的充裕，并兼顾内外平衡，对冲外部风险对人民币汇率造成的冲击，保持人民币汇率在合理均衡水平上的基本稳定。最后，还应该持续用力推动房地产市场企稳，积极稳妥地化解房地产风险，保持国内金融市场的平稳运行，防止金融状况收缩与地缘经济风险上升形成相互强化的棘轮效应，坚持守住不发生系统性金融风险的底线。

三、地缘经济风险跨国溢出的理论建模

为进一步解释实证分析中中美两国地缘经济风险对中国经济的溢出效应，我们构建一个包含金融摩擦的两国新凯恩斯 DSGE 模型。参照 Banerjee 等（2016）构建中心-外围（core-periphery）两国框架，以美国为中心国家、中国为外围国家。美国作为中心国家体现在该国在金融市场占优势地位，并且两国间的资本流动以美元作为结算货币。为方便刻画两国之间的金融摩擦，模型中假设存在一个全球银行协调跨国资本流动。在下文中，我们以字母 u 指代美国变量，c 指代中国变量。本节的理论模型可通过图 3.6 的模型框架图概述。

如图 3.6 所示，模型中的核心假设体现为中美两国在全球金融市场中的不对称性。中国家庭部门的储蓄不直接存入中国的银行，而是用于购买美国的无风险债券。同时，中国商业银行的融资源自从全球银行获得的贷款。因此，在模型中，中国的资本流出由家庭部门购买无风险美元债券的行为决定，而中国银行的借款则决定了中国资本流入的数额。该框架图能够很好地概括中美两国金融账户的特征，即美国持有的对外

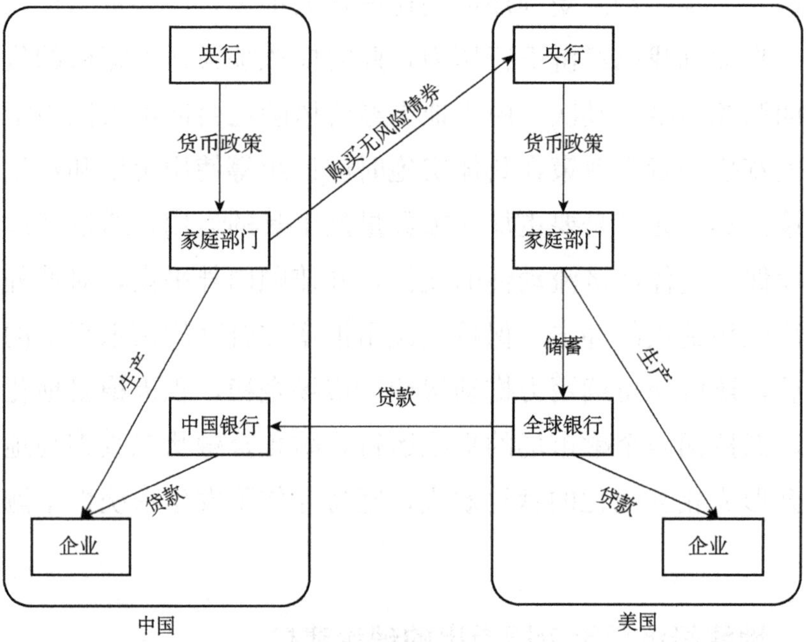

图 3.6　模型框架图

资产相比其对外负债风险更大。这与历史上美国采用安全的国债融资来投资全球的高收益资产如股票和 FDI 以获得更高的回报，即 Gourinchas 和 Rey（2007）提出的美国是世界的“风投家”（Venture Capitalist）的解释有着共通之处。同时，这种不对称性的假设也导致模型中中国企业在融资时同时面临着中国银行和全球银行中的金融摩擦，能体现我国的金融发展程度与美国相比相对落后。

（一）理论模型设定

1. 家庭部门

两国家庭部门的消费者的个体偏好可以表示成：

$$E_t \sum_{t=0}^{\infty} \beta^t \left(\frac{(C_t^i)^{1-\sigma}}{1-\sigma} - \chi^i \frac{(H_t^i)^{1+\psi}}{1+\psi} \right) \tag{3.4}$$

式中，$i \in \{u, c\}$ 代表国家；t 代表以季度为单位的时间；C_t^i 为家庭部门的消费；H_t^i 为劳动力供给；β 反映消费者的贴现因子；σ 为风险厌恶系数；ψ 刻画劳动供给弹性；χ^i 为劳动部门参数，用于校准两国的相对大小。

两国家庭部门消费的最终商品可分别写为：

$$C_t^u=[(\nu^u)^{\frac{1}{\eta}}(C_{u,t}^u)^{1-\frac{1}{\eta}}+(1-\nu^u)^{\frac{1}{\eta}}(C_{c,t}^u)^{1-\frac{1}{\eta}}]^{\frac{\eta}{1-\eta}} \tag{3.5}$$

$$C_t^c=[(\nu^c)^{\frac{1}{\eta}}(C_{c,t}^c)^{1-\frac{1}{\eta}}+(1-\nu^c)^{\frac{1}{\eta}}(C_{u,t}^c)^{1-\frac{1}{\eta}}]^{\frac{\eta}{1-\eta}} \tag{3.6}$$

式中，参数 ν^i 反映两国家庭部门消费对本国产品的本土偏见，η 为两国商品之间的替代弹性，$C_{j,t}^i$ 为国家 i 所消费的生产于国家 j 的商品。基于消费为常替代弹性（CES）函数的性质，可推导出对应的消费者价格指数 P_t^i 分别为：

$$P_t^u=\left[\nu^u(P_{u,t})^{1-\eta}+(1-\nu^u)\left(\frac{\tau_t^u P_{c,t}}{S_t}\right)^{1-\eta}\right]^{\frac{1}{1-\eta}} \tag{3.7}$$

$$P_t^c=[\nu^c(P_{c,t})^{1-\eta}+(1-\nu^c)(\tau_t^c P_{u,t}S_t)^{1-\eta}]^{\frac{1}{1-\eta}} \tag{3.8}$$

式中，$P_{i,t}$ 为国家 i 生产并以其本国货币计价的商品的价格，S_t 为在中国以直接标价法计价的美元名义汇率。在价格指数中，我们引入变量 τ_t^i 以体现各国所征收的进口关税。进口关税所形成的财政收入将以总量的形式转移支付给本国消费者。

美国消费者的预算约束可表达为：

$$P_t^u C_t^u+B_t^u=W_t^u H_t^u+\prod\nolimits_t^u+R_{t-1}^* B_{t-1}^u \tag{3.9}$$

式中，B_t^u 为美国消费者持有的储蓄在全球银行的存款，在模型中与无风险债券呈完全替代的关系；存款利率为 R_t^*；W_t^u 为对应的工资；$\prod_t^u$ 为家庭部门从银行与企业中所获取的利润，以及家庭收到的通过进口关税形成的财政转移支付。中国消费者的预算约束与美国消费者类似，可表达为：

$$P_t^c C_t^c+S_t B_t^c=W_t^c H_t^c+\prod\nolimits_t^c+S_t R_{t-1}^* B_{t-1}^c \tag{3.10}$$

需注意的是，参照 Banerjee 等（2016），在此假设中国消费者将储蓄用于购买美国的无风险债券。因此，储蓄的利率与美国保持一致，皆为 R_t^*。由于全球银行的存款以美元计价，因此，在预算约束公式中引

入名义汇率 S_t 将其转换为人民币计价。

2. 资本品生产商

两国的资本品生产商从银行以相对价格（以该国最终消费品为定价单位）Q_t^i 购买折旧后资本，并使用最终商品进行投资，进而生产出下一期初新的资本品并出售给银行。其中，生产新资本品的投资所需的最终商品的数量受调整成本参数 ξ 的约束：

$$I_t^i\left[1+\frac{\xi}{2}\left(\frac{I_t^i}{I_{t-1}^i}-1\right)^2\right] \tag{3.11}$$

式中，I_t^i 为国家 i 的投资总额。

银行部门将每一期所获得的新资本租赁给企业家以获取租金。资本 K_t^i 的运动路径为：

$$K_t^i = I_t^i + (1-\delta)K_{t-1}^i \tag{3.12}$$

在此我们假定资本折旧率为 δ。

3. 企业

两国生产的商品为包含一系列中间品生产商 $j\in[0,1]$ 生产的中间品所汇总的一篮子商品，并由完全竞争的最终品生产商加总并销售。中间品之间的替代弹性为 $\sigma_p>1$，对应的最终品 Y_t^i 的函数形式如下：

$$Y_t^i = \left[\int_0^1 (Y_t^i(j))^{\frac{\sigma_p-1}{\sigma_p}} \mathrm{d}j\right]^{\frac{\sigma_p}{\sigma_p-1}} \tag{3.13}$$

式中，$Y_t^i(j)$ 为中间品生产商 j 的产出。

中间品生产商 j 雇佣劳动并从银行租赁资本生产商品，其生产函数为：

$$Y_t^i(j) = A_t^i[H_t^i(j)]^{1-\alpha}[K_{t-1}^i(j)]^{\alpha} \tag{3.14}$$

式中，A_t^i 为全要素生产率。在生产函数的约束下，中间品生产商基于成本最小化选择最优的劳动和资本配置：

$$MC_t^iY_t^i(j) = \frac{W_t^iH_t^i(j)}{1-\alpha} = \frac{R_{z,t}^iK_{t-1}^i(j)}{\alpha} \tag{3.15}$$

式中，MC_t^i 为生产 1 单位商品的边际成本，$R_{z,t}^i$ 为租赁 1 单位资本的租金成本。

中间品生产商基于 Calvo 黏性价格模型，在每一期有概率 $1-\theta$ 可以调整产品价格。当中间品生产商 j 在第 t 期可以将价格调整至最优价格$P_t^i(j)^{opt}$时，需最大化如下贴现值：

$$\sum_{n=0}^{\infty}(\beta\theta)^n \Omega_{t+n}^i [P_t^i(j)^{opt} - M_{t+n}^i] Y_{t+n}^i(j) \tag{3.16}$$

式中，$\Omega_{t+n}^i = \left(\frac{C_{t+n}^i}{C_t^i}\right)^{-\sigma} \frac{P_t^i}{P_{t+n}^i}$。基于企业的最大化问题，可推出最优价格满足下式：

$$P_t^i(j)^{opt} = \frac{\sigma_p}{\sigma_p - 1} \frac{E_t \sum_{n=0}^{\infty}(\beta\theta)^n \Omega_{t+n}^i MC_{t+n}^i Y_{t+n}^i(j)}{E_t \sum_{n=0}^{\infty}(\beta\theta)^n \Omega_{t+n}^i Y_{t+n}^i(j)} \tag{3.17}$$

4. 银行部门

在模型中，两国的银行部门存在非对称性。为体现中国金融体系相比美国相对落后，并且中国存在着更大的金融摩擦，以及全球资本流动中美元所具备的主导地位，参照 Banerjee 等（2016），假设中国的银行部门通过全球银行融资，而非直接通过中国的消费者存款融资。参照 Gertler 和 Karadi（2011），假定银行存在将资产出售以谋取私利的道德风险，因此，银行的最大杠杆受贷款激励相容约束（Incentive Compatibility Constraint）的限制，从而形成了模型中的金融摩擦。

在中国，银行部门中每一家银行在每一期开始有 $1-\vartheta$ 的概率退出市场，并由同样数量的新银行进入银行部门替代退出银行。对于任意未退出市场的存活银行 j，其资产负债表满足下式：

$$N_t^c(j) + RER_t^c V_t^c(j) = Q_t^c K_t^c(j) \tag{3.18}$$

式中，$N_t^c(j)$ 为银行 j 的实际净值，$RER_t^c V_t^c(j)$ 为该银行通过全球银行融资获得的贷款，Q_t^c 为市场上购买资本的实际单位价格，$K_t^c(j)$ 为该银行所购买的资本。由于全球银行的贷款以美元计价，因此引入中国直接标价法下的实际汇率 $RER_t^c=\frac{S_tP_t^u}{P_t^c}$，使其计价单位与其他变量保持一致。存活银行的净值可通过其上一期资产负债表的信息结合回报率算出：

$$N_t^c(j)=R_{k,t}^cQ_{t-1}^cK_{t-1}^c(j)-\frac{RER_t^cR_{t-1}^v}{\pi_t^uV_{t-1}^c(j)} \tag{3.19}$$

式中，R_t^v 为全球银行贷款的美元名义利率，$R_{k,t}^c$为资本的回报率，π_t^u 为美国的 CPI 通货膨胀率。$R_{k,t}^c$满足以下等式：

$$R_{k,t}^c=\frac{R_{z,t}^c+(1-\delta)Q_t^c}{Q_{t-1}^c} \tag{3.20}$$

假设银行的道德风险反映为能将占比 κ_t^c 的资产转售，以谋取私利，但该行为将导致储户在下一期挤兑，从而使银行破产。因此，在存在道德风险时，银行能实现的最大杠杆受限于其价值函数需大于等于其能转售的资产所获取的价值的约束。银行 j 的贷款激励相容约束可以写为：

$$J_t^c(j)\geqslant\kappa_t^cQ_t^cK_t^c(j) \tag{3.21}$$

式中，$J_t^c(j)$ 为银行的价值函数；κ_t^c 设置为一个可以随时间变化的变量，以反映市场中的金融冲击。在上述公式的约束下，中国的银行 j 最大化其净资产的贴现值，其最优化问题如下：

$$\max J_t^c(j)=E_t\Lambda_{t+1}^c\left[(1-\vartheta)\left(R_{k,t+1}^cQ_t^cK_t^c(j)-\frac{RER_{t+1}^cR_t^v}{\pi_{t+1}^uV_t^c(j)}\right)+\vartheta J_{t+1}^c(j)\right]$$

式中，$\Lambda_{t+1}^c=\beta\left(\frac{C_{t+1}^c}{C_t^c}\right)^{-\sigma}$ 为随机贴现因子。

对于整个中国银行部门来说，新进入的银行将通过消费者获得启动资金作为初始净资产，数额占已有总资产价值的比例为 δ^{Tc}。因此，整个中国银行部门汇总的净资产的运动路径为：

$$N_t^c=\vartheta\left[\left(R_{k,t}^c-\frac{RER_t^c}{RER_{t-1}^c}\frac{R_{t-1}^v}{\pi_t^u}\right)Q_{t-1}^cK_{t-1}^c+\frac{RER_t^c}{RER_{t-1}^c}\frac{R_{t-1}^v}{\pi_t^u}N_{t-1}^c\right]+\delta^{Tc}Q_t^cK_{t-1}^c \tag{3.22}$$

与中国的银行部门类似，美国所主导的全球银行的框架也参照

Gertler 和 Karadi（2011）搭建。与中国的银行部门不同的是，全球银行的融资源自美国家庭部门的存款，并且全球银行除了向美国企业贷款外，还向中国银行提供贷款。因此，一家全球银行 j 的资产负债表表示为：

$$V_t^c(j)+Q_t^uK_t^u(j)=N_t^u(j)+B_t^u(j) \tag{3.23}$$

基于全球银行 j 的资产负债表，对应的贷款激励相容约束表示为：

$$J_t^u(j)\geqslant\kappa_t^u[V_t^c(j)+Q_t^uK_t^u(j)] \tag{3.24}$$

此处，全球银行 j 的价值函数可写为：

$$\begin{aligned}\max J_t^u(j)=E_t\Lambda_{t+1}^u[(1-\vartheta)(R_{k,t+1}^uQ_t^uK_t^u(j)+R_t^vV_t^c(j)\\-R_t^*B_t^u(j))+\vartheta J_{t+1}^u(j)]\end{aligned} \tag{3.25}$$

对于全球银行部门，汇总的银行净资产的运动路径为：

$$\begin{aligned}N_t^u=\vartheta[(R_{k,t}^u-R_{t-1}^*)Q_{t-1}^uK_{t-1}^u+(R_{t-1}^v-R_{t-1}^*)V_{t-1}^c+R_{t-1}^*N_{t-1}^u]\\+\delta^{Tu}Q_t^uK_{t-1}^u\end{aligned} \tag{3.26}$$

5. 货币政策

两国的中央银行的职责是制定货币政策调控宏观经济，假设国家 i 的货币政策遵循下列泰勒规则：

$$\begin{aligned}\ln(R_t^i)=(1-\rho_r^i)\ln(\overline{R}^i)+\rho_r^i\ln(R_{t-1}^i)+(1-\rho_r^i)\\\left[\rho_\pi^i\ln\left(\frac{\pi_t^i}{\overline{\pi}^i}\right)+\rho_y^i\ln\left(\frac{Y_t^i}{\overline{Y}^i}\right)\right]+\varepsilon_{r,t}^i\end{aligned} \tag{3.27}$$

式中，$\overline{R}^i$、$\overline{\pi}^i$、$\overline{Y}^i$ 分别为名义利率、通货膨胀率和实际 GDP 的稳态水平，ρ_r^i 为利率平滑系数，ρ_π^i 和 ρ_y^i 分别为央行利率对于通货膨胀缺口和产出缺口的反应系数，$\varepsilon_{r,t}^i$ 为货币政策冲击。

6. 市场出清条件

对于中国和美国来说，各国生产的商品将用于两国的消费与投资，因此，对应的市场出清条件为：

$$Y_t^u=\nu^u\left(\frac{P_{u,t}}{P_t^u}\right)^{-\eta}\left[C_t^u+I_t^u\left(1+\frac{\xi}{2}\left(\frac{I_t^u}{I_{t-1}^u}-1\right)^2\right)\right]+(1-\nu^u)$$

$$\left(\frac{\tau_t^c S_t P_{u,t}}{P_t^c}\right)^{-\eta}\left[C_t^c + I_t^c\left(1+\frac{\xi}{2}\left(\frac{I_t^c}{I_{t-1}^c}-1\right)^2\right)\right] \tag{3.28}$$

$$Y_t^c = \nu^c\left(\frac{P_{c,t}}{P_t^c}\right)^{-\eta}\left[C_t^c + I_t^c\left(1+\frac{\xi}{2}\left(\frac{I_t^c}{I_{t-1}^c}-1\right)^2\right)\right] + (1-\nu^c)$$

$$\left(\frac{\tau_t^u P_{c,t}}{S_t P_t^u}\right)^{-\eta}\left[C_t^u + I_t^u\left(1+\frac{\xi}{2}\left(\frac{I_t^u}{I_{t-1}^u}-1\right)^2\right)\right] \tag{3.29}$$

7. 外生冲击

模型中每一个国家 i 都包含四类外生冲击，即技术冲击 A_t^i、金融冲击 κ_t^i、货币政策冲击 $\varepsilon_{r,t}^i$ 和关税冲击 τ_t^i。所有的外生冲击 $X_t^i \in \{A_t^i, \kappa_t^i, \varepsilon_{r,t}^i, \tau_t^i\}$ 都服从随机过程：

$$\ln(X_t^i) = (1-\rho_x^i)\ln(\overline{X}^i) + \rho_x^i \ln(X_{t-1}^i) + \sigma_{x,t}^i \varepsilon_{x,t}^i \tag{3.30}$$

$$\ln(\sigma_{x,t}^i) = (1-\rho_x^{\sigma i})\ln(\bar{\sigma}_x^i) + \rho_x^{\sigma i}\ln(\sigma_{x,t-1}^i) + \sigma_x^{\sigma i}\varepsilon_{x,t}^{\sigma i} \tag{3.31}$$

式中，$\varepsilon_{x,t}^i$ 和 $\varepsilon_{x,t}^{\sigma i}$ 服从标准正态分布，$\sigma_{x,t}^i$ 表示外生冲击的时变标准差，即不确定性（风险），$\overline{X}^i$ 和 $\bar{\sigma}_x^i$ 分别为外生冲击以及其时变标准差在稳态时的数值，$\sigma_x^{\sigma i}$ 为风险冲击的标准差，ρ_x^i 和 $\rho_x^{\sigma i}$ 分别为外生冲击以及其时变标准差的自相关系数。

8. 参数校准

模型的大部分参数校准与 Banerjee 等（2016）保持一致，并且在部分参数上针对中国与美国的现实经济特征予以调整。其中，风险厌恶参数 σ 设定为 1.02，因此消费者关于消费的效用函数近似于对数效用。由于理论模型每一期为一季度，因此 β 设置为 0.99，对应的年化无风险利率为 4%。反映劳动供给弹性的参数 ψ 设定为 2。两国商品之间的替代弹性 η 设置为 1.5。反映对本国产品的本土偏见的参数 ν^u 和 ν^c 都设置为 0.85，以体现中美两国进口占各国 GDP 的比例约为 15%。各国商品篮子中不同中间品之间的替代弹性 σ_p 的数值设定为 6，并且每一个中间品厂商调整价格概率的参数 θ 设定为 0.8。生产函数中的参数 α 设置为 0.3，即资本占总生产成本的 30%。资本的折旧率 δ 设定为 0.025。投资的调整成本参数 ξ 设定为 0.2。参照 Gertler 和 Karadi（2011），银行

的存活概率 ϑ 设定为 0.96。我们校准两国的稳态 κ_t^i 和参数 δ^{Ti}，以使得稳态的中美两国的银行杠杆率为 4。美国银行的利差为 1%，中国银行的利差为 2%。对于美国，稳态 κ_t^u 设定为 0.331，δ^{Tu} 设定为 0.009；对于中国，稳态 κ_t^c 设定为 0.549，δ^{Tc} 设定为 0.002。两国货币政策的参数设定为相同的泰勒规则，利率平滑参数 ρ_r^i 设置为 0.8，通货膨胀缺口的反应系数 ρ_π^i 设置为 2.5，产出缺口的反应系数 ρ_y^i 设置为 0.1，银行的目标通货膨胀率为 0。两国的稳态全要素生产率 A_t^i 标准化为 1，同时校准两国的劳动供给参数 χ^i，以让模型中两国的稳态产出相等。

考虑到在实证部分，地缘经济风险反映多种外生冲击风险的组合而非单一外生冲击，因此，在本章中我们不对具体的风险冲击的时变标准差作校准，而主要从定性层面上分析各种风险冲击的经济影响。参照 Banerjee 等（2016），我们将稳态的标准差数值 $\bar{\sigma}_x^i$ 设置为 0.01。货币政策冲击的自相关系数设置为 0，而技术冲击、金融冲击和关税冲击的自相关系数设置为 0.9。我们将所有风险冲击的自相关系数都设置为 0.8。风险冲击的标准差 $\sigma_x^{\sigma i}$ 与外生冲击的稳态标准差类似，设置为 0.01。在表 3.1 中，我们总结了模型中关键参数校准的数值。

表 3.1　关键参数校准

参数	数值	参数	数值
σ	1.02	ξ	0.2
β	0.99	ϑ	0.96
ψ	2	κ_t^u	0.331
η	1.5	δ^{Tu}	0.009
ν^i	0.85	κ_t^c	0.549
σ_p	6	δ^{Tc}	0.002
θ	0.8	ρ_r^i	0.8
α	0.3	ρ_π^i	2.5
δ	0.025	ρ_y^i	0.1

（二）地缘经济风险的经济效应

由于中国的地缘经济风险既可能来自中国内部的经济风险冲击，也可能源自美国经济风险的溢出，在此，我们同时给出两国同一类型的经济风险冲击对于两国经济的影响。图 3.7 给出了中国与美国 1 个标准差的技术风险冲击对中国关键宏观经济指标的影响，图中所有变量都为相对于稳态数值的对数变化。其中，实线为中国的风险冲击所带来的影响，而虚线为美国的风险冲击所带来的影响。我们以带圆圈的点线表示中国变量，以带圆圈的实线表示美国变量。整体来看，虽然源自两国的技术风险冲击所导致的脉冲响应在方向上接近，但是在波动程度上，源自中国的技术风险冲击所带来的脉冲响应变化更为明显。

下面我们分析技术风险冲击对中国的影响。在实体经济层面，技术风险冲击压低了中国的消费，尤其是从第 3 期开始消费显著降低。同时，投资随着消费的降低大幅上升，并于第 3 期达到顶峰。这反映了技术风险冲击所带来的家庭部门预防性储蓄的上升。因此，虽然整体而言 GDP 的脉冲响应显示技术风险冲击导致了持续性的经济低迷，但是在第 1 年内由于投资的上升，经济出现了短暂的正向变化。在金融层面，家庭部门预防性储蓄的上升以及低迷的经济导致央行利率在一开始选择降息，并在 GDP 和通胀转正的第 3 期选择正向调整利率，以应对短暂的经济过热。银行部门的息差和杠杆一开始都在正向调整，随着投资的上升逐渐下降并回到稳态水平。

相对于中国来说，美国对技术风险冲击的反应既有与中国类似的地方，也有着不同之处。首先，整体上来看，中国的技术风险冲击要比美国自身的技术风险冲击对美国的经济影响更大。考虑到在模型中，两国的主要区别在于美国在金融市场上具备相对优势，这体现了全球金融市场的不平衡会放大处于金融劣势的中国的风险冲击所带来的经济影响。其次，虽然在实体经济层面，美国的 GDP、通胀以及投资的脉冲响应与中国对应变量的脉冲响应表现类似，但是在消费上大不相同。可以看出，不

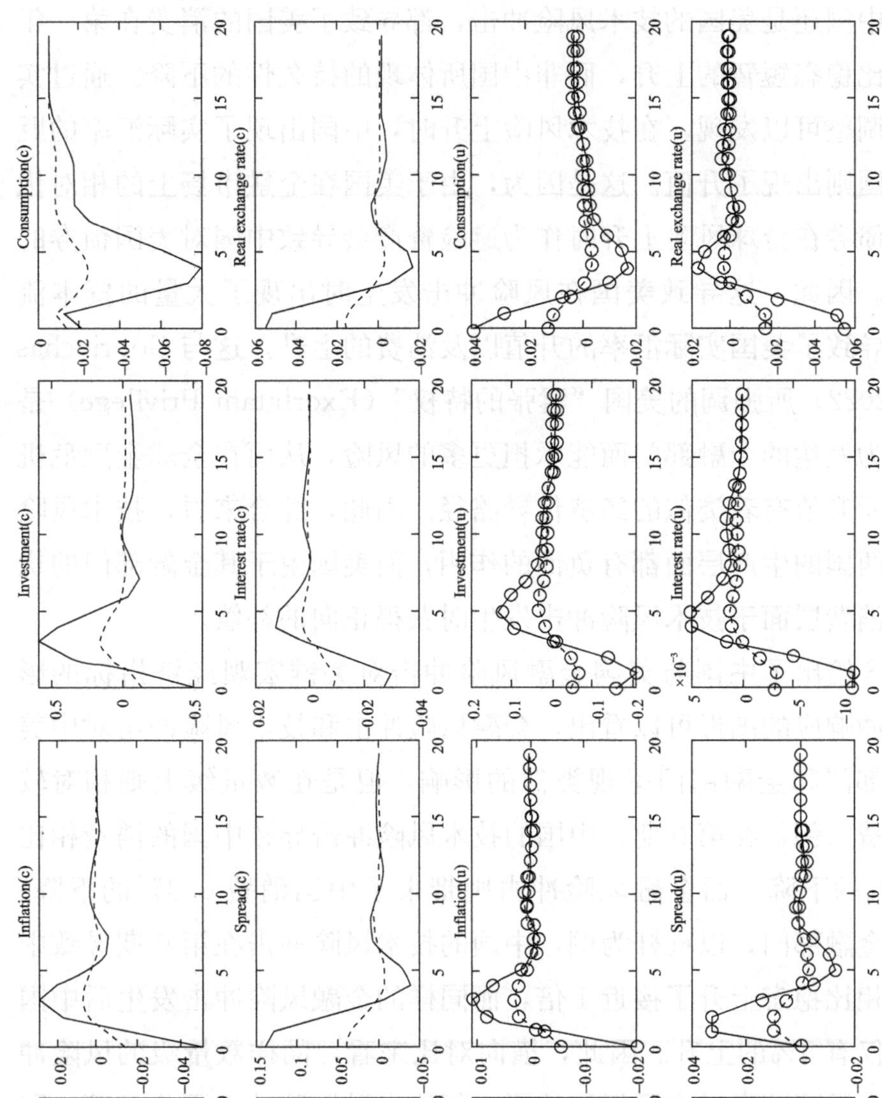

图 3.7　技术风险冲击的脉冲响应

注：实线表示中国风险冲击导致的脉冲响应，虚线表示美国风险冲击导致的脉冲响应，带圆圈的点线表示中国经济变量的脉冲响应，带圆圈的实线表示美国经济变量的脉冲响应。

管是源自中国还是美国的技术风险冲击，都导致了美国的消费在第一年度有着相比稳态短暂的上升，而非中国所体现的持久性的下降。通过实际汇率的调整可以发现，在技术风险上升时，中国出现了实际汇率的贬值，而美国则出现了升值。这是因为，由于美国在金融市场上的相对优势，美国债券在全球风险上升时作为避险资产会导致中国对美国债券的需求上升。因此，这导致美国在风险冲击发生时出现了大量的资本流入，进而导致了美国实际汇率的升值以及消费的上升。这与 Gourinchas 和 Rey（2022）所强调的美国“嚣张的特权”（Exorbitant Privilege）是基于其更为发达的金融部门而能承担更多的风险，从而在全球金融危机时导致美元升值有着类似的经济传导路径。因此，综合来看，技术风险冲击对于两国的生产层面都有负面的作用，而美国由于其金融部门的优势能够在消费层面于技术风险冲击发生时获得正向的补偿。

图 3.8 给出了中国与美国金融风险冲击对关键宏观经济指标的影响。从脉冲响应的图形可以看出，金融风险冲击和技术风险冲击对中美两国经济部门和金融部门呈现类似的影响，但是在数量级上则相对较小。以消费为例，在第 0 期，中国的技术风险冲击导致中国的消费相比稳态有 2%的下降，而金融风险冲击则带来了中国消费 0.3%的下降。同样，在金融部门，以杠杆为例，中国的技术风险冲击在第 0 期导致中国的杠杆相比稳态上升了接近 1 倍，而同样的金融风险冲击发生后中国的杠杆则仅有 8%的上升。因此，横向对比来看，同样数量级的风险冲击中，技术风险冲击对中国经济的影响相比金融风险冲击更为显著。同时，我们也发现，美国基于其金融市场优势所带来的对风险的承受能力更强的特征依然存在，即源自美国的金融风险冲击的经济影响更小，以及美国在风险发生时会出现实际汇率升值和消费上升。

图 3.9 给出了两国货币政策风险冲击的脉冲响应。可以看出，在相同的外生冲击标准差的假设下，与金融风险冲击不同，货币政策风险冲击相比技术风险冲击有更为明显的宏观经济影响。以中国消费为例，相比

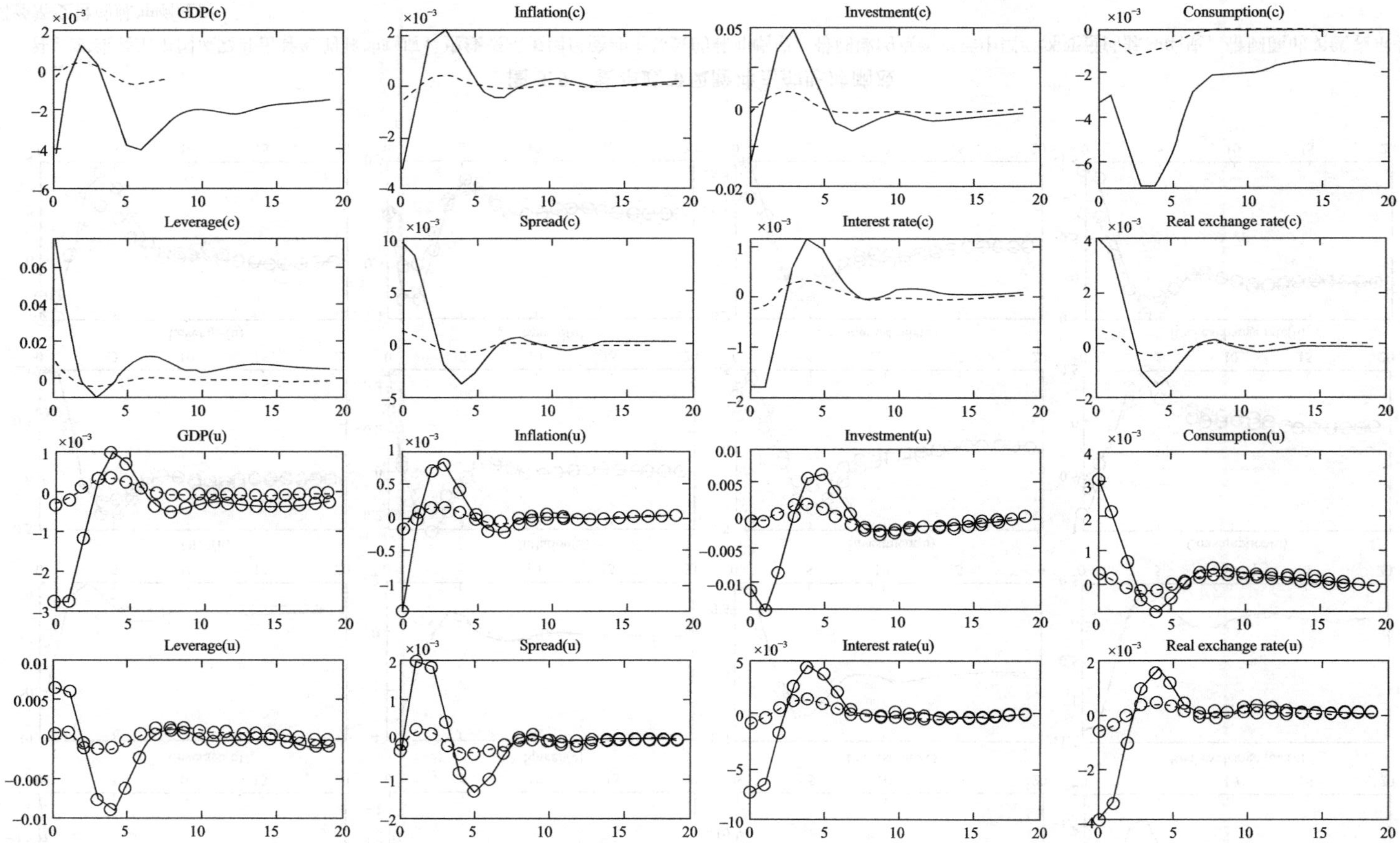

图 3.8　金融风险冲击的脉冲响应

注：实线表示中国风险冲击导致的脉冲响应，虚线表示美国风险冲击导致的脉冲响应，带圆圈的点线表示中国经济变量的脉冲响应，带圆圈的实线表示美国经济变量的脉冲响应。

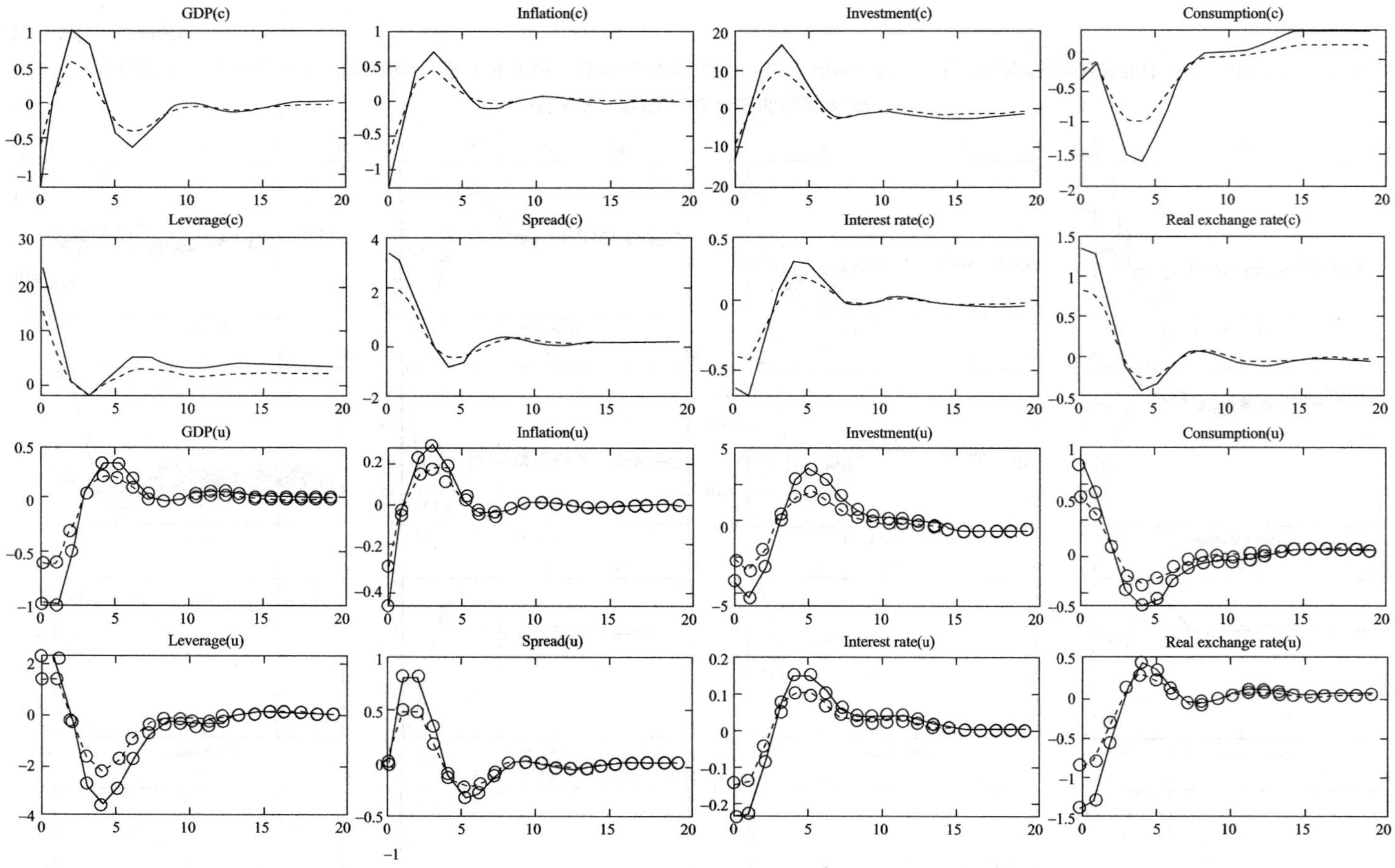

图 3.9　货币政策风险冲击的脉冲响应

注：实线表示中国风险冲击导致的脉冲响应，虚线表示美国风险冲击导致的脉冲响应，带圆圈的点线表示中国经济变量的脉冲响应，带圆圈的实线表示美国经济变量的脉冲响应。

源自中国的技术风险冲击所导致的冲击发生时2%的下降，中国的货币政策风险冲击形成了第0期中国消费38%的下降。但是，相比前面的技术风险冲击和金融风险冲击，源自中美两国的货币政策风险冲击对大部分经济变量的影响没有表现出较为明显的两国差异，即源自美国和中国的货币政策风险冲击对经济的影响表现更为接近。

最后，图3.10给出了两国关税风险冲击对经济的影响。与传统的基于关税水平的冲击所不同的是，关税风险冲击并不存在“以邻为壑”（Beggar-thy-Neighbor）的特征，即单一国家不能单方向采用基于关税风险的政策调整贸易条件，以实现出口和产出的上升。事实上，与前面基于货币政策风险冲击的数值模拟结果类似，不管关税风险冲击源自中国还是美国，脉冲响应的表现在两国并没有因为关税风险冲击的源头产生显著差异。并且，与单纯的关税冲击不同的是，实际汇率的脉冲响应不是基于关税水平变化形成两国相对价格调整所造成的，而是源自风险上升导致家庭部门的预防性储蓄对美国安全债券的需求上升，进而造成美国的资本流入和美国的实际汇率升值。因此，任意一国的关税风险冲击对两国GDP在冲击发生时的影响都是“双输”的下降结果，而非“以邻为壑”的一升一降。在数量级上，关税风险冲击的经济影响较小，介于技术风险冲击与金融风险冲击之间。

综合本部分模型的数值模拟结果可以发现，不同的风险冲击对于经济的整体影响在方向上呈现类似的表现，但是在数量级上存在显著的不同。货币政策风险冲击的经济影响最为显著，其次为技术风险冲击，而关税风险冲击和金融风险冲击的经济影响则较小。由于风险冲击导致家庭部门的预防性储蓄上升，模型的脉冲响应结果显示，这将带来1年内投资的上升，会对GDP形成正面作用，但是从整体来看，风险冲击对于经济产出为负面影响。由于美国在金融部门上具备相对优势，因此，风险冲击发生时美国会出现资本流入，进而导致美国实际汇率升值，带动美国的消费上升和中国的消费下降。同时，在金融部门的相对优势也

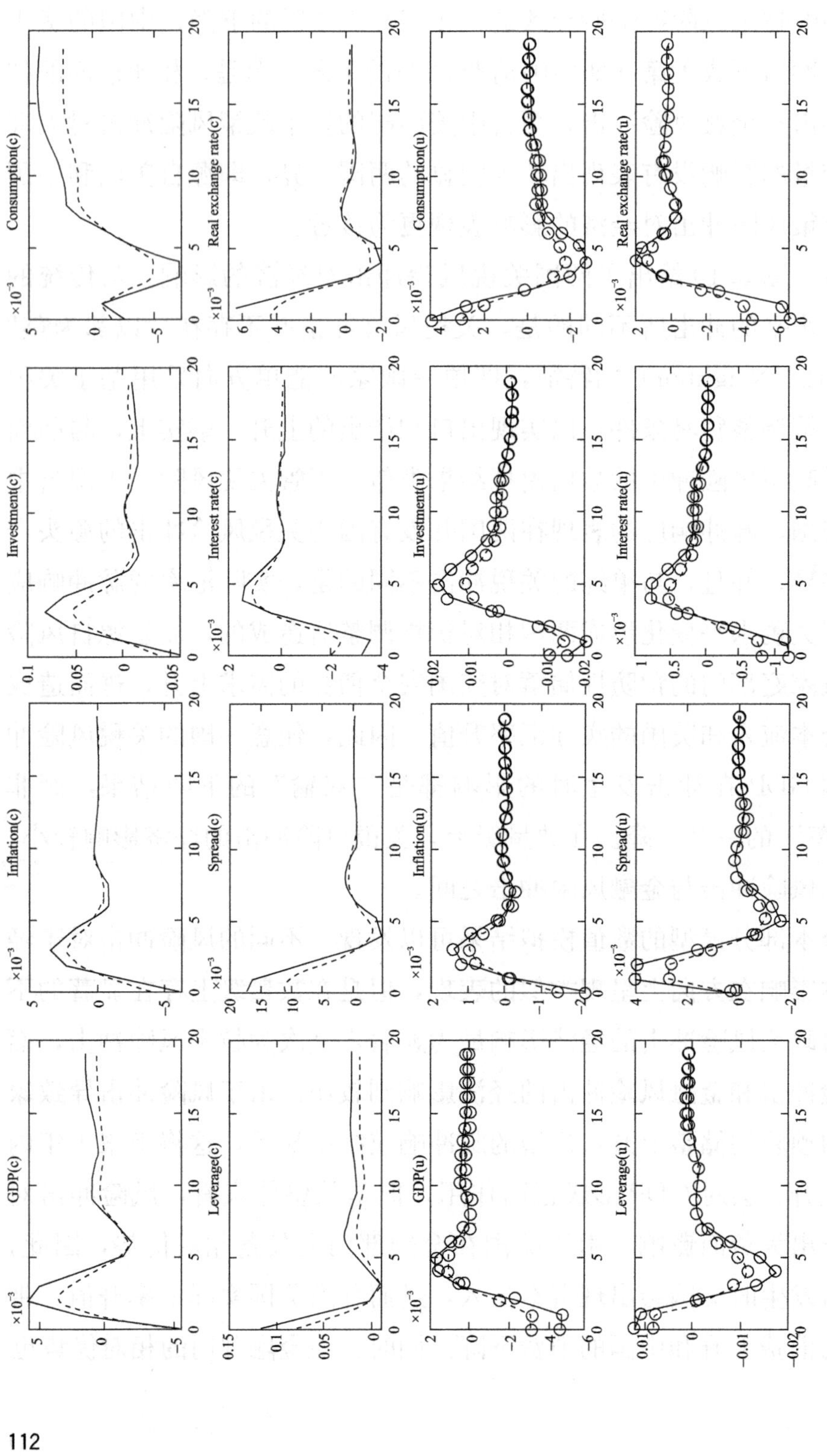

图 3.10　关税风险冲击的脉冲响应

注：实线表示中国风险冲击导致的脉冲响应，虚线表示美国风险冲击导致的脉冲响应，带圆圈的点线表示中国经济变量的脉冲响应，带圆圈的实线表示美国经济变量的脉冲响应。

导致美国受风险冲击的影响相比中国较小，并且源自美国的风险冲击也有相对较小的经济影响。这在技术风险冲击和金融风险冲击的脉冲响应结果中尤为明显。

（三）基于理论模型的政策讨论

基于我们所构建的反映中美两国经济关系的中心-外围两国 DSGE 模型，以及针对不同风险冲击所形成的脉冲响应，我们在理论层面剖析了地缘经济风险在中美两国之间的传递机制。模型重点强调了美国基于其金融部门的发展优势，可以借助风险冲击促使全球投资转向风险承担能力更强的美国国债，借此获得正向的消费补偿的特征。该结论对于不同特征（技术、金融、货币政策和关税）的风险冲击，以及对于源自不同国家（中国和美国）的风险冲击在结果上都非常稳健。

在现有的文献中，对于美国金融部门所具备的优势带来的经济影响，有大量的文献集中讨论了美元作为全球货币体系的中心导致美元享有“嚣张特权”，即美国可以通过国债低成本地向全球融资的特征。其中，Gourinchas 和 Rey（2007）基于美国对外负债和资产的安全属性的不同，将美国视为全球“风投家”。而 Gourinchas 和 Rey（2022）以及 Maggiori（2017）则将此归因为美国具备更强的风险承担能力，即美元能在发生全球经济危机时通过升值帮助持有美元资产的发展中国家避险，从而在平时能够维持较低的融资成本。

与上述文献不同的是，我们在理论层面更关注量化风险冲击对于美国和中国两国在利益层面的对比。我们发现，虽然美元资产具备避险的特征，但不管是从风险冲击带来的经济波动的大小，还是家庭部门消费的调整来看，美国在风险冲击发生时依然是受益方。同时，我们的模型特别强调了风险冲击发生在非美国家相比美国本土的风险冲击在全球范围有更强的经济影响。结合上述结果，本模型为美国推动国际地缘政治冲突具备经济利益提供了理论支持。

在政策层面，我们的模型强调，美国基于其金融地位存在着推动他国发生地缘经济风险的经济动机，但是并未对基于地缘政治的具体的非经济手段建立理论框架。这为当前文献中在理论层面上讨论美国基于其经济优势采用政治手段获取利益提供了新的视角。例如，Clayton 等（2024）构建理论模型分析了霸权国家可以基于外部经济规模的特征对其他国家实施经济制裁，并重点强调了美国金融制裁的能力源自美国在全球金融体系中的优势地位。Broner 等（2025）也提出了霸权国家通过全球化促使周边国家在政治行为上向其靠拢的理论机制。虽然在本章中，我们并未对中美两国的政治行为予以正式的理论建模，但是通过脉冲响应的结果可以看出，美国能够通过全球性的地缘经济风险获益。与 Gourinchas 和 Rey（2022）所强调的美国在全球经济危机发生时被动地作为“避风港”的经济传递机制相反，我们认为，美国具备滥用其“避风港”地位推动全球经济风险上升以获益的经济激励。

综合来看，我国应该对外部地缘经济风险高度重视，持续关注全球经济风险的波动，防止全球经济风险对我国经济的负面冲击。自 2025 年初上任之后，特朗普政府在美国对外政策上表现出高度的逆全球化特征，并且在政策执行上存在大幅的不确定性。这给全球的实体与金融部门带来了负面影响，但同时也削弱了美国在全球金融体系中的主导地位。与以往全球性经济和地缘危机不同的是，本次由美国所主导的“逆全球化”政策在导致全球经济风险上升的同时，并未体现出美元资产的避险特征。相反的，即便长期美元利率在 4 月有所上升，但美元依然发生了贬值。Jiang 等（2025）基于该现象认为，本次特朗普政府对等关税的实施大幅削弱了投资者对美债作为安全资产的信心，从而削弱了美国通过外部经济风险获利的能力。我国需在此次全球性关税战中巩固经济和金融基础，防范外部风险对国内的溢出效应，采取以稳定为导向的经济政策推动全球投资者在未来视中国而非美国为潜在的“避风港”，推动全球经济摆脱美国输出地缘经济风险的负面影响。

四、研究结论和政策建议

在理论层面，我们基于两国新凯恩斯 DSGE 模型，构建中心-外围框架讨论不同类型的中美两国的风险冲击对两国经济的影响。综合来看，由于美国在金融部门上具备相对优势，这导致经济风险对中美两国有着非对称性作用。一方面，从风险冲击的源头来看，美国更发达的金融部门导致经济风险冲击发生在中国对全球经济的影响要比发生在美国对全球经济的影响更大。另一方面，从风险冲击导致的结果来看，由于美国债券具备安全资产的特征，在风险冲击发生后，美国会出现大规模的资本流入，进而导致美元升值。因此，美国更发达的金融部门推动美国借助资本流入的方式推高了其消费水平，而中国由于资本流出导致消费降低。在对比不同风险冲击的经济影响中我们发现，货币政策风险冲击的经济影响最为显著，而金融风险冲击的经济影响则最小。

基于理论的结果，我们认为，这可以对美国利用其在全球金融业的重要地位采取地缘政治手段获取经济利益提供解释。美国债券的安全资产特征导致美国能够在全球风险提高时，让美国通过资本流入提高家庭部门的短期消费水平。因此，当美国政府通过政治手段促使全球地缘经济风险上升时，美国相比其他国家是获利国。同时，我们的模型也显示，风险冲击发生在非美国家所造成的经济影响要比在美国本土发生的风险冲击更为显著，这也为近年来美国推动地缘政治冲突提供了经济层面的解读。

本章的研究结论对于我国防范地缘经济风险、守住不发生系统性金融风险的底线具有一定的政策意义。首先，我国应该高度重视地缘经济风险等外部不利冲击对我国实体经济活动的负面溢出效应。我国要持续关注各种国际地缘“黑天鹅”事件，并重点关注特朗普政府等主要发达经济体的政策动向，积极防控外部风险冲击给我国实体经济和金融市场带来的不利外溢影响。同时，我国还应密切关注各国经济复苏状况和全球经济增长情况，避免全球经济增速下滑给我国实体部门带来的负面效应，进一步巩固我国经济行稳致远的坚实基础。此外，我国还应全面防范全球经济和金融市场的不确定性等外部风险源头，尤其是在新一轮贸易战导致全球经济复苏不确定性显著增加的背景下，我国应坚定信心，科学把握国外复杂多变的经济形势，严防国外输入性风险倒灌演化为国内风险，牢牢守住不发生系统性金融风险的底线。

其次，我国央行应该以适度宽松的货币政策作为对冲地缘经济风险不利冲击的重要抓手。2025 年，应继续实施有力度的降准降息，从而在总量上保障流动性更加充裕，为进一步巩固和强化经济基本面向好的预期创造适宜的货币信贷环境。具体而言，应根据实体经济的流动性情况以及 PMI、CPI 和消费者信心指数等经济指标的变动情况，通过 2～3 次降准降息，使得准备金率下调 0.5～1.5 个百分点，引导 5 年期 LPR 利率继续下行，并继续对居民房贷实施较大力度的定向降息，引导存量房贷利率进一步下降。央行实施适度宽松的货币政策时应该综合运用准备金率、7 天逆回购操作利率、再贷款、再贴现、公开市场操作等多种货币政策工具投放流动性，保持总体流动性充裕，同时兼顾内外平衡，对冲外部风险给人民币汇率造成的冲击，保持人民币汇率在合理均衡水平上基本稳定。

最后，我国还应该持续用力推动房地产市场企稳，加强金融风险防控有效推进，更好地统筹发展与安全，坚持守住不发生系统性金融风险的底线。应持续有效地化解房地产、地方债务和中小金融机构风险，强化股市运行、债券违约等重点领域风险防控，进一步加强跨境融资宏观审慎管理，防止国内金融状况收缩与地缘经济风险上升形成相互强化的棘轮效应，通过组合使用汇率风险准备金、全口径跨境融资宏观审慎管理等工具，抑制市场主体的顺周期行为，保障我国外汇市场与跨境资本流动的总体稳定。未来，还应该针对房地产市场、股票市场和债券市场等进一步创新货币政策工具，在宏观审慎和金融稳定的功能上逐步做到对金融领域的全覆盖，坚决打好防范化解重大金融风险攻坚战，把经济周期和金融周期、币值稳定和金融稳定更好地结合起来，维护我国宏观经济稳定和国家金融安全。

参考文献

[1] 范小云，张少东，王博．跨境资本流动对股市波动的影响：基于分部门资本流动波动性视角的研究．国际金融研究，2020（10）：24－33.

[2] 方意，贾妍妍，赵阳．重大冲击下全球外汇市场风险的生成机理研究．财贸经济，2021，42（5）：76－92.

[3] 黄益平，曹裕静，陶坤玉，等．货币政策与宏观审慎政策共同支持宏观经济稳定．金融研究，2019（12）：70－91.

[4] 郝大鹏，王博，李力．美联储政策变化、国际资本流动与宏观经济波动．金融研究，2020（7）：38－56.

[5] 芦东，周梓楠，周行．开放经济下的“双支柱”调控稳定效应研究．金融研究，2019（12）：125－146.

[6] 马理，文程浩．美国利率调整和税率调整的影响与我国应对措施研究．经济研究，2021，56（1）：172－190.

[7] 梅冬州，温兴春．外部冲击，土地财政与宏观政策困境．经济研究，2020，55（5）：66－82.

[8] 谭小芬，李兴申．美国货币政策对新兴经济体宏观审慎监管跨境溢出效应的影响．国际金融研究，2021（8）：3－12.

[9] 温兴春，梅冬州．金融业开放、金融脆弱性以及危机跨部门传递．世界经济，2020，43（10）：144－168.

[10] 吴立元，赵扶扬，王忏，等．美国货币政策溢出效应、中国资产价格波动与资本账户管理．金融研究，2021（12）：77－94.

[11] Banerjee，R.，Michael B. Devereux，and Giovanni Lombardo（2016）. Self-oriented Monetary Policy，Global Financial Markets and Excess Volatility of International Capital Flows. *Journal of International Money and Finance*，68，275－297.

[12] Bhattarai，S.，Arpita Chatterjee，and Woong Yong Park（2020）. Global Spillover Effects of US Uncertainty. *Journal of Monetary Economics*，114，71－89.

[13] Bianchi，J.（2011）. Overborrowing and Systemic Externalities in the Business Cy-

cle. *American Economic Review*, 101 (7), 3400 - 3426.

[14] Bianchi, J. and Enrique G. Mendoza (2018). Optimal Time-Consistent Macroprudential Policy. *Journal of Political Economy*, 126 (2), 588 - 634.

[15] Broner, F., Alberto Martin, Josefin Meyer, et al. (2025). Hegemonic Globalization. CESifo Working Paper Series, No. 11951.

[16] Bruno, V. and Hyun Song Shin (2015). Capital Flows and the Risk-taking Channel of Monetary Policy. *Journal of Monetary Economics*, 71, 119 - 132.

[17] Chen, J. and Qian, X. (2016). Measuring On-going Changes in China's Capital Controls: A de jure and a Hybrid Index Dataset. *China Economic Review*, 38, 167 - 182.

[18] Clayton, C., Matteo Maggiori, and Jesse Schreger (2024). A Theory of Economic Coercion and Fragmentation. NBER Working Paper, No. 33309.

[19] Devereux, M. B. and Changhua Yu (2020). International Financial Integration and Crisis Contagion. *The Review of Economic Studies*, 87 (3), 1174 - 1212.

[20] Farhi, E. and Ivan Werning (2012). Dealing with the Trilemma: Optimal Capital Controls with Fixed Exchange Rates. NBER Working Paper, No. 18199.

[21] Forbes, K. J. and Francis E. Warnock (2012). Capital Flow Waves: Surges, Stops, Flight, and Retrenchment. *Journal of International Economics*, 88 (2), 235 - 251.

[22] Gertler, M. and Peter Karadi (2011). A Model of Unconventional Monetary Policy. *Journal of Monetary Economics*, 58 (1), 17 - 34.

[23] Gourinchas, P. and Hélène Rey (2007). From World Banker to World Venture Capitalist: US External Adjustment and the Exorbitant Privilege. In *G7 Current Account Imbalances: Sustainability and Adjustment*. Edited by Richard H. Clarida. Chicago: University of Chicago Press.

[24] Gourinchas, P. and Hélène Rey (2022). Exorbitant Privilege and Exorbitant Duty. CEPR Discussion Papers, No. 16944.

[25] Hamilton, J. D. and Ana Maria Herrera (2004). Oil Shocks and Aggregate Macroeconomic Behavior: The Role of Monetary Policy. *Journal of Money, Credit and Banking*, 36 (2), 265 - 286.

[26] Jeanne, O. and Anton Korinek (2010). Excessive Volatility in Capital Flows: A Pigouvian Taxation Approach. *American Economic Review*, 100 (2), 403 - 407.

[27] Jiang, Z., Arvind Krishnamurthy, Hanno Lustig, et al. (2025). Dollar Upheaval: This Time is Different. Stanford Working Paper, No. 4241.

［28］ Jinzhao Chen, J. and Xingwang Qian (2016). Measuring On-going Changes in China's Capital Controls: A de jure and a Hybrid Index Data Set. *China Economic Review*, 38, 167 - 182.

［29］ Kilian, L. and Logan T. Lewis (2011). Does the Fed Respond to Oil Price Shocks?. *The Economic Journal*, 121 (555), 1047 - 1072.

［30］ Maggiori, M. (2017). Financial Intermediation, International Risk Sharing, and Reserve Currencies. *American Economic Review*, 107 (10), 3038 - 3071.

［31］ Miranda-Agrippino, S. and Hélène Rey (2020). U. S. Monetary Policy and the Global Financial Cycle. *The Review of Economic Studies*, 87 (6), 2754 - 2776.

［32］ Reinhart, C. M. and Vincent R. Reinhart (2009). Capital Flow Bonanzas: An Encompassing View of the Past and Present. *NBER International Seminar on Macroeconomics*, 5 (1): 9 - 62.

［33］ Yan Carrière-Swallow, Y. and Luis Felipe Céspedes (2013). The Impact of Uncertainty Shocks in Emerging Economies. *Journal of International Economics*, 90 (2), 316 - 325.

第四章　地缘经济风险对国际贸易投资体系的影响

当前世界经济环境复杂多变，本章探讨了地缘经济风险攀升对国际贸易、国际投资与全球供应链的影响，总结相关的特征事实，构建实证模型评估了地缘经济风险对国际贸易、投资和供应链调整的影响，为中国应对外部冲击提出了政策建议。地缘经济风险攀升对国际贸易带来了负面影响，美国关税冲击造成中国对美的直接进出口下降，部分贸易被转移至越南等东南亚国家和墨西哥。国际直接投资呈现出全球收缩与区域内集中，跨境信贷与证券投资区域内再平衡，中间型与中立型经济体吸引力增强。全球供应链加速调整，主要表现为近岸化、友岸化与多元化三大趋势，安全性成为企业布局供应链时需要考虑的关键因素。中国应推动出口市场多元化，加强关键领域的供应链本土化与“多元备份”机制建设，以制度型开放参与国际经贸规则重构，支持跨国公司和机构投资者构建多元化、分层次的全球资产配置网络。

一、地缘经济风险影响国际贸易投资体系的特征事实

全球化时代，国际贸易成为连接各国经济的重要纽带。但是近年来，受到公共卫生突发事件、地缘政治冲突、保护主义政策、大国竞争博弈的影响，地缘经济风险攀升，全球贸易体系受到冲击。国际货币基金组织（IMF）将由政策驱动的经济一体化分裂过程称为地缘经济碎片化（Geoeconomic Fragmentation，GEF），Aiyar 等（2023）系统分析了地缘经济碎片化的特征，主要表现为全球经济体系被人为分割，国际

贸易、投资、技术、金融等跨境活动出现了分裂或重组趋势。

（一）国际贸易格局变化

1. 贸易壁垒高企为地缘经济风险的主要表现

自2018年中美贸易摩擦以来，以关税为代表的传统贸易壁垒重新回到人们的视野。2018—2019年，特朗普政府分三轮对总价值超过5 000亿美元的中国商品加征关税，背离了二战以来美国长期主导的基于规则的多边贸易体系。2025年4月，再次当选总统的特朗普签署行政令，宣布对所有贸易伙伴征收10%的最低基准关税，同时对贸易逆差较大的国家加征更高的对等关税。例如，中国被加征34%的对等关税，此后在不断升级叠加既有关税的情况下，部分产品税率超过200%。2025年4月25日中共中央政治局会议指出“外部冲击影响加大”，要“统筹国内经济工作和国际经贸斗争”，强调“对关税影响较大的企业，提高失业保险基金稳岗返还比例”。在此背景下，综合研判经济碎片化、地缘经济风险上升对国际贸易的影响具有重要的现实意义。

以关税为代表的贸易壁垒措施是全球经济碎片化的主要来源，也是地缘经济风险上升的标志性事件。作为全球贸易规模前二的国家，美中双向加征关税不仅会影响两国间的贸易流量，还存在广泛的溢出效应，会重塑国际贸易格局（Fajgelbaum et al.，2020）。一方面，关税高低是双边贸易成本的直接体现，关税上升会导致双边贸易总量萎缩、贸易结构调整（Amiti et al.，2019；Jiang et al.，2023；余淼杰等，2022）。另一方面，关税冲击还促使企业进行生产基地和出口市场的多元化布局，引发布局贸易转移（Alfaro and Chor，2023；Grossman et al.，2024；丁浩员等，2024）。IMF在2025年4月发布的《世界经济展望报告》中下调了全球经济增长预期，并将其归因于“有效关税税率达到一个世纪以来的最高水平，当前经济环境高度不可预测”。

根据耶鲁大学预算实验室（Budget Lab）的分析，美国实施的新一轮关税政策使其平均有效关税税率上升至22.5%，为自1909年以来的最高水平。另外，各国使用非关税壁垒的频率也越来越高，包括绿色壁垒（如碳关税）、技术壁垒（如出口管制、数据本地化要求）、安全壁垒（如实体清单、外国投资审查机制）等。此外，技术脱钩开始由点及面地影响全球贸易格局，美国在半导体、通信、人工智能等领域对中国实施限制措施，以技术准入为核心的新型壁垒开始指向部分中国企业，并且通过生产网络放大，引发供应链重塑。

2. 关税冲击影响双边直接贸易与全球贸易格局

中美贸易摩擦作为关税冲击的典型案例，体现了贸易政策变化对双边直接贸易规模的显著影响，图 4.1 展示了 2014—2024 年间这一趋势的演变。可以看到，2018—2019 年的中美贸易摩擦是重要转折。从规模上看，加征关税直接导致双边贸易总量收缩，2017 年中国对美国出口规模为 4 337 亿美元，2019 年下降至 4 185 亿美元，减少了 152 亿美元；2017 年中国从美国进口规模为 1 549 亿美元，2019 年下降至 1 232 亿美元，减少了 317 亿美元，进出口总额收缩了 469 亿美元。受到全球公共卫生突发事件影响，中美贸易规模在 2020—2022 年间有所反弹，但是自 2023 年以来再次高位回落。从份额上看，关税冲击造成双边贸易占比持续下滑，2017 年中国对美国出口占总出口的份额为 19.1%，2019 年下降至 16.7%，减少了 2.4 个百分点；2017 年中国从美国进口

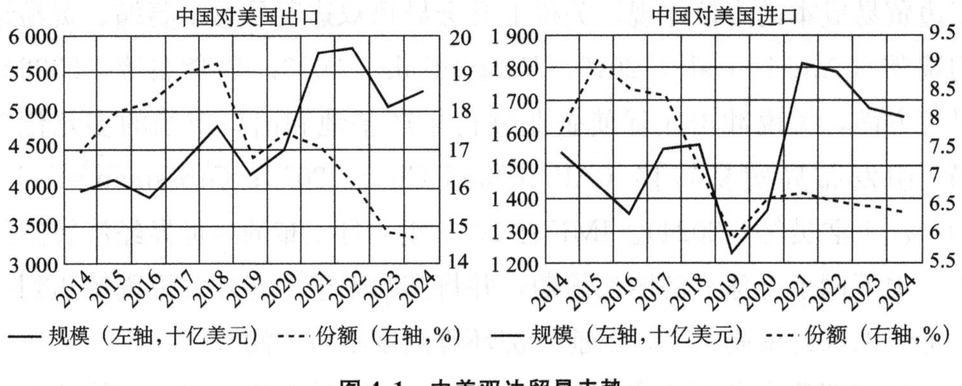

图 4.1 中美双边贸易走势

资料来源：司尔亚司数据信息有限公司（CEIC）。

占总进口的份额为8.4%，2019年下降至5.9%，下降了2.5个百分点。此后，中国对美国的贸易依赖度进一步降低，在出口端，对美出口份额2020年以后逐年减少，2024年降至14.6%，为1993年以来的最低水平；在进口端，由于中国对美进口规模的基数较小，2020—2024年间，对美进口份额围绕6.5%缓慢持续下行。

中国长期保持对美贸易顺差，2024年贸易差额达到3 599亿美元，因此对于中国来说，互加关税对出口端的影响更为广泛。图4.2为2017年和2023年中国对美出口最多的前二十大产品（按照HS 4位码分类），可以看到，大部分属于电气设备或机械制品，出口最多的前五大产品分别为电话设备（8517）、自动数据处理设备及其部件（8471）、显示器和投影仪（8528）、机动车辆（8708）和家具及零部件（9403）。从规模上看，有一半产品2023年的出口价值低于2017年，按照离岸价衡量，机械（8473），印刷机械、复印机、传真机及其零部件（8443），显示器和投影仪（8528）降幅最大，分别为－58.6%、－47.1%和－34.7%。从份额上看，前二十大出口产品中有18种出现了下滑，以机械（8473）为例，2017年中国对美出口占总出口的比重高达28.2%，高度依赖美国市场，但是到2023年却降至13.8%，下降了14.4个百分点。除此以外，显示器和投影仪（8528）、机动车辆（8708）、家具及零部件（9403）的对美出口依赖度降幅较大，分别为－12.1%、－11.7%和－10.6%。

关税政策除了会直接影响双边贸易流量外，还会对全球贸易格局产生影响（Alfaro and Chor，2023）。图4.3为中国出口结构的变化趋势，从规模上看，2015—2018年中国平均每年对美出口4 287亿美元，高于对东盟和墨西哥出口之和，受关税政策影响，2018年后中国对东盟和墨西哥出口迅速上升，2024年达到6 776亿美元，超过对美出口的5 252亿美元。从份额上看，中国对美国的出口份额从2017年的19.1%下降至2024年的14.6%，而中国对东盟和墨西哥的出口份额则从2017年的13.9%上升至2024年的18.9%，美国份额的下降几乎完全

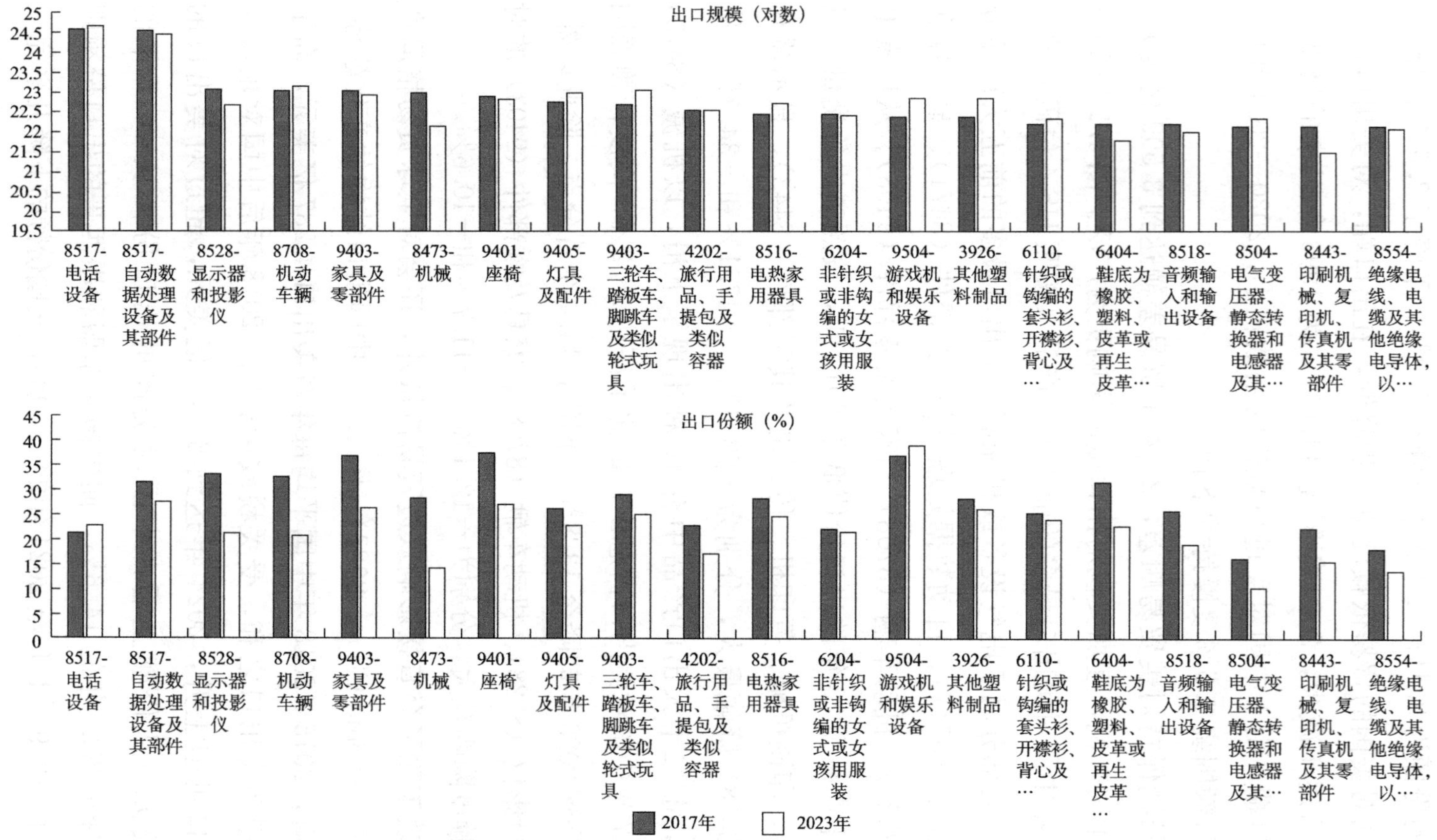

图 4.2 中国对美出口前二十大产品

注：采用 HS 4 位码，出口份额表示该产品对美出口占总出口的比重。

资料来源：UN Comtrade.

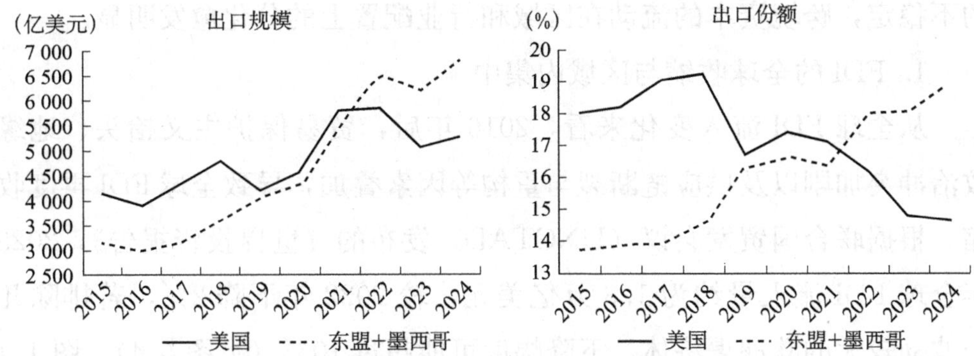

图 4.3　中国出口结构变化

资料来源：CEIC.

由东盟和墨西哥份额的上升所替代。其中，中国对越南、马来西亚和墨西哥的出口份额上升最快，分别为 1.35％、0.97％和 0.93％。事实上，这一现象反映了关税冲击下企业的贸易避险行为和供应链重组战略，一方面，中国企业将部分生产流程、组装工序或产品出口转移至第三国，再由这些国家出口至美国，借此绕开针对中国的高关税；另一方面，为规避长期关税风险，中国部分企业将生产环节外包至以越南为代表的东南亚国家或以墨西哥为代表的北美国家，形成“中国＋1”的跨国生产链。

综上，2018—2019 年加征关税前后的贸易数据显示，关税冲击造成中美双边贸易规模收缩、贸易份额下降，分产品看，电气设备与机械制品等中国对美主要出口物项受到的负面影响较大。此外，在关税冲击下，中国的部分出口由美国转向东南亚和墨西哥等国家。

（二）国际投资格局变化

随着全球经济政治格局的不断变化，地缘经济碎片化的出现导致跨境资本流动面临诸多挑战与调整，促使跨国企业在全球进行生产的重新布局，导致全球 FDI 布局呈现出与过往 20 年不同的变化特征，尤其是在技术敏感行业和传统制造业的分布变化上。全球经济的多极化和政治不确定性同样加剧了银行跨境债权的区域重新分配和国际证券投资的区域分化。随着全球经济增长放缓、地缘政治风险增加以及国际金融体系的不稳定，跨境资本的流动在区域和行业配置上的分化愈发明显。

1. FDI的全球收缩与区域内集中

从全球FDI流入变化来看，2016年后，贸易保护主义抬头、地缘政治冲突加剧以及供应链断裂与重构等因素叠加，导致全球FDI再度收缩。根据联合国贸发会议（UNCTAD）发布的《世界投资报告》，2023年全球FDI流入量约为1.3万亿美元，较2022年下降2%，若排除几个波动较大的欧洲渠济体，下降幅度可能超过10%（见图4.4）。图4.4还展示了主要经济体与地区FDI流入占全球份额的变化。2023年，亚洲地区吸引了全球FDI流入的50.9%，仍然是全球最主要的投资目的地，其中东南亚地区的外资流入占比迅速增加，从2019年的9.5%增长至2023年的17.0%；中国占比尽管有所下降，但仍以12.3%的份额稳居第二大投资目的地。北美地区占比为27.13%，美国作为最大的FDI接受国，吸引了约3 100亿美元的外资，占全球FDI的23.3%。欧洲受俄乌冲突、能源及债务危机影响，失去了外资流入的吸引力，2022年FDI流入出现断崖式负增长，即使到2023年，也仅占全球FDI流入的1.0%，且内部的FDI仍然集中在法国、德国和西班牙等少数经济体，这三个国家流入的FDI份额分别为3.2%、2.8%和

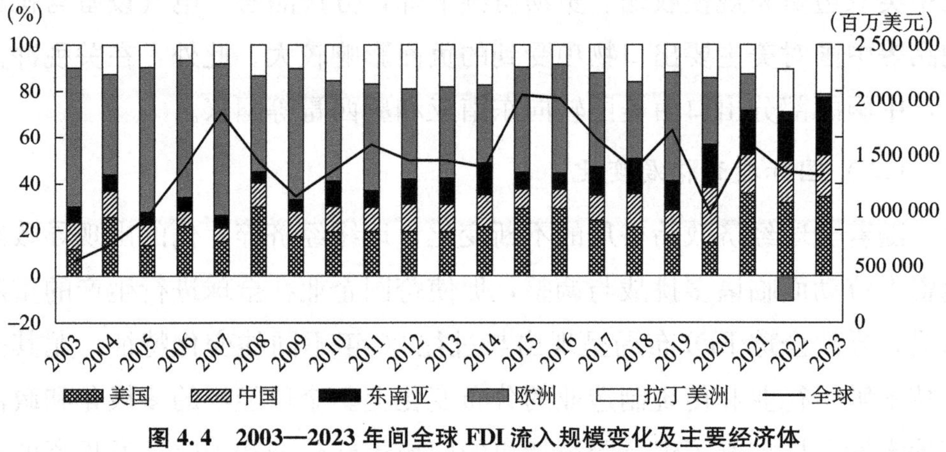

图4.4　2003—2023年间全球FDI流入规模变化及主要经济体与地区FDI流入占全球份额的变化

资料来源：IMF-BOP数据库

2.7%，位列欧洲地区前三。相比之下，拉美地区对外资的吸引力逐渐增强，已经承接起了全球14.5%的FDI，其中超过一半的资金流向巴西和墨西哥（分别为全球FDI流入的4.9%和2.7%）。总体而言，全球经济不确定性的加剧割裂了全球资本流动网络，FDI流动呈现出区域内集中趋势。

2. 跨境信贷的温和扩张与区域内重新分配

从跨境信贷流动来看，全球跨境信贷总体呈温和扩张趋势，但是跨区域重新配置以及区域内部显著分化的特征同样明显。根据国际清算银行（BIS）数据，如图4.5所示，随着欧美发达经济体的保护主义抬头，2017年后，流向新兴市场和发展中经济体的跨境信贷增速有所放缓，发达经济体借款人成为驱动全球跨境信贷增长的主要力量。其中，发达经济体跨境信贷的快速增长由美国主导。如图4.6所示，自2023年以来，美国吸引的跨境信贷持续上升，2024年第三季度同比增速高达14.4%，反映出美国在全球信贷配置中的地位逐步恢复。欧洲发达经济体则呈现出相对平缓和稳定的上行趋势，其跨境信贷增速从2023年第一季度的2.4%波动上升至2024年第三季度的4.8%。

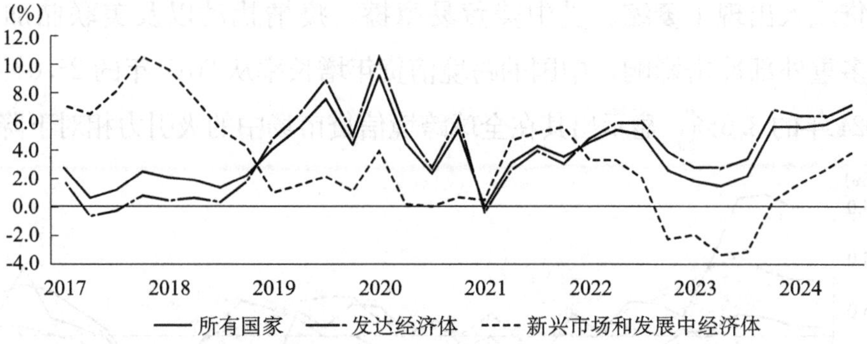

图4.5　所有国家、发达经济体及新兴市场和发展中经济体跨境信贷增速

资料来源：BIS.

相比之下，对新兴市场和发展中经济体的跨境信贷增速显著低于发达经济体，且新兴市场和发展中经济体的跨境信贷扩张的区域差异更为明显，呈现出周期性波动与结构性分化并存的态势。2017年之后，各新

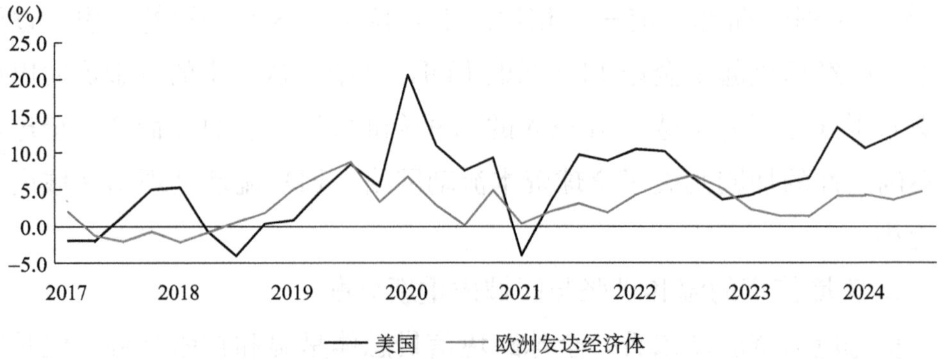

图 4.6　美国及欧洲发达经济体跨境信贷增速

资料来源：BIS.

兴市场和发展中经济体区域的跨境信贷增速普遍放缓，如图 4.7 所示。其中，对新兴欧洲以及非洲和中东地区的信贷增速分别由 2017 年第一季度的 1.6%和 10.3%下降至 2023 年第二季度的−5.6%和−3.0%，但随后逐渐恢复增速。新兴拉美和加勒比地区在疫情期间曾一度出现信贷负增长，但自 2021 年底以来增速恢复正值，并基本维持在扩张区间内。新兴亚太地区的跨境信贷增长动力减弱最为显著，该区域增速自 2017 年第一季度的 10.9%下滑至 2024 年第三季度的 1.6%，这主要是由于对中国跨境信贷流入出现了萎缩。受中美贸易摩擦、疫情扰动以及美联储加息周期等多重外部冲击影响，中国的跨境信贷年增长率从 2017 年的 25.0%锐降至 2024 年的 3.6%，显示出其在全球跨境信贷市场中的吸引力相对下降。

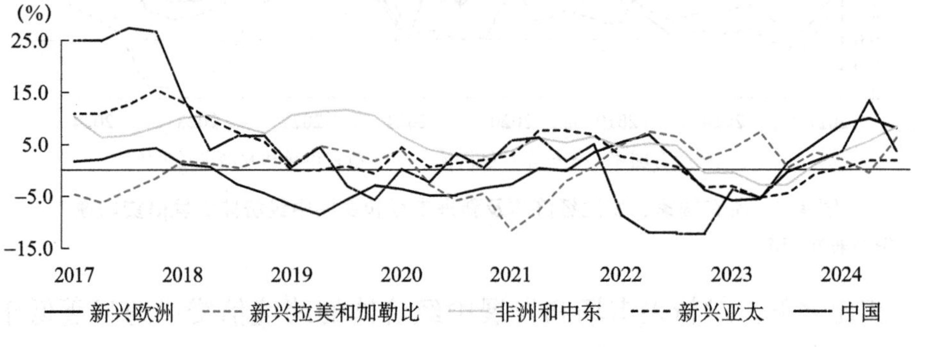

图 4.7　新兴市场和发展中经济体跨境信贷增速

资料来源：BIS.

3. 全球证券投资的区域内再平衡

从全球证券投资组合流动的演变来看，发达经济体依然是资本配置的主要避风港，尤其是在重大风险事件或宏观环境变化时更加凸显其吸引力。如图 4.8 所示，发达经济体的证券资本流动出现了向美国集中分布的情况，在 2024 年第三季度，流向发达经济体的证券资本中有超过 50%投向美国，相比 2017 年第一季度的 21.7%有显著提升。其他发达经济体的证券资本流入则出现了此消彼长的情况。其中，英国和日本作为传统金融中心，在脱欧不确定性增大、日元长期走弱和持续低利率等因素的影响下，其证券资本流入出现疲软，甚至间歇出现净流出，对证券资本流入的吸引力有所减弱。德国和法国作为欧盟主要的领导国家，保持了相对稳健的资本吸引力，但未出现明显的资本回流回暖趋势。而卢森堡与爱尔兰则凭借离岸金融架构和税务优化优势，持续提升在欧盟乃至全球证券资本流动中的份额。

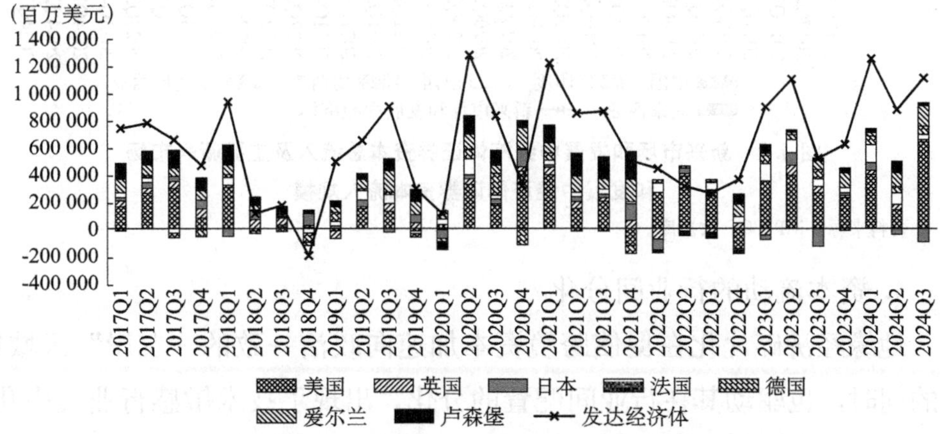

图 4.8　发达经济体证券资本总流入及主要发达经济体证券资本流入规模

而新兴市场和发展中经济体在应对外部环境变化引致的大规模证券资本流动方面仍缺乏韧性。如图 4.9 所示，在 2018 年中美贸易摩擦加剧、2020 年疫情初期以及 2022 年美联储开启加息期间，新兴市场和发展中经济体普遍经历了资本快速撤离的剧烈震荡，甚至出现了资本流动逆转，新兴市场和发展中经济体证券组合投资的流动周期缩短。与发达经济体内部投资集中趋势不同的是，新兴市场和发展中经济体证券资本流入目的地正由集中转向分散。中国仍然是新兴市场和发展中经济体中占比最高的投资目的地，但比重有所下降，资金开始向其他经济体分散。特别是印度，随着中美关系趋紧，美国与其他发达经济体的资产管理机构在再平衡全球证券组合时，主动增加了对印度股债市场的配置，试图将印度资本市场作为下一个高速增长点。此外，印度尼西亚和马来西亚等亚太经济体，作为美国针对中国的遏制性战略转移的重要承接方，也获得了更多证券资本流入。与此同时，巴西和墨西哥凭借区域改革红利和市场深度提升，吸引力亦明显增强。

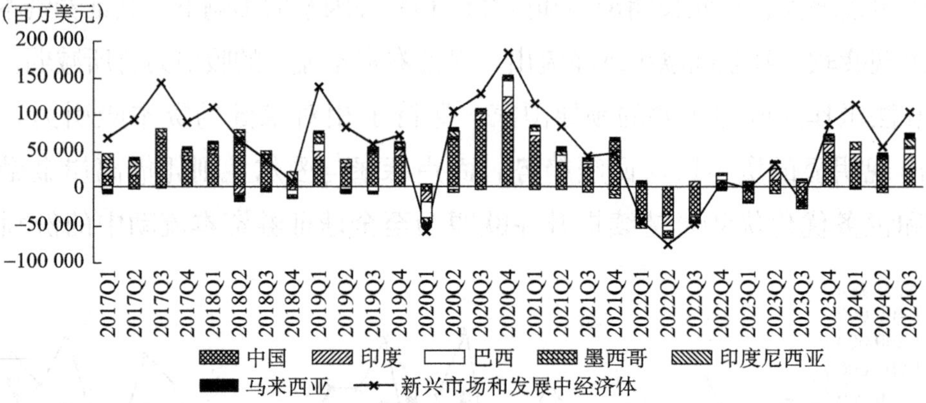

图 4.9 新兴市场和发展中经济体证券资本总流入及主要新兴市场和发展中经济体证券资本流入规模

资料来源：MF-BOP 数据库。

4. 资本流动的行业间分化

地缘经济碎片化在促使跨境资本加速向政治一致的“友岸”区域集中的同时，也驱动其在行业间配置的分化，出现了技术敏感行业集中化、服务业比重上升以及传统制造业萎缩的特点。由于半导体、新能源、人工智能等行业对技术和政治稳定性要求极高，许多外资选择将投资方向聚焦于政治和经济利益一致的地区。同时，随着技术的迅猛发展，跨国公司在进行 FDI 决策时，不仅考虑市场规模和资源成本，还更加重视技术创新和研发能力。因此，技术敏感行业的资本流向呈现出高度集中化的趋势。UNCTAD 的数据显示，2022 年全球在半导体领域的 FDI 流入显著增加，在全球最大的五个投资项目中，有三个属于半导体项目。美国因《芯片与科学法案》（CHIPS Act）推动半导体产业 FDI 增幅接近 50%，主要投向生产设备、研发中心和技术平台；在发展中国家，以可再生能源为代表的绿色技术部门自 2015 年至 2023 年的投资增长率达到 76%。

全球化进程放缓和地缘经济碎片化加剧还促使大量资金流入服务业，传统制造业的 FDI 流入量逐渐萎缩，出现了服务业 FDI 的"替代性增长"。根据 fDi Markets 数据库的统计数据，如图 4.10 和图 4.11 所示，2023 年流入服务业的绿地 FDI 在全球的占比超过 50%，其中，能源供应、信息技术等领域的投资增长尤为显著。与技术敏感行业和服务业的快速发展形成对比的是传统制造业 FDI 流入量的逐渐萎缩，石油、化工及汽车行业的 FDI 流入出现了较为明显的下降。这在一定程度上反映出发达国家贸易保护主义与"制造业回流"产业战略的兴起严重制约了制造业的 FDI 流动。同时，在过去 20 年，全球制造业的 FDI 流动受到了生产成本上升、环保政策日益严格以及技术替代等因素的影响。在全球化进程放缓和地缘经济碎片化加剧的背景下，传统制造业的跨境投资逐步转向了低成本的地区，尤其是东南亚和非洲地区，带来了 FDI 的区域性转移。例如，随着中国劳动力成本的上升，越来越多的跨国公司将生产线迁移至越南、印度尼西亚和泰国等东南亚国家，以及巴西和墨西哥等拉美国家。这些国家拥有丰富的劳动力资源，并且逐步完善基础设施和产业链体系，为制造业的外资流入提供了更多机会。

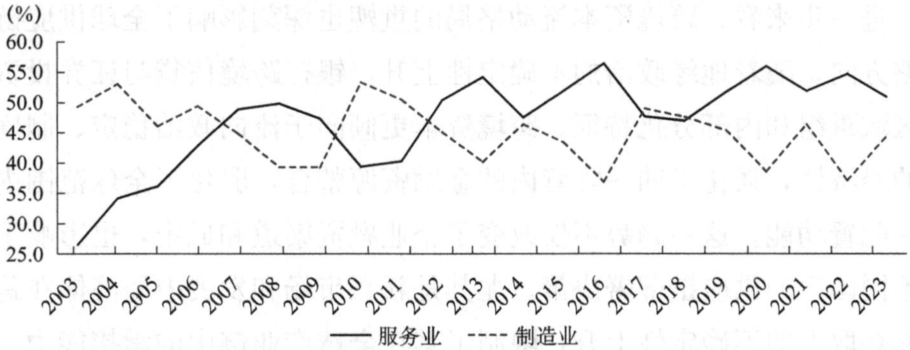

图 4.10　全球绿地 FDI 流入服务业和制造业的份额

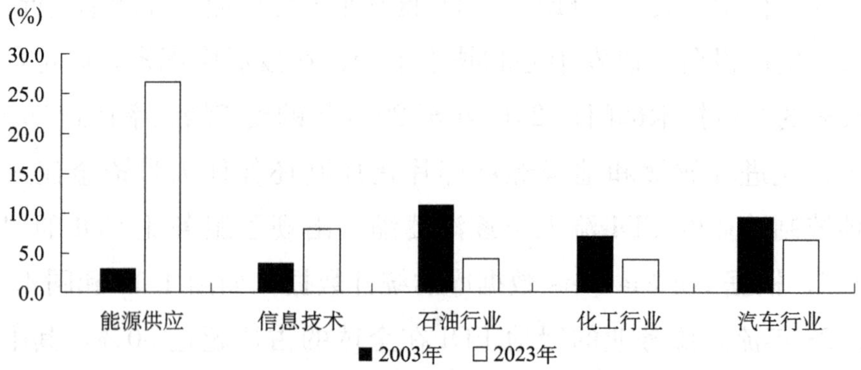

图 4.11　各行业全球绿地 FDI 流入份额

资料来源：fDi Markets 数据库。

（三）全球供应链格局变化

在地缘经济风险持续上升的背景下，全球产业链供应链的重构与国际贸易、投资体系的演变呈现出深度联动。一方面，地缘政治冲突、贸易保护主义和大国博弈削弱了跨境贸易环境，贸易壁垒如加征关税直接扰动了企业间的供应链合作关系，导致全球价值链中的互补性关系断裂，推动企业对供应链合作关系再布局；另一方面，国际投资流向也发生了结构性变化。FDI 在技术敏感行业和关键制造环节的审查趋严，加快了部分产业的制造环节回流本土或向"友岸"阵营转移，重塑了全球生产要素的空间配置。投资限制还抑制了技术扩散与产业协同，助长了产业保护主义倾向，使全球创新体系呈现出分裂化趋势。

进一步来看，跨境资本流动格局的重塑也深刻影响了全球供应链的调整方向。随着地缘政治的不确定性上升，银行跨境信贷与证券投资呈现区域重组和内部分化特征。跨境资本更倾向于流向政治稳定、制度相容的经济体，强化了同一阵营内的金融资源整合，弱化了全球范围内的统一配置功能。这一趋势不仅改变了企业融资渠道和成本，也影响了其在不同国家的供应链部署决策。尤其是新兴市场和发展中经济体在跨境资本获取上的不确定性上升，限制了其在全球产业链中的承接能力，从而推动全球供应链进一步朝着近岸化、友岸化和多元化的方向演变。

1. 近岸化

在全球产业链供应链深度重构的背景下，近岸化成为各国和跨国公司普遍采用的战略方向之一。近岸化是指将生产制造环节从远距离的低成本国家重新布局至本国周边或区域内地缘友好国家，以实现供应链的稳定性、安全性与响应效率的再平衡。相较于传统基于比较优势的全球最优布局模式，近岸化更强调地理邻近所带来的成本节约与风险控制能力，体现出全球产业链从全球化扩展向区域化收缩的结构性转变。

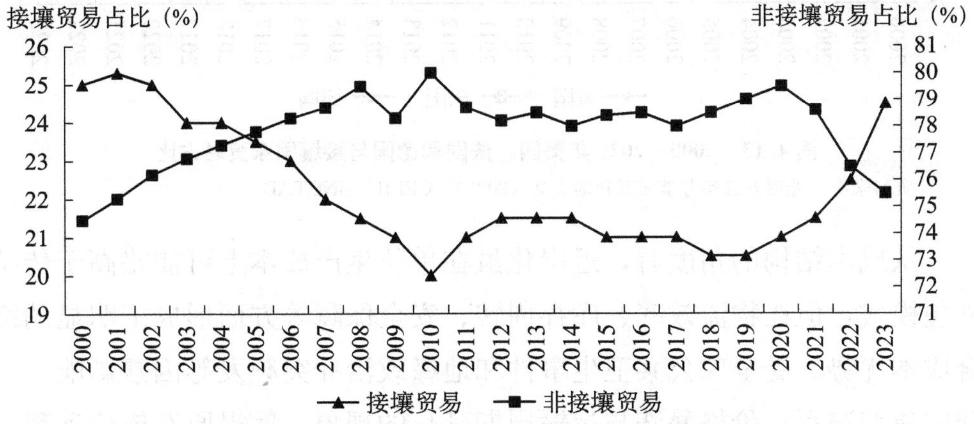

图 4.12　2000—2023 年全球接壤贸易与非接壤贸易占比

资料来源：处理方法参考李元琨和苏庆义（2025）、CEPII、UN Comtrade。

全球供应链近岸化趋势的基本特征首先体现在制造与加工环节的地理重构上。以北美为例，受中美贸易摩擦、疫情冲击与供应中断事件的影响，大量制造企业开始将原本设在亚洲的产能部分迁移至墨西哥，以利用其靠近美国市场的区位优势、《美墨加三国协议》（The United States-Mexico-Canada Agreement，USMCA）所带来的关税便利以及较低的人力成本（Bravo and Modesto，2022；Pérez and Catalina，2022；Jayashankar and Torres，2023）。同样地，在欧洲，波兰、捷克、斯洛伐克等中东欧国家日益成为德国、法国等西欧制造商的生产外包首选，形成了以核心国家为中心、周边国家为外围的区域性制造网络（Müller-Dauppert，2016）。这种去远端集中向近端多点分散的布局趋势，显著提升了供应链的响应速度与抗冲击能力。图 4.13 为 2000—2023 年美国、法国和德国与接壤国家的贸易占比。

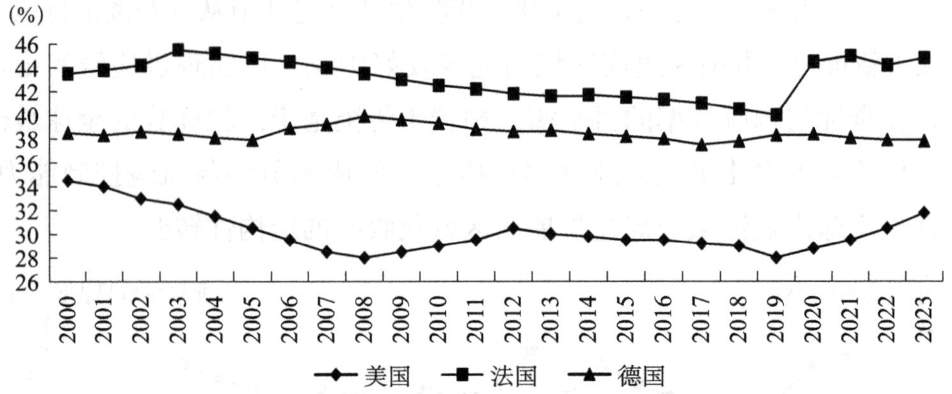

图 4.13　2000—2023 年美国、法国和德国与接壤国家贸易占比

资料来源：处理方法参考李元琨和苏庆义（2025）、CEPII、UNCTAD。

从成本结构的角度看，近岸化虽在单位生产成本上可能略高于传统外包模式，但在物流效率、库存周转、安全保障等方面形成了明显的综合成本优势。受全球公共卫生事件和地缘政治冲突频发等因素影响，全球物流普遍存在价格暴涨与运输周期延长的现象，使得原有依赖远程运输的模式遭遇瓶颈，而地理邻近所节约的时间成本成为企业重估供应链战略的关键变量。此外，近岸国家在文化、法律、制度等方面的相对兼容性，也有助于降低跨境运营的不确定性和减少制度摩擦，提升整个供应链系统的可控性和透明度。更为重要的是，近岸化趋势还在区域产业政策的推动下不断制度化，表现为多边区域协定和双边安全协议的深化，能够构建以区域内部循环为核心的产业网络。这些机制性的安排不仅有助于稳定产业配套关系，也为区域经济整合注入了新的战略动力，使产业链的地理锁定效应日益增强。总之，近岸化作为全球产业链供应链调整的核心趋势之一，正在从企业层面的灵活应对演变为国家与区域层面的制度性重构。其背后既有地理邻近所带来的成本优化与风险可控，也有应对全球不确定性上升、地缘经济碎片化的战略考量。

2. 友岸化

友岸外包是指美国围绕国家安全战略，将产业链供应链由中国、俄罗斯等国转移到东盟、东亚和南亚等政治同盟国家的行为（邢李志等，2024）。研究发现，受大国竞争和地缘政治冲突等影响，各国通过战略盟友网络实施供应链重组。Niu 等（2025）发现，中美两国正在加强通过墨西哥和越南等友好国家开展转口贸易的趋势。从贸易流向来看，美国为降低对华依赖，其进口来源逐渐由中国转向墨西哥、日本和德国等友岸国家；而中国则在自身供应链重组过程中，将部分进口转向巴西、德国和日本等新兴或传统友好经济体（吕越等，2019）。出口层面，美国倾向于将贸易伙伴转向欧盟、加拿大和墨西哥等政治盟友，中国则更侧重于深化与欧盟、东盟及“全球南方”国家的经贸联系（郭晴和陈伟光，2019）。Cerdeiro 等（2024）指出，这种以地缘政治为导向的友岸化趋势，正在推动全球供应链向以美国、东亚与德国为核心的多中心结构演化，但同时也可能导致企业运营成本上升、产品质量一致性下降，并对全球经济增长形成抑制效应。图 4.14 为 2022 年第一季度以来不同地缘政治距离国家间双边贸易的平均变化幅度。

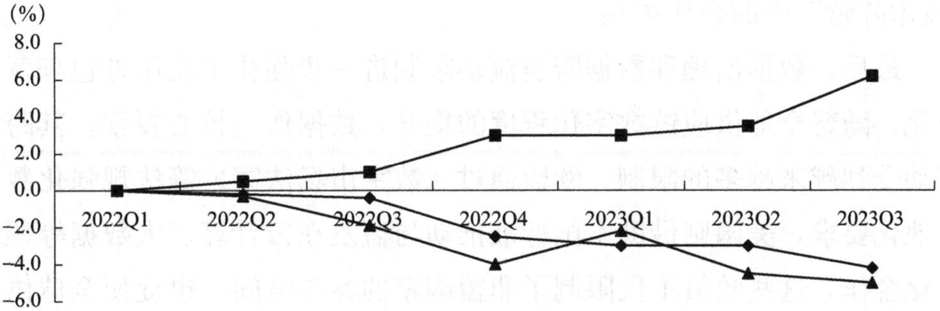

图 4.14　2022 年第一季度以来不同地缘政治距离国家间双边贸易的平均变化幅度

资料来源：处理方法参考李元琨和苏庆义（2025）、UNCTAD。

友岸外包阵营化的趋势不仅仅是地理上的近距离外包的延续，更是基于全球技术主导权和标准塑造权的深层次变革。随着技术、数据和标准日益成为全球经济竞争的核心资源，全球供应链的外包合作也逐渐从简单的成本优势向技术安全、产业标准和数据治理的多维度合作转变。特别是欧美与亚洲部分国家之间的技术阵营形成了新的外包合作模式，在这一过程中，技术的垄断性和数据治理与跨国标准的协调进一步推动了友岸外包的深化和阵营化。

首先，技术主导的产业链合作正在成为全球供应链重构的核心驱动力。以数字化、人工智能、半导体为代表的关键技术领域日益成为经济体间竞争的焦点，一些国家和地区通过技术封锁和管制构建起技术壁垒，推动形成了以技术标准为基础的供应链合作阵营。例如，美国、日本、韩国与中国台湾围绕半导体产业建立起“芯片四方联盟”（CHIP4），共享高端制程设备与标准，强化对全球产业链的主导地位，排斥非阵营国家和地区的参与。

其次，标准主导权的竞争进一步加剧了友岸外包的阵营化趋势。技术标准不仅决定了产品的互操作性，也影响供应链的结构与弹性。在5G等关键领域，欧美通过制定高门槛标准限制非盟国市场准入，促使合作国围绕共同标准形成排他性合作网络，重塑国际竞争格局，稳固“技术阵营”内的合作关系。

最后，数据治理和数据跨境流动限制进一步强化了友岸外包阵营的分化。随着全球供应链数字化程度的提升，数据作为核心要素，其跨境流动受到越来越多的限制。欧盟通过《数字市场法案》等法规强化数据本地化要求，美国则借助本国标准推动与盟友在云计算、大数据等领域深化合作。这些政策不仅限制了非盟国家的参与空间，也促使全球供应链围绕数据安全标准形成区域化、阵营化的新格局。

3. 多元化与本土化供应常态化

全球产业链供应链的调整还体现在企业通过供应链多元化来增强供应链的韧性，抵御地缘政治风险、贸易壁垒及突发事件对生产运营的影响。这一趋势不仅是对传统供应链风险管理方式的改进，更是全球化、区域化及安全优先战略交织下的必然结果。随着全球供应链的逐步重构，企业的生产和供应链布局正在朝着更加多元化的方向发展，尤其是在核心零部件采购、制造基地分布以及全球供应商的选择上，都体现出这一调整的深刻变化。

其一，多元化供应已成为全球企业在不确定性加剧背景下的应对战略，且国产化和本地化布局成为重要的供应链重构趋势。以苹果公司实行的“中国＋N”战略为例，该公司将生产线从中国转移至印度、越南等国家，并大幅增加了在印度的产能，由此减少了对单一地区的依赖，从而降低由地缘政治、贸易摩擦等因素带来的风险（李巍和许悦，2024）。这一趋势不仅局限于消费电子领域，许多全球制造业巨头在面临全球风险时，都开始以区域贸易协定等相关贸易政策为参照，调整其生产基地和供应链结构，确保全球供应链的多样化和韧性（Hsu et al.，2023）。

其二，美国、中国和法国等国家出于供应链安全、产业自主性与技术可控性等战略考量，开始推动关键产业链环节的本土布局与国产替代（Mckinsey，2019）。以半导体领域为例，由于其在军工、通信、能源乃至数字经济中的核心作用，各国政府纷纷将半导体领域发展视作国家安全问题，由此加大政策力度。2022 年美国通过《芯片与科学法案》投入超过 520 亿美元，资助本土制造企业，并限制先进制程设备出口至中国。荷兰、日本等关键设备出口国在美方的施压下陆续加入对中国的技术封锁体系。同时，中国全面加快半导体等关键产业的国产化进程，强化本土企业技术突破与体系构建。欧盟亦启动了《欧洲芯片法案》，推动成员国间在研发与产能上的一体化布局。这种围绕先进制程主导权与供应链控制力的全面博弈，使得半导体产业链成为全球技术地缘化最激烈的战场之一，也标志着全球高技术产业将更多围绕政治边界而非市场效率进行组织与分布。

其三，随着多元化供应战略的普及，企业不仅在区域布局上进行调整，也在供应商选择上实现了多元化。以宁德时代为例，该公司在全球范围内布局电池生产工厂，建立了包括中国、美国和墨西哥的三地供应链，以规避潜在的地缘政治风险。通过与多个地区的供应商合作，能够有效分散风险并增强市场竞争力。与此同时，丰田公司也实施了类似的多元化供应战略，建立了中国、东南亚及北美的多地供应链，以保障其汽车生产的稳定性。这种多元化的供应策略确保了各个地区的生产能力不至于受到单一地区的影响，从而提升了企业在全球竞争中的稳定性和灵活性（Jain et al.，2022）。

介绍完相关的特征事实，本章接下来将分别从国际贸易、国际投资和全球产业链供应链三个维度，构建实证模型开展进一步研究。

二、地缘经济风险对国际贸易的影响

自2018年中美贸易摩擦以来，地缘经济风险上升、经济碎片化成为学界、业界和政策制定者持续关注的重要问题。相关研究普遍认为，关税的直接后果是提升贸易成本，降低贸易流量，导致消费者和进口商福利受损，并引发贸易结构和市场份额的调整（Amiti et al.，2019；Fajgelbaum et al.，2020；Jiang et al.，2023）。这些影响不仅限于双边贸易，更通过复杂的全球生产网络向第三方国家和全球产业链扩散（Grossman et al.，2024），显示出贸易壁垒的外溢效应和系统性风险。此外，关税冲击对国内经济结构产生了多层次影响。第一，中间品关税的提高削弱了制造业就业，尤其是对市场开放度较高、企业规模较小及劳动力市场脆弱群体的冲击更为明显（谭莹等，2022）。第二，贸易壁垒通过供应链重构、竞争压力增大及政策不确定性等路径，显著抑制了企业数字技术的应用和创新动力（李涛等，2024）。这反映出关税政策不仅影响传统贸易和投资流动，还制约了技术进步与产业升级。第三，关税波动还改变了国内市场的价格结构和竞争态势。出口受限导致部分产品转向国内市场，造成市场竞争加剧与价格下调（樊海潮等，2025），体现了贸易壁垒对国内外市场联动机制的深刻影响。

本部分将以中美贸易摩擦为切入点，通过关税冲击这一外生冲击，研究地缘经济风险上升对国际贸易的影响。首先，通过数据描述关税冲击下中美及全球贸易流量、行业分布和市场转移的相关特征事实。然后，构建计量模型，定量评估加征关税、地缘经济风险上升对出口的影响程度。最后，对未来国际贸易格局的可能变化进行展望，并且提出相应的对策建议。

（一）地缘经济风险上升对进出口的影响

首先，构建如下面板回归模型，考察地缘经济风险对各国进出口的影响：

$$Trade_{it} = \alpha_i + \beta GER_{it} + \gamma GFC_t + \theta Covid_t + \varepsilon_{it}$$

式中，$Trade_{it}$为 i 国在第 t 年的进出口同比增长率，GER 为其当年的地缘经济风险指数。GFC 为国际金融危机虚拟变量，2008—2009 年取 1，其他年份取 0；$Covid$ 为全球重大公共卫生事件虚拟变量，2020—2021 年取 1，其他年份取 0，通过以上两个变量排除重大冲击的影响。α 为个体固定效应，ε 为误差项，时间跨度为 2000—2024 年，样本包含 18 个主要经济体。表 4.1 的回归结果显示，无论被解释变量是出口还是进口，β 的估计系数均显著为负，表明地缘经济风险上升与贸易收缩具有极强的相关关系。

表 4.1　地缘经济风险上升对进出口的影响

	(1)	(2)	(3)	(4)	(5)	(6)
	Export			*Import*		
GER	−0.020** (0.009)	−0.024*** (0.009)	−0.025*** (0.009)	−0.028*** (0.009)	−0.032*** (0.009)	−0.033*** (0.009)
GFC		−10.887*** (3.424)	−10.726*** (3.423)		−10.131** (4.420)	−10.049** (4.422)
Covid			2.147 (3.424)			1.078 (3.620)
观测值	429	429	429	426	426	426
R^2	0.024	0.062	0.062	0.026	0.053	0.051

注：***、** 和 * 分别表示在 1%、5% 和 10% 的统计水平上显著，采用异方差稳健标准误。

（二）以关税冲击为例的研究

考虑到内生性问题，本章构建了如下双重差分模型，以互加关税作为外生冲击，评估地缘经济风险上升对贸易特别是中国对美出口的影响：

$$Export_{it}=\alpha_i+\theta_t+\beta US_i\times Post_t+\varepsilon_{it}$$

式中，$Export_{it}$为中国在第 t 年对国家/地区 i 的出口，包括出口价值（*Value*）和出口份额（*Share*）；US_i 为处理组虚拟变量，出口国为美国时取 1，否则取 0；$Post_t$ 为政策实施虚拟变量，2018 年以后取 1，2018 年及此前取 0；α_i 和 θ_t 分别为个体固定效应、时间固定效应；ε_{it} 为误差项。样本共包含 196 个经济体，时间跨度为 2010—2024 年。

表 4.2 的回归结果显示，在控制了个体和时间固定效应的情况下，2018 年特朗普关税显著降低了中国对美出口。截至 2019 年，相较于其他国家来说，关税政策造成中国对美出口额减少了 12.5%，对美出口占总出口的份额减少了 1.076%。长期来看，由于拜登政府基本延续了对华关税政策，截至 2024 年，相较于其他国家，关税政策造成中国对美出口额减少了 20.6%，对美出口占总出口的份额减少了 1.669%。以上结果均在 1%的统计水平上显著。

表 4.2　关税政策对中国对美总出口的影响

	(1)	(2)	(3)	(4)
	Value		*Share*	
	2010—2019 年	2010—2024 年	2010—2019 年	2010—2024 年
$US\times Post$	−0.125***	−0.206***	−1.076***	−1.669***
	(0.036)	(0.067)	(0.302)	(0.544)
个体固定效应	控制	控制	控制	控制
时间固定效应	控制	控制	控制	控制
观测值	1 960	2 940	1 960	2 940
调整后 R^2	0.977	0.973	0.989	0.975

注：***、** 和 * 分别表示在 1%、5%和 10%的统计水平上显著，采用异方差稳健标准误。

接下来将被解释变量更换为中国从美国进口，从进口端评估关税冲击对中国的影响。表 4.3 的结果显示，在控制了个体和时间固定效应的情况下，特朗普关税同样显著降低了中国从美国的进口。短期来看，截至 2019 年，关税政策造成中国从美国进口额减少了 51.8%，从美进口占总进口的份额减少了 1.84%。长期来看，将时间跨度延长至 2024 年，关税政策造成中国从美国进口额减少了 33.2%，从美进口占总进口的份额减少了 1.328%。以上结果均在 1%的统计水平上显著。

表 4.3　关税政策对中国从美总进口的影响

	(1)	(2)	(3)	(4)
	Value		*Share*	
	2010—2019 年	2010—2024 年	2010—2019 年	2010—2024 年
$US\times Post$	−0.518*** (0.076)	−0.332*** (0.065)	−1.840*** (0.249)	−1.328*** (0.267)
个体固定效应	控制	控制	控制	控制
时间固定效应	控制	控制	控制	控制
观测值	1 910	2 865	1 910	2 865
调整后 R^2	0.951	0.938	0.981	0.966

注：***、** 和 * 分别表示在 1%、5%和 10%的统计水平上显著，采用异常差稳健标准误。

种种迹象表明，关税冲击除了造成双边贸易流量收缩，还会造成全球范围内的贸易转移现象（Alfaro and Chor，2023；Grossman et al.，2024；丁浩员等，2024）。本章构建了如下产品层面的计量模型对此进行验证：

$$\Delta Share_p^{US}=\beta_1\Delta Share_p^{VNM}+\beta_2\Delta Share_p^{MEX}+\varepsilon_p$$

式中，下标 p 为产品分类，采用 HS 4 位码区分，包含样本期内中国对美国、越南、墨西哥有出口数据的 881 种产品。$\Delta Share^{US}$、$\Delta Share^{VNM}$ 和 $\Delta Share^{MEX}$ 分别代表中国对美国、越南和墨西哥特定产品 2017—2023 年的出口份额变化。直观地，估计参数 β 反映了出口中的替代效应——中国对美国的部分出口转移至对越南和墨西哥的出口，预期结果应为负。表 4.4 的回归结果显示，$\Delta Share^{VNM}$ 的回归系数显著为负，而 $\Delta Share^{MEX}$ 的回归系数不显著，表明中国对越南的贸易转移范围更广、涉及的产品种类更多，平均而言，替代弹性达到 0.15。经过数年发展，越南如今已初步拥有较为完备的工业基础，特别是在纺织服装、电子组装、家具、机械零部件等领域，这些产业与中国产业链关联性强，适合快速承接中国产品。相比于如柬埔寨、孟加拉国等低收入国家，越南的供应链配套更好，能接住中国转出的部分产能和出口订单。地理上，越南靠近中国南部，陆路和海运均较为便利，物流成本低、供应链延伸方便，使得中国企业可以通过越南进行轻加工或贴牌生产，然后出口美国，实现“绕道出口”。此外，越南的劳动力成本低廉，对服装、鞋帽、家具等劳动密集型产品出口具有很强的吸引力。

表 4.4　中国对越南和墨西哥的贸易转移

	(1)	(2)	(3)
	$\Delta Share^{US}$		
$\Delta Share^{VNM}$	−0.150*** (0.043)		−0.153*** (0.043)
$\Delta Share^{MEX}$		−0.212 (0.147)	−0.238 (0.146)
观测值	881	881	881
调整后 R^2	0.013	0.001	0.014

注：***、** 和 * 分别表示在 1%、5%和 10%的统计水平上显著，采用 HS 4 位码区分产品种类。

表 4.5 是按照 HS 2 位码的分类回归结果，可以看到，越南和墨西哥分别承接了不同产品的中国出口。第（1）列和第（3）列的结果显示，越南主要承接了中国 HS 72 和 HS 84 的产品出口，其中 HS 72 主要是钢铁制品，包括钢材、铁棒、铁板、钢卷、钢筋等，HS 84 主要是机械设备，包括发动机、机械零件、制冷机、机床、农用机械、工业设备等。第（2）列、第（4）列、第（5）列、第（6）列的结果显示，墨西哥主要承接了中国 HS 76、HS 85、HS 90 和 HS 91 的产品出口。其中，HS 76 为铝及其制品，包括铝材、铝板、铝箔、铝制容器等，HS 85 为电机、电气设备及零件，典型商品包括手机、路由器、家电、电池等，HS 90 为光学、摄影、测量、医疗仪器，典型商品包括显微

镜、医疗设备、测试仪器等，HS 91 为钟表，包括手表、座钟、智能手表等。墨西哥与美国接壤，运输成本低、交货周期短，中国企业可以将产品先出口至墨西哥，在墨西哥进行简单加工、组装、认证或包装后，以墨西哥原产身份出口到美国，享受《美墨加三国协定》下的零关税或低关税待遇。美国加征关税导致了中国出口转移，越南等东南亚市场和墨西哥成为主要的替代对象，二者在承接中国产品的种类上存在差异，越南以初级加工、劳动密集型产品为主，而墨西哥则以中高端机械零部件、资本密集型产品为主。

表 4.5　中国对越南和墨西哥的分产品贸易转移

	(1) HS 72	(2) HS 76	(3) HS 84	(4) HS 85	(5) HS 90	(6) HS 91
	$\Delta Share^{US}$					
$\Delta Share^{VNM}$	−0.234* (0.121)	−1.087 (0.756)	−0.539*** (0.122)	−0.124 (0.198)	−0.208 (0.611)	−0.052 (0.442)
$\Delta Share^{MEX}$	−0.551 (0.597)	−1.588** (0.656)	−0.008 (0.350)	−1.263* (0.746)	−1.644*** (0.588)	−10.175* (4.576)
观测值	20	15	83	46	30	12
调整后 R^2	0.092	0.268	0.175	0.027	0.200	0.297

注：***、** 和 * 分别表示在 1%、5%和 10%的统计水平上显著，采用 HS 4 位码区分产品种类。

综上，通过构建计量模型，本小节估计了关税政策对中国出口的具体影响，发现中美互加关税导致两国间贸易流量和贸易份额显著下降，且导致中国的部分出口由美国转移至越南等东南亚国家和墨西哥。

三、地缘经济风险对国际投资体系的影响

面对地缘冲突不断加剧、贸易摩擦持续升级与政策不确定性上升的国际局势，当前全球资本流动格局正在经历显著转变，从以新兴市场和发展中经济体占主导走向以发达经济体为核心的资本回流，并在北美、亚太以及欧洲区域内部重构分化。地缘政治因素重塑了跨境资本流动的底层逻辑，并逐渐超越传统推-拉框架下跨境资本流动的驱动因素，成

为主导力量（Ftiti et al.，2024）。美国愈演愈烈的贸易保护主义势头和所谓的“对等关税”等单边主义政策驱动地缘经济碎片化由风险隐忧转为结构性现实，并通过安全考量、贸易保护与金融市场不确定性三大渠道引导国际投资体系深度调整，并使资本流动的区域化、行业化和政治化特征更加凸显。

首先，为整体考察地缘经济风险上升对全球跨境资本流动的影响，构建了如下回归模型：

$$CapitalFlow_{it} = \beta GER_{it} + Control + \alpha_i + \delta_t + \varepsilon_{it} \tag{4.1}$$

式中，$CapitalFlow_{it}$为 t 期 i 经济体的跨境资本流动，包括对外直接投资流入、证券投资组合流入、其他投资流入（主要是跨境信贷流入）以及上述三类流入加总的资本总流入，数据来自 IMF 的 BOP 数据库，数据频率为季度；GER_t 为地缘经济风险指数，通过计算均值将月度数据转化为季度数据；$Control$ 为驱动资本流动变化的影响因素，包括 VIX 指数和各经济体的实际 GDP 增速；α_i 为资本流入经济体的固定效应；δ_t 为年份固定效应，以控制经济体和时间层面因素对结果的影响；ε_{it} 为模型误差项。

回归结果如表 4.6 所示。结果表明，整体而言，地缘经济风险上升显著抑制了全球跨境资本流入。细分资本流动类型来看，地缘经济风险对跨境信贷流入的负向抑制尤为显著。由此可见，地缘经济风险已成为制约国际资本流动的关键因素之一。

表 4.6　地缘经济风险对各经济体跨境资本流动影响的回归结果

变量	资本总流入	对外直接投资流入	证券投资组合流入	其他投资流入
地缘经济风险指数	−0.025* (−1.735)	0.003 (1.016)	−0.002 (−0.366)	−0.021* (−1.901)
观测值	1 483	1 483	1 483	1 483
调整后 R^2	0.397	0.549	0.483	0.080
控制变量	控制	控制	控制	控制
经济体固定效应	控制	控制	控制	控制
年份固定效应	控制	控制	控制	控制

注：***、** 和 * 分别表示在 1%、5%和 10%的统计水平上显著，模型中包含常数项，括号内为稳健标准误。

（一）原因分析

1. 安全与效率并存取代效率优先

近年来，从中美贸易摩擦到俄乌冲突，国际政治对抗不断升级。国际投资考量体系也随之发生了变化，政治意识形态和国家经济金融安全的权重上升（Wang et al.，2018；Kim and Jin，2023）。因此，跨国公司和证券投资者在进行跨境资本配置时变得更加谨慎，不再单纯以成本效率或市场规模为首要因素，而将国家安全、政策连续性和产业链韧性置于更高优先级，从而减少对地缘政治风险突出区域的投资（Choi and Havel，2025），并趋向于选择政治制度和意识形态相近、风险可控的区域进行投资布局（Kempf et al.，2023）。而且由于全球技术竞争和战略资源争夺加剧，各国政府对关键技术和战略资源的掌控要求明显上升，强化了对外直接投资与技术出口的安全审查，严格限制敏感技术和关键资源的跨境流动，这进一步推动了“安全优先”理念在国际投资考量中的体现。同时，新冠疫情、贸易战等全球性冲击事件暴露了传统全球供应链在面对突发冲击时的脆弱性（丁浩员等，2024）。各国纷纷寻求构建更为稳固和更具韧性的供应链体系，以确保关键产业和技术不受外部干扰。在供应链重构的过程中，企业更青睐那些能够提供高生产控制权和安全保障的区域市场，从而进一步加剧了跨国资本和产业投资出现明显的区域性重构（Aguilar et al.，2024）。

为探究地缘政治风险水平对各经济体跨境资本流动的影响，构建了如下回归模型：

$$CapitalFlow_{it} = \beta GPR_{it} + Control + \alpha_{it} + \varepsilon_{it} \tag{4.2}$$

式中，$CapitalFlow_{it}$ 的定义与式（4.1）一致；GPR_{it} 为 Caldara 和 Matteo（2022）构建的国别层面地缘政治风险指数，通过计算均值将该指数由月度数据转化为季度数据；$Control$ 为驱动资本流动变化的影响因素，包括 VIX 指数和各国实际 GDP 增速；α_{it} 为资本流入经济体×年份的交互固定效应，以控制各经济体随时间变化以及不随时间变化的因素对结果的影响；ε_{it} 为模型误差项。

回归结果如表4.7所示。结果表明，当地缘政治风险水平上升时，流向该经济体的跨境资本显著减少，即投资者在进行资产配置时会避开地缘政治摩擦较高的国家和地区。从资本流动类型来看，投资者的地缘风险规避倾向在对外直接投资和跨境信贷两类资本流动中尤为明显。由此可见，地缘政治风险已成为影响国际资本配置决策的关键因素。

表4.7　地缘政治风险对各经济体跨境资本流动影响的回归结果

变量	资本总流入	对外直接投资流入	证券投资组合流入	其他投资流入
地缘政治风险指数	−0.185** (−2.611)	−0.048** (−2.033)	0.001 (0.037)	−0.167* (−1.809)
观测值	3 235	3 235	3 235	3 235
调整后 R^2	0.448	0.521	0.532	0.109
控制变量	控制	控制	控制	控制
经济体×时间固定效应	控制	控制	控制	控制

注：***、**和*分别表示在1%、5%和10%的统计水平上显著，模型中包含常数项，括号内为稳健标准误。

2. 贸易保护主义政策

在安全优先的趋势之下，全球范围的贸易保护主义不断抬头，进一步加剧了区域内外资本流动的分化。一方面，以美国为代表的欧美国家通过提高关税、实施出口限制和推行“本地化”政策等措施，力图保护本土制造业并促使产业链回流，重塑全球生产格局（Aguilar et al.，2024）。另一方面，《区域全面经济伙伴关系协定》(Regional Comprehensive Economic Partnership，RCEP)、《美墨加三国协议》等区域一体化协定不断深化，通过降低成员的关税和通关成本、统一标准与投资规则，为协定成员提供了更高的市场可预期性和福利水平（Hadjiyiannis et al.，2016；彭水军和吴腊梅，2022)。这种贸易保护与区域化合作并行的趋势，不仅直接影响跨国企业的投资决策，使其更倾向于在本国或近岸和友岸区域内进行大规模资本配置，以降低全球扩张风险（Alfaro and Chor，2023；Antràs and Foley，2009)，也深刻波及了金融市场。在金融领域，区域内自贸协定往往同时包括证券投资便利化条款，如允许跨境托管、统一信息披露、放宽投资额度等制度安排，极大降低了区域内跨境资本流动的制度成本，吸引了大量本土及邻国机构资本集中流入（Lee et al.，2010；ECB，2022），促进了资本流动的区域性集中。美国、欧盟与东南亚的金融中心在此过程中受益显著，而未能深度融入协定的国家则可能在全球资本网络中逐渐被边缘化。此外，贸易保护主义带来的不确定性抬高了投资者的风险厌恶情绪，导致对高风险资产的配置减少，进一步抑制了跨境资本流动（李兴申等，2022），在各区域间形成了显著的流向分化。整体来看，贸易保护主义与区域化合作的双重驱动，既强化了全球资本流动的区域性集中，也加剧了区域内资金向多极化目的地分散的现象。

IMF 以各报告成员对所有交易对手的双边风险敞口的平方和为基础，分别计算了全球、G7 国家及新兴市场和发展中经济体的资本流动集中度[①]，结果如图 4.15 和图 4.16 所示。可以发现，全球资本流动呈现出日益集中的趋势，G7 国家尤为明显；无论是主要发达经济体，还是新兴市场和发展中经济体，都倾向于与更少的对手方开展金融交易。图 4.17 展示了全球贸易政策不确定性指数（TPU）随时间的变化，其与资本流动集中度的上升趋势在关键时间节点上基本一致，TPU 加剧可能驱动资本流动集中分布。表 4.8 为 TPU 对各国跨境资本流动影响的回归结果[②]。可以发现，贸易政策不确定性上升会显著抑制各国的跨境资本流入，就其经济意义而言，TPU 每增加 1 个标准差（42.40）将导致各国跨境资本流入平均下降 3.52 亿美元，这一变动相当于其均值（16.62 亿美元）的约 21.2%。同时，从资本流动的细分类型来看，TPU 的上升会对证券投资组合流入和跨境信贷流入造成更显著的负向影响。整体来看，贸易保护主义通过政策壁垒与不确定性，一方面直接抑制了跨境资本流动，另一方面，区域化合作则引导资本向区域内部集中。

① 即使用赫芬达尔指数先分别计算报告成员的每一个交易对手方的金融资产头寸占报告成员总资产头寸的比例的平方，再进行加总。

② 除了将核心解释变量由 GPR 替换为 TPU 外，回归模型其余的设定与式（4.2）保持一致。另外需要说明的是，由于 GPR 与 TPU 样本覆盖范围不一致，因此，表 4.8 的样本量相较表 4.7 有所增加。

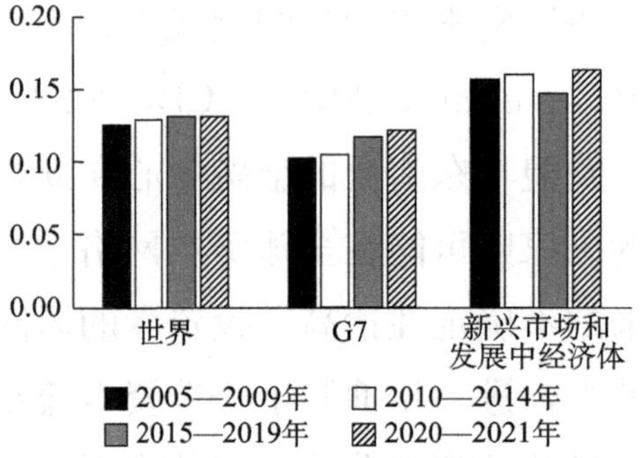

图 4.15　FDI 和证券资本流动的集中度

资料来源：IMF. 全球金融稳定报告，2023-04.

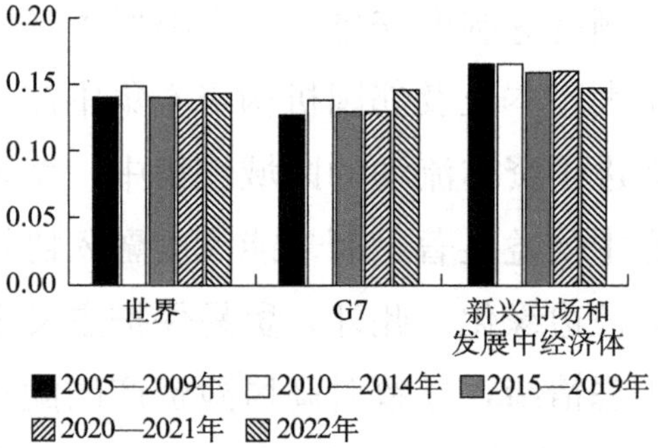

图 4.16　跨境信贷债权的集中度

资料来源：IMF. 全球金融稳定报告，2023-04.

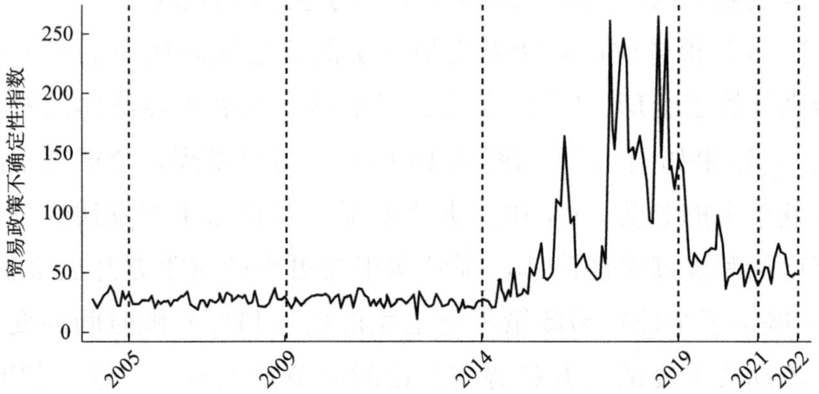

图 4.17　全球贸易政策不确定性随时间的变化

表 4.8　全球贸易政策不确定性对各经济体跨境资本流动影响回归结果

变量	资本总流入	对外直接投资流入	证券投资组合流入	其他投资流入
全球贸易政策不确定性指数	−0.083*** (−3.265)	−0.016 (−1.581)	−0.040** (−2.624)	−0.034* (−1.678)
观测值	6 903	6 903	6 903	6 903
调整后 R^2	0.484	0.504	0.563	0.109
控制变量	控制	控制	控制	控制
经济体×时间固定效应	控制	控制	控制	控制

注：***、**和*分别表示在1%、5%和10%的统计水平上显著，模型中包含常数项，括号内为稳健标准误。

3. 金融市场不确定性增加

地缘政治与贸易摩擦的加剧，不仅深刻影响了产业链和政策环境，也正在重塑全球宏观金融格局。如图 4.18 所示，主要经济体在应对各自的经济增长与通胀压力时，采取了截然不同的货币政策。2022 年后，美国率先开启加息周期，欧元区跟随美国步伐进行加息，日本央行则继续维持负利率。进入 2024 年，欧元区成为首个下调利率的主要发达经济体，同年 9 月，美国结束了长达四年的加息并开始降息，同期，日本却结束负利率政策转为加息。在这一过程中，中国保持稳健的货币政策，根据国内经济形势对利率进行小幅调整。这种显著的货币政策路径分化会极大提升美元资产的避险吸引力。因而，当市场风险上升时，跨境债券基金和货币基金往往会迅速抛售非美元资产，涌向美元资产（Miranda-Agrippino and Rey，2020；Jiang et al.，2024），由此引发大规模的资本流动并进一步放大市场波动（Bräuning and Ivashina，2020）。与此同时，发达经济体凭借成熟的金融基础设施、高透明度的监管机制及充足的流动性支持，进一步巩固了“避风港”地位，成为风险时期跨境信贷与证券投资的首选目的地（Habib and Stracca，2012）。相较之下，新兴市场和发展中经济体由于外币债务敞口较高、风险支持机制不完善，更易在风险时期经历跨境资本的大规模集中涌入或撤离（Aldasoro and Ehlers，2018）。近年来，随着国际政治经济冲突频发，新兴市场和发展中经济体的证券投资组合流动周期明显缩短，资金进出更为频繁和剧烈，暴露了其在应对大规模资本流动冲击时的韧性不足。

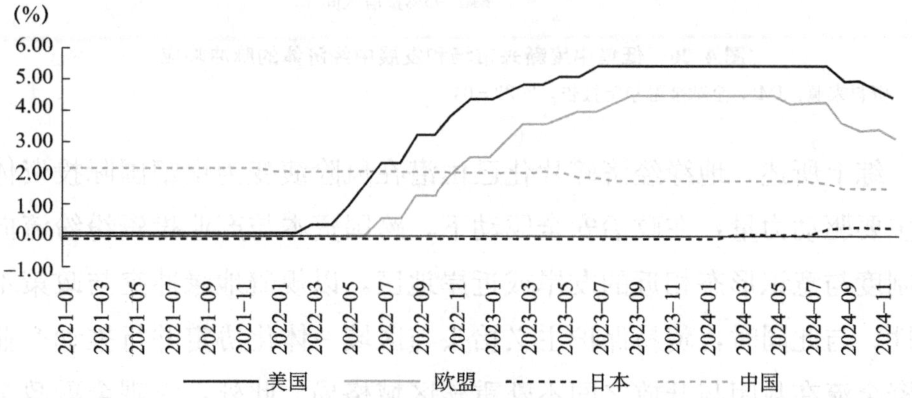

图 4.18 主要经济体货币政策的利率变化

图 4.19 和图 4.20 分别展示了在主要金融交易对手方货币政策的冲击下，对外金融风险敞口高集中度和低集中度新兴市场和发展中经济体净资本流动的累积脉冲响应。结果表明，对外部风险敞口较高的新兴市场和发展中经济体在遭受境外货币紧缩冲击后，净资本流入显著下降且出现了更大幅度的波动，验证了政策分化背景下金融市场不确定性对资本流动的放大效应。

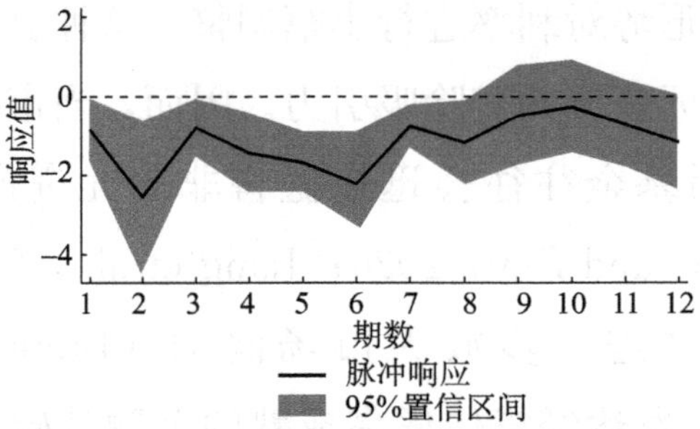

图 4.19　高集中度新兴市场和发展中经济体的脉冲响应

资料来源：IMF. 全球金融稳定报告，2023－04.

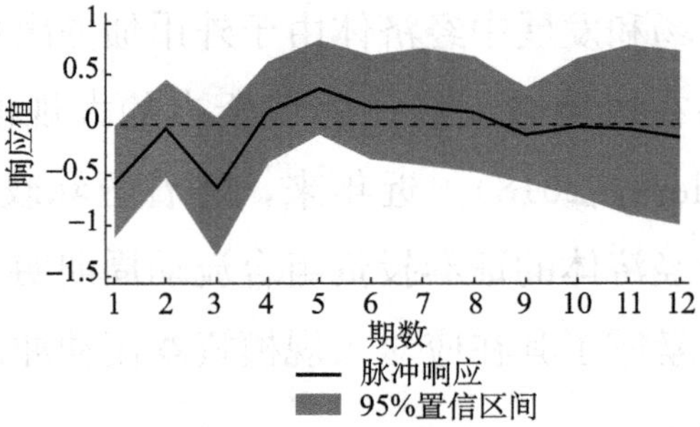

图 4.20　低集中度新兴市场和发展中经济体的脉冲响应

资料来源：IMF. 全球金融稳定报告，2023－04.

综上所述，地缘经济碎片化已由潜在风险演变为重塑国际投资体系的主要驱动力量：在政治安全驱动下，跨国资本与产业投资纷纷流向政治制度与意识形态相近的友岸或近岸地区，以规避地缘冲突与政策不确定性；与此同时，贸易保护主义抬头与区域一体化协定并行推动产业链和资金流在封闭与开放之间不断重塑区域格局。此外，宏观金融政策路径分化与不确定性加剧，不仅巩固了发达经济体作为“避风港”的吸引力，也暴露了新兴市场和发展中经济体金融结构的脆弱性。上述因素相互交织强化，共同推动全球资本流动在地缘经济碎片化浪潮中呈现出更为明显的区域化、行业化与政治化分层与再配置格局。

（二）经济后果

1. 全球资本配置效率下降与福利损失

地缘经济碎片化通过多重渠道推高跨境投资成本，显著削弱了全球资本配置的效率，并造成了社会福利损失。首先，各国为防范关键技术外泄与维护产业链安全而强化的投资审查、出口管制和本地化要求，直接抬高了跨国并购、直接投资和新项目设立的成本，导致资本不得不绕行成本更高或回报更低的市场，资源未能流向最具比较优势的领域。同时，对关键技术的限制将导致各国技术传播形成阻滞，出现市场准入限制而阻碍研发，使得创新能力下降，生产率大幅度下降，资本配置错配现象加剧。其次，在高度不确定的政策环境下，许多跨境项目因审查政策随时调整而被迫停滞或撤出。原本依赖规模经济与跨区域协同效应的投资计划无法兑现，各地生产网络难以形成预期的成本节约与技术溢出，跨国公司的边际产出和社会边际福利显著下降。最后，对于发展中国家和欠发达地区而言，技术与贸易“双重壁垒”严重削弱了它们从发达经济体的技术溢出中获益的能力，不仅放慢了这些国家的生产率提升速度，也阻碍了跨国收入趋同的过程，使全球收入差距进一步扩大。根据 IMF 测算，若世界割裂为互不相容的两大集团，将导致产出损失达到全球 GDP 的 2.3%，地缘经济碎片化正在严重损害全球资本配置效率与社会福利。

2. 区域经济多极化重构

地缘经济碎片化的加剧正在推动全球化进程从高度一体化走向区域化、多极化的发展路径。各大经济体通过自建或深化区域联盟，取代以欧美主导的单中心网络。这种区域化趋势具有两层含义：一方面，区域内部关税壁垒、合规成本和技术准入门槛普遍降低，促进了成员间资本、人才和技术的高效协同；另一方面，区域间的制度分歧和贸易摩擦不断加剧，跨区资本与货物流动则大幅回落。对新兴市场和发展中经济体而言，这一多极化进程造成了发展机会的严重分化。对部分被纳入主要经济圈的经济体，比如越南、印度借助“印太”战略成为制造新枢纽，以及土耳其凭借独特的关税与区位优势承接欧亚产业链，可享受区域内企业投资和技术溢出。对另一部分未与任何强势集团结盟的国家，如部分拉美和非洲国家，则需通过灵活的多极接入策略来争取有限的投资与市场份额。IMF 的研究指出，当仅有美欧与中俄之间的贸易遭遇干扰时，其余经济体将可能在短期内从贸易和投资的转移中受益；但若碎片化蔓延至全面对抗和脱钩阶段，几乎所有经济体都将面临协作断裂、效率损失的系统性代价。区域多极化虽带来了短期利益再分配，但从长期来看却削弱了全球经济网络的整体韧性和开放性。

3. 系统性风险上升与增长放缓

地缘经济碎片化加剧了全球经济运行的不确定性，成为全球系统性风险扩张与经济增长放缓的重要原因。首先，政策与安全考量不断叠加，促使企业在海外投资、产能布局与技术合作上趋于谨慎，规模经济与全球协同的产业优势难以充分发挥，中长期资本形成被抑制，全球潜在增长率随之下滑。尤其对那些高度依赖出口和外资的新兴市场和发展中经济体，贸易渠道重构与资本回流导致经济疲软，进而带来失业率上升与社会稳定隐忧。其次，区域间壁垒上升导致了全球供应链重构，替代路径通常成本更高，进而抬升了关键商品与中间品价格，形成了结构性通胀压力。在需求疲软的背景下，这种成本推动型通胀将进一步压缩企业利润和居民消费，对经济增长形成双重挤压。更为严峻的是，国际政策协调机制在地缘碎片化趋势下不断失效，各主要经济体在应对通胀、金融动荡和能源安全等领域各自为政，使跨境风险难以得到及时缓解。因此，碎片化不仅加剧了全球市场的波动性，也削弱了各国共同应对系统性冲击的协调能力，从而在制约经济复苏的同时，大幅提升了全球金融与供应链风险。

四、全球产业链供应链格局再调整

地缘政治格局的演化正成为全球供应链深度调整的底层驱动力。当前，国际体系逐步由合作主导型全球化转向结构性对抗下的环节合作（庞珣和何晴倩，2021），国家间的地缘政治对抗升级已从根本上改变了全球产业链的空间配置逻辑，也标志着供应链从“效率导向”向“安全导向”的范式转型。

为了量化地缘政治冲突背景下的供应链断裂特征，本小节借鉴 Khanna 等（2022）与杨攻研和刘聪（2024）的研究思路，基于 FACTSET Revere 数据库构建了国家层面的供应链断链率（Separation Rate，SR）指标。该指标旨在衡量在特定年份内，j 国与 i 国之间由于地缘政治、制度冲突或政策干预等因素所导致的供应关系中断程度，具体表达式如下：

$$SR_{i,j,t}=\frac{DNum_{i,j,t}-DNum_{i,j,t-1}}{(TotalNum_{i,j,t}+TotalNum_{i,j,t-1})\times 0.5}$$

式中，$DNum_{i,j,t}$表示 t 年 i 国对 j 国中断的企业供应关系数量，$TotalNum_{i,j,t}$表示 t 年 i 国对 j 国维持的企业供应关系数量。为增强指标的稳定性与可比性，分母采用了当期和滞后一期供应商数量的算术平均数，由此减小因基期供应商数量波动较大所造成的偏差。这一构造方式能够有效捕捉地缘政治背景下供应链断裂的实际发生情况。尤其在全球范围内呈现出全球供应链重构趋势时，该指标能够直观反映出企业层面供应链网络的双边国别再调整。

结合第二章所构建的地缘经济风险指数，本小节通过构建以下回归模型，探究地缘经济风险对全球供应链重构的影响，具体表达式如下：

$$SR_{it}=\alpha_i+\beta GER_{it}+\delta_i+\varepsilon_{it}$$

式中，SR_{it}为 i 国在 t 年的断链率，是由 $SR_{i,j,t}$在供应对手国 j 层面加总得到的。GER_{it}表示 i 国在 t 年的地缘经济风险指数，由于数据可得性限制，此处覆盖的国家包括美国、中国、英国、日本、韩国等 22 个国家①，具体回归结果如表 4.9 所示。

表 4.9　地缘经济风险与国家供应链调整的回归结果

	(1) 断链率	(2) 断链量的对数	(3) 断裂供应关系量的对数
地缘经济风险指数	0.001*** (0.001)	0.006*** (0.001)	0.005*** (0.001)
常数项	0.298*** (0.021)	6.512*** (0.111)	7.842*** (0.109)
国家固定效应	控制	控制	控制
观测值	360	360	360
R^2	0.102	0.840	0.846
调整后 R^2	0.043	0.829	0.836

注：***、**和*分别表示在1%、5%和10%的统计水平上显著，括号内为标准误。

从表 4.9 的回归结果可以看出，地缘经济风险指数对供应链中断的多个衡量指标均呈现出显著的正向影响，且均在 1%的统计水平上显著。由此表明，若一国地缘经济风险越高，则该国供应链中断风险越高。这一结论在三组回归模型中均得到了验证，无论是以断链率、断链量的对数还是断裂供应关系量的对数作为被解释变量，地缘经济风险变量的回归系数始终为正，说明地缘经济风险升高会显著加剧国家层面的供应链断裂。

（一）全球产业链供应链再调整的地缘经济风险动因

为了进一步剖析地缘经济风险对全球供应链产生影响的原因，下面主要从政治同盟关系、关键基础设施投资争夺和核心产业保护程度三方面，对全球产业链供应链再调整的动机进行实证分析。

1. 地缘政治冲突下的同盟重组

地缘政治冲突频发将严重破坏关键产业链的韧性，即某一核心环节

① 此处的国家样本包括：阿联酋、阿根廷、澳大利亚、巴西、加拿大、中国、埃及、埃塞俄比亚、法国、英国、印度尼西亚、印度、伊朗、意大利、日本、韩国、墨西哥、俄罗斯、沙特阿拉伯、土耳其、美国、南非。

位于政治冲突高风险区，就可能导致整个供应链链条瘫痪，尤其在航空航天、高端材料、特种设备和稀土资源等关键行业，一旦出现地缘断点，其替代难度与成本极高。这种逻辑直接推高了全球供应链的分散化成本，使得产业链更倾向于形成去中心化的新格局，以地缘友好国为基础构建局部自足型的区域生产网络（Qian and Qiu，2023）。

基于此，下面使用 Bailey 等（2017）基于联合国大会投票数据构建的理想点（Ideal Point）指标作为国家间政治同盟关系的代理变量，数据来源于哈佛大学数据库（HARVARD Database）。可计算出 i 国和 j 国在 t 时期的政治同盟关系，具体表达式如下：

$$PoliticalDistance_{ijt} = |IDEAL_{it} - IDEAL_{jt}|$$

式中，$IDEAL_{it}$ 表示 i 国在 t 时期的政治理想点指标。联合国大会为国际政治多方角力提供平台，针对各项议题的投票行为既代表着一个国家对相关议题的政治偏好，也代表着该国与其他国家的国际政治倾向的相似性。该指标广泛应用于国际政治领域相关研究中，实证结果如表 4.10 所示。

表 4.10　国家间政治同盟关系与国家间断链率的回归结果

	断链率		
	(1)	(2)	(3)
政治距离	0.025** (0.010)	0.009*** (0.003)	0.025** (0.010)
常数项	0.566*** (0.011)	0.578*** (0.003)	0.566*** (0.011)
年份固定效应	控制	控制	控制
东道国固定效应	未控制	控制	控制
目的地国固定效应	未控制	控制	控制
国际对固定效应	控制	未控制	控制
观测值	32 229	32 751	32 229
R^2	0.341	0.256	0.341
调整后 R^2	0.260	0.249	0.256

注：***、** 和 * 分别表示在 1%、5%和 10%的统计水平上显著，括号内为标准误。

实证回归结果表明，国家间的政治距离越小，即同盟关系越紧密，供应链断裂的可能性就越低。在三组回归模型中，政治距离变量的系数均为正，且在不同的固定效应控制下均显著。这意味着政治盟友之间的供应链黏性显著高于非盟友国家，供应商关系更为稳定，表明了政治同盟关系在决定供应链配置中的战略性作用。在此背景下，跨国公司在全球布局中呈现出明显的趋稳避乱倾向，优先选择政治关系紧密、制度环境协同的国家进行深度嵌入，从而形成政治联盟-供应链联盟的重构路径。

2. 关键基础设施投资

关键基础设施作为全球产业链运行的物理载体与数字通道，对于其控制权和运营权的争夺，成为当前大国竞争的新焦点。不同于以往以经济效益为主导的基础设施投资逻辑，如今的竞争深度融合了国家战略、安全预期和制度影响力，推动全球供应链的空间布局发生实质性转移。这种竞争不仅体现在传统基建领域，更延伸至数字时代的新型基础设施，形成了多维度、跨领域的复合型博弈格局。

下面研究的数据来源为 OECD 的量化产业政策数据库（Quantifying Industrial Strategies，简称 QuIS）。该数据库收集了 2019—2022 年的关键产业政策向企业提供的直接支持，包括数字、绿色、技术、能源等领域。下面以该产业政策的税收支出占 GDP 的比重作为关键基础设施投资的代理变量进行实证分析，探究关键基础设施投资对国家供应链稳定的影响。

表 4.11　关键领域投资与国家供应链调整的回归结果

	(1)	(2)	(3)
	断链率	断链量的对数	断裂供应关系量的对数
关键基础设施投资占比	−0.998***	−0.067**	0.115***
	(0.198)	(0.026)	(0.026)
常数项	7.106***	10.938***	8.997***
	(0.523)	(0.068)	(0.067)

续表

	(1)	(2)	(3)
	断链率	断链量的对数	断裂供应关系量的对数
年份固定效应	未控制	未控制	未控制
国家固定效应	控制	控制	控制
观测值	40	40	40
R^2	0.473	0.994	0.995
调整后 R^2	0.413	0.993	0.993

注：*** 、** 和 * 分别表示在 1%、5%和 10%的统计水平上显著，括号内为标准误。

回归结果显示，关键基础设施投资对国家供应链稳定性具有显著的正向影响。具体而言，关键基础设施投资占 GDP 的比重上升，则断链率和断链量均呈现下降趋势，而断裂供应关系量则增加。这一结果表明，基础设施投资实质性增强了其在全球产业链网络中的稳定性与嵌入能力。

结合现实案例，笔者认为，关键基础设施投资主要从以下三个方面影响全球产业链供应链再调整。第一，实体基础设施如港口、铁路和能源等战略节点，成为大国和主权投资基金的博弈焦点。中国通过“一带一路”推动相关基础设施建设，扩大物流腹地和供应链的话语权；欧美则通过“蓝点网络”等计划构建竞争性可信基础设施网络，强化政治同盟内的供应链合作。第二，数字基础设施竞争日益激烈，海底光缆、5G、云计算等数字节点成为数字主权争夺的关键，欧洲和拉美的 5G 标准采纳及数据流动政策反映了数字治理对供应链的深刻影响。第三，物流标准、监管框架和绿色准则等制度基础设施构成软实力竞争的领域。欧盟的碳边境调节机制（CBAM）等绿色标准不仅推动了环保，也通过标准输出影响全球产业链准入规则。绿色供应链和 ESG 体系正在重塑全球产业链通行证的逻辑。

3. 核心产业保护升级

全球供应链的第三个重要变化动因来源于各国对关键产业的主动保护与战略重构。这一趋势不仅体现为传统意义上的贸易壁垒或产业补贴政策的加强（Dong and Kouvelis，2020；Cohen et al.，2018），更深层地源自各国对产业链脆弱性、供应链安全性与技术依赖度的新认知（Simchi-Levi et al.，2015；Wang et al.，2021；Chen et al.，2022）。在多重风险交织的背景下，关键领域如新能源、农业生物安全、半导体等，成为各国实施自主可控战略的核心方向，从而推动全球供应链进一步走向区域集中与阵营化分布。本土化制造、资源本地化、战略投资与技术管制的强化不仅是应对外部冲击的战术手段，更是各国追求产业主权与技术自治的战略举措。这些政策合力推动了全球产业链向安全导向演进，并深刻影响着未来产业全球化的结构形态与治理格局。

为衡量各国对核心产业的关注程度，下面采用谷歌趋势指数（Google Trends Index）作为代理变量，基于“国家”与“产业”两个关键词提取 2008—2024 年各国公众和政策界对关键产业的搜索热度。该指标反映了一个国家在特定时间段内对相关产业的舆论关注与政策动员强度，能够在一定程度上捕捉国家层面对产业战略地位的动态重估。

表 4.12　产业重视程度与国家供应链调整的回归结果

	(1)	(2)	(3)
	断链率	断链量的对数	断裂供应关系量的对数
产业重视程度	−0.001 (0.010)	−0.147** (0.059)	−0.139** (0.058)
常数项	0.328*** (0.052)	8.645*** (0.320)	9.824*** (0.315)
年份固定效应	控制	控制	控制
国家固定效应	控制	控制	控制
观测值	308	308	308
R^2	0.830	0.973	0.974
调整后 R^2	0.807	0.970	0.970

注：***、** 和 * 分别表示在 1%、5%和 10%的统计水平上显著，括号内为标准误。

回归结果显示，各国对核心产业的重视程度与供应链结构调整之间存在显著关系。具体而言，产业重视程度对断链率的影响不显著，但显著降低了断链量并减少了断裂供应关系量，且断链程度的下降幅度大于供应关系量的减少程度，说明产业支持政策可能会减少对外依赖、降低断链风险，但通常与技术脱钩等保护主义政策相结合，故伴随着对原有国际供应网络的收缩性影响，具体表现为跨国供应关系显著减少。然而，从整体效应来看，断链程度的下降幅度大于供应关系量的收缩，说明国家在强化本土产业安全的同时，依然在一定程度上保留了关键供应链的核心功能与联通能力。笔者认为，此回归结果反映了全球供应链结构正受到核心产业保护升级的系统性重塑。

（二）产业链重构的深层矛盾

1. 技术脱钩

技术脱钩的代价不仅限于全球创新和技术标准的碎片化，还涉及全球供应链整合能力的衰退。全球各国之间技术壁垒的加剧，使得行业内的合作日益复杂，技术合作和标准化的努力遭遇重大阻碍。一方面，地缘政治风险将导致全球经济发展的不确定性上升，企业为了规避经营风险，选择增加流动性资产，从而挤出本国研发投入（Benguria et al.，2022），同时，地缘政治风险也将抬高中间品贸易成本并阻碍跨国投资，推高中间品贸易成本，降低市场竞争强度，延缓新兴技术传播速度，对企业创新产生负面影响（Giuliani et al.，2005）；另一方面，全球领先国家对技术追赶国家实施出口管制等措施，能够倒逼技术追赶国家企业技术创新（郑世林和张容嘉，2025）。此外，技术标准的碎片化意味着各个国家或地区将基于自己的技术优势推动相关标准的制定，这不仅使得全球技术生态系统的协同受到制约，还增加了跨国公司在不同市场之间运营的复杂度。企业必须同时遵循多种标准，带来了更高的合规成本，且技术协议的多元化使得跨国公司的运营成本不断攀升，影响了全球供应链的效率和资源配置的优化。

2. 社会与环境成本激增

在全球产业链供应链重构的过程中，尽管各国纷纷推出制造业回流、供应链韧性强化等政策主张，但实际推进中存在劳动力结构失衡、高成本回流效应以及贸易政策反噬等深层次矛盾。这些问题不仅制约着供应链战略调整的深度与广度，也对全球经济协作模式的未来走向提出了严峻考验。

首先，劳工权益争议与劳动力市场结构断层构成了供应链区域再布局过程中的显性难题。在墨西哥等传统外包地，根据墨西哥最低工资委员会（CONASAMI）调查，汽车制造等关键行业罢工率上升，其最低工资水平仅为美国的四分之一。劳工的不满情绪和工会力量不断上升，严重干扰了产业链的连续性与稳定性。同时，在主张制造业回流的经济体中，其制造业劳动力市场面临显著的结构断层，这种技能与产业需求之间的错配，直接拖慢了制造环节的重构进度。

其次，制造业回流的高成本困境正在削弱政策激励的实际成效。尽管美国政府通过《芯片与科学法案》试图打造本土半导体生态，但因为本地缺乏相应的供应链基础，还因规模经济效应不足和物流运输成本激增，这种高投入与低产出之间的结构性矛盾使得制造业回流的经济可持续性面临挑战。同时，美国本土制造成本高企的结构性问题在高通胀背景下被进一步放大，为了压制通胀，美联储持续加息，使得联邦借贷成本飙升。财政与货币双重压力叠加，进一步加剧了市场对未来投资环境的担忧。资本市场普遍对长期美债失去信心，国债收益率曲线持续倒挂，反映出经济增长预期的持续疲弱。在这种宏观环境下，企业融资成本大幅上升，资本投资意愿明显下降，特别是对周期长、回报慢的本土制造业回流项目更加谨慎。此外，美元高位震荡与海外避险资金流入也造成出口产品竞争力下降，明显削弱了本土制造替代进口的效果。

最后，高贸易壁垒政策呈现出短期刺激和长期伤害的特征。2018年美国特朗普政府对钢铁征收25%的关税虽短期提振了钢铁行业就业，但从整体上，中国进口减少将抬高包括汽车、机械等相关下游产业链的失业率（Wang et al.，2018），体现出保护主义政策的负外部性（Cerdeiro et al.，2024）。2025 年 2 月，美国特朗普政府重新推动"对等关税"战略，试图以关税施压重构全球供应链，实际效果却很有限。这一战略虽然能够促进制造业回流美国，但是，财政和产业的相关政策刺激和投资将持续推高美国的债务水平。

3. 美元体系加速瓦解

全球供应链重构背后不仅是产能空间的重组和技术体系的再划分，更是全球金融秩序和结算体系的深层调整。其中，"去美元化"的趋势日益显著，成为供应链地域化、阵营化演进的重要金融支撑。原本高度依赖美元进行贸易结算与储备配置的发展中经济体，正逐步向本币结算、区域性货币锚和多元支付体系转移，这种金融体系的"去中心化"本质上也是供应链安全逻辑的延伸。

其一，从国际贸易结算体系演变的角度来看，越来越多的新兴市场和发展中经济体在能源、粮食、关键矿产等大宗商品贸易中试行本币结算。例如，2023 年中俄间双边贸易中人民币结算比例超过 60%，中东产油国如沙特、伊朗也逐步扩大人民币与本币的直接兑换规模。更广泛地，金砖国家推动建设以本币为基础的清算平台，以抗衡 SOFR 的主导地位，也折射出"全球南方"国家在支付清算体系上的自主化诉求。

其二，美元体系内部信用机制的持续弱化，也促使去美元化进程加速。截至 2025 年 4 月，美国联邦政府债务总额已突破 37 万亿美元，占美国 GDP 的比重高达 133%，财政赤字长期高企，叠加高利率周期对全球流动性造成持续挤压，导致大量发展中国家在美元债务偿还压力下寻求"去美元化"，从而达到避险目的。如巴西、阿根廷、土耳其等国推动与中国进行本币互换、金融合作以规避美元汇率风险。与此同时，IMF 数据显示，全球央行外汇储备中美元占比已从 2000 年的 71%下降至 2023 年的 57.4%，创下 30 年来最低水平。

其三，区域货币结算网络的构建正成为全球产业链供应链区域化的配套工程。《区域全面经济伙伴关系协定》内部推动本币互换机制，东盟国家积极试行“区域货币交易框架”，中日韩也在探讨基于区域稳定币的清算机制，拉美国家之间则加强了南方共同市场（MERCOSUR）内部本币交易的可操作性。这类安排不仅提升了交易效率，更能在极端情形下保障贸易与金融互通不中断，从而提升供应链的抗风险能力。值得关注的是，数字人民币等央行数字货币正在成为新一代跨境清算的载体，未来有望重构国际支付基础设施的格局。特别是在共建“一带一路”国家基础设施数字化程度提升的背景下，以数字货币为基础的低成本清算网络有望成为替代美元的关键路径之一，为供应链安全与货币主权提供双重保障。

4. 区域竞争新格局

区域竞争新格局的形成，既体现了南北标准的分裂，也反映了各国在技术与资源领域的战略博弈。欧美主导的绿色标准与金砖国家倡导的数字主权之间的对立，展示了全球产业链竞争中的新动态。在欧盟碳边境调节机制和《通胀削减法案》实施的背景下，全球化的绿色标准分歧愈加明显，新兴市场和发展中经济体感受到了较大的经济压力和贸易壁垒。

技术代差的固化是全球供应链重构中的另一个重要矛盾。尽管中国在应用技术领域如5G通信、人工智能等方面取得了突破，但美国在基础研究和核心技术的掌控上依然占据主导地位，这使得全球技术竞争格局逐步形成了两极分化的趋势。这种技术代差的拉大使得全球供应链在技术整合和创新方面面临更多困难，各国之间的技术合作壁垒和资源配置障碍逐渐增多。

同时，资源民族主义的兴起也是全球供应链重构中的重要矛盾之一。资源的控制权成为国家间博弈的核心，例如，印度尼西亚对镍矿的出口禁令、智利锂矿的国有化等，显示了各国在关键矿产资源上的战略自我保护。这种趋势使得全球产业链的资源配置进一步复杂化，甚至引发了资源争夺战。这不仅加剧了各国在全球供应链中的竞争，也加大了国际市场的资源价格波动，给全球经济带来了不确定性。

（三）前景展望

自2018年以来，以中美贸易摩擦为标志，地缘经济风险上升，对国际贸易投资体系带来了深远影响。中国需要坚定不移办好自己的事，坚定不移扩大高水平对外开放，以高质量发展的确定性应对外部环境急剧变化的不确定性，积极应对挑战，稳中求进。展望未来，国际贸易投资格局可能存在五大趋势：

第一，贸易壁垒趋于常态化和区域化。一方面，以301关税和对等关税政策为代表，贸易保护主义正在全球范围内卷土重来，如碳关税和出口管制等贸易政策亦不断强化，贸易壁垒已成为主要大国博弈的重要工具。另一方面，以WTO为代表的多边国际贸易体系因关税战而受到冲击，取而代之的是以《区域全面经济伙伴关系协定》、《全面与进步跨太平洋伙伴关系协定》（Comprehensive and Progressive Agreement for Trans-Pacfic Partnership，CPTPP）、《美墨加三国协议》等为代表的区域性贸易框架。由于地理的邻近性能够带来相对安全和稳定的供应链体系，因此，区域化趋势可以看作是各国对不确定性的现实应对。具体来说，未来的全球贸易可能形成三大区域集聚：首先是以中国为中心的东南亚区域，依托中国强大的国内生产网络，形成中国中间品-东南亚终端组装的协同体系。其次是以美国为中心的北美区域，通过《美墨加三国协议》，美国、加拿大和墨西哥的产业链进一步整合。最后是欧盟，其能够凭借长期以来的一体化制度优势，持续加深成员国之间的贸易往来。

第二，区域内资本流动与资本集聚增强，跨区域流动趋于保守。在安全与战略考量不断加码的背景下，跨区域资本流动面临更严格的安全审查、合规成本和政治干预，企业和金融机构在全球资产配置上愈发谨慎，倾向于将资金投向意识形态与制度相近的区域市场。以《区域全面经济伙伴关系协定》《美墨加三国协议》和欧盟为代表的区域经济圈，通过实施统一监管框架和投资便利化措施等举措，降低了成员国间的交易成本与合规门槛，吸引了区域内大量跨境直接投资和证券投资，内部资本集聚效应进一步加强。而区域间的资本流动则因审查手续繁复、汇兑限制和政策不确定性而显著减少，面临持续分化甚至回流趋势。长此以往，全球资本可能形成“内部高效、外部分化”的新格局，区域内市场深度增强，而跨区协同效率显著下降。

第三，地缘回避和政策导向型跨境资本流动增加。在大国对峙加剧的背景下，中间型与中立型经济体因政治相对稳定和制度灵活，成为资本再配置的重要承接地。凭借地缘缓冲与制度灵活性，这些中间型经济体不仅能够吸引规避地缘冲突的中转投资，也有机会在全球供应链重塑中占据战略地位。与此同时，各国政府借助主权财富基金、政策银行和产业基金等政策驱动型跨境资本，在能源安全、新兴技术、基础设施等战略领域加大定向投资，强化产业链自主性，并通过安全审查防范战略资产流失，实现效率与安全的平衡。

第四，全球产业链供应链调整的主要表现为区域化和多元化。首先，区域化重塑成为主要趋势。为应对全球地缘政治不确定性，欧美等发达经济体加快通过友岸外包与近岸外包重构供应链布局，美国推动半导体、医药等关键产业的本土化重建，欧盟出台绿色补贴政策以吸引新能源、电池等产业回流，亚洲则依托《区域全面经济伙伴关系协定》等区域协议，加速构建以中国、东盟为核心的区域产业链网络。尽管区域化有助于提升供应链的应变能力，但也带来了更高的运营成本与跨区域协调难度，客观上推动了全球贸易壁垒和地理分割趋势的上升。其次，多元化布局成为企业应对地缘风险的主流选择。跨国公司加快实施“中国＋1”策略与供应链分散战略，通过将部分生产能力转移至东南亚、南亚、拉美等中间型经济体，降低对单一国家或地区的依赖。

第五，安全化导向已成为全球产业链供应链治理的重要共识。面对高频冲击和系统性风险，供应链韧性已成为各国政府和国际机构的共同政策目标。从关键产业的贸易壁垒政策、战略资源储备体系建设、核心技术的产业政策支持和跨境投资限制，到对数据安全、网络安全和物流安全的制度安排，全球供应链正由效率导向转向效率-安全-韧性的多目标平衡格局。

1. 数智化与自动化深度融合，供应链效率革命加速

以 5G、人工智能、区块链为代表的数字技术正在重塑供应链全流程。企业通过数字化平台实现全球资源的实时调度，例如，区块链技术提升了跨境贸易透明度，降低了文书成本；智能仓储和无人配送系统提高了物流效率。同时，工业 4.0 推动“柔性制造”普及，3D 打印技术实现了本地化定制生产，减少了对传统供应链的依赖。然而，技术壁垒和中小企业数字化能力不足可能加剧全球供应链的“数字鸿沟”。

2. 绿色转型成为刚性要求，可持续发展驱动产业变革

在气候变化压力下，绿色供应链从概念走向实践。企业通过全生命周期碳足迹管理、清洁能源替代和循环经济模式减弱环境影响，例如，欧盟碳边境调节机制迫使全球供应商加速减排。绿色技术如氢能储运、生物降解材料等创新应用，推动供应链从“高碳”向“低碳”转型。世界银行数据显示，可持续供应链可降低 15%～20%的长期运营成本，但同时需承担初期 30%以上的技术改造投入。此外，ESG（环境、社会、治理）理念不断深化，要求供应链企业兼顾社会责任，例如保障劳工权益和资源公平分配。

五、政策建议

第一，推动出口市场多元化。中美贸易摩擦的经验表明，过于依赖单一市场会造成面对冲击时缺乏灵活性。中国应加快布局共建“一带一路”国家、《区域全面经济伙伴关系协定》成员、拉美与非洲等新兴市场和发展中经济体，提高这些区域在整体出口结构中的占比。同时，优化出口结构，将更多出口增长动力转向高附加值产品，如新能源设备、数字化硬件、智能制造产品等。此外，政府可以通过出口信用保险、税

收支持、海外展会、服务贸易便利化等方式引导企业向非传统市场拓展，强化中小企业“出海”的能力与意愿。

第二，加强关键领域的供应链本土化与“多元备份”机制建设。面对潜在的断链风险，中国企业应当从以成本导向为主，转向成本导向和弹性导向并存，在考虑成本优势的同时，建立冗余库存、辅助产地、多供应商体系。在高端芯片、工业软件等核心技术领域，应逐步推进自主可控，加强基础技术研发与产业协同。在此基础上，应加快构建国家级供应链风险监测体系，重点监控关键领域的原材料、零部件、物流通道等节点环节，提升应对突发事件的系统韧性。

第三，推进制度型开放，参与国际经贸规则重构。在国际经贸规则体系面临重构的关键时期，中国应主动作为，推动从要素流动型开放向制度型开放转型。包括加强知识产权保护、数字贸易规则对接、环境与劳动标准提升、政府采购透明化等。此外，应积极参与《全面与进步跨太平洋伙伴关系协定》、《数字经济伙伴关系协定》（Digital Economy Partnership Agreement，DEPA）等高水平多边协定的谈判与实践，增强中国在国际经济治理中的话语权，不断以制度优势吸引优质外资、巩固全球生产网络。

第四，推动主权财富基金、政策性银行及区域多边开发银行等金融机构在产业链重塑和风险对冲中发挥“稳定器”作用。一方面，引导资本优先配置至绿色能源、数字基础设施、半导体等关键战略性行业，推动资本服务于国家安全与产业转型；另一方面，应配合区域金融安排设立地缘风险缓释机制，如应急流动性池和跨境项目保障基金，以应对地缘冲突带来的突发性融资压力。通过引导主权资本参与全球战略性再布局，形成与国家安全、产业升级相适应的资本流动模式。

第五，新兴市场和发展中经济体应抓住全球资本结构重构与多极化演进的过渡时期，通过制度改革和主动开放提升资本吸引力。加快与国际规则接轨，完善投资者保护、知识产权和破产机制等法治体系，同时加大对交通、能源、数字设施与人力资本的投资力度，从制度健全与基础设施两方面为全球产业资本和金融资本提供稳固的承载平台。对中国而言，地缘紧张与体系重构交织背景下的国际资本重塑既构成了外部冲击，也带来了战略机遇。中国应稳步推进人民币国际化与资本项目可控开放，增强在全球金融治理中的规则参与度和标准制定影响力；同时，持续完善金融监管与风险防控机制，提升识别与防范输入性风险的能力。在全球资本秩序调整过程中，通过主动参与制度创新，增强国际金融话语权，推动实现金融强国的目标。

第六，面对地缘经济风险上升，产业链供应链的多元化与国产化调整应逐步确立为企业与政策协同推动的核心战略路径。一方面，供应链高度集中所带来的系统性风险日益凸显，推动企业在原材料采购、生产基地设立和全球供应商网络构建上朝着多区域布局和去集中化方向演进，从而增强对地缘政治、贸易投资政策和突发事件的应对能力。另一方面，核心环节的本地化和自主可控能力建设成为保障国家产业安全的重要抓手。加强关键原材料、高端制造能力和技术装备的本土供给，不仅有助于提升供应链的内生稳定性，也体现出国家层面追求产业主权与战略自主的政策取向。此外，为提升整体供应链系统的韧性，宏观层面的制度协调亦日益重要。通过建立以安全为导向的跨区域合作机制和供应链治理规则，可以在政策层面实现更高程度的协调与协同，强化全球产业体系在复杂博弈下的可持续运行基础。

参考文献

[1] 丁浩员，董文娟，余心玎．贸易政策冲击下的跨国供应链断裂与重构研究．经济研究，2024，59 (8)：95－113.

[2] 郭晴，陈伟光．基于动态 CGE 模型的中美贸易摩擦经济效应分析．世界经济研究，2019 (8)：103－117，136.

[3] 李涛，涂玮，李兵，等．关税冲击与企业数字技术应用．经济研究，2024，59 (12)：130－148.

［4］李巍，许悦．地缘政治回归与国际产业地理变迁：以苹果公司的供应链战略调整为例．世界经济与政治，2024（1）：71－107，173－174.

［5］李小平，崔致远．关税冲击如何影响中国企业的全球价值链攀升．数量经济技术经济研究，2024，41（7）：71－92.

［6］李兴申，谭小芬，苟琴．美国贸易政策不确定性与跨境银行资本网络．管理科学学报，2022，25（9）：108－126.

［7］李元琨，苏庆义．全球产业链重构：回岸、近岸与友岸的趋势特点分析．全球化，2025（2）：68－79，135.

［8］吕越，娄承蓉，杜映昕，等．基于中美双方征税清单的贸易摩擦影响效应分析．财经研究，2019，45（2）：59－72.

［9］樊海潮，吴彩云，戴觅．关税波动对国内市场价格的影响．管理世界，2025，41（4）：56－75.

［10］彭水军，吴腊梅．RCEP的贸易和福利效应：基于全球价值链的考察．经济研究，2022，57（8）：98－115.

［11］庞珣，何晴倩．全球价值链中的结构性权力与国际格局演变．中国社会科学，2021（9）：26－46，204－205.

［12］谭莹，李昕，杨紫，等．加征关税如何影响中国劳动力市场．世界经济，2022，45（9）：32－56.

［13］邢李志，殷思梦，张鹏杨，等．美国友岸化近岸化战略下我国产业转移的测度与分析．系统工程理论与实践，1－32［2024－09－04］.

［14］余淼杰，田巍，郑纯如．中美贸易摩擦的中方反制关税作用研究．经济学（季刊），2022，22（6）：2041－2062.

［15］余振，李元琨，李汛．外部关税冲击、企业家注意力配置与创新发展．世界经济，2024，47（6）：65－94.

［16］杨攻研，刘聪．国家间政治、相互依赖武器化与中国供应链安全：来自微观企业的经验证据．当代亚太，2024（5）：28－54，161－162.

［17］郑世林，张容嘉．产业链风险与中国企业自主创新突破．中国社会科学，2025（3）：60－78，205.

［18］Aguilar，A.，Julian Caballero，Jon Frost，et al.（2024）. Evidence of Nearshoring in the Americas？. *BIS Bulletin*，No. 94.

［19］Aiyar，S.，Jiaqian Chen，Christian Ebeke，et al.（2023）. Geoeconomic Fragmentation and the Future of Multilateralism. IMF Staff Discussion Note，No. 2023/001.

［20］ Aldasoro，I. and Torsten Ehlers（2018）. Global Liquidity：Changing Instrument and Currency Patterns. *BIS Quarterly Review*，9，17－27.

［21］ Alfaro，L. and Davin Chor（2023）. Global Supply Chains：The Looming "Great Reallocation" . NBER Working Papers，No. 31661.

［22］ Antras，P. and C. Fritz Foley（2009）. Regional Trade Integration and Multinational Firm Strategies. NBER Working Paper，No. 14891.

［23］ Amiti，M.，Stephen Redding，and David Weinstein（2019）. The Impact of the 2018 Tariffs on Prices and Welfare. *Journal of Economic Perspectives*，33（4），187－210.

［24］ Bailey，M. A.，Anton Strezhnev，and Erik Voeten（2017）. Estimating Dynamic State Preferences from United Nations Voting Data. *Journal of Conflict Resolution*，61（2），430－456.

［25］ Benguria，F.，Jaerim Choi，Deborah L. Swenson，et al.（2022）. Anxiety or Pain? The Impact of Tariffs and Uncertainty on Chinese Firms in the Trade War. *Journal of International Economics*，137，103608.

［26］ Bräuning，F. and Victoria Ivashina（2020）. Monetary Policy and Global Banking. *The Journal of Finance*，75（6），3055－3095.

［27］ Caldara，D. and Matteo I.（2022）. Measuring Geopolitical Risk. *American Economic Review*，112（4），1194－1225.

［28］ Cerdeiro，D. A.，Parisa Kamali，Siddharth Kothari，et al.（2024）. The Price of De-Risking Reshoring，Friend-Shoring，and Quality Downgrading. IMF Working Paper，No. 2024/122.

［29］ Chen，C. J.，Nitish Jain，and S. Alex Yang（2022）. The Impact of Trade Credit Provision on Retail Inventory：An Empirical Investigation Using Synthetic Controls. *Management Science*，69（8），4591－4608.

［30］ Choi，Sa and Jiri Havel（2025）. Geopolitical Risk and U. S. Foreign Portfolio Investment：A Tale of Advanced and Emerging Markets. *Journal of International Money and Finance*，151，103253.

［31］ Cohen，M. A.，Shiliang Cui，Ricardo Ernst，et al.（2018）. OM Forum—Benchmarking Global Production Sourcing Decisions：Where and Why Firms Offshore and Reshore. *Manufacturing & Service Operations Management*，20（3），389－402.

［32］ Dong，L. and Panos Kouvelis（2020）. Impact of Tariffs on Global Supply Chain Network Configuration：Models，Predictions，and Future Research. *Manufacturing & Service Op-*

erations Management, 22 (1), 25 - 35.

[33] ECB Committee on Financial Integration (2022). Financial Integration and Structure in the Euro Area. April.

[34] Fajgelbaum, P. D., Pinelopi Goldberg, Patrick J. Kennedy, et al. (2020). The Return to Protectionism. *The Quarterly Journal of Economics*, 135 (1), 1 - 55.

[35] Ftiti, Z., Hachmi Ben Ameur, Wael Louhichi, et al. (2024). Revisiting Capital Flow Drivers: Regional Dynamics, Constraints, and Geopolitical Influences. *Journal of International Money and Finance*, 142, 103049.

[36] González Bravo, Y. M. (2022). Nearshoring of US Manufacturing Corporates' Supply Chains: Exploring Administrative and Economic Issues for Their Potential Expansion Across the Americas. *Latin American Journal of Trade Policy*, 5 (13), 7 - 58.

[37] Grossman, G. M., Elhanan Helpman, and Stephen J. Redding (2024). When Tariffs Disrupt Global Supply Chains. *American Economic Review*, 114 (4), 988 - 1029.

[38] Giuliani, E., Carlo Pietrobelli, and Roberta Rabellotti (2005). Upgrading in Global Value Chains: Lessons from Latin American Clusters. *World Development*, 33 (4), 549 - 573.

[39] Habib, M. M. and Livio Stracca (2012). Getting beyond Carry Trade: What Makes a Safe Haven Currency? . *Journal of International Economics*, 87 (1), 50 - 64.

[40] Hadjiyiannis, C., Maria S. Heracleous, and Chrysostomos Tabakis (2016). Regionalism and Conflict: Peace Creation and Peace Diversion. *Journal of International Economics*, 102, 141 - 159.

[41] Hsu, J., Zhi Li, and Jing Wu. Keeping Your Friends Closer: Friend-shoring in Response to Regional Value Content Requirements. SSRN, 4246225.

[42] Jiang, L., Yi Lu, Hong Song, et al. (2023). Responses of Exporters to Trade Protectionism: Inferences from the US-China Trade War. *Journal of International Economics*, 140, 103687.

[43] Jiang, Z., Arvind Krishnamurthy, and Hanno Lustig (2024). Dollar Safety and the Global Financial Cycle. *The Review of Economic Studies*, 91 (5), 2878 - 2915.

[44] Jayashankar, A. and Luis Torres (2023). Mexico Awaits "Nearshoring" Shift as China Boosts Its Direct Investment. *Southwest Economy*.

[45] Jain, N. and Di Wu (2023). Can Global Sourcing Strategy Predict Stock Returns?. *Manufacturing & Service Operations Management*, 25 (4), 1357 - 1375.

[46] Kempf, E., Mancy Luo, Larissa Schäfer, et al. (2023). Political Ideology and In-

ternational Capital Allocation. *Journal of Financial Economics*, 148 (2), 150 - 173.

[47] Khanna, G., Nicolas Morales, and Nitya Pandalai-Nayar (2022). Supply Chain Resilience: Evidence from Indian Firms. NBER Working Paper, No. 30689.

[48] Kim, C. Y. and Hyungsuk Jin (2023). Does Geopolitical Risk Affect Bilateral Trade? Evidence from South Korea. *Journal of the Asia Pacific*. Economy, 29 (1), 1 - 20.

[49] Lee, G. and Neil Fargher (2010). Did the Adoption of IFRS Encourage Cross-Border Investment? SSRN, 1686571.

[50] Mckinsey Global Institute (2019). Globalization in Transition: The Future of Trade and Value Chains. McKinsey&Company, January.

[51] Miranda-Agrippino, S. and Hélène Rey (2020). U. S. Monetary Policy and the Global Financial Cycle. *The Review of Economic Studies*, 87 (6), 2754 - 2776.

[52] Müller-Dauppert, B. (2016). Production Nearshoring in Europe and their Consequences to the Supply Chain. *Journal of Economy & Society*, 8 (2), 5 - 25.

[53] Niu, Y., Niklas Werle, Morris Cohen, et al. (2025). Restructuring Global Supply Chains: Navigating Challenges of the COVID-19 Pandemic and Beyond. *Manufacturing & Service Operations Management*, 1 - 12.

[54] Hincapié, P. and Wendy Catalina (2022). Nearshoring in Latin America: A New Home for American Textile and Apparel Companies Based in China? . Universidad EAFIT.

[55] Qian, X. and Shanyun Qiu (2023). Political Risk and Corporate International Supply Chain. *Journal of International Money and Finance*, 137, 102899.

[56] Simchi-Levi, D., William Schmidt, Yehua Wei, et al. (2015). Identifying Risks and Mitigating Disruptions in the Automotive Supply Chain. *Interfaces*, 45 (5), 375 - 390.

[57] Wang, Y., Jun Li, Di Wu, et al. (2021). When Ignorance is not Bliss: An Empirical Analysis of Subtier Supply Network Structure on Firm Risk. *Management Science*, 67 (4), 2029 - 2048.

[58] Wang, Z., Shang-Jin Wei, Xinding Yu, et al. (2018). Re-examining the Effects of Trading with China on Local Labor Markets: A Supply Chain Perspective. *NBER Working Papers*, No. 24886.

第五章　地缘经济风险与金融市场：双边货币互换的稳定器作用

本章聚焦地缘经济风险下金融市场的特征、问题和对策，把分析的重点深入集中在地缘经济风险下双边货币互换对金融市场的稳定器作用上。首先梳理地缘经济风险对资本市场，外汇、大宗商品市场，离岸融资市场等金融市场的影响特征。接着，为了应对地缘经济风险对金融市场的影响，各国开始重视全球金融安全网中的双边货币互换安排，来促进结算、稳定市场和应对风险。截至2024年末，我国累计与42个国家和地区签订了人民币双边货币互换，旨在促进双边的贸易投资和维护金融稳定。在对人民币双边货币互换的实践现状进行简要梳理后，重点研究人民币双边货币互换在应对地缘经济风险时发挥的稳定器作用。通过系统的文献梳理和实证研究，深入分析了在地缘经济风险情境下人民币双边货币互换的作用机制与深远影响。

一、地缘经济风险下的金融市场

（一）地缘经济风险下的资本市场

地缘经济，作为研究国际关系中经济发展在时空维度的分布、运行机制，以及地理要素与经济现象相互作用规律的学科领域，其重要性不言而喻。地缘经济风险（GER）对金融市场的影响亦较为广泛，本节选取中美贸易摩擦、俄乌冲突、巴以冲突、特朗普1.0和2.0以及一系列关税加征事件、西方国家对俄罗斯制裁等作为地缘经济事件的代表，分析股票市场、债券市场和离岸融资市场的典型事实。它们不仅是地缘经济研究中不可忽视的典型案例，更是理解当代全球经济格局演变和未来发展趋势的重要切入点。通过对这些事件的深入剖析，我们能够更清晰地洞察地缘经济因素在全球经济体系中的作用机制，为制定合理的经济政策和发展战略提供有力的理论支持与实践借鉴。鉴于地缘经济风险是一个经济、贸易、金融等多个领域与地缘政治相结合的概念，地缘政治在其中起到了举足轻重的作用，且目前尚无法得到全球地缘经济风险的指数，故而在本部分的分析中，我们选择采用地缘政治风险指数来进行描述性分析。

整体来看，在资本市场，不断增加的地缘风险会降低股票收益率，增强股票市场波动性，新兴市场所受影响更为显著。2014 年乌克兰克里米亚危机导致地缘政治风险指数上升，俄罗斯 MOEX 指数大幅下跌。2018—2020 年，中美贸易摩擦等事件使得地缘政治风险指数走高，新兴市场股票指数均受到冲击，其中俄罗斯 MOEX 指数和巴西 IBOVESPA 指数波动较为剧烈。2022 年俄乌冲突，导致俄罗斯 MOEX 指数暴跌，其他新兴市场指数也受到一定影响。2024 年初英国、美国等对俄罗斯实施经济制裁，俄罗斯 MOEX 指数遭受重创，出现暴跌。2025 年特朗普政府加征关税期间，新兴股票市场首先受到冲击，俄罗斯 MOEX 指数、巴西 IBOVESPA 指数、印度 Sensex30 指数震荡下跌。这主要是由于新兴市场的经济结构相对单一，金融体系不够完善，当面临地缘经济风险时，投资者信心极易受挫，通常对地缘经济风险更为敏感。地缘经济风险发生时，国际投资者往往会出于风险规避的考虑，将资金从新兴市场撤回母国或投向更安全的成熟市场。

发达市场股票指数与全球地缘政治风险指数同样存在一定的负相关关系，但相比新兴市场指数，发达市场指数的走势更具韧性，受地缘经济风险冲击后的恢复能力较强。如图 5.1 和图 5.2 所示。2014 年乌克兰克里米亚危机、2018 年中美第一阶段贸易摩擦、2020 年新冠疫情及英国脱欧、2022 年俄乌冲突等事件发生时，地缘政治风险指数上升，发

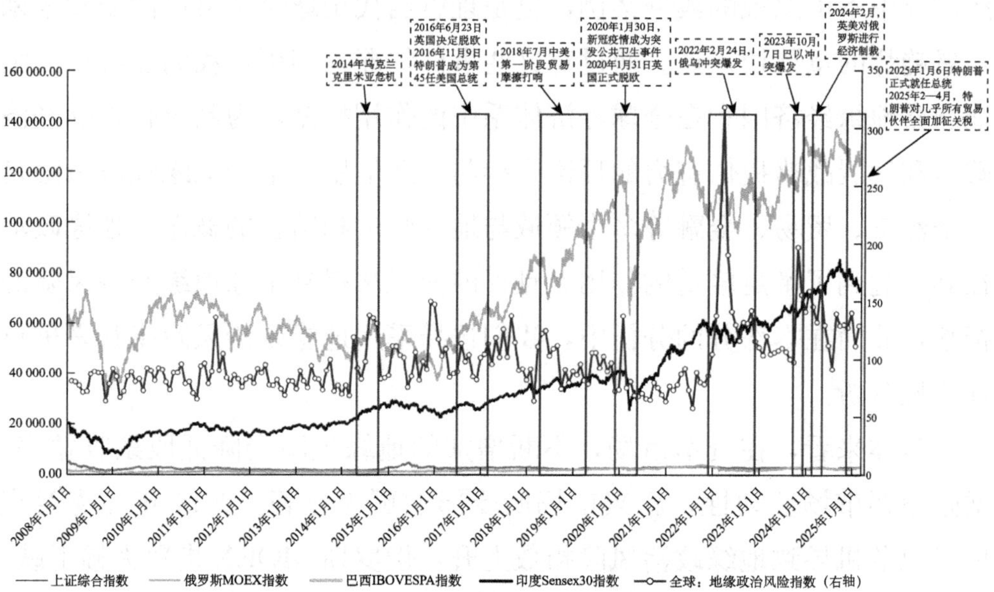

图 5.1　新兴市场股指和地缘政治风险指数的走势

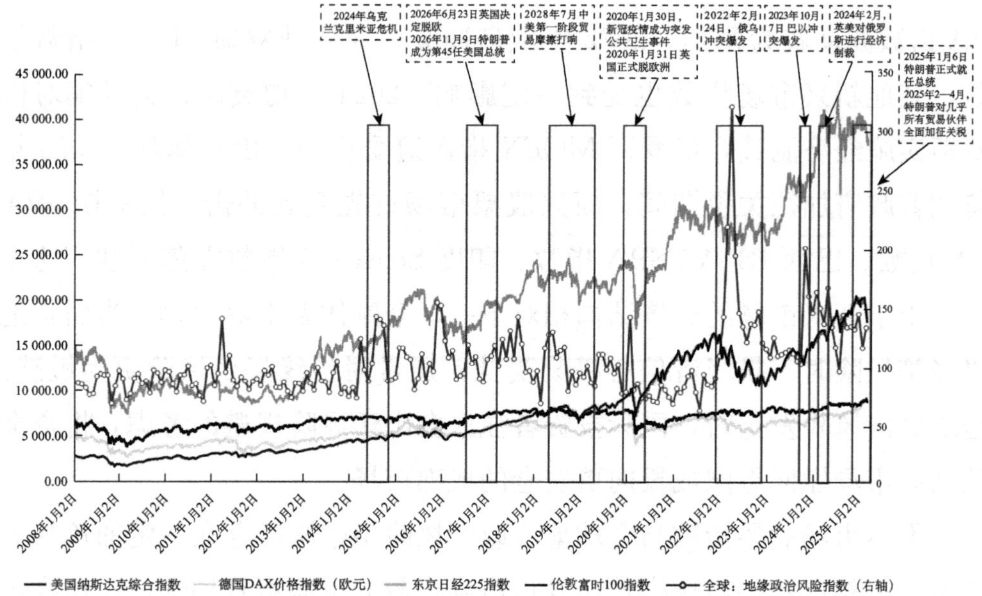

图 5.2　发达市场股指和地缘政治风险指数的走势

达市场指数虽也出现下跌或波动，但整体跌幅相对新兴市场指数较小。而2024年俄罗斯经济制裁期间，美国股票市场初期因避险资金流入，部分蓝筹股得到支撑，但随着制裁引发的全球经济连锁反应，如能源价格波动、供应链受阻等，美国股市也出现一定程度的波动。在全球地缘经济风险上升时，发达市场国家，尤其是美国，往往被视为避险天堂。大量国际资金流入美国股票市场，推动一些具有稳定现金流和高股息的蓝筹股价格上涨，导致跌幅较小。

债券市场方面，地缘风险发生时，全球债券市场反应不一，主要发达国家国债常因避险需求吸引资金流入导致收益率下降，而新兴市场国家国债收益率受地缘政治风险直接冲击或市场避险资金流向变化影响，波动幅度更大且走势各异。

2014年乌克兰克里米亚危机期间，全球地缘政治风险指数攀升，美国国债收益率短暂下降后又有所回升，俄罗斯国债收益率大幅波动且明显上升。2018—2019年中美第一阶段贸易摩擦打响，地缘政治风险指数上升，各国国债收益率走势分化，如美国国债收益率有所下降，而德国国债收益率则在波动中变化不明显。2022年俄乌冲突爆发，地缘政治风险指数达到阶段性峰值，俄罗斯国债收益率大幅波动，巴西、南非等国国债收益率也出现明显震荡，显示出地缘政治风险对新兴市场国债市场的冲击。2024年英美对俄罗斯实施经济制裁期间，全球避险情绪飙升，主要发达国家国债收益率普遍下降。美国国债作为全球重要避险资产，资金大量涌入，10年期国债、5年期国债收益率显著下行。新兴市场债券市场方面，俄罗斯国债收益率大幅波动且急剧上升，主权债务违约风险大增。其他新兴市场国家国债收益率走势分化，部分与俄罗斯经济关联度高的国家，国债收益率因风险传导而上升；而中国等经济相对稳健的新兴市场国家，国债收益率受影响相对小。2025年特朗普加征关税后，发达国家国债收益率有所分化，国内和国际市场的恐慌情绪推动美国国债收益率跌至数月新低，而部分新兴市场国家为吸引资金稳定汇率，可能会提高国债收益率，使得国债收益率波动加剧。

对于新兴国家，地缘经济风险会增加主权债务风险。当面临外部地缘政治冲突或贸易摩擦时，新兴市场国家的经济增长可能放缓，财政收入减少，而偿债压力却可能因汇率波动等因素而增大。同时地缘经济风险可能会使得新兴市场国家债券市场的流动性显著收缩。投资者因担忧风险而减少对新兴市场债券的投资，导致债券交易活跃度下降。对于发达市场国家，在全球地缘经济风险加剧时，其债券市场往往成为避险资金的流入地，推动债券价格上升，收益率下降。新兴市场和发达市场债券收益率及地缘政治风险指数的走势见图 5.3 和图 5.4。

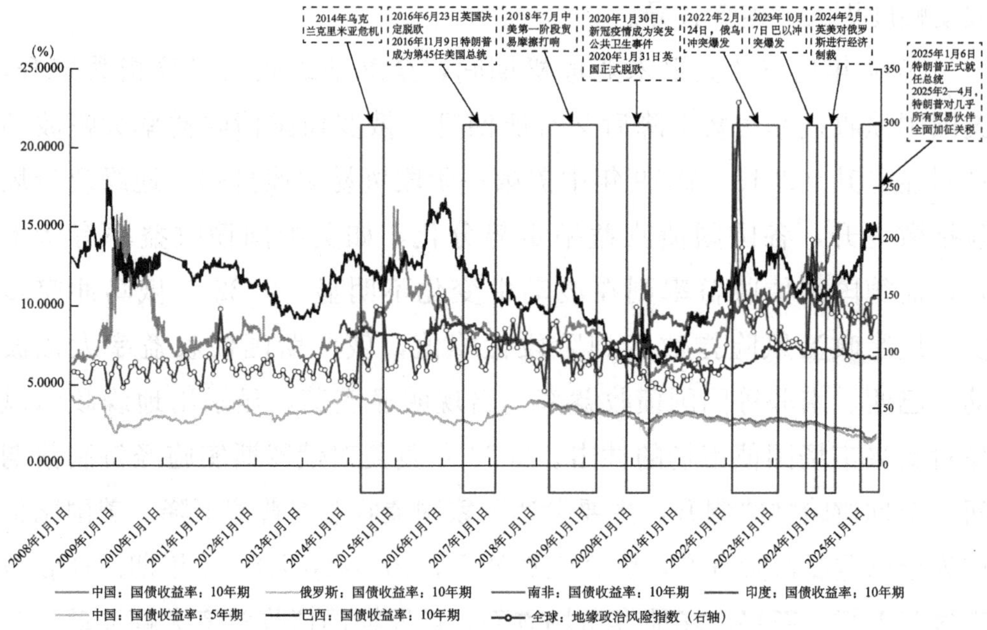

图 5.3　新兴市场债券收益率和地缘政治风险指数的走势

为了探究地缘经济风险指数和全球股票市场的相关性，我们计算了全球股票指数、国债收益率以及其波动率和 GER 指数的相关性（见表 5.1）。股票市场中，发达国家股票指数和 GER 指数呈现显著正相关，美国、英国、德国、日本等发达国家股票指数和 GER 指数呈现显

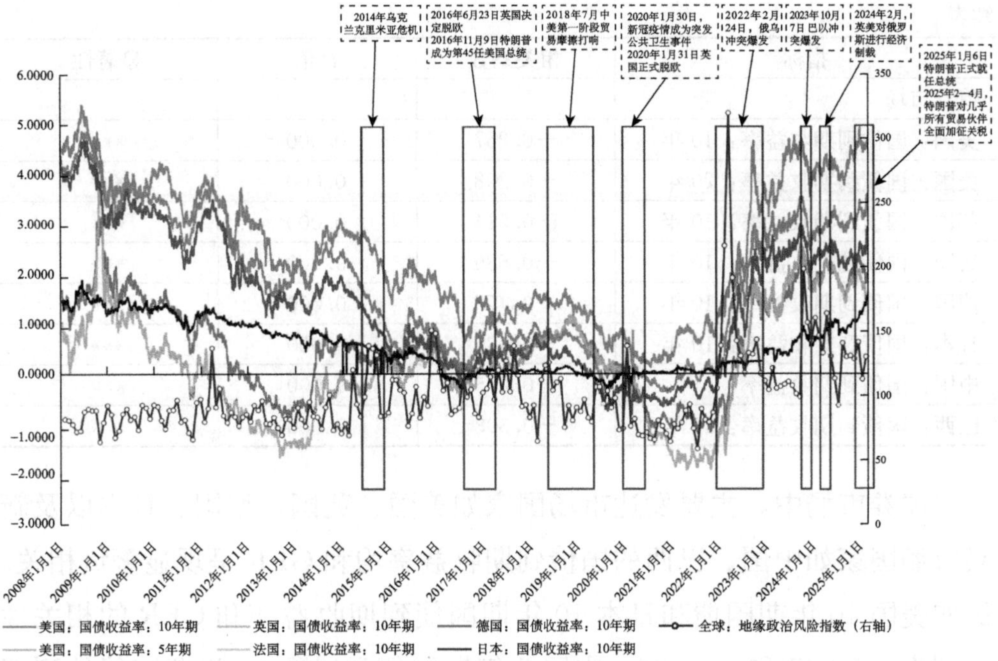

图 5.4　发达市场债券收益率和地缘政治风险指数的走势

著正相关。例如美国纳斯达克综合指数和道琼斯工业平均指数与 GER 的相关性分别为 0.646 和 0.691，相关性较高。这可能是由于地缘经济风险上升时，发达国家作为避险天堂，推动国际资金流入股市，推动一些具有稳定现金流和高股息的蓝筹股价格上涨。

表 5.1　GER 指数和股票指数/国债收益率相关性

指标	相关系数	*P* 值	显著性
股票市场			
德国 DAX 价格指数（欧元）	0.420	0.000	***
东京日经 225 指数	0.308	0.000	***
伦敦富时 100 指数	0.548	0.000	***
美国：道琼斯工业平均指数	0.691	0.000	***
美国：纳斯达克综合指数	0.646	0.000	***
上证综合指数	0.460	0.000	***
俄罗斯 MOEX	0.566	0.000	***
巴西 IBOVESPA 指数	0.649	0.000	***
印度 Sensex30 指数	0.609	0.000	***

续表

指标	相关系数	P 值	显著性
债券市场			
美国：国债到期收益率：10 年	－0.267	0.000	***
美国：国债到期收益率：20 年	－0.298	0.000	***
英国：国债到期收益率：10 年	－0.514	0.000	***
法国：国债到期收益率：10 年	－0.586	0.000	***
德国：国债到期收益率：10 年	－0.478	0.000	***
日本：国债到期收益率：10 年	－0.436	0.000	***
中国：国债到期收益率：5 年	－0.275	0.000	***
巴西：国债到期收益率：10 年	－0.398	0.000	***

债券市场中，主要发达市场国家如美国、英国、德国、日本以及新兴市场国家如中国、巴西的国债到期收益率均和 GER 呈现显著负相关。例如美国 10 年期国债和日本 10 年期国债到期收益率和 GER 的相关性分别为－0.267 和－0.436，中国 5 年期国债和巴西 10 年期国债的到期收益率和 GER 的相关性分别为－0.275 和－0.398。这主要是由于在地缘经济风险事件发生时，不确定性因素的增加使得市场上的避险需求上升，投资者纷纷将资金转移到相对安全的债券市场，使得债券价格上涨，收益率下降。

（二）地缘经济风险下的外汇、大宗商品市场

外汇市场是全球资本流动、政策传导和风险定价的枢纽。接下来，我们选取与上文相同的地缘政治风险代表事件对全球外汇市场进行研究探讨。美元和人民币作为重要的国际货币，在面对地缘政治风险事件时反应各异。美元作为全球主要储备货币，与全球地缘政治风险指数呈现明显的正相关性；而中国作为新兴市场的代表国家，其有效汇率指数与全球地缘政治风险指数反向波动，但随着人民币国际化程度的提升，其走势更加稳定，近年来也有同向波动的趋势。2022 年俄乌冲突推升能源价格，美国作为能源出口国受益，资本回流支撑美元。而中国借助在能源进口方面的多元化布局，以及强大的内需市场支撑，受冲突直接冲

击相对有限。2023 年巴以冲突爆发，引发市场避险情绪再度升温，美元汇率指数出现同步增长趋势。中国与中东地区在贸易、投资等领域合作的深化，在一定程度上稳定了人民币汇率预期，使得人民币汇率指数波动保持在相对平稳区间。总体而言，美元在全球地缘政治风险上升时，凭借其全球主要储备货币地位，在避险资金推动下汇率指数易出现上扬。人民币受贸易冲击、资本流动波动等国际经济压力影响阶段性承压，但在特定时期展现出资产避险优势，稳定汇率表现（见图 5.5）。

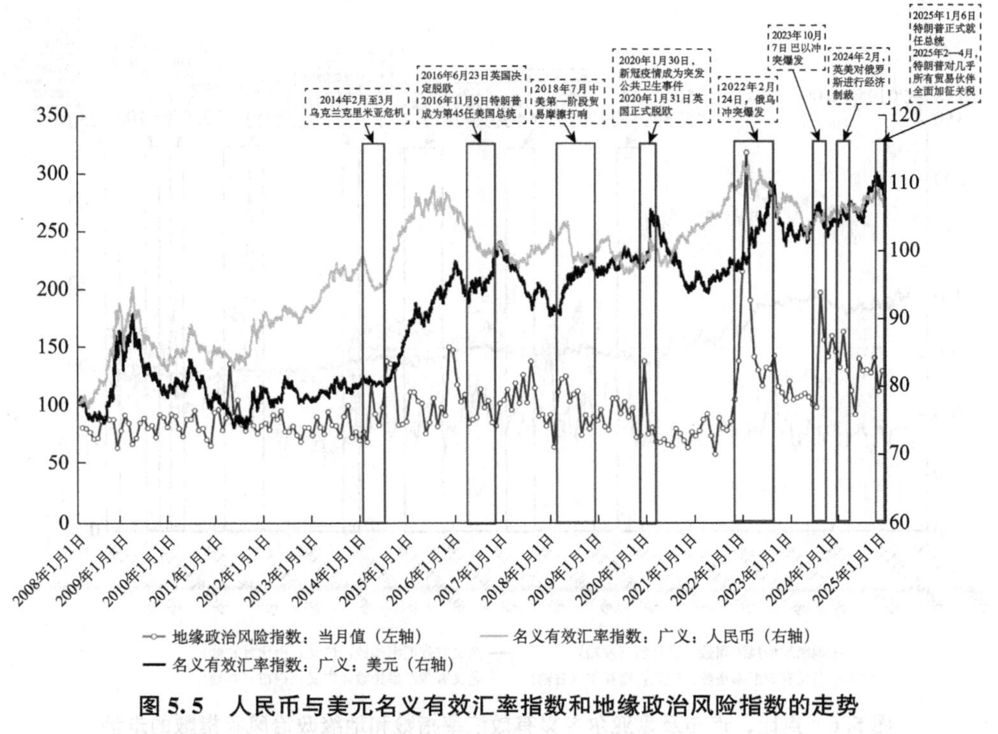

图 5.5　人民币与美元名义有效汇率指数和地缘政治风险指数的走势

在以印度、俄罗斯和巴西为代表的新兴市场上，汇率指数与地缘政治风险指数呈现显著负相关，且波动幅度较大。在 2014 年乌克兰克里米亚危机时，俄罗斯经济受到国际制裁等因素影响，投资者大量撤资，同时其经济结构对能源出口依赖度高，受制裁导致能源出口受阻，国际收支压力增大，卢布汇率指数暴跌。2022 年俄乌冲突期间，除能源出口受阻外，金融制裁还使得俄罗斯金融体系与国际市场隔离，资金外逃严重，卢布汇率大幅下降。2023 年巴以冲突爆发，全球市场避险情绪升温，新兴市场货币普遍承压。印度因能源进口依赖度高，进口成本增加，卢比汇率指数波动稍有加剧。巴西农产品、矿产品等出口面临价格不稳定问题，雷亚尔汇率指数出现波动。新兴市场经济结构单一，对特定产业或商品依赖度高，且金融体系不够完善。当地缘政治风险出现时，投资者信心极易受挫，大量资金外流，从而导致货币贬值，汇率指数易出现剧烈波动（见图 5.6）。

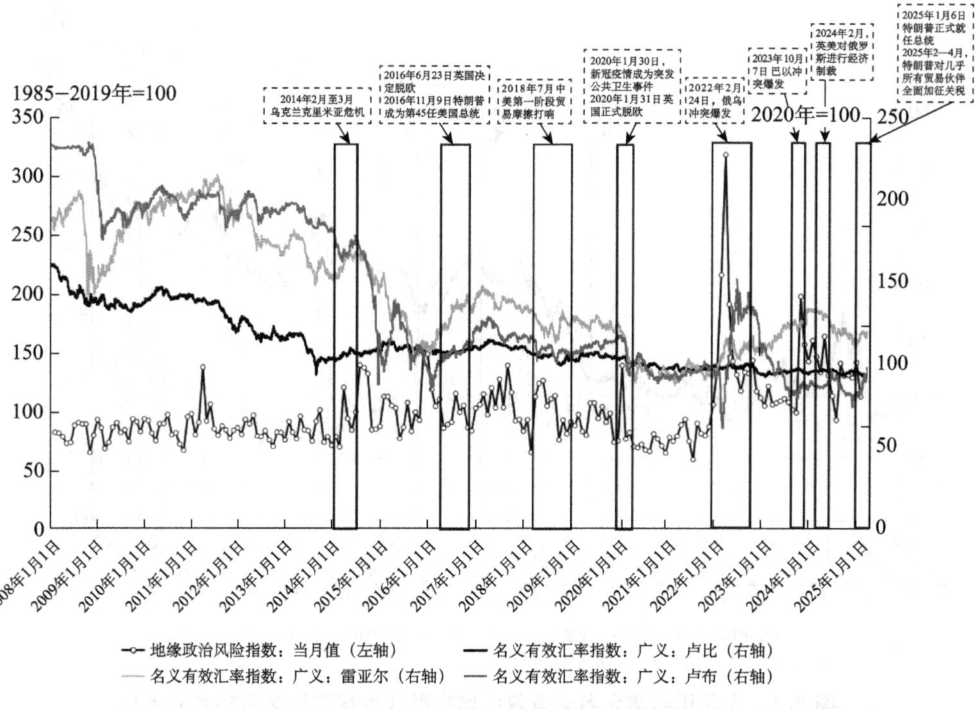

图 5.6　卢比、卢布及雷亚尔名义有效汇率指数和地缘政治风险指数的走势

发达市场货币以欧元、日元和英镑为例进行分析，其对应的汇率指数在面对地缘政治风险时也呈现一定的负相关性，但较新兴市场国家波动较小且恢复较快。2014 年乌克兰克里米亚危机时，欧洲地缘政治局势紧张，欧元汇率指数出现波动下行趋势；但欧洲货币政策较俄罗斯更具稳定性，因此部分资金从东欧回流欧元区核心国家，名义有效汇率指数迅速拉回。2022 年俄乌冲突期间，欧元区因对俄罗斯能源依赖度较高，能源价格飙升推高企业生产成本，抑制消费和投资，欧元区经济陷入困境，欧元汇率持续走低。日本同样因大宗商品价格波动，尤其是能源价格上涨，进口成本进一步增加，日元汇率指数继续下行。2023 年巴以冲突爆发，虽未直接冲击欧元区、日本和英国经济核心领域，但引发全球市场避险情绪升温。欧元和英镑汇率指数因市场对全球经济增长前景担忧，出现一定程度波动减幅。但日本因自身经济结构性问题以及大宗商品价格波动对其贸易收支的持续影响，汇率指数长期保持下降态势（见图 5.7）。

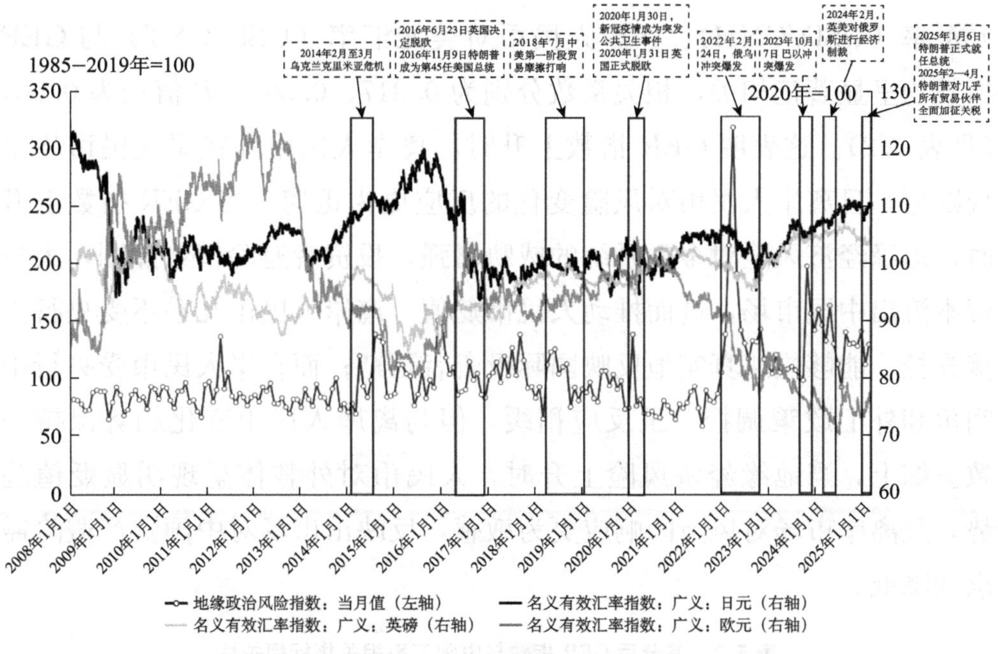

图 5.7　日元、英镑及欧元名义有效汇率指数和地缘政治风险指数的走势

地缘经济风险对外汇市场的影响主要通过市场情绪波动和基本面冲击传导两个关键路径。一方面，地缘经济风险引发市场情绪波动，投资者基于对风险的判断和预期，调整投资组合。当全球地缘经济风险上升时，投资者普遍倾向于持有避险货币，抛售风险货币，使得避险货币汇率上升，风险货币汇率下降，汇率指数随之同步变化。另一方面，地缘政治冲突直接冲击相关国家或地区的经济基本面。对于资源依赖型国家，地缘经济风险影响大宗商品供应，进而影响其经济增长、贸易收支等关键经济指标，最终反映在汇率指数上。例如，地缘政治冲突影响石油供应，依赖石油进口的国家经济受到冲击，货币贬值，汇率指数下降。

外汇市场方面，我国汇率相关指标与以中国地缘经济风险为主编织的 GER 指数相关性较为显著。数据显示，人民币名义有效汇率指数与 GER 指数呈显著负相关，相关系数为－0.277，P 值为 0.004。即当 GER 指数上升时，人民币相对一篮子货币整体贬值。离岸人民币对美元汇率（USD/CNH）、在岸人民币对美元汇率（USD/CNY）与 GER 指数均呈显著正相关，相关系数分别为 0.317、0.301，P 值均为 0.001（见表 5.2）。这表明 GER 指数上升时，离岸人民币和在岸人民币均出现贬值，且离岸人民币对风险变化的反应更为迅速。当 GER 指数上升时，地缘经济风险对金融系统的威胁增强，投资者避险情绪加剧，大量资本流出中国市场，进而推动人民币贬值。离岸人民币几乎不受央行直接管控，能够快速真实地反映国际投资者预期；而在岸人民币受央行中间价和外汇政策调控，虽反应稍缓，但与离岸人民币变化趋势保持一致。综上，当地缘经济风险上升时，人民币对外整体呈现明显贬值趋势，且离岸市场对风险的响应更为敏感，反映出市场对中国资产避险需求的降低。

表 5.2　差分后 GER 指数与中国汇率相关指标相关性

指标	相关系数	P 值	显著性
人民币名义有效汇率指数	－0.277	0.004	***
USD/CNH	0.317	0.001	***
USD/CNY	0.301	0.001	***

此外，地缘经济风险与大宗商品的波动呈现显著的正向关联性。国

际大宗商品是指可全球流通用于工农业生产与消费的大规模交易商品，是地缘经济风险的“放大器”与“传导器”。CRB 现货指数通过跟踪 19 种商品期货价格，反映了全球原材料成本的动态变化，是全球衡量大宗商品市场价格走势的核心指标之一。从地缘政治风险指数与 CRB 现货指数的走势来看，二者具有明显的同向波动性。在 2014 年乌克兰克里米亚危机期间，CRB 现货指数线段因市场恐慌情绪随地缘政治风险指数同步迅速上扬，随后在制裁、反制裁等一系列地缘政治博弈下，波动加剧，反映出能源、金属等各类大宗商品价格的不稳定。在 2020 年新冠疫情、2022 年俄乌冲突、2023 年巴以冲突爆发和 2024 年英美对俄制裁时，能源供应的不确定性使得原油、天然气等价格飙升，进而带动整个大宗商品市场价格波动，拉高了 CRB 现货指数（见图 5.8）。

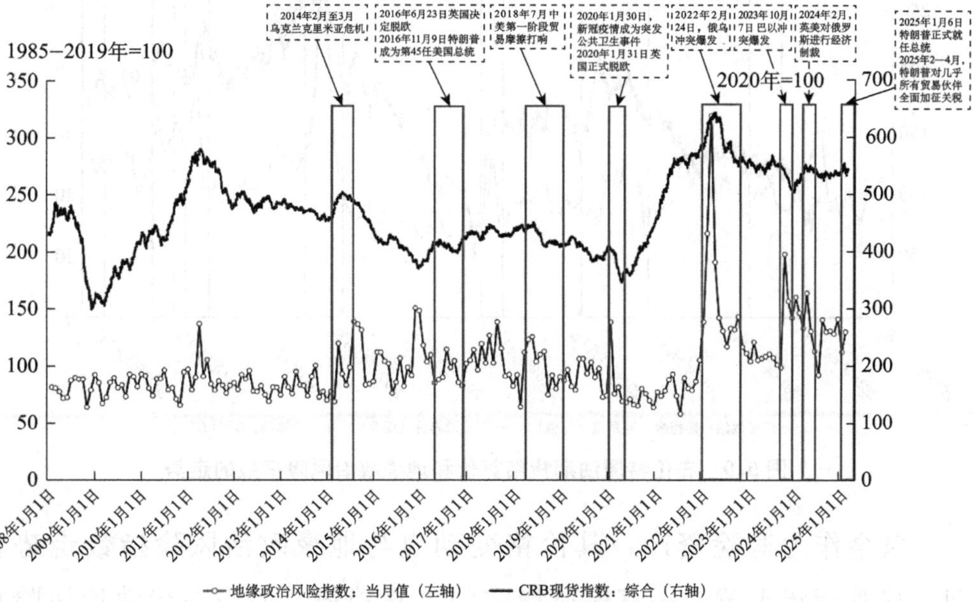

图 5.8　CRB 现货指数和地缘政治风险指数的走势

地缘政治风险指数与原油价格指数呈明显的正相关关系（见图 5.9）。地缘政治风险指数上升时，如 2022 年俄乌冲突、2023 年巴以冲突期间，布伦特原油价格随地缘政治风险指数一起迅速拉升且波动剧烈。以

2022年俄乌冲突为例，冲突伊始，石油现货价格急剧上扬，这是因为俄罗斯作为重要石油出口国，冲突导致其石油出口面临不确定性，市场对供应短缺的担忧瞬间推高了油价。随着冲突持续，价格虽有回调，但仍在高位震荡，凸显地缘政治风险对石油价格的深远影响。2023年巴以冲突爆发，尽管中东石油产区核心地带未直接受战火影响，但市场担忧冲突扩大会影响石油运输通道，石油价格明显上升且短期波动率较高。

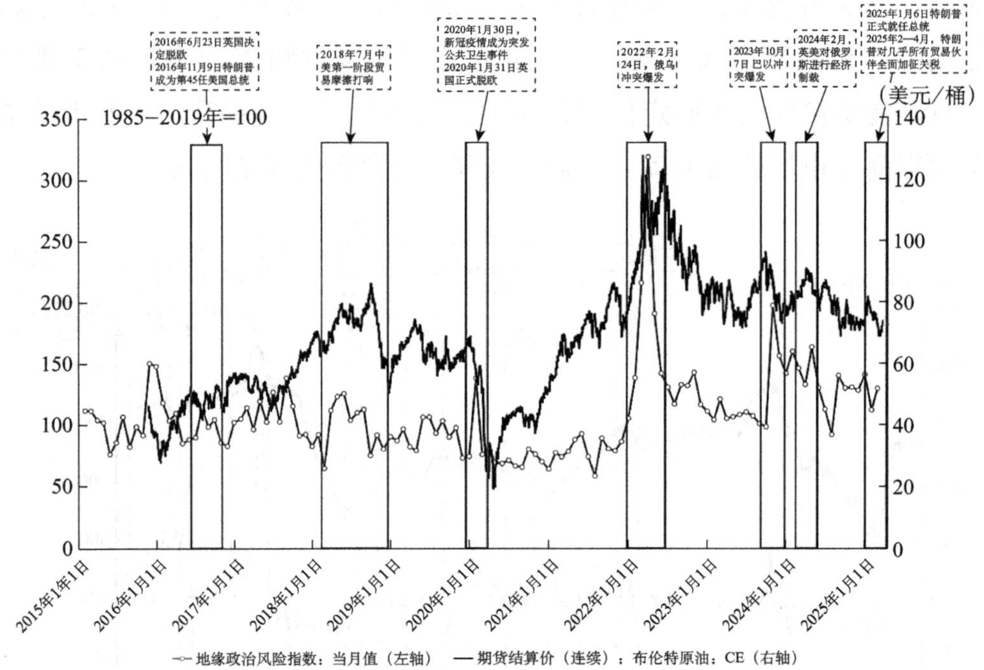

图 5.9　布伦特原油期货结算价和地缘政治风险指数的走势

黄金作为避险资产，其价格变动也与地缘政治风险指数走势相似。尽管近年来黄金一直保持稳定的上涨趋势，但当地缘政治风险指数上升时，黄金价格也会阶段性地突破时段内高位。在2020年新冠疫情初期，黄金价格一路攀升，投资者寻求资产保值，大量资金涌入黄金市场。2022年俄乌冲突爆发后一段时间，黄金价格再次大幅上扬，且在冲突持续期间维持在相对高位，展现出黄金在地缘政治动荡时期的避险属性（见图 5.10）。

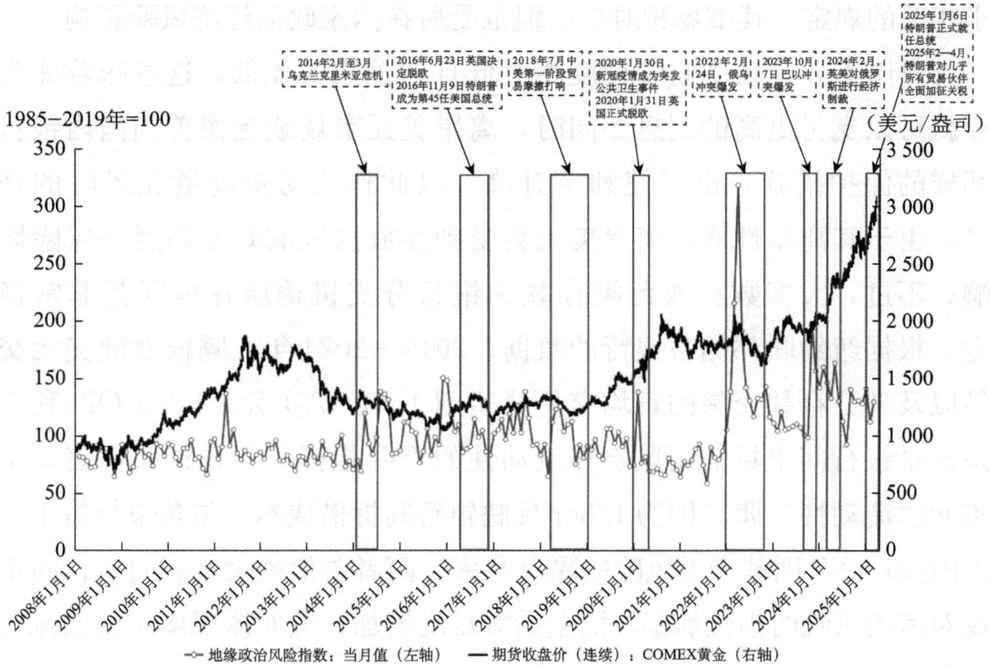

图 5.10　COMEX 黄金期货收盘价和地缘政治风险指数的走势

从底层原因分析，地缘风险一方面通过供应链扰动直接影响价格：当出现地缘政治冲突时，冲突致使重要的大宗商品生产和出口国国内生产活动受限，且地区紧张局势会增加运输成本和不确定性，使得大宗商品难以正常运输和进出口，全球供应减少，进而影响市场价格。另一方面通过金融渠道放大市场波动：地缘风险引发市场避险情绪，投资者为保障资产安全，增加对黄金、原油等“硬资产”的投资。同时市场对地缘政治风险事件的预期会反映在期货价格上，投资者的买卖行为使得期货价格波动，进而传导至现货市场，影响大宗商品的整体价格走势。

（三）地缘经济风险下的离岸融资市场

离岸美元是指外国银行或美国银行海外分支机构中的无担保美元计价存款，也被称为欧洲美元（Eurodollar）。在离岸融资市场，由于存放在美国境外，离岸美元不受美国联邦储备委员会监管，包括与准备金要求相关的规定，其市场相对自由但也受所在国家政治经济风险影响。

离岸美元市场受监管程度相对低且相关成本较低，这意味着此类存款可以支付更高的利息。同时，离岸美元市场缺乏像美国国内银行那样的保护措施，也促使利率升高，以此作为对更高潜在风险的补偿。由于其离岸性质，离岸美元会受到存放国家的政治和经济风险影响；不过，大多数存放此类存款的银行分支机构所在地区都非常稳定。根据纽约联邦储备银行的数据，2019—2024 年，隔夜欧洲美元交易以及部分存款交易的日均交易量达到 1 500 亿美元。Libor-OIS 利差是衡量银行间市场信用风险和流动性的重要指标，利差扩大代表离岸美元的流动性紧张。因为 Libor 反映银行间拆借成本，包含银行信用风险因素；OIS 则基于无风险的隔夜利率，两者差值越大，表明银行间市场对信用风险的担忧加剧，资金借贷难度增加，进而体现离岸美元流动性趋紧。

从图 5.11 中 Libor-OIS 利差与全球地缘政治风险指数的走势来看，当地缘经济风险发生时，离岸美元的流动性往往趋向收紧。2018—2019 年中美第一阶段贸易摩擦，其带来的不确定性增加了银行间市场信用风险，Libor-OIS 利差波动上升，离岸美元流动性趋紧；2020 年新冠疫情与英国正式脱欧叠加，市场不确定性大增，银行间市场对信用风险担忧加剧，Libor-OIS 利差显著扩大；2022 年俄乌冲突爆发，引发全球金融市场动荡，银行间市场信用风险显著提高，Libor-OIS 利差大幅跳升，离岸美元流动性高度紧张；2025 年特朗普加征关税，地缘经济的不确定性使 Libor-OIS 利差震荡，离岸美元流动性也随之波动，同时和经济相关程度较高的事件更容易造成离岸美元流动性紧张。

当地缘经济风险上升时，市场不确定性和风险溢价增加。一方面，投资者避险情绪升温，倾向持有美元现金等安全资产，使离岸市场美元资金供应减少，推动融资利率上升。另一方面，地缘经济风险对经济增

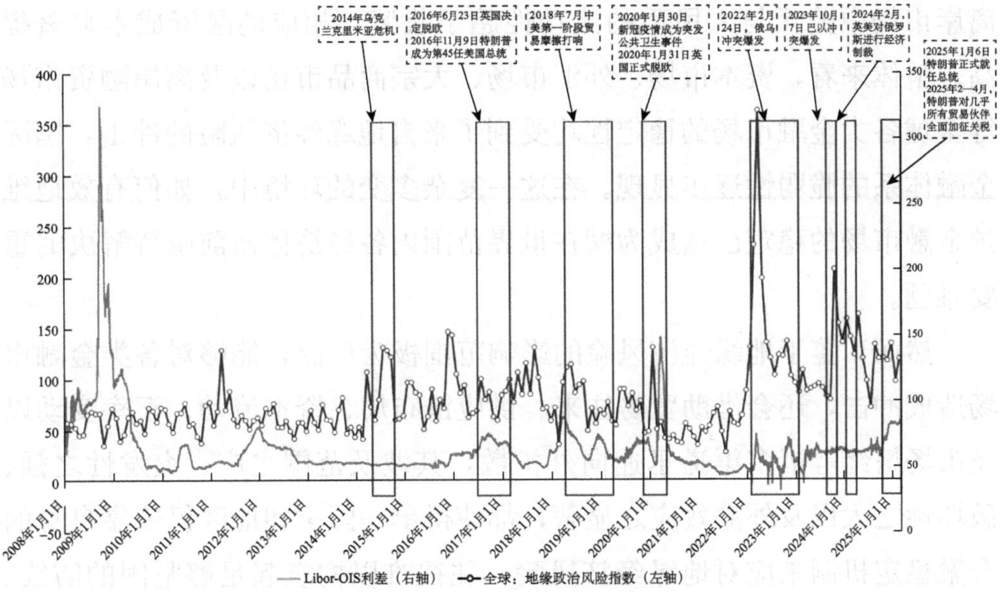

图 5.11　离岸美元流动性和地缘政治风险指数的走势

长前景产生负面影响，借款主体信用风险增加，金融机构为补偿风险会提高贷款利率，致使融资利率上升。

我们也计算了差分后月度地缘经济风险指数和差分后月度（取月末值）的 Libor-OIS 利差的相关系数，相关系数为−0.057，P 值为 0.417，不显著。这表明 Libor-OIS 利差与中国的地缘经济事件之间不存在明显的线性关系。

二、地缘经济风险下的双边货币互换

在地缘经济风险间歇性爆发的背景下，全球金融市场正面临日益加剧的波动性和不确定性。持续升温的地缘经济风险不仅加剧了股票和债券市场的震荡，还引发了一定程度的跨境资本流动，促使资金从新兴市场撤回母国或流向更“安全”的成熟资本市场。与此同时，这一风险也反映在其与外汇市场中汇率指数的同步波动上，并将通过供应链扰动及金融渠道传导至大宗商品市场，影响大宗商品的整体价格走势。此外，在地缘经济风险冲击下，离岸融资市场不确定性上升，风险溢价增加，离岸市场中美元与人民币的流动性趋于收紧，相应的融资成本显著提高。整体来看，资本市场、外汇市场、大宗商品市场以及离岸融资市场等全球各类金融市场的稳定性均受到了来自地缘经济风险的冲击，国际金融体系的脆弱性逐步显现。在这一复杂多变的环境中，如何有效地维护金融市场的稳定已然成为摆在世界范围内各经济体面前亟待解决的重要难题。

然而，鉴于地缘经济风险的影响范围极为广泛，能够对各类金融市场造成冲击，还会借助贸易往来、供应链布局、资本流动、汇率变动以及市场情绪等诸多渠道迅速向外扩散，其波及范围之广、突发性之强、破坏性之大以及外溢效应之显著，都使得单一国家和地区仅依靠自身的金融稳定机制来应对地缘经济风险，往往难以构筑起足够坚固的防线。在这种形势下，全球金融安全网（Global Financial Safety Net，GFSN）发挥金融支持作用的重要性越发凸显，通过为各国提供更多应对宏观经济波动和金融动荡的可用干预资金，成为抵御此类风险引发的大范围冲击、减弱其系统性溢出效应的关键手段，是维护全球金融市场稳定运行、增强全球金融体系韧性的重要保障机制。作为为各经济体提供危机预防、缓解危机影响的一系列金融资源和机制安排，全球金融安全网主要包括四个层面的内容：各国自身的国际储备资产积累、一国央行与其他国家央行开展的双边货币互换安排、区域性融资安排以及以国际货币基金组织（IMF）为主的全球安排。其中，自 2007—2009 年全球金融危机以来，央行双边货币互换网络经过十余年的持续扩展，已成为国际货币体系中的事实性关键组成部分（Destais，2016），并在全球金融安全网中扮演着日益重要的角色，其在有效抵御地缘经济风险冲击、减弱金融市场波动性方面的作用尤为值得关注。

基于此，本节将重点分析全球金融安全网中的双边货币互换机制，概述其定义与运作模式，并回顾其历年来的发展进程，阐明其在全球金融安全网中不断提升的重要地位。接下来将具体介绍在全球货币互换网络中具有重要地位的人民币双边货币互换的实践现状，之后通过对过往文献的梳理与理论分析，进一步探讨人民币双边货币互换在应对地缘经济风险中可能发挥的稳定器功能。

（一）双边货币互换与全球金融安全网

货币互换（Currency Swap）通常指的是持有不同种类货币的两方交易主体在某一时点进行等值货币的交换，依照事先约定在到期时将各自本金换回，并支付相应利息的市场交易行为。[①] 企业间通过签订货币互换协议可以满足其多元化的货币支付需求，在提前锁定货币利息和汇率的前提下，有助于有效降低融资成本并减少汇率风险。而如果其中参与交易的主体是中央银行，即两国中央银行之间达成的在一段时间内交换相同金额对方货币的协议，则称为央行双边货币互换（Bilateral Swap Lines）、双边互换安排（Bilateral Swap Arrangements）或流动性互换（Liquidity Swap Lines）。具体而言，根据中国人民银行的定义[②]，双边货币互换指的是“一国（或地区）的中央银行（或货币当局）与另一国（或地区）的中央银行（或货币当局）签订一个协议，约定在一定的条件下，任何一方可以一定数量的本币交换等值的对方货币，用于双边贸易投资结算或为金融市场提供短期流动性支持，到期后双方换回本币，资金使用方同时支付相应利息。”

本质上，基于本币的货币互换交易是接受这些货币的接受国（recipient country）央行从提供这些货币的来源国（source country）央行借入外币贷款，接受国央行将其本币留置来源国央行作为抵押。通过货币互换安排，来源国央行可以通过向外国银行提供贷款来支持其国内金融市场，从而补充国内银行的传统贷款设施。简而言之，央行双边货币互换可以视作一种国际性的最后贷款人形式（Bahaj and Reis，2022）。在此过程中，接受国央行充当中介，作为连结来源国央行与本国金融机

① Bank for International Settlements. *Recent Innovations in International Banking*，1986.

② 中央银行双边本币互换协议简述．中国人民银行宏观审慎管理局，2015-07-16.

构的桥梁，将从来源国处获得的货币流动性用于国内金融体系和本国企业，接受国金融机构将以一定的流动资产作为抵押，从央行处换取来源国货币。例如，与中国人民银行签订双边货币互换的某对手方国家的金融机构可以通过该国央行获得互换的外币，并将这些外币贷给该国国内企业或商业机构，这些资金可用于支付从中国进口的商品，或作为对中国的投资。由此，接受国央行承担了信用风险，即如果该国金融机构出现违约情形，央行需要在市场上购买来源国的货币，以弥补缺漏、履行互换额度。当互换期结束时，来源国和接受国双方央行将按照最初商定的汇率条件再重新交换回原来的货币，并分别以各自的货币结算利息。值得注意的是，互换的发起和收回都为本币，双方央行的交换汇率已事先协定，而交换的利率则通常基于短期利率确定，故而接受国央行和来源国央行在整个过程中不会受到汇率波动的影响，不会面临汇率风险和利率风险，来源国央行可以在无风险的条件下对外发放贷款。图 5.12 以中国人民银行与另一国央行签订双边货币互换协议为例，绘制了接受国央行发起动用人民币的基本流程和运作机制。

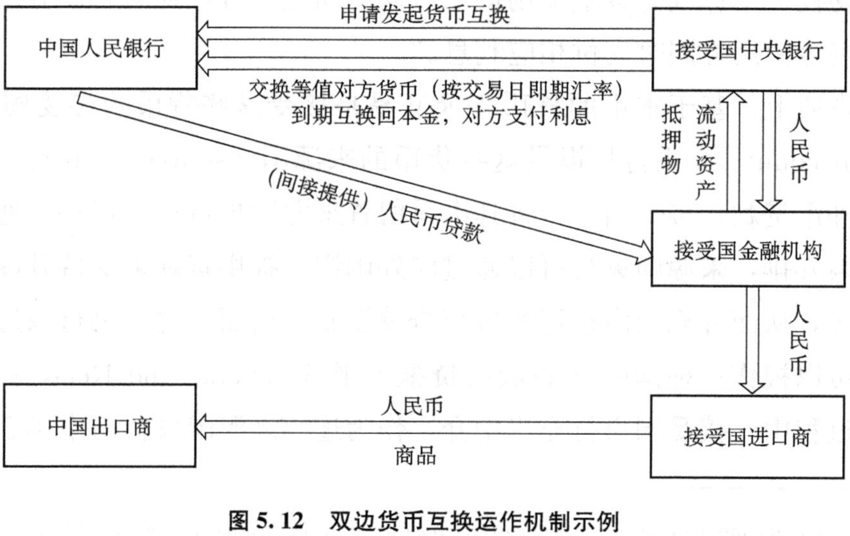

图 5.12　双边货币互换运作机制示例

资料来源：中国人民银行，作者整理。

如图 5.13、图 5.14 所示，截至 2007 年底，全球范围内的双边货币互换协议数量还寥寥无几。在全球金融危机期间，双边货币互换的签订大幅增长，到 2009 年底已增至 39 份，这一增长主要被美联储在危机时主导的货币互换协议扩展所推动。这种金融合作的加强，在一定程度上反映了各国通过货币互换协议来在危机期间增强金融稳定性、应对地缘经济风险的共同需求。金融危机之后，亚洲多数国家也在积极扩展其货币互换网络。特别地，在 2009—2015 年，中国与其他国家之间建立的双边货币互换在迅速增加，以推动人民币国际化并促进跨境贸易和直接投资结算中人民币的使用。故而，得益于中国的货币互换协议的大规模扩展，到 2015 年底，双边货币互换协议总数上升至 67 份。当新冠疫情暴发使全球风险激增后，全球货币互换网络进一步扩大，到 2019 年底达到 74 份，到 2020 年底双边货币互换协议超过 90 份。尽管全球范围内双边货币互换网络的显著扩张主要由美国和中国主导，其他国家和地区的双边货币互换协议数量也在稳步增长。目前加拿大银行、英格兰银行、欧洲中央银行、日本银行、瑞士国家银行之间已相互签订设立了无明确额度上限的常设性双边货币互换安排。欧洲中央银行还与瑞典银行、丹麦国家银行、波兰国家银行签署了货币互换安排。此外，亚太地

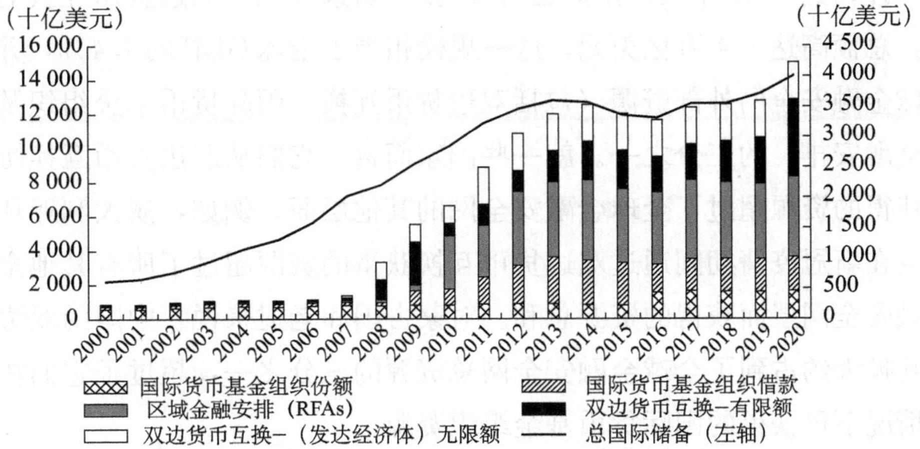

图 5.13　全球金融安全网规模

资料来源：Perks，et al.（2021），由作者整理。

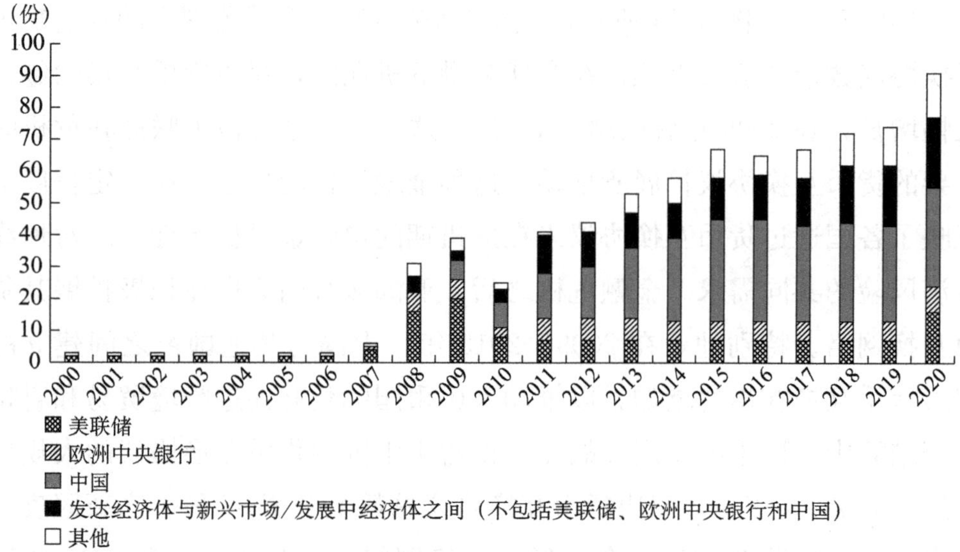

图 5.14　全球范围内双边货币互换签订情况

资料来源：Perks，et al.（2021），中国人民银行，由作者整理。

区（如日本和韩国之间的货币互换）以及中东地区（如土耳其与阿拉伯联合酋长国之间的货币互换）的双边货币互换协议也在不断增加。

总的来说，近年来全球范围内双边货币互换协议的签订数量、规模稳步提升，互换覆盖范围不断拓宽。根据 Koosakul 和 Miksjuk（2024）的统计，到 2022 年底，全球已有 40 多个国家实现了双边货币互换的覆盖，总额高达 1.4 万亿美元。这一规模相当于全球 GDP 的 1.4%，并占全球金融安全网外部资源（包括双边货币互换、国际货币基金组织及区域金融安排）的三分之一。就一些国家而言，它们从双边货币互换协议中获得的资源超过了全球金融安全网的其他层面。例如，澳大利亚和新西兰在新冠疫情期间通过双边货币互换获得的资源超过了所有其他全球金融安全网层面获得的资源总和。对蒙古国和老挝来说，中国的双边货币互换大约占到了全球金融安全网总资源的三分之一，超过了它们在正常情况下可获得的国际货币基金组织资源。

至于地缘经济风险与双边货币互换的关系，在全球地缘局势紧张、经济格局加速重塑的背景下，不同经济体之间可能会更加依赖双边货币互换机制构建区域性或跨区域的流动性支持网络。地缘局势的紧张加剧将提升对全球金融安全网的需求，双边货币互换越发成为全球金融安全网的重要组成部分和有益补充。在国际金融市场动荡或一些国家发生危机期间，主要经济体央行之间通过双边货币互换提供了紧急的流动性支持，有效缓解了全球金融市场的波动（潘功胜，2024）。特别地，新兴市场和发展中经济体之间不断拓展的货币互换网络能够提升这些国家应对不利外部地缘冲击的能力和韧性，有助于抵御来自发达经济体对其的压力（Antoniades，2017）。双边货币互换正日益成为各国应对地缘经济风险的重要工具，在深化国际金融合作、增强市场信心、维护区域和全球金融稳定方面发挥着不可或缺的积极作用。

（二）人民币双边货币互换的实践现状

在博鳌亚洲论坛 2024 年年会“深化亚洲金融合作”论坛上，中国人民银行行长潘功胜发表主旨演讲①，强调了深化亚洲双边货币互换合作对于维护区域金融稳定的重要意义。中国人民银行开展的双边货币互换合作，不仅有效促进了双边跨境贸易和投资，还成为国际货币基金组织牵头的国际纾困救助体系的重要组成部分，这充分体现了人民币双边货币互换在维护区域金融稳定方面的关键作用。从 2009 年初首次签订双边货币互换协议以来，中国主导下的双边货币互换日益受到国际上的广泛认可。越来越多的发达经济体和新兴市场国家纷纷与中国签订或续签货币互换协议，逐步纳入中国的货币互换网络。作为人民币国际化进程的重要推动力，人民币双边货币互换在稳定金融市场、缓解国际金融体系流动性短缺方面的作用日益显现。

中国最初尝试参与双边货币互换是在《清迈倡议》（CMI）建立的背景下展开的。在 1997 年亚洲金融危机之后，东亚国家意识到仅靠本国自身资源难以应对金融危机，区域金融合作变得至关重要。2000 年 5

① 中国人民银行行长潘功胜在博鳌亚洲论坛 2024 年年会“深化亚洲金融合作”论坛上的主旨演讲．中国人民银行官网，2024－03－27．

月，在泰国清迈，东盟和中日韩（即“10＋3”）财长会议上签署了建立区域性货币互换网络的《清迈倡议》，旨在补充现有的国际流动性支持机制。在该框架下，中国人民银行与泰国、日本、韩国等国家的央行签订了货币互换协议。然而，这些货币互换协议多数是以区外货币即美元作为协议货币的，加之与国际货币基金组织的贷款计划挂钩，并受到份额限制，其实际效果相对有限。

2008年美国次贷危机引致的金融危机加剧了全球金融市场的持续动荡，并导致金融体系流动性紧缺。在此背景下，部分国家之间对使用本币进行结算的需求增强，人民币国际化的紧迫性和重要性也越发凸显。于是中国开始推广以人民币为协议货币的双边货币互换协议，向其贸易及投资伙伴提供短期流动性支持，以期作为抵御金融危机的临时举措与推进人民币国际化的重要抓手。2008年12月12日，中国人民银行与韩国央行签订了首个真正意义上的人民币双边货币互换协议，其目的为“向两个基本面和运行情况良好的经济体的金融体系提供短期流动性支持，并推动双边贸易发展”①。该协议实施有效期为3年，同时提供1 800亿元人民币/38万亿韩元的流动性支持规模。随后，在2009年，中国人民银行陆续与中国香港、马来西亚、白俄罗斯、印度尼西亚、阿根廷等国家和地区的货币当局签订了双边货币互换协议，总规模达到6 500亿元人民币。与《清迈倡议》不同，这些双边货币互换协议未与国际货币基金组织贷款挂钩，无需集体决策，并且完全以本币签订。

金融危机之后，世界各国越发意识到现行国际货币体系存在的不足，许多国家开始降低对美元的依赖，推动“去美元化”进程，双边货币互换逐步发展成为加速人民币国际化进程的关键一环。中国人民银行积极推动签订人民币双边货币互换协议，尤其注重其在对冲汇率风险和促进国际贸易方面的作用。2009—2016年，人民币双边货币互换协议

① 中国人民银行和韩国银行同意建立货币互换安排．中国人民银行官网，2008-12-12.

的签订范围持续拓展，协议总规模稳步提升。特别是 2013 年中国主导的“一带一路”倡议正式启动，以及人民币在 2015 年被国际货币基金组织宣布纳入特别提款权（SDR）货币篮子，极大地推动了中国双边货币互换网络的快速扩张。此后，中国逐步放缓了扩张互换网络的步伐，转而迈向高质量的发展阶段。在 2020—2021 年新冠疫情期间，中国先后将与韩国、泰国、加拿大、英国等国续签的双边货币互换协议有效期从 3 年期升级延长至 5 年期。更进一步地，在 2022 年 7 月，中国人民银行和香港金融管理局签署了第一个常备性的双边货币互换，实现了协议的长期有效，互换规模也从 2020 年 11 月续签的 5 000 亿元人民币/5 900 亿元港币增加至 8 000 亿元人民币/9 400 亿元港币。上述这些协议的期限延长和规模扩大不仅有助于提高相关国家和地区抵御疫情冲击、维护金融稳定的能力，还反映出中国与之在双边货币互换合作方面的深入发展以及彼此互信的增强，提升了人民币互换网络的稳定性和可信度。

图 5.15、图 5.16 展示了 2009—2024 年人民币双边货币互换协议的发展概况，包括新增、续签与累计签订的国家和地区数量、按初次签订计算的累计签订金额与各年份互换续签额度，以及年末协议有效额度。截至 2024 年末，中国人民银行共与 42 个国家和地区的中央银行或货币当局签署过双边货币互换协议，累计新签或续签了 135 次互换协议及互换补充协议，其中与 32 个国家和地区的中央银行或货币当局签署的协议仍处于有效期内，人民币互换资金规模达 41 615 亿元。此外，图 5.17、图 5.18 呈现了 2024 年末按照对手方国家或地区以及所属大洲划分的人民币双边货币互换协议规模占比。可以看出，与美联储主导的双边货币互换主要面向发达国家不同，中国的双边货币互换协议展现出更显著的多元化特点。在签署双边货币互换协议的国家和地区中，中国香港、韩国、欧洲、英国和新加坡在互换规模上位居前五。从地域分布来看，这些对手方国家和地区广泛覆盖六大洲，其中，来自亚洲的国家和地区占比最高，达 58%，欧洲紧随其后，占比 26%。

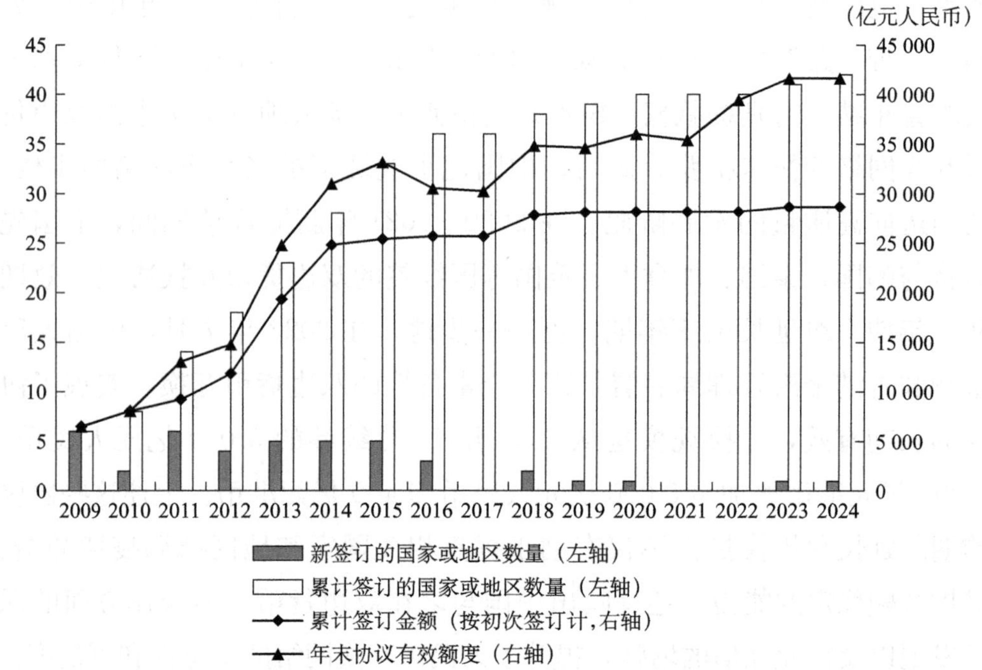

图 5.15　人民币双边货币互换协议签订情况

资料来源：中国人民银行，由作者整理。

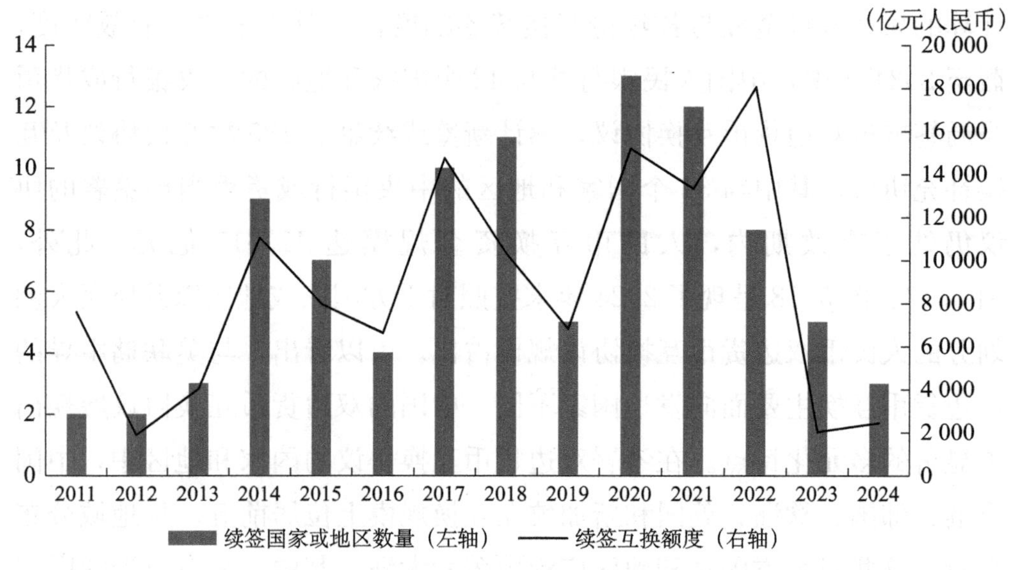

图 5.16　人民币双边货币互换协议续签情况

资料来源：中国人民银行，由作者整理。

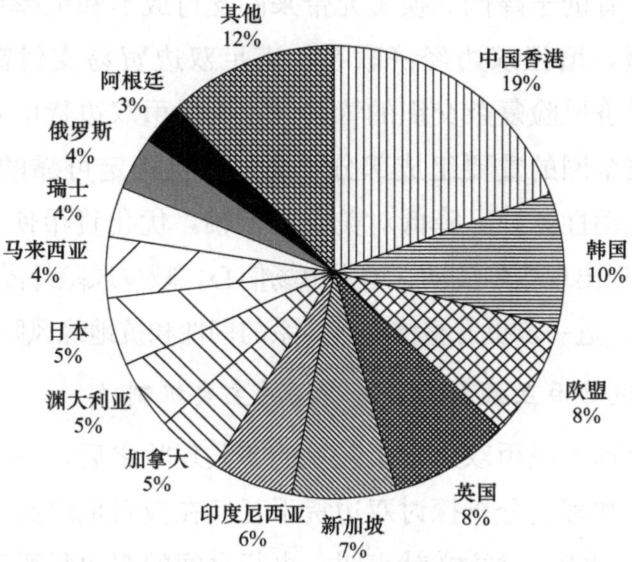

图 5.17　人民币双边货币互换资金规模占比情况：按国家和地区划分（2024 年末）

资料来源：中国人民银行，由作者整理。

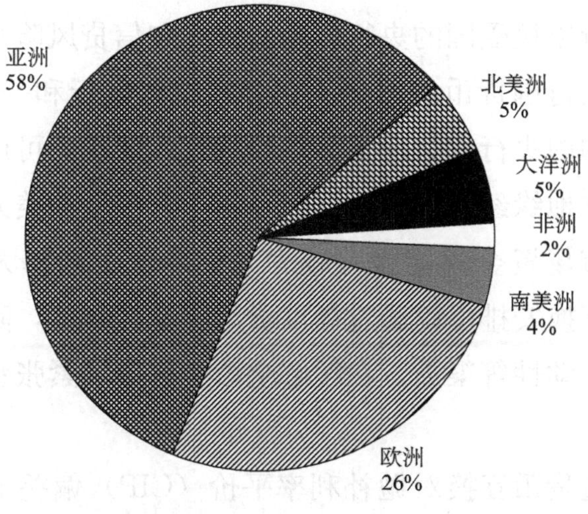

图 5.18　人民币双边货币互换资金规模占比情况：按大洲划分（2024 年末）

资料来源：中国人民银行，由作者整理。

总的来说，经过十余年的陆续扩展，中国已建立起一个规模庞大、覆盖面广泛的货币互换网络。在人民币双边货币互换的推动下，一方面，越来越多的国家和地区开始使用人民币来代替美元开展双边贸易的支付结算，这有助于降低兑换美元带来的支付成本和汇率风险，保障跨境贸易和投资，增强双边经济联系，满足双边贸易支付需求；另一方面，在地缘经济风险复杂交织的背景下，人民币双边货币互换已发展成为全球金融安全网的重要组成部分，通过提供稳定可靠的流动性支持，有助于缓解流动性紧缺，降低对美元的依赖，优化货币使用环境，还能够避免金融市场出现剧烈波动、增强市场信心、减少风险外溢、维持区域货币体系的稳定，进一步提升整体经济体系的韧性和抗地缘风险冲击能力。

（三）双边货币互换影响金融市场的主要机制

在简要梳理人民币双边货币互换的实践现状之后，本部分将进一步通过文献回顾和理论分析探讨双边货币互换在应对地缘经济风险中可能发挥的稳定器功能。过往文献表明，央行之间的双边货币互换最近已成为一种提供金融安全保障的工具，对传统工具（如外汇储备）起到了补充作用（Denbee，Jung，and Paternò，2016）。通过双边货币互换，货币发行国的央行以接受国的央行作为监督方和信贷风险承担方，向接受国的银行提供发行国货币的信贷。在存在全球银行和一体化金融市场，同时又有各国国内央行的情况下，最后贷款人的职能可以通过双边货币互换来实现。在地缘经济风险广泛引致离岸人民币和美元市场流动性迅速收紧、相应市场资金供应显著减少并推动融资利率大幅上升的背景下，双边货币互换安排可以通过提供货币流动性支持，降低相关货币的信贷成本及其波动性等渠道，在缓解全球金融市场紧张状况方面发挥一定程度的作用。

其中，双边货币互换对抛补利率平价（CIP）偏差上限施加的约束作用正是其能够发挥抵御地缘经济风险功能的关键要义。Bahaj 和 Reis（2022）的研究认为，理论意义上货币互换应该为 CIP 的偏差设定上限，降低事后银行的平均借款成本，并增加事前接受国银行对以货币发行国货币计价的私人发行资产的资金流入。具体而言，作为货币远掉期定价的基石，CIP 的经济含义是两国货币市场的利率之差应该等于远期汇率对即期汇率的变动率，否则套利者便可获得无风险利润。这里以 i_D 代表国内货币市场利率，i_F 反映国外货币市场利率，S 代表即期汇率，F 反映远期汇率，CIP 条件可以表示如下：

$$1+i_D=(1+i_F)\times\frac{F}{S}$$

令 $i_d=\ln(1+i_D)$，$i_f=\ln(1+i_F)$，$f=\ln(F)$，$s=\ln(S)$，对上式左右两端取对数，CIP 条件的对数形式可以转换为：

$$i_d-i_f=f-s$$

如果 CIP 条件成立，则表明市场上不存在额外的无风险套利机会，美元等主要货币的融资市场流动性充足，跨境资金流动顺畅，金融市场运行高效。而如果存在 CIP 偏差，则暴露出市场风险上升、投资者信心不足，以及流动性短缺等问题，使套利交易无法顺利进行，金融市场运行效率下降。

$$\text{CIP 偏差}=(s-f)+(i_d-i_f)$$

接下来考虑货币互换协议框架下的一系列交易情况。首先，接收国的一家银行通过货币互换从其本国央行借入来源国货币，并需在固定期限结束时按照利率 i_t^s 归还。然后，该银行以即期汇率 s_t 将其兑换为接受国货币，并存入央行以赚取准备金利率 i_t^{v*}。与此同时，该银行签订一份远期合约，以固定的汇率 f_t 在相同的固定期限结束时将接收国货币兑换回来源国货币。由于准备金通常是隔夜的，而货币互换贷款是固定期限的，故而银行会购买一份隔夜指数掉期（OIS）合约，将准备金的利率转换成一个与互换贷款固定期限相符的固定利率，以匹配交易的期限，从而获得收益 $i_t^*-i_t^{p*}$。其中，i_t^* 表示这一固定期限的 OIS 利率，i_t^{p*} 为 OIS 合约的参考利率，通常接近央行的政策目标利率。在无套利条件下，这一操作的收益与成本需要达到平衡，基于总收益率的对数形式可以推导出：

$$i_t^s\geqslant s_t-f_t+(i_t^{v*}+i_t^*-i_t^{p*})$$

结合 CIP 偏差 $x_t = s_t - f_t + i_t^* - i_t$。其中，$i_t$ 为来源国货币的等效 OIS 利率，结合上式，从而可以得到 CIP 偏差 x_t 的上限表达式：

$$x_t \leqslant (i_t^s - i_t) + (i_t^{p*} - i_t^{v*})$$

如果 CIP 偏差超过这一上限，市场上将出现套利机会，银行可以从央行借款，然后在银行间市场上放贷，从中赚取确定的利润。理性市场参与者会迅速采取行动，促使市场回到无套利的均衡状态，从而使 CIP 偏差回落至上限之内。

央行的货币互换协议为市场提供了稳定的调节机制。当 CIP 偏差上升时，银行可以选择通过互换协议获得资金，从而改变市场中的供需关系，并在一定程度上对 CIP 偏差起到制约作用。例如，当互换协议的利率下降时，银行通过互换协议获取资金的成本降低，其在市场上的议价能力增强，使得来源国货币的供给曲线发生变化，进而降低了 CIP 偏差的上限。同时，银行会调整交易策略，减少对高成本融资渠道的依赖，进一步促使 CIP 偏差收缩并保持在上限以下。

基于上述理论分析，Bahaj 和 Reis（2022）实证验证了在 2008 年金融危机期间，美联储货币互换安排带来的 CIP 偏差上限的约束作用。2008 年 9 月，雷曼兄弟破产引发了市场恐慌，导致 CIP 出现显著偏差。然而，由于美联储在危机后迅速扩大了货币互换协议的规模，CIP 偏差很快被压制在上限以下，并回归到合理范围。另外在 2011 年 11 月 30 日，美联储将其货币互换协议的利差从 100 个基点下调至 50 个基点，他们也考察了这一变化对是否拥有货币互换协议的货币的 CIP 偏差影响，结果同样支持货币互换安排引入上限的预测，即在利率下调后，CIP 偏差分布的右尾和均值均向左移动，偏离程度有所收敛。新冠疫情引发的危机也不例外，Bahaj 和 Reis（2020）分析了新冠疫情期间不同货币对美元的 CIP 偏差，验证了美联储在危机期间扩大货币互换协议网络的举措对 CIP 偏差产生的显著影响，发现未加入货币互换协议的国家，其 CIP 偏差在危机期间持续上升。

进一步聚焦微观企业的视角，签订双边货币互换协议能够提高来源国货币在贸易融资中的可得性，并影响融资成本，从而帮助相关企业有效抵御地缘经济风险带来的负面冲击。一方面，签订双边货币互换协议为接受国企业提供了较高的来源国货币可得性。一般而言，接受国企业在进口和出口贸易中对货币的选择出于对营运资本的需求，但地缘经济风险可能导致市场流动性收紧，加剧相应货币的短缺。而当接受国央行或货币当局与来源国签订双边货币互换协议之后，接受国央行或货币当局可为当地商业银行提供更大的来源国的货币额度，降低接受国当地企业开展贸易融资时面临的资金断裂风险，从而有助于稳定跨境贸易，提升企业在地缘危机时期的抗风险能力。另一方面，在贸易融资成本方面，双边货币互换还降低了相应货币信贷成本及其波动性从而减少了企业可能面临的利润损失。企业依据期望信贷成本选择货币并进行生产定价，当在地缘经济风险背景下相关货币的融资成本大幅波动偏离期望时，由于价格黏性，企业的生产与利润将偏离最优，因此即使企业并不厌恶未来的利率风险，较大的利率波动也会降低企业利润。而双边货币互换的签订则有利于降低来源国货币贸易融资利率，在减小货币贸易融资利率分布的均值的同时也避免了极端利率发生的可能（Bahaj and Reis，2024）。

在降低来源国货币融资成本波动风险的基础上，双边货币互换的签订还能够进一步提升国际市场对该货币的信心，增强其安全属性以及提高其面对地缘经济风险的抵御能力。安全属性意味着货币在面临外部危机的冲击时，能维持稳定的流动性供给、使用成本以及偿付能力等。正如 Aizenman，Jinjarak 和 Park（2011）所指出的，双边货币互换有助于在危机时恢复金融市场对一国流动性和偿付能力的信心。具体而言，例如人民币双边货币互换的协议签订国在面临离岸人民币市场危机等外生冲击时，可以在协议规定的权限范围内干预外汇市场，灵活调整人民币流动性的供给，以避免离岸人民币利率的大幅波动。同时这一额外“政策工具”的存在也为意图进行人民币融资的境外企业提供了“安全保险”与成本稳定的预期，尤其提升了人民币在贸易融资方面的安全属性，增强了国际市场使用人民币的信心。

综合上述研究结果，双边货币互换协议的签订能够为CIP偏差设定上限，降低来源国货币的融资成本及其波动风险，同时为市场提供稳定的预期，进一步提振市场整体信心。因此，在地缘经济风险蔓延并可能引致危机的市场动荡时期，双边货币互换协议可以成为提供流动性保障、减轻金融市场压力、增强金融体系韧性和安全性方面的重要手段，发挥有效的稳定器功能。

三、地缘经济风险下人民币双边货币互换对金融市场贸易融资货币选择的影响：理论假说与实证分析

（一）理论假说：地缘经济风险下人民币双边货币互换如何影响货币选择

央行双边货币互换实践走在了理论的前面，各国央行已经设立了价值数万亿美元的多个互换额度，在关于全球金融架构、国际货币基金组织的作用或跨境货币政策协调的讨论中，这些互换额度已经受到了广泛关注。近年来越来越多的研究探究了双边货币互换协议如何在稳定全球金融市场方面发挥重要作用，以及其对货币国际化、全球货币竞争格局的影响，然而很少有研究从地缘经济风险角度出发，考察双边货币互换如何稳定金融市场尤其是人民币相关的离岸市场，从而促进人民币国际地位的提升。基于此，我们从地缘经济风险角度出发，论述双边货币互换如何激励企业在国际贸易时更多地使用人民币，为后文的实证研究提供理论指导。

在前沿文献的讨论中，利率渠道是双边货币互换发挥作用的核心机制。在利率渠道下，央行作为最后贷款人提供贷款利率上限，减少商业银行货币管理风险，降低企业贸易融资成本即期波动率。无独有偶，利率渠道与汇率渠道也是地缘经济风险跨境传播（尤其是通过国际金融市场传播）的关键，地缘经济风险下双边货币互换对金融市场的稳定作用

似乎是显而易见的。然而，正如前文所言，地缘经济风险对单一经济行为体乃至整个宏观经济环境的影响是复杂、深远的，对不同主体的影响也不尽一致，即使从国际金融视角出发，地缘经济风险也对股市、债市、外汇市场、大宗商品市场、离岸融资市场等诸多方面造成影响。因此，双边货币互换能在多大程度上抵御地缘经济风险，作用机制有哪些，其实仍是值得研究且悬而未决的问题。在本部分中，我们从汇率渠道视角出发，聚焦双边货币互换额度用于缓解汇率风险、维护金融市场稳定，以对手方出口企业为研究主体，探讨了地缘经济风险引发的离岸市场冲击如何影响企业的贸易融资货币选择。

依据 Bahaj 和 Reis（2024），融资成本是影响企业选择出口计价货币的重要因素，人民币互换将从以下两个渠道缓解地缘经济风险，从而促进人民币在国际贸易中的使用。首先，当地商业银行发放人民币贷款时，需要考虑资产货币错配引发的人民币汇率波动风险，货币错配带来了较高的风险溢价，增加了当地企业进行人民币融资的成本。虽然当地银行可以通过离岸人民币市场进行掉期操作以对冲风险，但仍然受到离岸市场波动与冲击的影响。当地缘经济风险，尤其是金融因素引发的风险发生后，人民币离岸市场受到冲击，人民币汇率发生波动，此时，银行在发放人民币贸易融资贷款时面临的人民币汇率波动风险将大幅上升，从而提高人民币贷款利率，影响当地企业的货币选择。其次，由于出口价格黏性，企业面临贸易融资还款时的汇率风险，当地缘经济冲击爆发时，人民币汇率将大幅波动，使用人民币融资的利润将大幅减少，从而减少企业使用人民币的激励。当双方央行签订双边货币互换协议后，互换额度可以用于维持金融市场稳定，应对离岸人民币市场冲击，抑平人民币汇率波动，对手方商业银行面临的货币错配引发的汇率风险将大幅降低，并且能通过稳定的离岸人民币市场进行掉期以对冲风险，从而大幅减少当地企业的人民币融资成本，企业面临的汇率风险也将大大降低，从而稳定人民币的国际市场地位。

总而言之，在未签订人民币双边货币互换协议的情况下，地缘经济风险的出现将大幅增加人民币贸易融资成本，减少人民币贸易融资以及结算的使用量；而人民币双边货币互换协议缓解了地缘经济风险带来的融资利率高涨以及大幅汇率波动。如果签订了人民币双边货币互换协议，即使离岸市场人民币融资利率上升，央行作为最后贷款人也能为人民币提供事先约定好的利率贷款；同时，互换额度将用于稳定金融市场，汇率波动也会保持相对平稳，利率平价偏差的上升幅度将会减小，人民币的使用量也会保持相对稳定。据此，我们提出以下假说：

假说 1：人民币双边货币互换能促进贸易中的人民币使用，并减少美元使用。

假说 2：人民币双边货币互换主要通过缓解金融因素引起的地缘经济风险来促进人民币国际化，当地缘经济风险高涨时，货币互换的效果将得到加强。

（二）实证验证：地缘经济风险下人民币双边货币互换维护金融市场稳定

理论分析表明，人民币双边货币互换协议是抵御地缘经济风险、促进人民币国际化的有效政策手段。本节将借助环球银行金融电信协会（SWIFT）、世界银行、路孚特（Refinitiv）数据库的丰富数据以及地缘经济风险相关指标，探究中国与 40 余个国家或地区签订人民币双边货币互换协议对大国货币竞争和国际货币体系演进的影响，以及地缘经济风险在其中所起到的重要作用。当地缘经济风险发生时，理论预测人民币国际化的进程将受到阻碍，然而人民币双边货币互换协议的签订将避免这一情况的发生，从而推动人民币在国际贸易中的使用。实证结果表明，双边货币互换协议能显著增加签订国与中国双边贸易中进口的人民币使用份额，并带来美元使用份额的显著下降；当与金融相关的地缘经济风险较高时，签订人民币互换协议促进贸易中人民币使用并减少美元的效应更强；当与贸易相关的地缘经济风险较高时，不会影响签订协议促进人民币使用的效应，但是会削弱减少美元使用的效果。上述结果支持了理论假说：双边货币互换协议通过抵御与金融因素相关的地缘经济风险，维护金融市场稳定，促进了人民币国际化，增强了人民币在国际主流货币间的竞争力，然而人民币双边货币互换协议似乎难以抵御与贸易因素相关的地缘经济风险。

1. 实证设计

本部分构建渐进双重差分模型探究经济体签订人民币双边货币互换协议对其国际贸易结算中人民币使用份额的影响。我们将 2010 年 10 月—2018 年 2 月与中国人民银行签订双边货币互换协议的经济体归为处理组，将在此期间从未与中国人民银行签订双边货币互换协议的经济体归为控制组。基准模型如下：

$$Currency\_share_{ijt} = \beta_0 + \beta_1 Swap_{it} + \gamma X_{it-1} + \theta_i + \eta_t + \epsilon_{it}$$

其中，$Currency_share_{ijt}$代表经济体 i 在时期 t 期间进出口贸易中 j 类货币的国际地位，主要包括人民币、美元。$Swap_{it}$ 表示经济体 i 在时期 t 内签订人民币双边货币互换协议的状态，若经济体 i 在时期 t 签订，则 t 及之后时期均取值为 1，否则为 0。X_{it-1}包括国家或地区层面的控制变量，例如通胀水平、经济增长水平、与中国贸易联系程度、贸易开放程度、金融账户开放程度、政府治理质量、金融发展水平、对外资产负债暴露、是否为亚洲基础设施投资银行成员、与中国双边投资规模。我们还分别控制了国家或地区层面的固定效应 θ_i 和时间固定效应 η_t。ϵ_{it} 为误差项。

2. 样本与数据

(1) 数据来源。

数据来源于 SWIFT、国际货币基金组织数据库、国际清算银行数据库、世界银行数据库和路孚特数据库以及课题组测算得到的地缘经济风险相关指标。该大型国际贸易信息提供商提供全球经济体之间的各种货币结算的国际贸易情况。根据中国人民银行官方文件，2010 年 10 月—2018 年 2 月共有 35 个国家或地区与中国人民银行签订双边货币互换协议。其中，按照国家类型来看，发达国家或地区有 7 个，发展中国家或地区有 28 个（见表 5.3）。

表 5.3 中国人民银行与其他国家或地区的双边货币互换协议签订情况
（2010 年 10 月—2018 年 2 月） 单位：亿元人民币

国家/地区名称	签订日期	互换额度	国家/地区名称	签订日期	互换额度
阿根廷	2009 年 4 月 2 日	700	新西兰	2011 年 4 月 18 日	250
阿尔巴尼亚	2013 年 9 月 12 日	20	巴基斯坦	2011 年 12 月 23 日	100
亚美尼亚	2015 年 3 月 25 日	10	卡塔尔	2014 年 11 月 3 日	350
澳大利亚	2012 年 3 月 22 日	2 000	俄罗斯	2014 年 10 月 13 日	1500
巴西	2013 年 3 月 26 日	1 900	新加坡	2010 年 7 月 23 日	1 500
白俄罗斯	2009 年 3 月 11 日	200	塞尔维亚	2016 年 6 月 17 日	15
加拿大	2014 年 11 月 8 日	2 000	南非	2015 年 4 月 10 日	300
智利	2015 年 5 月 25 日	220	斯里兰卡	2014 年 9 月 16 日	100
埃及	2016 年 12 月 6 日	180	苏里南	2015 年 3 月 18 日	10
香港	2009 年 1 月 20 日	2 000	瑞士	2014 年 7 月 21 日	1 500
匈牙利	2013 年 9 月 9 日	100	塔吉克斯坦	2015 年 9 月 7 日	30
印度尼西亚	2009 年 3 月 23 日	1 000	泰国	2011 年 12 月 22 日	700
冰岛	2010 年 6 月 9 日	35	土耳其	2012 年 2 月 21 日	100
哈萨克斯坦	2011 年 6 月 13 日	70	英国	2013 年 6 月 22 日	2 000
韩国	2009 年 4 月 20 日	1 800	乌克兰	2012 年 6 月 26 日	150
马来西亚	2009 年 2 月 8 日	800	阿联酋	2012 年 1 月 17 日	350
摩洛哥	2016 年 5 月 11 日	100	乌兹别克斯坦	2011 年 4 月 19 日	7
蒙古国	2011 年 5 月 6 日	50			

资料来源：中国人民银行。

（2）变量说明。

①国际贸易中的货币国际地位。目前，已有大量文献对人民币国际化水平进行度量（李建军、甄峰和崔西强，2013；吴舒钰和李稻葵，2018；彭红枫和谭小玉，2017）。参考王孝松、刘韬和胡永泰（2021），我们使用全球跨境贸易数据库构建各种货币在国际贸易中的使用份额。该数据库涵盖 215 个国家的超过 10 500 家企业和金融机构的国际贸易结算数据，覆盖全球约 90% 银行部门间资本流动（Niepmann and Schmidt-Eisenlohr，2017）。该数据库记录了进口商和出口商之间的四

种与贸易融资有关的信息类型：预付货款、货到付款、信用证和跟单托收。其中，信用证和跟单托收属于贸易融资。研究主要关注信用证和跟单托收结算方式中各种货币的使用规模。按照贸易对手方将各经济体贸易分为三类：全球贸易、与中国的双边贸易、与除中国之外的国家或地区间（第三方国家或地区间）的贸易。我们将各经济体与全球贸易中 j 类货币结算规模占所有货币结算规模的比重作为 j 类货币在全球贸易中的国际地位的代理变量。同理，我们将各经济体与中国双边贸易中的 j 类货币结算规模占所有货币结算规模的比重作为 j 类货币在与中国双边贸易中的国际地位的代理变量，将各经济体与除中国之外的国家或地区间贸易中 j 类货币结算规模占所有货币结算规模的比重作为 j 类货币在与除中国之外的第三方国家或地区间贸易中的国际地位的代理变量。在以上三种贸易中，j 类货币结算规模占所有货币结算规模比重越大，代表 j 类货币的国际地位越高。在不同类型的国际贸易中，我们基于研究样本的视角划分进口贸易和出口贸易并分别构建进口贸易和出口贸易中各类货币国际地位的代理变量。

②是否签订双边货币互换协议。我们根据中国人民银行官网手动收集 2010—2018 年 35 个国家或地区与中国人民银行签订双边货币互换协议的具体日期构建虚拟变量 $Swap$。

③控制变量。参考 Bahaj 和 Reis（2022）；Aizenman，Ito 和 Pasricha（2022）；Ogrokhina 和 Rodriguez（2018）；Burger 和 Warnock（2006）；宋科、朱斯迪和夏乐（2022），我们控制通胀水平（CPI）、实际 GDP（LnGDP）、与中国贸易联系程度（*Trade_expo_China*）、贸易账户开放程度（*Trade_openness*）、金融账户开放程度（*Captial_openness*）、政府治理质量（*Gov_quality*）、金融发展水平（*Financial_level*）、对外资产负债暴露（*External_expo*）、是否为亚洲基础设施投资银行成员（*If_aiib*）、与中国双边投资规模（*Biinvest*）。其中，通胀水平使用物价同比增长率衡量；实际 GDP 使用其对数值进行衡量；与中国贸易联

系程度使用各经济体与中国进出口总额占中国进出口总额的比重衡量；贸易账户开放程度使用进出口总额占 GDP 比重衡量；金融账户开放程度使用 Chinn-Ito 指数衡量；政府治理质量使用国家言论自由、政治稳定、政府效率、监管质量、法制程度和腐败程度六项指标平均值衡量；金融发展水平使用经济体私人部门信贷占 GDP 比重衡量；对外资产负债暴露使用各经济体对外资产负债占样本经济体对外资产负债总额的比重衡量；是否为亚洲基础设施投资银行成员为虚拟变量，若经济体 i 自时期 t 开始加入亚洲基础设施投资银行，则在时期 t 及之后取 1，否则取 0；与中国双边投资规模使用中国全球投资追踪数据库中记录的各经济体获得的中国投资累计规模占 GDP 比重衡量。

④地缘经济风险指标。依据理论，人民币互换主要通过稳定离岸人民币相关的金融市场来缓解金融相关因素引起的地缘经济风险，从而促进人民币国际地位的提升，因此我们在研究中主要使用金融因素引起的地缘经济风险指标进行机制检验。此外，贸易因素引起的地缘经济风险也可能对人民币在国际贸易中的使用产生直接影响，我们也使用贸易相关的地缘经济风险指标，考察贸易风险对人民币使用以及人民币双边货币互换协议效果的影响。

（3）研究样本 。

我们最终获得了 143 个国家或地区 2010 年 10 月—2018 年 2 月的样本数据。为避免异常值对实证结果的影响，我们在上下 1%分位数水平上对控制变量中的水平值连续变量进行缩尾处理。主要变量来源与构建和描述性统计详见表 5.4 和表 5.5。

表 5.4 变量构建与数据来源

变量名称	变量符号	变量来源与构建
人民币国际地位：国际贸易	*im_CNY*/ *ex_CNY*	某大型国际贸易信息提供商。各种货币贸易金额占总贸易金额的比重，*im* 代表进口贸易，*ex* 代表出口贸易
美元国际地位：国际贸易	*im_USD*/*ex_USD*	
欧元、日元、英镑和其他货币国际地位：国际贸易	*im_EUR*，*im_JPY*，*im_GBP*，*im_other*	

续表

变量名称	变量符号	变量来源与构建
通胀水平	CPI	IMF 的国际金融统计。同比增速（%）
实际 GDP	LnGDP	世界银行。GDP 取对数
与中国贸易联系程度	*Trade_expo_China*	IMF。与中国的进出口贸易额占中国进出口贸易总额的比重
贸易账户开放程度	*Trade_openness*	IMF。进出口贸易总额占 GDP 比重
金融账户开放程度	*Captial_openness*	Chinn 和 Ito（2006）。值越大代表开放程度越高
政府治理质量	*Gov_quality*	世界银行世界治理指数（WGI）数据库。值越大代表政府治理质量越高
金融发展水平	*Financial_level*	世界银行。私人部门信贷占 GDP 比重
对外资产负债暴露	*External_expo*	IMF 的国际收支统计。对外资产负债总额占样本经济体对外资产负债总额比重
与中国双边投资规模	*Biinvest*	美国企业研究所-中国全球投资追踪数据库。经济体获得中国投资累计规模占 GDP 比重
是否为亚洲基础设施投资银行成员	*If_aiib*	经济体 i 自时期 t 开始加入 AIIB，则在时期 t 及之后取 1，否则取 0
地缘经济风险：贸易	*InGer_td*	课题组测算。值越大代表与贸易相关的地缘经济风险越大
地缘经济风险：金融	*InGer_fin*	课题组测算。值越大代表与金融相关的地缘经济风险越大

表 5.5　主要变量描述性统计

变量名称	观测值	均值	标准差	最小值	中位数	最大值
im_CNY	2 044	0.065 9	0.165	0.000 0	0.010 9	1.000 0
ex_CNY	1 920	0.100 5	0.160	0.000 0	0.017 8	1.000 0
im_USD	9 576	0.968 1	0.091	0.000 0	1.000 0	1.000 0
ex_USD	5 712	0.801 7	0.285	0.000 0	0.969 2	1.000 0
Swap	12 905	0.165 7	0.372	0.000 0	0.000 0	1.000 0
CPI	11 349	4.668 3	6.243	−2.123 6	3.056 8	38.805 0
LnGDP	9 933	9.084 9	1.913	4.936 6	9.062 8	13.651 6
Trade_expo_China	11 896	0.674 0	1.811	0.000 2	0.080 2	12.817 5

续表

变量名称	观测值	均值	标准差	最小值	中位数	最大值
Trade_openness	10 019	67.485 8	42.605	17.770 8	55.924 4	271.168 5
Captial_openness	9 790	0.568 5	1.595	−1.920 3	1.056 0	2.333 6
Gov_quality	12 549	0.044 3	0.889	−1.688 6	−0.155 4	1.827 4
Financial_level	11 554	59.596 2	43.208	6.790 1	47.370 2	185.581 9
External_expo	7 750	1.016 3	2.755	0.000 5	0.074 1	21.235 4
If_aiib	12 905	0.052 6	0.223	0.000 0	0.000 0	1.000 0
Biinvest	12 905	4.718 9	3.864	0.000 0	5.994 0	10.601 1
InGer_td	552	4.366 3	0.732	0.000 0	4.406 7	6.793 5
InGer_fin	552	3.859 0	1.714	0.000 0	4.317 5	6.827 6

注：样本中人民币占比相关变量缺失值较多，因此人民币占比相关变量观测值较少。

3. 基准结果

表 5.6 报告了双边货币互换协议对中国双边贸易中的人民币国际地位的影响。第（1)～(2）列汇报了进口贸易中的人民币使用份额。从结果可以看出，签订双边货币互换协议变量的系数在加入控制变量之后显著为正。以第（1）列为例，表明相比控制组经济体，处理组经济体在签订双边货币互换协议后，人民币在经济体与中国的双边贸易中的使用份额增加了 6.55%。因此，签订双边货币互换协议可以提高进口贸易中人民币的国际地位。签订双边货币互换协议之后，签订国央行或货币当局可获得更多的人民币，为当地商业银行提供更多人民币流动性，并能缓解地缘经济风险，稳定金融市场，促进当地进口商使用人民币支付。第（3)～(4）列汇报了出口贸易中的人民币使用份额。从结果可以看出，签订双边货币互换协议变量的系数均显著为正，表明签订双边货币互换协议也可以显著提高出口贸易中人民币的国际地位。

表 5.6 双边货币互换协议对中国双边贸易中的人民币国际地位的影响

	(1) *im_CNY*	(2) *im_CNY*	(3) *ex_CNY*	(4) *ex_CNY*
Swap	0.065 5*** (0.021 0)	0.062 7*** (0.018 6)	0.071 7*** (0.015 9)	0.073 4*** (0.016 3)

续表

	(1) *im_CNY*	(2) *im_CNY*	(3) *ex_CNY*	(4) *ex_CNY*
CPI	0.001 8 (0.001 4)	0.002 0 (0.001 6)	−0.000 4 (0.004 7)	−0.000 1 (0.004 5)
LnGDP	−0.255 5** (0.104 4)	−0.274 3* (0.141 0)	0.329 4 (0.215 9)	0.298 9 (0.253 6)
Trade_expo_China	−0.000 6 (0.009 0)	−0.000 9 (0.006 7)	−0.026 7*** (0.009 3)	−0.025 3*** (0.009 1)
Trade_openness	−0.001 0** (0.000 4)	−0.001 1*** (0.000 4)	0.002 4** (0.001 1)	0.002 6** (0.001 0)
Captial_openness	−0.032 1*** (0.008 7)	−0.029 8*** (0.006 3)	0.001 7 (0.016 2)	−0.000 8 (0.015 0)
Financial_level	−0.000 3 (0.001 0)	−0.000 4 (0.001 0)	−0.000 4 (0.001 9)	−0.000 1 (0.001 9)
External_expo	0.021 5** (0.010 3)	0.020 9** (0.010 2)	−0.007 0 (0.018 1)	−0.007 8 (0.016 6)
Gov_quality		−0.043 1 (0.054 3)		0.104 3 (0.112 3)
If_aiib		0.012 1 (0.021 5)		−0.006 7 (0.022 5)
Biinvest		−0.006 9*** (0.002 5)		0.007 5*** (0.002 5)
Constant	2.967 4** (1.153 0)	3.273 7** (1.524 7)	−3.729 5 (2.461 7)	−3.562 7 (2.917 7)
国家固定效应	是	是	是	是
年月固定效应	是	是	是	是
观测值	1 353	1 353	1 315	1 315
调整后 R^2	0.539 0	0.542 6	0.696 3	0.701 3

注：*、**、*** 分别表示 1%、5%和 10%显著性水平，括号内为标准误。下同。

表 5.7 报告了双边货币互换协议对中国双边贸易中的美元国际地位的影响。第（1）～（2）列汇报了进口贸易中的美元使用份额。从结果可以看出，签订双边货币互换协议变量的系数为负，在第（1）列内显著。表明相比控制组经济体，处理组经济体在签订双边货币互换协议后，美元在经济体与中国的双边贸易中的使用份额也会下降。因此，签订双边

货币互换协议在提高进口贸易中人民币国际地位的同时，可能会降低美元的国际地位。第（3）～（4）列汇报了出口贸易中的美元使用份额。从结果可以看出，签订双边货币互换协议变量的系数为正但不显著，表明签订双边货币互换协议并未降低出口贸易中美元的国际地位。

表 5.7　双边货币互换协议对中国双边贸易中的美元国际地位的影响

	(1) *im_USD*	(2) *im_USD*	(3) *ex_USD*	(4) *ex_USD*
Swap	−0.029 2** (0.014 6)	−0.023 0 (0.014 0)	0.032 9 (0.024 5)	0.026 1 (0.021 1)
CPI	−0.002 8 (0.002 3)	−0.002 6 (0.002 2)	−0.002 5** (0.001 0)	−0.002 8** (0.001 2)
LnGDP	−0.034 4 (0.115 2)	−0.071 5 (0.090 5)	−0.178 8 (0.112 8)	−0.158 7 (0.128 9)
Trade_expo_China	−0.006 0 (0.008 4)	−0.004 7 (0.009 3)	0.009 4 (0.009 2)	0.006 9 (0.011 5)
Trade_openness	0.000 4 (0.000 4)	0.000 5 (0.000 4)	−0.000 8 (0.000 8)	−0.000 8 (0.000 8)
Captial_openness	−0.012 1* (0.007 0)	−0.008 5 (0.006 6)	0.001 7 (0.015 4)	−0.000 1 (0.020 0)
Financial_level	−0.000 3 (0.000 3)	−0.000 2 (0.000 3)	−0.000 1 (0.001 3)	−0.000 5 (0.001 3)
External_expo	0.002 0 (0.007 1)	0.002 5 (0.007 0)	0.031 2* (0.016 7)	0.029 3* (0.016 6)
Gov_quality		0.082 0 (0.067 1)		−0.128 6 (0.100 2)
If_aiib		−0.016 6 (0.011 5)		0.033 4 (0.024 3)
Biinvest		−0.000 7 (0.001 3)		0.001 2 (0.002 9)
Constant	1.313 5 (1.114 8)	1.630 5* (0.879 2)	2.605 9** (1.108 5)	2.504 9** (1.253 1)
国家固定效应	是	是	是	是
年月固定效应	是	是	是	是
观测值	5 925	5 836	3 961	3 872
调整后 R^2	0.322 0	0.330 3	0.821 8	0.835 7

4. 双边货币互换与地缘经济风险

理论表明，人民币双边货币互换协议能够抵御与金融相关的地缘经济风险，稳定人民币贸易融资成本，并进一步减弱融资成本的波动，从而稳固人民币国际地位。为验证这一假说，我们构建虚拟变量 *High_Ger_fin* 以识别与金融相关的地缘经济风险的高低。当与金融相关的地缘经济风险指数高于样本期内 90%的观测值时，该变量取 1，表示该月份地缘风险较高，否则取 0。通过在基准回归中加入 *High_Ger_fin* 与是否签订互换协议虚拟变量的交互项，我们识别了不同地缘经济风险环境下人民币互换协议签订的影响的差异，结果如表 5.8 所示。实证结果表明，签订互换协议能促进进口贸易中的人民币使用，并减少美元使用，这一效应在高金融风险时期显著增强，支持了双边货币互换能降低与金融相关的地缘经济风险的假说。当与金融相关的地缘经济风险急剧上升时，未签订互换协议的经济体受到金融风险的影响，人民币融资成本大幅上升，人民币使用减少，并更多地转向使用美元；签订互换协议的经济体的离岸人民币相关金融市场则能维持相对稳定，人民币的使用也将保持相对稳定，因此在风险较高的时期双边货币互换对提高人民币国际地位的效果更强。

表 5.8　与金融相关的地缘经济风险

	(1) *im_CNY*	(2) *im_CNY*	(3) *im_USD*	(4) *im_USD*
Swap	0.040 4* (0.020 2)	0.037 3* (0.019 0)	−0.032 0** (0.012 2)	−0.027 4** (0.011 1)
Swap * *High_Ger_fin*	0.051 5** (0.021 3)	0.050 3** (0.022 2)	−0.035 4** (0.015 9)	−0.033 2** (0.016 6)
CPI	0.002 7 (0.002 4)	0.003 2 (0.002 4)	0.000 0 (0.000 9)	0.000 1 (0.001 0)
LnGDP	−0.157 4* (0.091 4)	0.021 4 (0.141 2)	0.044 7 (0.101 2)	0.003 0 (0.060 4)
Trade_expo_China	0.003 5 (0.009 2)	0.002 0 (0.007 1)	−0.008 1 (0.008 7)	−0.006 9 (0.009 4)

续表

	(1) *im_CNY*	(2) *im_CNY*	(3) *im_USD*	(4) *im_USD*
Trade_openness	−0.001 0 (0.000 7)	−0.001 3* (0.000 7)	0.000 6* (0.000 4)	0.000 6* (0.000 3)
Captial_openness	−0.027 2*** (0.008 2)	−0.015 4** (0.006 1)	−0.012 1* (0.006 7)	−0.010 8* (0.005 8)
Financial_level	−0.000 8 (0.001 1)	−0.001 0 (0.001 1)	−0.000 6* (0.000 3)	−0.000 5 (0.000 3)
External_expo	0.019 8* (0.011 2)	0.021 8** (0.010 5)	−0.000 7 (0.007 3)	−0.000 5 (0.007 5)
Gov_quality		−0.053 4 (0.053 3)		0.059 5 (0.064 6)
If_aiib		−0.023 0 (0.024 9)		−0.005 2 (0.009 3)
Biinvest		−0.005 8** (0.002 3)		−0.000 1 (0.001 2)
Constant	1.854 3* (1.065 8)	0.128 0 (1.565 0)	0.588 9 (0.975 1)	0.974 4 (0.589 9)
国家固定效应	是	是	是	是
年月固定效应	是	是	是	是
观测值	1 177	1 177	5 443	5 354
调整后 R^2	0.556 5	0.562 5	0.315 6	0.320 3

此外，我们还考察了与贸易相关的地缘经济风险的影响。当与贸易相关的地缘经济风险上升时，这可能直接抑制中国与其他经济体的双边贸易，从而减少其他经济体企业在贸易结算中对人民币的使用。由于货币使用对贸易因素的影响可能不如对金融因素的影响敏感，存在一定的滞后性，我们在回归中纳入了贸易风险一期滞后指标 Ln*Ger_td_L*1 与是否签订互换协议虚拟变量的交互项进行检验，结果如表 5.9 所示。在贸易风险较高的时期，双边货币互换对人民币使用的促进效果有所减弱，但在统计学上并不显著，然而双边货币互换减少美元使用的效果却大幅下降。这表明签订人民币双边货币互换协议主要是通过降低金融市场的不稳定性以增强人民币的国际竞争力，但是抵御贸易不确定性风险增加的

能力有限。这一结果也符合我们的理论预期，因为人民币双边货币互换协议中的使用额度可以用于稳定金融市场，但是并不能就稳定中国与签订经济体的双边贸易产生直接影响。

表 5.9 与贸易相关的地缘经济风险

	(1) *im_CNY*	(2) *im_CNY*	(3) *im_USD*	(4) *im_USD*
Swap	0.103 6* (0.058 6)	0.079 4 (0.071 8)	−0.194 6*** (0.047 0)	−0.200 9*** (0.051 0)
Swap * Ln*Ger_td_L*1	−0.013 9 (0.012 3)	−0.009 0 (0.015 2)	0.035 1*** (0.009 6)	0.037 5*** (0.010 6)
CPI	0.002 7 (0.002 4)	0.003 1 (0.002 4)	0.000 1 (0.001 0)	0.000 1 (0.001 0)
Ln*GDP*	−0.152 3 (0.095 0)	0.012 2 (0.146 0)	0.044 5 (0.101 1)	0.001 4 (0.060 0)
Trade_expo_China	0.002 2 (0.009 1)	0.000 8 (0.007 1)	−0.008 3 (0.008 7)	−0.007 1 (0.009 4)
Trade_openness	−0.001 1* (0.000 6)	−0.001 4* (0.000 7)	0.000 6* (0.000 4)	0.000 6* (0.000 3)
Captial_openness	−0.027 5*** (0.008 9)	−0.016 8*** (0.006 0)	−0.011 3 (0.006 9)	−0.009 8 (0.006 0)
Financial_level	−0.000 9 (0.001 0)	−0.001 1 (0.001 1)	−0.000 6* (0.000 3)	−0.000 4 (0.000 3)
External_expo	0.019 3 (0.011 8)	0.021 7* (0.011 4)	0.000 0 (0.007 3)	0.000 3 (0.007 4)
Gov_quality		−0.059 8 (0.055 5)		0.061 6 (0.064 7)
If_aiib		−0.023 0 (0.024 9)		−0.005 2 (0.009 3)
Biinvest		−0.005 8** (0.002 3)		−0.000 1 (0.001 2)
Constant	1.854 3* (1.065 8)	0.128 0 (1.565 0)	0.588 9 (0.975 1)	0.974 4 (0.589 9)
国家固定效应	是	是	是	是
年月固定效应	是	是	是	是
观测值	1 177	1 177	5 443	5 354
调整后 R^2	0.550 7	0.556 5	0.315 7	0.320 7

（三）政策建议和未来展望

基于我们对地缘经济风险下双边货币互换对货币选择影响的研究结果，人民币双边货币互换机制在鼓励人民币结算、提升人民币使用意愿和国际地位方面发挥着重要作用。在金融市场面临不确定性加剧、地缘经济形势紧张的背景下，鼓励本币结算、降低对单一货币体系依赖，对于维护国家金融安全、增强外部风险抵御能力具有重要的战略意义与现实价值。随着当前国际局势持续动荡、地缘经济竞争愈演愈烈，“去美元化”趋势正在加速演进。越来越多的经济体开始重新评估对美元体系的高度依赖所带来的结构性风险，例如使得许多经济体在货币政策、跨境结算、对外融资等方面被动承压，特别是美联储加息、美元流动性紧缩等周期性变动，往往会引发资本外流、汇率贬值、金融市场剧烈波动等连锁反应，以及美元作为金融制裁工具的“武器化”所带来的支付中断和金融孤立等潜在威胁。这些现实问题推动全球各经济体尤其是新兴市场经济体寻求更加安全、可控的货币体系替代方案。在这一背景下，依托双边货币互换、鼓励使用人民币等本币进行跨境结算，已成为应对地缘经济冲击和维护国家金融安全的重要战略抉择。

展望未来，在推动本币结算的过程中，人民币的国际使用范围将持续拓展，有助于其在贸易、投融资和储备领域中国际地位的提升。随着人民币国际化水平不断提升、跨境支付基础设施日益完善、本币结算机制更加成熟，人民币在全球货币体系中的角色将从“替代性配角”逐渐演化为“关键性主角”，国际金融市场对人民币的信心和需求亦将同步上升。这将不仅有助于削弱美元在全球金融体系中的垄断地位，降低经济体因美元波动而产生的外部风险，也将进一步提升我国应对地缘经济冲击的政策自主性与操作灵活性，增强金融体系的内在稳定性与外部抗压能力。人民币由此不仅会成为中国经济“走出去”的关键金融载体，也有望在全球金融治理体系中发挥更加积极和建设性的作用，推动国际金融体系朝着更加多元、均衡的方向演进，为构建更加稳定、公正与可持续的国际金融秩序提供有力支撑。

综上，为更有效地应对未来可能出现的地缘经济风险给我国金融市场带来的冲击，增强前瞻性部署和主动防控能力，下好先手棋、打好有准备之仗，亟须进一步深化人民币双边货币互换机制在提高流动性支持以及维护金融稳定中的重要作用，对此我们提出以下政策建议：

首先，应坚持稳步推进并系统性完善央行间的双边货币互换机制，进一步优化人民币双边货币互换协议的全球网络布局。作为全球金融安全网的重要组成部分，人民币双边货币互换安排在稳定国际金融秩序、提供流动性保障和提升人民币国际化地位中扮演着日益关键的角色。在当前国际形势日趋复杂、地缘经济风险不断上升的背景下，有必要通过多维度举措拓展人民币双边货币互换网络。一方面，应加快与更多国家和地区央行签订新的双边货币互换协议，特别是在“一带一路”共建国家、新兴市场经济体和有实际结算需求的经贸伙伴国中扩大合作范围；另一方面，应持续推动现有双边货币互换协议的续签、升级，适当扩大互换额度，提高互换机制的可持续性与实用性。同时，可考虑与部分重要经济体建立常备互换安排，提升互换机制的灵活性与应急响应能力，为金融市场在高不确定性时期提供期限更长、更安全稳定、更具保障性的流动性支持。在优化网络结构的基础上，还应更加强调人民币双边货币互换协议实际功能的发挥。具体而言，应持续聚焦其在以下两方面的核心作用。一是促进双边贸易与投资便利化：人民币双边货币互换机制为企业和金融机构提供直接使用本币进行跨境支付结算的便利，避免了频繁的货币兑换操作，有助于降低地缘经济风险可能引致的汇率波动和结算风险，从而推动双边经贸合作的深化与稳定，优化人民币使用环境；二是流动性支持与金融市场稳定器作用：在地缘冲突、国际国内金融市场震荡等情境下，人民币双边货币互换机制可作为稳定市场预期、缓解资本流动冲击的重要工具，有效减轻在外部金融冲击下的短期资金压力，有助于遏制恐慌情绪蔓延、支持市场信心恢复、增强本币体系的韧性和金融市场对人民币的信任，从而进一步保障本国金融体系的稳定。同时，还应进一步健全和优化货币互换交易的操作以及管理机制，支持对方央行在合理合规的前提下灵活运用人民币双边货币互换资金，注重互换资金使用效率方面的改善，不断提升人民币双边货币互换机制的运行效率和政策传导效能，以期在应对地缘经济风险、稳定本币汇率、提升人民币国际地位等方面发挥更大作用，为保障国家金融安全、增强金融体系韧性提供坚实支撑。

其次，应高度重视人民币双边货币互换机制与全球金融安全网其他层级工具之间的协调联动与补充配合。全球金融安全网主要被划分为四个不同层次，在这一体系中，人民币双边货币互换不仅是中国推动本币国际化的重要抓手，更是全球金融安全网的重要组成部分。当前，在持续拓展人民币互换网络、强化双边货币互换这一关键层面的同时，更应注重双边货币互换与另外三个层次工具的衔接与配合。特别是在金融压力加剧、地缘冲突升级或全球市场恐慌蔓延等情境下，强化人民币双边货币互换机制与区域金融安排，以及我国与国际货币基金组织之间的信息互通、功能互补和操作协调，将有助于形成统一有序的政策响应机制，提升全球金融安全网工具的整体应对能力。具体而言，可以考虑推进以下方向的深化合作与机制建设：推动不同工具之间的信息共享与联合预警机制建设，提高对地缘经济风险的识别能力，增强各类安全网安排之间的危机应对协同性；优化不同工具的使用顺序与层级分工，在不同风险情境下科学调配储备资产、互换资金与多边国际组织资源，实现分层递进、协同增效的风险应对模式；完善政策沟通机制，引导市场预期，通过各层次全球金融安全网工具形成政策信号的合力，增强市场对流动性支持和金融稳定预期的信心。

另外，还应切实加强国际金融合作，深化国家间的宏观政策协调与金融合作，助力共同防范地缘经济风险的跨境传染与扩散，重塑合作共赢的国际金融新秩序。美元互换网络实质上构建了“中心-外围”体系。获得永久互换资格的央行（如欧洲、日本、英国的央行）享有“特权通道”，而新兴市场仍需依赖 IMF 救助。数据显示，拥有互换额度的国家在危机期间外汇储备损耗率比无额度国家低 60%。在全球地缘政治事件、金融制裁及贸易冲突日趋频发的背景下，金融市场极易出现波动性扩散与跨境传染效应。这对全球金融体系的稳定构成了严重挑战，也对各国间的合作提出了更高要求。当前全球货币互换体系呈现“双层嵌套”结构：美联储通过美元互换维护既有霸权，中国人民银行借助人民币互换推动多极化。这种格局缓解了单一主导货币的系统性金融风险。此外，应当加强宏观经济政策的跨国协调，特别是在货币政策、资本流动管理和金融监管方面建立常态化沟通机制，减少政策外溢对其他经济体造成的系统性金融风险；构建多边金融稳定沟通平台，依托 G20、BIS、IMF 等国际机制，推动主要经济体在重大金融事件中的信息共享、政策协商与快速反应；推动风险评估与应急演练机制，联合各国金融监管机构、央行和国际金融组织，定期开展跨境金融风险模拟与处置演练，增强对系统性金融风险的预判与管理能力；提升发展中国家在全球金融治理中的代表性和发言权，推动建立更加公平、均衡、有效的国际金融治理体系，使更多国家能够在风险防范与危机应对中享有平等的制度保障。上述这些举措有助于推动构建更具韧性、协同性和包容性的区域金融安全网络，以应对当前日益复杂的地缘经济环境与潜在的系统性金融风险。

参考文献

［1］李建军，甄峰，崔西强．人民币国际化发展现状、程度测度及展望评估．国际金融研究，2013（10）：58－65.

［2］潘功胜．中国人民银行行长潘功胜在博鳌亚洲论坛 2024 年年会“深化亚洲金融合作”论坛上的主旨演讲．中国人民银行官网，2024－03－27.

［3］彭红枫，谭小玉．人民币国际化研究：程度测算与影响因素分析．经济研究，2017，

52（2）：125－139.

［4］宋科，朱斯迪，夏乐．双边货币互换能够推动人民币国际化吗：兼论汇率市场化的影响．中国工业经济，2022（7）：25－43.

［5］王孝松，刘韬，胡永泰．人民币国际使用的影响因素：基于全球视角的理论及经验研究．经济研究，2021，56（4）：126－142.

［6］吴舒钰，李稻葵．货币国际化的新测度：基于国际金融投资视角的分析．经济学动态，2018（2）：146－158.

［7］Aizenman，J.，Hiro Ito，and Gurnain Kaur Pasricha（2022）．Central Bank Swap Arrangements in the COVID－19 Crisis. *Journal of International Money and Finance*，122，102555.

［8］Aizenman，J.，Yothin Jinjarak，and Donghyun Park（2011）．International Reserves and Swap Lines：Substitutes or Complements？．*International Review of Economics & Finance*，20（1），5－18.

［9］Antoniades，A.（2017）．The New Resilience of Emerging and Developing Countries：Systemic Interlocking，Currency Swaps and Geoeconomics. *Global Policy*，8（2），170－180.

［10］Bahaj，S. and Ricardo Reis（2020）．Central Bank Swap Lines during the COVID－19 Pandemic. *Covid Economics*，2（1），1－12.

［11］Bahaj，S. and Ricardo Reis（2022）．Central Bank Swap Lines：Evidence on the Effects of the Lender of Last Resort. *The Review of Economic Studies*，89（4）：1654－1693.

［12］Bahaj，S. and Ricardo Reis（2024）．Jumpstarting an international currency. Bank of England Working Papers.

［13］Burger，J. and Francis Warnock（2006）．Local Currency Bond Markets. IMF Staff Papers，53，133－146.

［14］Chinn，M. and Hiro Ito（2006）．What Matters for Financial Development？Capital Controls，Institutions，and Interactions. *Journal of Development Economics*，81（1），163－192.

［15］Denbee，E.，Carsten Jung，and Francesco Paternò（2016）．Stitching Together the Global Financial Safety Net. Bank of England Financial Stability Papers，No. 36.

［16］Destais，C.（2016）．Central Bank Currency Swaps and the International Monetary System. *Emerging Markets Finance and Trade*，52（10），2253－2266.

［17］Koosakul，J. and Alexei Miksjuk（2024）．Central Banks Casting a Global Financial Safety Net：What Drives the Supply of Bilateral Swaps？．IMF Working Papers，No. 2024/088.

［18］Niepmann，F. and Tim Schmidt-Eisenlohr（2017）．International Trade，Risk and the Role of Banks. *Journal of International Economics*，107，111－126.

［19］Ogrokhina，O. and Cesar Rodriguez（2018）. The Role of Inflation Targeting in International Debt Denomination in Developing Countries. *Journal of International Economics*，114，116－129.

［20］Perks，M.，Yudong Rao，Jongsoon Shin，et al.（2021）. Evolution of Bilateral Swap Lines. IMF Working Papers，No. 2021/210.

第六章　金融制裁、地缘经济风险与全球支付体系

本章聚焦外部地缘经济风险环境下，以美国为首的西方国家实施金融制裁与全球支付体系演变的互动影响，并探讨提升支付体系韧性与人民币国际化的路径。首先，美元凭借美元霸权，将金融制裁作为遏制对手的核心手段，美国对俄实施的包括冻结资产、切断 SWIFT 等金融制裁，显著推高了俄罗斯物价水平并抑制经济增长，验证了金融制裁作为大国博弈工具的破坏力。其次，全球支付体系在技术驱动下走向整合，但 SWIFT 被“武器化”暴露了体系脆弱性，各国相继推出替代方案，支付体系呈现碎片化，难以应对技术变革与地缘冲突。同时，央行数字货币成为提升支付体系韧性的关键，它能提高跨境支付效率、降低成本、削弱美元垄断地位。但当前人民币国际化程度仍较低，因此，中国应推进数字货币革命，通过政策协同与技术创新，巩固人民币支付体系的竞争力与韧性，为人民币国际化拓展空间。

一、以美国为首的西方国家金融制裁俄罗斯的经济效应评估

目前，美国将中美关系界定为“战略竞争”，以贸易制裁、科技脱钩等手段遏制中国发展。尽管在去工业化过程中，美国逐步丧失了对中国的产业竞争优势，且 2018 年以来的贸易摩擦未能阻碍中国经济高质量发展及高科技领域突破，但在金融领域，美国仍掌握非对称性货币权力。凭借美元霸权，美国垄断在国际货币基金组织、世界银行的话语权，控制 SWIFT、清算所银行同业支付系统（CHIPS）等，使金融制

裁成为其战略博弈利器。金融领域或成中美未来博弈焦点，中国须警惕金融制裁风险，并已通过《中华人民共和国反外国制裁法》进行反制。

2014年克里米亚冲突后，美欧对俄实施金融制裁，重创俄罗斯经济，致使其GDP萎缩、外资撤离、货币贬值。同时，经济结构性问题与能源价格暴跌也共同作用于俄罗斯经济。俄罗斯作为大型经济体，在经济规模、国际地位、军事实力等方面远胜于其他被制裁国，俄美欧在金融领域的博弈极具典型性。科学评估此次金融制裁的影响，对研究大国博弈中金融制裁的有效性及反制裁策略意义重大。

（一）美西方金融制裁俄罗斯的背景

以美国为首的西方国家（简称“美西方”）金融制裁俄罗斯以两个重大事件为标志：一是2014年3月克里米亚事件，二是2022年2月俄乌冲突事件。美西方以金融制裁为核心工具，对俄罗斯展开历时十余年的经济战。美西方金融制裁俄罗斯既反映了地缘政治的激烈博弈，更揭示了美元主导国际货币体系背景下经济武器化的深层逻辑。

2014年克里米亚事件是冷战后俄罗斯与美西方关系的转折点，代表着双方地缘政治对抗的公开化。西方国家将克里米亚事件定性为“第二次世界大战后欧洲首次武力吞并领土”，违反《联合国宪章》和1975年《赫尔辛基协议》的领土完整原则，破坏了冷战后“边界不可更改”的国际共识。为遏制俄罗斯，美西方开始对其进行长期性、持续性金融制裁，意图通过经济施压来削弱俄罗斯的经济基础与军事实力。2014—2015年，美西方对俄罗斯主要采取冻结官员境外资产、限制部分俄罗斯国有企业与金融机构进入欧美资本市场融资等制裁措施。2016—2021年，这一阶段美西方金融制裁在事件驱动下逐步升级。2017年美国参众两院通过《以制裁反击美国敌人法案》，利用美国在国际货币体系与国际金融基础设施中的主导地位，授权次级制裁进行“长臂管辖”，打击与俄罗斯国防、能源、金融等领域合作的外国企业。随着2016年“通俄门”事件、2018年斯克里帕尔中毒事件、2018年刻赤海峡冲突事件等的发生，美西方均采取了相应的金融制裁措施。

2022年俄乌冲突爆发后，美西方对俄罗斯采取全方位、多层次的金融制裁，制裁范围从个人与特定行业转向经济金融体系；制裁手段由以资产冻结与融资限制为主，转向禁用SWIFT系统、冻结央行外汇储备等高强度手段；制裁目标由打击俄罗斯经济基础，转向全面削弱俄罗斯战争能力与国际地位。美西方意图通过金融制裁，从外部阻断俄罗斯与其他国家的经济往来，从内部加剧俄罗斯金融体系的脆弱性，进而激发俄罗斯各阶层之间的矛盾，对俄罗斯经济体系进行“系统性摧毁”。这一阶段，美西方对俄罗斯采取的金融制裁出现新突破。其一，SWIFT作为非营利性机构与重要的金融机构间的通信工具，被称为“金融核武器”。美西方将俄罗斯10家主要银行从SWIFT系统中剔除，禁止其使用SWIFT系统进行全球跨境支付，打击俄罗斯从事国际贸易活动。其二，美西方冻结俄罗斯央行3 000亿美元的外汇储备，以及俄罗斯银行业近80%的境外资产，特别是前者，完全突破了国际经济交往的信用底线并极大恶化了现有国际债权债务关系。其三，美西方没收俄罗斯个人与企业的境外资产，并向乌克兰进行财产转移，违背了“私人财产神圣不可侵犯”的法律基准。

（二）金融制裁指数的构建与分析

1. 金融制裁指数的构建

金融制裁是由发起国主权货币充当世界货币而衍生的货币权力，高度依赖发起国主权货币的国际地位。因此，本部分选取美国、欧盟、英国、日本、澳大利亚与加拿大作为制裁发起国，手工搜集2014年1月—2024年12月美西方针对俄罗斯实施的金融制裁措施的信息，构建如下金融制裁指数来反映金融制裁的强度及其动态变化：

$$S_t = \sum_{\tau=1}^{t}\sum_{i=1}^{I}\sum_{j=1}^{J} w_i w_j s_{\tau ij}$$

其中，S_t 表示 t 期俄罗斯遭受金融制裁的强度，w_i 是制裁手段 i 的权重，w_j 是制裁国 j 的权重，$s_{\tau ij}$ 是制裁国 j 的制裁手段 i 的一个指示函数，定义为：

$$s_{\tau ij}=\begin{cases}1 & \text{若制裁手段 } i \text{ 在时期 } \tau \text{ 有效}\\ 0 & \text{其他}\end{cases}$$

不同制裁工具在政策效力层面存在显著差异，对目标国经济政治体系产生的异质性效应已被学界广泛证实（Dreger，et al，2016）。为准确评估金融制裁强度，应构建包含制裁手段权重 w_i 的多维评估框架。基于对国际金融制裁历史的梳理，常见的金融制裁手段包括资产冻结、财政制裁、银行体系制裁、次级制裁、切断国际结算通道等，其核心机制是通过阻碍目标国获取与使用国际货币（如美元、欧元），限制目标国进入国际金融市场与进行国际贸易活动。资产冻结作为基础性制裁手段，主要通过对目标国特定实体与个人资产的限制性措施传递政治信号，发挥宣示性功能，制裁强度最低（朱磊，2019）。财政制裁是指制裁国限制目标国在 IMF、WB 等国际金融组织中获取商业与信贷融资，以及制裁国的双边援助款项，提升目标国的国际融资难度与融资成本，其政策效力高于资产冻结。银行体系制裁作为系统性干预工具，依托全球金融网络中的市场传导效应，直接导致目标国商业活动融资成本上升、资本流入规模减小与支付体系效率降低，属于高强度制裁手段。次级制裁是国际金融制裁中的一种特殊机制，其核心特征在于通过约束第三方国家或实体与目标国的经济往来，间接提高对目标国的制裁强度。次级制裁是大国实施“长臂管辖”的核心政策工具，制裁强度更高。切断国际结算通道是国际金融制裁中的“核武器”，通过技术性隔离或系统性排斥，剥夺目标国使用国际货币与国际金融基础设施进行跨境支付结算的能力，使目标国对外经济交往活动陷入停滞，属于强度最高的金融制裁手段。综上，参考 Bali 和 Rapelanoro（2021），使用定序变量区分不同强度的制裁手段，对 w_i 赋予 0～5 的数值。具体赋值情况为“无制裁措施＝0，资产冻结＝1，财政制裁＝2，银行体系制裁＝3，次级制裁＝4，切断国际结算通道＝5”。

国际金融制裁的实施效力存在显著的主体异质性特征，其根源在于货币权力的非对称性分布，因此应考虑制裁国的权重 w_j。金融制裁作为大国施加地缘政治影响力的金融工具，本质上属于主权货币国际化的职能延伸，即一国主权货币成为国际货币后衍生出实施金融制裁的新货币职能，属于货币权力的一种（陶士贵，2020）。货币权力是指主权国家通过操控货币职能实现特定政治经济目标的强制能力，由货币政策权、支付清算权、资产定价权等要素构成。货币作为价值尺度，内在要求统一性，这决定了仅有少数国家主权货币具有行使国际货币职能的地位。因此，由主权货币国际地位衍生的货币权力具有非对称性，导致不同制裁国实施相同的金融制裁手段时，具有异质性效力。国际货币发行国依托本币的网络外部性与路径依赖性，将国内金融管辖权延伸至全球金融交易网络乃至贸易网络。非国际货币发行国由于本币缺乏自由兑换性与普遍接受性，对外经济交往活动依赖国际货币作为交易媒介，进而需要采取出口创汇、外债融资、积累外汇储备等措施获取国际流动性，这种结构性依赖客观上强化了国际货币发行国实施金融制裁的现实基础。货币权力的非对称性表明国际货币发行国的权力边界远高于非国际货币发行国，制裁国本币国际地位决定了其金融制裁的效力。国际货币在私人层面发挥外汇买卖、贸易结算、资产定价和国际投资等功能，在官方层面发挥外汇市场干预工具、“货币锚”和国际储备等功能。其中，交易媒介职能是实现货币权力最主要的通道，可以很好地表明一国主权货币在世界市场上的货币地位。综上，利用各国货币在全球外汇交易中占总交易额的比重来衡量制裁国货币地位，作为制裁国的权重 w_j，即 $w_j=\alpha_j$，α_j 为各国本币交易量占全球外汇交易总量的份额。

2. 金融制裁指数有效性的分析

2014 年克里米亚危机以来，美西方对俄罗斯实施一系列具有标志性意义的金融制裁措施，使金融制裁逐步从传统外交工具升级为大国博弈的核心手段。美西方金融制裁俄罗斯的趋势如图 6.1 所示，可见，本部分构建的金融制裁指数可以较好拟合美西方对俄罗斯的金融制裁状况。2014 年 3 月克里米亚宣布独立后，美西方开始对俄罗斯进行初步制裁，主要采取资产冻结、限制俄罗斯国有银行进入欧美资本市场融资等措施，导致金融制裁指数快速上升。2014 年 7 月马航事件、2016 年 12 月“通俄门”事件、2018 年 3 月斯克里帕尔事件、2018 年 11 月刻赤海峡冲突事件等发生后，美西方均采取相应的制裁措施，促使金融制裁指数呈现上升趋势。2021 年 4 月，美国以俄罗斯干预美国大选、进行网络攻击等为由，禁止美国金融机构购买俄罗斯主权债券并限制二级市场交易，金融制裁指数在短期维持平稳后再度上升。2022 年 2 月，俄罗斯总统普京承认“顿涅茨克人民共和国”和“卢甘斯克人民共和国”的独立地位后，美西方金融制裁俄罗斯的范围与力度大幅提升。2022 年上半年，美西方对俄罗斯采取高频、高强度的金融制裁措施，包括冻结俄罗斯央行 3 000 亿美元资产、将俄罗斯 7 家主要银行从 SWIFT 系统中剔除、没收俄罗斯个人与企业的大批境外资产等手段，导致金融制裁指数短期内大幅攀升。随着俄罗斯一系列反制裁措施的实施，欧洲承担着能源通胀高企、金融资产风险攀升、经济低迷等巨大制裁成本，进而对俄罗斯的金融制裁出现阶段性缓和趋势，2023 年以来金融制裁指数未出现较大波动。

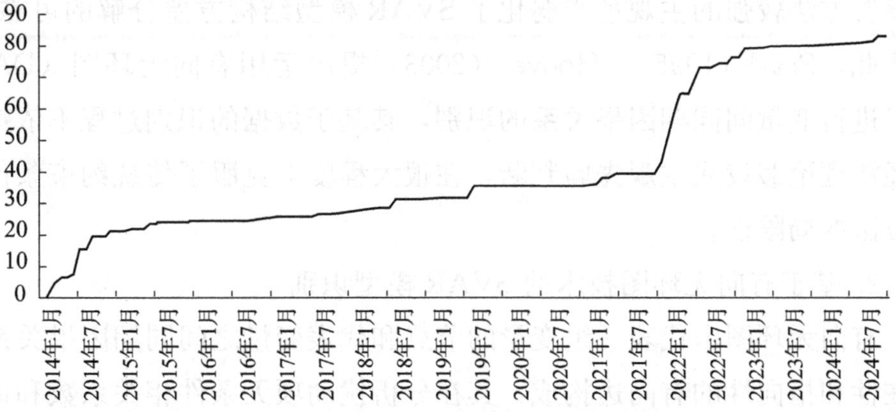

图 6.1　2014—2024 年金融制裁指数趋势

（三）计量模型设定

1. 实证模型构建

构建六变量 SVAR 模型如下：

$$A_0X_t=\sum_{i=1}^{j}A_iX_{t-i}+\varepsilon_t$$

相应的简化式表达式为：

$$X_t=\sum_{i=1}^{j}A_0^{-1}A_iX_{t-i}+A_0^{-1}\varepsilon_t$$

令 $A_0^{-1}A_i=B_i$，$A_0^{-1}\varepsilon_t=\mu_t$，可得：

$$X_t=\sum_{i=1}^{P}B_iX_{t-i}+\mu_t$$

其中，X_t 为 $n\times1$ 维列向量，包含金融制裁（FS）、卢布汇率（REER）、利率（IR）、物价水平（CPI）、投资环境（RTS）与经济产出（GDP）。P 为由 SIC 准则决定的最优滞后阶数；B_i 为 $n\times n$ 维简化式参数矩阵；A_i 为 $n\times n$ 维结构式参数矩阵；μ_t 为简化式冲击；ε_t 为结构性冲击。为有效识别模型，需要完全估计结构性参数矩阵 A_0，即对估计参数施加 n^2 个约束，现有方程已施加 $n(n+1)/2$ 个约束，还应施加 $n(n-1)/2$ 个约束。目前研究中设置约束条件的方法多为依据经济理论、主观先验判断、参考前期研究成果和 Cholesky 分解法等，约束条件设置方法较强的主观色彩弱化了 SVAR 模型结构方差分解的可靠性。基于此，Pearl（1995）、Hoover（2003）提出运用有向无环图（DAG）技术进行变量间同期因果关系的识别，其基于数据的识别过程不依赖任何经济理论假设或主观先验判断，在很大程度上克服了传统约束条件设置方法的局限性。

2. 基于有向无环图技术的 SVAR 模型识别

有向无环图由代表一组变量的节点和代表变量之间同期因果关系的存在性和指向性的有向边构成，其在分析扰动项无条件相关系数和偏相关系数的基础上，以节点间有向边的指向代表变量间的同期因果关系。

具体而言，存在以下四种情况：无有向边连接（XY）表示变量间相互独立；无向边连接（$X-Y$）表示变量间存在尚未有明确指向性的同期因果关系；单向边连接（$X\rightarrow Y$）表示变量间存在 X 到 Y 的单向因果关系；双向边连接（$X\leftrightarrow Y$）表示变量间存在双向因果关系。实践中，采用 PC 算法（有向图算法）计算相关系数矩阵得到有向无环图。PC 算法首先构建变量间均以无向边连接的无向完全图，再通过去边和定向两个阶段确定有向无环图。在去边阶段，PC 算法首先分析变量间的无条件相关系数，系数显著为 0 则移除连线；再依次分析存在连线的剩余变量间的 1 阶，2 阶，…，$n-2$ 阶偏相关系数（假设有 n 个变量），系数显著为 0 则移除连线。应用中，常采用费希尔（Fisher）的 z 检验统计量测试条件相关系数是否显著为 0，其表达式如下：

$$z[\rho(i,j \mid k)n]=\frac{1}{2}\sqrt{n-|k|-3}\times \mathrm{Ln}\left\{\frac{|1+\rho(i,j \mid k)|}{|1-\rho(i,j \mid k)|}\right\}$$

其中，n 为可观测值数量，$\rho(i,\ j \mid k)$ 为变量 i 和 j 以 k 个变量为条件变量的偏相关系数，$|k|$ 为条件变量的数量。如果变量 i、j 和 k 为正态分布，且 ρ_1（$i,\ j \mid k$）为给定 k 的变量 i 和 j 的样本偏相关系数，则 $z[\rho(i,\ j \mid k)n]-z[\rho_1(i,\ j \mid k)n]$ 为标准正态分布（Bessler and Yang，2003）。

在定向阶段，PC 算法依据以下判别准则进行变量间因果关系指向性的识别：若变量 X 与 Y、Y 与 Z 分别相邻[①]，且变量 X 与 Z 不相邻，且 Y 不在 X 与 Z 的分离集中[②]，则变量间同期因果关系为 $X\rightarrow Y\leftarrow Z$；若已知 $X\rightarrow Y$，变量 Y 与 Z 相邻，变量 X 与 Z 不相邻，且变量 Y 和 Z 之间的有向边不指向 Y，则变量 Y 和 Z 间同期因果关系为 $Y\rightarrow Z$。

3. 变量选取与数据来源

核心宏观经济变量的选择因研究问题的不同而有很大差异，本部分

① 相邻是指变量间的相关系数显著不为 0。

② 若 $\rho(X,\ Y \mid K)=0$，则称 K 为 X 与 Y 的分离集。

结合理论分析和国际背景，选取卢布汇率（REER）、利率（IR）、物价水平（CPI）、投资环境（RTS）、经济产出（GDP）等变量构建 SVAR 模型，用于检验西方金融制裁对俄罗斯的宏观经济影响。汇率采用卢布实际有效汇率指数（直接标价法）作为代理变量，该指数上升表明卢布贬值；利率采用卢布隔夜贷款利率来表示，衡量金融制裁对国内资金使用成本的影响；物价水平采用 2010 年＝100 的消费者物价指数来表示；投资环境选取俄罗斯证券交易所股票价格指数作为代理变量；经济产出采用实际国内生产总值衡量，且采用 Chow-Lin 插值法进行低频季度数据向高频月度数据的转换。同时，名义变量均用以 2000 年 1 月为基期的定基 CPI 转化为实际值；对含有“季节效应”的变量均采用 X12－Multiplicative 进行季节调整。样本区间为 2014 年 1 月—2024 年 12 月，原始数据来源于俄罗斯国家统计局与 CEIC 数据库。

（四）实证分析

1. 变量平稳性检验

为避免伪回归，首先采用 ADF 方法对金融制裁和宏观经济变量进行平稳性检验。由表 6.1 可知，汇率变量的时间序列水平值在 1％的显著性水平上拒绝“存在单位根”的原假设，为平稳过程；金融制裁、利率、物价水平、投资环境与经济产出五个时间序列的一阶差分在 1％的显著性水平上拒绝“存在单位根”的原假设，为一阶单整序列。

表 6.1　单位根检验

变量	检验形式（I，T，P）	ADF 检验值（t 统计量）	临界值		
			1％	5％	10％
FS	（0，1，3）	－1.794	－4.031	－3.446	－3.146
ΔFS	（0，1，2）	－4.355	－4.031	－3.446	－3.146
REER	（1，0，2）	－3.660	－3.500	－2.888	－2.578
IR	（1，0，2）	－1.193	－3.500	－2.888	－2.578
ΔIR	（1，0，1）	－7.774	－3.500	－2.888	－2.578
CPI	（1，1，2）	－0.473	－4.030	－3.446	－3.146

续表

变量	检验形式（I，T，P）	ADF 检验值（t 统计量）	临界值		
			1%	5%	10%
ΔCPI	（1，1，1）	−6.304	−4.030	−3.446	−3.146
RTS	（1，1，2）	−2.210	−4.030	−3.446	−3.146
ΔRTS	（1，1，1）	−8.357	−4.030	−3.446	−3.146
GDP	（1，1，3）	−2.114	−4.031	−3.446	−3.146
ΔGDP	（1，1，4）	−6.509	−4.031	−3.447	−3.147

注："$I=1$"为带常数项，"$I=0$"为不带常数项；"$T=1$"为带趋势项，"$T=0$"为不带趋势项；P 为依据 SIC 准则选择的最优滞后阶数。

2. Johansen 协整检验

基于单位根检验的结果，对金融制裁、利率、物价水平、投资环境、经济产出等非平稳序列进行 Johansen 协整检验。由表 6.2 可见，迹检验和最大特征值检验均在 5%的显著性水平上无法拒绝"协整秩为 1"的原假设，表明同阶单整序列间存在长期均衡关系。由于差分导致变量信息损失，因此采用各变量的水平值进入 SVAR 模型。

表 6.2　Johansen 协整检验

原假设：协整向量的数目	迹统计量	5%临界值	最大特征值统计量	5%临界值
0	150.325 2	77.74	104.109 0	36.41
至多 1 个	46.216 3*	54.64	29.229 3	30.33
至多 2 个	16.987 0	34.55	12.794 6	23.78
至多 3 个	4.192 4	18.17	3.796 2	16.87

注：根据 FPE 和 AIC 准则确定 VAR 模型最优滞后阶数；"*"表示在 5%的显著性水平上拒绝"协整秩为 0"的原假设。

3. 基于有向无环图的同期因果关系及 SVAR 识别

在协整检验的基础上，根据 FPE 和 AIC 准则最小化原则，构建滞后阶数为 3 的 VAR 模型，得到扰动相关系数矩阵。基于各变量的扰动相关系数矩阵，利用有向无环图方法分析金融制裁和宏观经济变量间的同期因果关系，有向无环图分析的结果将作为识别和构建 SVAR 模型的依据。首先建立无向完全图作为分析的起点（见图 6.2），用无向边将所有变量两两相连，代表它们之间可能存在同期因果关系。其次，利用 TETRAD 软件中的 PC 算法，通过分析变量间的无条件相关系数和偏相关系数进行去边和定向，得到表达变量间同期因果关系的有向无环图（见图 6.3）。同时，为实现变量间明确的同期因果结构，分析中使用的显著性水平应与样本量相匹配。因此，参照邓创和徐曼（2019）的研究，选择 20%的显著性水平。

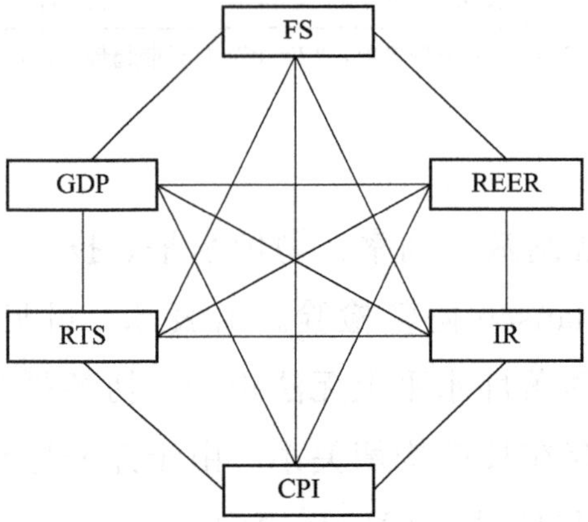

图 6.2　无向完全图

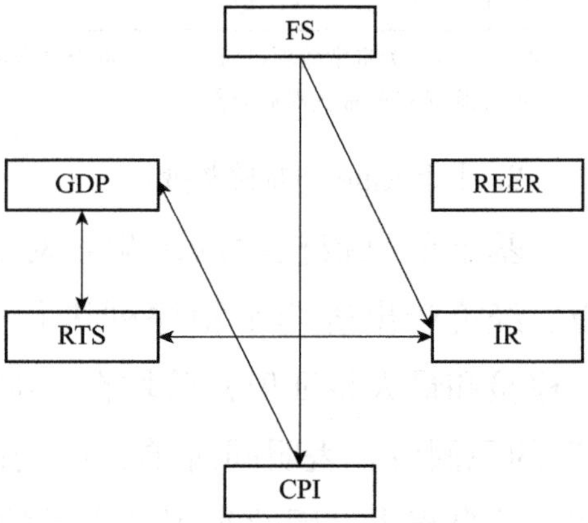

图 6.3　有向无环图

由图 6.3 可知，在 20%的显著性水平下，金融制裁和宏观经济变量间的同期因果关系为：美西方金融制裁对俄罗斯利率与物价水平存在同期影响，对卢布汇率、投资环境与经济产出不存在同期影响；利率与投资环境之间存在双向同期因果关系；物价水平对经济产出存在同期影响；投资环境与经济产出之间存在双向同期因果关系；其余变量间不存在同期因果关系，但可能存在滞后影响。基于有向无环图的变量间同期因果关系识别结果表明，一方面，俄罗斯信贷市场与物价水平对于美西方金融制裁更加敏感，反应时滞相较于其他宏观经济变量更短，当期即会受到金融制裁的冲击；另一方面，由于利率与投资环境、物价水平与经济产出、投资环境与经济产出之间存在同期因果关系，因此美西方金融制裁可能通过“金融制裁→利率→投资环境→经济产出”与“金融制裁→物价水平→经济产出”两条渠道，对俄罗斯投资环境与经济产出施加同期影响。

依据有向无环图分析结果，可得各变量间同期因果关系的存在性和指向性，从而对 SVAR 模型设置短期约束条件进行识别。同时，过度识别的似然比检验无法拒绝“所有约束条件均成立”的原假设，表明根据有向无环图结果所施加的约束具有合理性，可以进行 SVAR 模型的构建。

4. 脉冲响应分析

基于有向无环图的变量间同期因果关系分析，使用 SVAR 模型分析俄罗斯卢布汇率、利率、物价水平、投资环境、经济产出等宏观经济变量对美西方金融制裁的脉冲响应。结果如图 6.4 所示。

图 6.4（a）表示美西方金融制裁一个标准差正向冲击对俄罗斯卢布汇率的影响。可见，当期给定金融制裁一个标准差冲击，卢布实际有效汇率随即作出正向响应，上升至第 4 期达到峰值，之后缓慢下降至第 16 期达到谷值。实证结果表明，美西方金融制裁会导致卢布实际有效汇率呈现先上升后下降的趋势，即卢布先贬值后升值。原因在于，美西方金融制裁俄罗斯初期，市场恐慌引发的资本外逃与流动性冲击导致卢布贬值。俄罗斯央行为阻止卢布下跌动用大量外汇储备干预救市，促使外汇储备骤减与国际清偿能力下降，进一步加剧卢布贬值预期。然而，俄罗斯采取的严格资本管制、外汇储备多元化、提升基准利率等一系列措施，叠加国际能源价格上涨因素，可以快速稳定卢布汇率。同时，俄罗斯作为能源与粮食出口大国，具有影响国际外汇市场卢布需求的经济基础。俄罗斯采用“卢布-天然气”挂钩结算机制，对卢布货币价值形成有力支撑，使卢布汇率在国际能源价格上涨的趋势下实现逆向升值。国际清算银行研究显示，2022—2024 年俄罗斯卢布汇率与能源价格的相关性由 0.32 上升至 0.81。从根本上看，汇率服务于国际贸易活动，美国与俄罗斯缺乏正常贸易往来，而欧洲高度依赖俄罗斯能源供给，导致长期内金融制裁对俄罗斯卢布汇率的冲击有限。

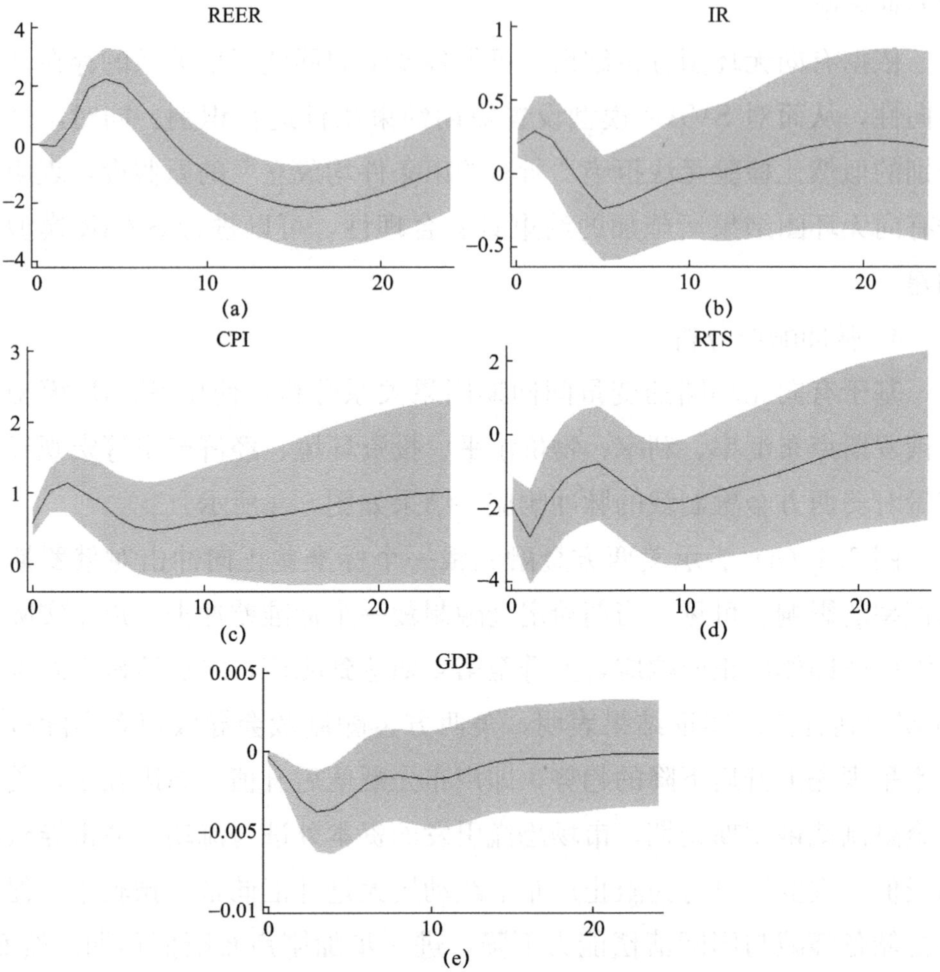

图 6.4　俄罗斯宏观经济变量对美西方金融制裁的脉冲响应

图 6.4（b）表示美西方金融制裁一个标准差正向冲击对俄罗斯利率的影响。可见，当期给定金融制裁一个标准差冲击，利率随即作出正向响应，呈现先上升后下降的趋势，并于第 13 期回归正向响应。实证结果表明，金融制裁短期内造成俄罗斯利率上升，虽然一段时间后利率出现下降趋势，但长期内金融制裁仍导致俄罗斯信贷市场利率呈现上升状态。原因在于，金融制裁的核心功能是限制目标国货币资金正常流动，进而影响其生产、消费、进出口等经济活动。美西方金融制裁切断俄罗斯同国际资本市场的联系，俄罗斯海外融资渠道被阻断，融资环境急剧恶化，

国际资本流入骤减，不可避免地造成信贷供给收缩与融资成本上升。同时，为遏制卢布汇率的持续贬值与应对高通货膨胀，俄罗斯央行短期内连续加息，抬高了资金成本。俄罗斯政府在金融制裁初期以资本管制与加息稳定卢布汇率后，为降低企业融资成本与缓解经济衰退压力，开始采用降息措施刺激经济增长，进而导致信贷市场利率下降。然而，由于美西方金融制裁俄罗斯的长期性，特别是2022年俄乌冲突后对俄罗斯采取的冻结央行资产、禁止主要银行使用SWIFT系统、限制用美元与黄金偿还国际债务等高强度手段，俄罗斯长期内仍持续面临资金短缺的问题。

图6.4（c）表示美西方金融制裁一个标准差正向冲击对俄罗斯物价水平的影响。可见，当期给定金融制裁一个标准差冲击，物价水平随即作出正向响应，上升至第2期到达峰值，然后开始缓慢下降。实证结果表明，美西方金融制裁致使俄罗斯物价水平上升，且这种通胀冲击具有长期持续性。原因在于，俄罗斯在长期去工业化过程中面临经济结构性失衡的问题，经济增长高度依赖能源出口，国内商品生产难以满足国内需求。其一，金融制裁引发的供应链断裂造成供给冲击，关键中间品断供导致俄罗斯工业企业生产能力下降，国内商品价格持续性上涨。其二，俄罗斯央行大幅提升基准利率，导致国内实体企业融资成本上升，迫使企业通过提升产品价格转嫁成本。其三，俄罗斯采取平行进口反制裁措施，致使进口商品经第三国转运后价格大幅提高，进一步导致物价水平上升。美西方金融制裁对俄罗斯物价水平长期的负向冲击，根源在于俄罗斯国内生产能力不足导致的外贸依存度过高。

图6.4（d）表示美西方金融制裁一个标准差正向冲击对俄罗斯投资环境的影响。可见，当期给定金融制裁一个标准差冲击，RTS指数随即产生负向响应，下降至第1期时达到谷值，之后缓慢上升但持续呈现负向响应。实证结果表明，美西方金融制裁使得俄罗斯股票市场资产收益下降，且这种负面股价冲击具有长期持续性。原因在于，美西方金融制裁通过切断国际资本循环、破坏企业价值链条与扭曲市场定价机

制，使俄罗斯股票市场陷入低流动性、高折价与弱效率的恶性均衡状态。其一，美西方强制本国金融机构撤出俄罗斯股票市场，以及暂停本国金融交易所中俄罗斯金融资产的市场交易活动，导致俄罗斯金融资产的需求与流动性下降。其二，美西方金融制裁导致俄罗斯企业的风险溢价抬升，包括国家风险溢价、汇率风险溢价与流动性溢价，致使企业市场价值下跌。同时，美西方对俄罗斯的技术断供导致俄罗斯企业的生产效率下降，而市场准入限制进一步压缩企业的盈利空间。其三，摩根士丹利、富时罗素等国际金融服务公司将俄罗斯股票从新兴市场指数中剔除，导致国际金融资本大规模减持俄罗斯股票资产，促使俄罗斯股票市场沦为封闭的国内资金池。

图6.4（e）表示美西方金融制裁一个标准差正向冲击对俄罗斯经济产出的影响。可见，当期给定金融制裁一个标准差冲击，经济产出随即作出负向响应，第3期时下降至谷值，之后呈现上升趋势并逐步回归长期均衡状态。实证结果表明，美西方金融制裁使得俄罗斯经济增长收缩，且这种负面产出冲击持续时间较长。原因在于，美西方金融制裁限制俄罗斯资本正常流动，对居民消费、企业投资、政府购买与商品出口产生全面冲击。其一，国内生产能力不足与国际供应链断裂导致俄罗斯商品供给短缺，制约国内消费需求对经济增长的拉动作用。同时，美西方长期外部封锁导致俄罗斯经济预期趋向消极，促使居民降低消费支出与增加储蓄，进一步压缩社会消费规模。其二，欧美资本市场关闭、资本撤离、技术封锁、产业链脱钩等一系列因素，导致俄罗斯企业融资规模下降、融资成本攀升与关键生产设备短缺，迫使企业减少固定资产投资与长期投资。其三，石油、天然气等能源出口是俄罗斯经济增长与财政收入的主要来源。一方面，美西方金融制裁导致俄罗斯能源出口丢失欧洲市场，中短期内直接缩小俄罗斯能源出口规模并减少财政收入。另一方面，现行国际货币体系仍由美元与欧元主导，俄罗斯反制裁措施并未消除美西方对俄罗斯的金融隔离，俄罗斯对外经济交往仍受到金融制

裁的较大影响。能源出口作为俄罗斯经济增长的支柱，其规模收缩导致俄罗斯财政收入与经济产出下降。

（五）俄罗斯应对美西方金融制裁的反制裁措施

面对美西方长期金融制裁与经济封锁，俄罗斯凭借资源、地缘、经济等核心优势，从金融、能源、贸易、技术、立法等多领域采取反制裁措施，有效缓解外部压力，维护金融安全。在金融领域，俄罗斯加速去美元化进程，强化金融主权，具体包括：通过调整外汇储备结构，自2021年6月起将美元资产完全清除，转而提升黄金与人民币占比；在跨境结算中限制美元使用，推动能源、粮食等商品本币结算或非美元结算；完善金融基础设施，建立跨境金融信息传输系统（SPFS）与国家支付卡系统（NSPK），替代SWIFT与万事达卡、维萨卡；同时拓展国际融资渠道，发行人民币主权债券，转向上海、香港等金融中心获取资金，减少对美欧资本市场的依赖。在能源领域，俄罗斯将能源作为反制筹码，通过“卢布结算令”，强制“不友好国家”以卢布购买油气资源，绑定国际市场卢布需求与欧洲能源需求，稳定汇率并提升博弈话语权。此外，俄罗斯积极推进能源出口市场多元化，深化与中国能源同盟，加大对印度、土耳其等新兴市场出口力度，替代欧洲传统市场。在贸易领域，俄罗斯以“平行进口”和技术替代破局，2022年通过的《平行进口合法化法案》允许企业绕过商品持有人进口受制裁商品，通过土耳其等第三方国家中转，实现半导体、汽车零部件等2 000余类商品输入。在技术领域，俄罗斯推动半导体、军工等关键产业技术国产化，同时在第三方国家进行技术引进，与伊朗等国开展无人机、能源设备技术合作，维持产业运转。此外，俄罗斯还扩大双边本币贸易，接受人民币结算，构建“非西方化”贸易网络。在立法领域，俄罗斯构建涵盖资产冻结、资本管制、外资限制等方面的系统法律框架。首先，2018年通过《关于影响（反制）美国和其他国家不友好行为措施法》，通过制定“不友好国家”名单，冻结相关主体在俄资产；2024年修订《外资监管法》，强制外资企业转让至少51%股权给俄本土投资者，进一步加大反制力度。其次，实施外汇资本管制，俄罗斯通过央行指令方式多次调整强制结汇比例，限制外资撤离、强制出口结汇，推动卢布结算。此外，深化进口替代与技术国产化，2022年通过《平行进口合法化法案》，2023年通过《数字经济扶持法》，推动关键技术领域的“去西方化”。最后，2014年克里米亚危机后，俄罗斯在《国家支付系统法》中新增条款，要求建立SPFS以替代SWIFT系统；2024年俄罗斯强制国内所有系统重要性金融机构接入SPFS系统。

俄罗斯通过持续强化金融安全体系与完善反制裁措施，有效降低了美西方金融制裁的冲击强度。特别是在俄乌冲突后，美西方对俄罗斯采用冻结央行资产、禁用SWFIT系统、施加次级制裁等高强度手段，对俄罗斯进行全方位、多层次的金融封锁。美西方在金融制裁初期，对俄罗斯经济造成显著的负向冲击，引发经济衰退、卢布贬值、进口贸易受阻、通货膨胀加剧、股票市场崩盘等后果（刘军梅，2022）。然而，俄罗斯凭借能源与粮食贸易优势、国内稳定的政治体系与灵活强力的干预政策，使其在美西方史无前例的金融制裁力度下，呈现出超预期的经济韧性。以货币价值为例，金融制裁导致卢布汇率大幅贬值，但俄罗斯不仅有效稳定了卢布汇率，还实现了卢布价值的逆向上升。主要原因在于，一是短期内俄罗斯通过冻结外资流动、强制出口企业外汇收入结汇、限制居民货币兑换等措施，有效稳定了卢布的货币价值，防止卢布需求大幅下跌导致汇率暴跌。二是长期中俄罗斯实施了“能源-货币”捆绑战略，将国际贸易市场对俄罗斯能源的刚性需求，通过强制性的“卢布结算令”，转化为国际外汇市场对卢布的需求，进而为卢布建立了稳定的价值基础。俄罗斯以大宗商品定价权对冲金融制裁风险的路径，为其他国家应对非对称货币权力下的金融制裁提供了有益的新范式。

（六）研究小结

在根本上，国际货币金融体系服务于国际贸易活动，国际货币在世界市场中发挥价值尺度、流通手段、支付手段等职能。价值尺度内在要求的统一性，决定了仅有少数货币可以主导国际货币体系，由此赋予美元非对称性的货币权力，形成金融制裁的效力基础。美国通过 SWIFT 系统、CHIPS 清算网络监控全球资金流动，可以单边冻结他国美元资产，并通过“长臂管辖”迫使第三方国家遵守美国金融制裁。随着多极化国际货币格局的形成、数字货币与区块链技术的冲击以及地缘政治经济联盟的重组，美国金融制裁正在持续削弱美元的国际货币地位。然而，欧盟缺乏统一的财政政策，中国对人民币实行资本管制，导致欧元与人民币在短期内难以替代美元。在当前国际货币体系中，美元仍是“最不坏选项”，导致美国基于美元国际货币地位衍生出的金融制裁权力在大国金融博弈中极具效力。美西方通过操纵国际投资者、本国金融机构、国际金融组织、跨国金融基础设施等实体，阻碍俄罗斯的全球贸易往来与金融交易。俄罗斯的大国属性赋予其在金融博弈中具有一定的经济韧性与反制裁能力，可化解部分制裁冲击，但其经济运行与金融体系不可避免地会遭受负向影响。本节选取美西方金融制裁俄罗斯的典型案例，构建金融制裁指数，运用有向无环图与 SVAR，实证检验美西方金融制裁对俄罗斯宏观经济的影响效应。研究发现，美西方金融制裁导致俄罗斯货币贬值、利率上升、通货膨胀加剧、投资环境恶化与经济产出下降，对俄罗斯经济造成严重冲击。鉴于此，中国在地缘政治风险逐步上升的背景下，应针对美国金融制裁的运作模式、政策目标、制裁工具与传导机制，主动构建系统性、动态性、前瞻性的反制裁体系。

二、全球支付体系的演变及现有缺陷

（一）全球支付体系的演变规律

全球支付体系的演变是一部与人类社会经济发展紧密交织的历史长卷，其演变过程充分体现了技术革新、经济全球化以及政治格局变化的综合影响。从最初的物物交换到如今高度数字化、智能化的跨境支付网络，全球支付体系的每一次重大变革都深刻地改变了国际贸易和金融活动的面貌。

1. 支付体系的演变过程

在人类文明的早期阶段，物物交换是主要的交易方式，即直接以实物商品的转移来实现支付行为。但随着社会分工的细化和商品交换范围的扩大，物物交换的局限性逐渐显现。首先，它要求交易双方的物品需求恰好能够相互匹配，这种双重巧合的需求极大地限制了交易的频率和范围；其次，物物交换缺乏统一的价值衡量标准，不同物品的价值难以准确比较和量化，这使得交易双方在确定交换比例时容易产生分歧和争议；此外，物物交换的交易过程复杂且效率低下，运输和储存成本较高，尤其是不易保存或体积较大的物品，更是进一步增加了交易的难度和成本。于是，以贵金属为代表的货币应运而生，黄金、白银等因其稀缺性、易分割性和耐久性而成为理想的交换媒介。然而，虽然这种基于实物货币的支付体系在一定程度上解决了物物交换的不便，促进了区域间贸易的发展，但实物货币在长途运输过程中却存在安全风险和不便，且其数量受矿产资源限制，因而难以适应经济快速发展的需求。

随着商业信用的不断发展，票据支付逐渐兴起。在中世纪的欧洲，商业活动日益频繁，商人们开始使用汇票进行支付结算。在 13 世纪的意大利城邦，如威尼斯、热那亚等地，商人们开始开具汇票，并允许持票人在指定地点向出票人或其指定的人兑换现金或进行债务清偿。这种票据支付打破了实物货币在时空上的限制，降低了交易成本，提高了支付效率，有力地推动了跨地区、跨国家的贸易往来。1694 年英格兰银行的成立，开启了现代银行信用体系的新篇章。银行通过发行银行券、开展存款和贷款业务，为支付活动提供信用支持，逐步构建起以银行信用为基础的支付体系。与此同时，银行间的清算网络也随之发展，各国纷纷建立起本国的支付清算系统。

20 世纪中叶以来，信息技术的飞速发展给全球支付体系带来了深刻变革。电子支付的出现使支付过程不再依赖纸质票据和现金，而是通过计算机网络实现资金的快速划转。1958 年，美国美洲银行发行了首张信用卡，开启了消费信贷与电子支付相结合的新纪元。此后，借记卡、电子钱包等支付工具不断涌现，在线支付、移动支付等新型支付方式迅速普及。互联网技术的广泛使用，打破了传统支付的地域限制，使跨境支付变得更加便捷高效，互联网平台使得支付信息的传输更加迅速和准确，降低了因信息不对称而产生的风险，促进了支付系统的互联互通，同时也增强了跨境支付的安全性，有效防止欺诈和数据泄露，保护了用户的资金安全。

进入 21 世纪，区块链技术的出现为全球支付体系的变革注入了新的动力。区块链技术具有去中心化、不可篡改性、可追溯性等特点，使得其在跨境支付领域展现出显著优势。去中心化能减少对传统金融机构的依赖，降低交易成本；不可篡改性和可追溯性则提高了交易的安全性和透明度，有效解决了跨境支付中的信任问题。于是，一些国家和机构开始探索基于区块链技术的跨境支付解决方案，如 R3 联盟推出的 Corda 平台，旨在打造更高效、安全的跨境支付网络。此外，数字货币的发展也引起了全球关注，比特币等加密数字货币的兴起，虽然面临诸多监管和技术挑战，但其去中心化和匿名性的特点，为支付体系的创新提供了新的思路。同时，各国央行也在积极研究和探索央行数字货币(CBDC)，旨在结合区块链技术的优势，提升支付体系的稳定性和效率，CBDC 通过引入数字化法定货币的形式，在优化国内支付系统的同时，也在跨境支付中发挥着重要作用，能够更好地适应数字经济时代的发展需求。

现代支付体系因运营主体差异而呈现多层架构，共同保障资金流转。央行支付系统由央行运营，作为支付体系骨干，具有权威性与稳定性，承担国家核心支付清算职能，处理银行间大额资金交易、证券结算等关键业务。银行业金融机构支付系统以商业银行为运营主体，是支付体系的主体部分，服务广大企业和个人用户日常支付需求，涵盖柜台转账、网上银行支付等多种渠道，直接连接客户与央行支付系统，实现资金在不同账户间划转。第三方支付系统等其他支付系统，多由非银行金融机构运营，依托互联网技术提供便捷小额支付服务，如支付宝、微信支付等，凭借场景丰富、操作简便等特点，满足用户多样化支付需求，是支付体系的重要补充，与前两者共同构建起多层次、高效的现代支付体系。

2. SWIFT

支付体系演变的一大趋势是全球化，随着经济全球化的发展，国际贸易和投资规模不断扩大，对跨境支付的需求也日益增长，为满足这一需求，全球支付体系逐渐从分散走向整合，并形成了一系列跨境支付网络和标准。SWIFT 系统成立于 1973 年，旨在提供一种更加安全、标准化的方式来代替传统的电报系统。截至 2024 年，SWIFT 已连接全球 200 多个国家和地区的超过 11 500 家金融机构，每天处理的跨境支付信息超过 4 200 万条，成为全球金融通信的重要基础设施。此外，各国也加强了支付领域的合作，这种合作不仅体现在技术标准的统一上，还体现在监管政策的协调以及支付清算机制的优化上。这些努力显著提升了跨境支付体系的效率和安全，为国际贸易和投资的顺畅进行提供了有力支持。

然而，近年来，全球地缘政治冲突频发，“零和思维”和“霸权主义”加大了全球跨境金融基础设施脱钩甚至断裂的风险。跨境金融基础设施尤其是具有系统重要性的跨境金融基础设施本身具有强大的公共产品属性，它的集中性能带来效率的提升和规模的正向溢出效应，但是在叠加地缘政治冲突后，对安全性的要求就被提到了更前列。

虽然 SWIFT 名义上是独立的非营利性合作组织，但其事实上已成为政治干预下的制裁武器。在现行“大国货币”主导及广泛存在货币使用惯性的国际支付体系中，SWIFT 系统容易受到“大国货币、大国操纵”的影响。近十几年来，美国通过对 SWIFT 施加压力、实施金融制裁等方式，使得跨境金融基础设施被“武器化”，其中立地位的国际信任度明显降低，很多国家在意识到国际支付安全面临挑战后，开始寻求绕开 SWIFT 主导的“SWIFT＋代理银行”跨境支付方案，构建自己的跨境支付系统，如英法德 INSTEX（支持贸易往来工具）、俄罗斯银行金融信息系统（SPFS）、中国的人民币跨境支付系统（CIPS）等。

同时，地缘政治也正在加速推进国际货币体系演变，“去美元化”浪潮涌起，本币化结算计划和实施增多，跨境金融基础设施全球布局愈加“碎片化”。

3. CIPS

虽然我国跨境金融基础设施建设起步较晚，尤其是在最关键的支付体系方面，但后发优势明显，能够充分借鉴国际经验和先进的标准，因此我国的跨境金融基础设施建设的起点更高、质量更好。改革开放后我国现代支付体系开始逐步成形，但是直到 2015 年 CIPS 一期上线，才填补了跨境支付领域基础设施建设的空白。2018 年，CIPS 二期上线，在功能和特点上进一步实现了改进和完善。2021 年 10 月，CIPS 升级数字证书发放系统，推出“LEI（法人识别编码）＋数字证书”试点项目，推动实现在 CIPS 系统参与机构的数字证书中加入 LEI 信息。所以总的来说我国跨境金融基础设施建设具备一定程度的后发优势。

然而，CIPS 虽然与美元支付清算系统 CHIPS 在基本职能上十分类似，但与其在使用活跃度、覆盖区域和清算效率等方面存在十分明显的差距。在使用活跃度方面，虽然截至 2024 年 10 月 CIPS 的参与者数量已经突破 1 500 家（直接参与者有 160 家，间接参与者有 1 413 家），但相较于 CHIPS 服务于绝大部分拥有海外美元业务的金融机构而言，差距仍较大。在覆盖区域方面，CIPS 支付清算服务主要集中在离岸人民币市场发展较早、业务较为成熟的地区，参与者大多位于亚洲，而在亚洲以外覆盖明显不足：亚洲以外区域的间接参与者数量为 362 家，仅占全部间接参与者的25.6%。在清算效率方面，CIPS的跨境人民币清算环节路径较长，净额结算机制仍有较大的进步空间，当前的整体清算效率与成本还远不及CHIPS。

4. 多边央行数字货币桥

随着数字经济时代到来，加密资产和稳定币等形式的数字资产发展迅速。但是，加密资产和稳定币缺乏内在价值及国家主权背书，存在较大的不确定性和金融风险，可能会被用作洗钱和其他非法经济活动的支付工具，并参与到金融犯罪活动中。随着网络技术和数字经济蓬勃发展，国际支付体系正呼唤着更加便捷、安全、包容、保护隐私的数字货币。为避免非官方加密资产和稳定币带来的安全隐患，维护各国央行的货币主权，许多国家和地区的央行密切关注金融科技的发展，积极探索具有便捷性、安全性、兼容性以及有助于金融稳定的CBDC。国际清算银行调查显示，超过一半的央行正在进行CBDC的研发或试点工作，以提升跨境支付效率，未来国际合作将为CBDC提供广泛的应用场景。

中国是数字经济、数字支付大国，从2014年就开始研发CBDC，并已在国内多个城市、多种场景试点运行，积累了丰富的经验，能够建设并引领以CBDC为支付手段的跨境支付平台，为增加国际金融基础设施和全球公共产品做出贡献。2021年2月，在国际清算银行的合作框架和Inthanon-LionRock项目的基础上，中国人民银行数字货币研究所、香港金融管理局、泰国中央银行以及阿拉伯联合酋长国中央银行作为创始成员，共同推进多边央行数字货币桥（mBridge）项目，旨在通过CBDC技术提升跨境支付的效率、降低成本并增强安全性，探索建立基于CBDC的跨境支付多边合作机制和新型跨境支付基础设施。

为了维护参与者的货币主权和金融稳定，mBridge主要采取了三个原则：首先是无损原则，强调CBDC的发展应当有利于国际货币体系和金融体系的健康稳定发展，要确保各国央行货币主权不受影响；其次是合规原则，强调CBDC需要遵循有关外汇和资本管制的各项国家法规，并满足反洗钱和反恐怖融资等监管标准，确保信息流和资金流的匹配；最后是互通原则，强调 CBDC 能够利用现有金融基础设施，借助金融科技去实现各跨境支付系统之间的互联互通，要求不仅包括不同 CBDC 系统之间的连接，还要包括 CBDC 系统与传统跨境支付系统之间的互联互通。这三个原则为实现跨境支付和资金转移提供了透明、安全、稳定的基础。

2022 年，mBridge 项目完成了首例基于真实交易场景的试点测试，在为期 6 周的试行中，来自中国、中国香港、阿拉伯联合酋长国和泰国的 20 家商业银行参与了试点，累计完成跨境支付和外汇同步交收 164 笔，结算金额折合人民币超过 1.5 亿元。其中，数字人民币交易笔数占比 46.6%，结算金额占比 15.5%。试点测试验证了 mBridge 在国际贸易结算场景中进行跨境支付的可行性，证明了其可有效提升跨境支付效率、降低支付成本并提升交易透明度。2024 年，项目达到最简可行产品（MVP）阶段，支持真实交易，并兼容以太坊虚拟机，为技术拓展和实现与其他平台的互操作性提供了基础。

未来，mBridge 有望应用在更广泛的场景中，从而进一步推动全球支付体系的变革。随着技术的不断成熟和应用场景的拓展，mBridge 不仅可以优化现有的跨境支付流程，还能为新兴的国际贸易和金融活动提供更为高效、安全的解决方案。mBridge 的分布式账本技术也能够提高交易的可追溯性和透明度，为监管机构提供更有力的监管工具，有助于防范金融风险。随着更多国家和金融机构的参与，mBridge 有望打破传统跨境支付体系的局限，促进全球金融资源的优化配置，推动国际支付体系向更加多元化、高效化和安全化的方向发展。

（二）全球支付体系的角色与功能变化

全球支付体系在经济社会发展中扮演着至关重要的角色，它的功能也随着时代的变迁不断丰富和拓展，从最初的货币转移媒介，到如今成为连接全球经济、金融市场的关键枢纽，全球支付体系的角色和功能发生了深刻变化。

1. 全球支付体系的功能

在全球支付体系发展的早期阶段，其核心职能是实现货币的转移，确保交易双方的资金能够安全、准确地完成交割。无论是实物货币的交付，还是通过银行转账、票据支付等方式进行的资金转移，支付体系都承担着最基础的货币结算功能。

随着经济发展与金融市场成熟，支付体系功能向信用创造领域延伸，银行成为关键推动者。银行通过发放贷款、票据贴现等业务，将支付与信用活动深度绑定，为经济发展注入资金。这种融合强化了金融体系对实体经济的支撑，提升了资金使用效率，借助信用扩张机制，持续为经济增长提供动力。

全球支付体系还在金融市场中发挥着重要的资金配置功能，通过支付体系，资金能够从盈余部门流向短缺部门，从而实现资源的优化配置。在这个过程中，投资者可以通过证券交易、银行存款等方式将资金投入金融市场，而企业和政府则通过发行股票、债券等方式筹集资金。支付体系确保了资金在不同市场参与者之间的高效流转，使资金能够流向最有价值的投资项目，提高了资金使用效率。以 2008 年全球金融危机后的中国为例，政府通过发行国债筹集资金，用于基础设施建设项目，如高铁建设，这些资金通过支付体系流入相关企业和产业链，不仅促进了经济复苏，还优化了交通基础设施，提升了经济发展的长期竞争力。

此外，支付体系在风险管理方面也发挥着重要作用。例如，支付体系能够通过使用实时全额支付（RTGS）、设置日间信用限额、要求参与者在日终时进行最终结算、要求参与者使用组合的抵押品等措施有效防范化解风险。进一步地，支付系统接入中央对手清算机构能大大降低系统性风险的发生概率。中央对手清算机构提供履约担保、多边净额轧差等服务，能阻断风险向支付系统传染、缩小支付系统处理的资金结算规模，有效防范系统性风险发生，更好地支持金融市场安全稳健运行。

随着经济全球化与金融创新推进，全球支付体系突破国内范畴，成为连接各国经济的关键纽带。在国际贸易与投资中，它承担跨境资金结算和汇兑职能，保障交易资金安全高效转移，同时通过货币兑换服务降低成本，推动全球资源配置与国际分工深化。在国际金融市场上，全球支付体系为证券、外汇交易等活动提供技术和制度支撑，其高效的清算机制能确保市场顺畅运行，提升交易透明度与安全性，促进国际资本流动，保障金融市场稳定繁荣。

全球支付体系的角色和功能在不断演变，而这一过程并非一帆风顺。支付方式与技术创新在带来便捷的同时，也威胁着支付体系的安全性与稳定性。网络支付、移动支付兴起，网络欺诈、信息泄露等安全问题频发。此外，全球支付体系的发展还呈现出不平衡、不充分的态势，不同经济体的支付基础设施建设水平存在显著差异，一些发展中经济体在跨境支付方面仍面临诸多困难，这不仅限制了它们的经济发展，也在一定程度上制约了全球经济的均衡发展。

2. SWIFT 已经成为国际政治经济博弈的金融工具

SWIFT 的创立初衷是为了应对全球银行间跨境支付信息传递效率低下及标准不统一的问题，在成立后的几十年里，SWIFT 逐渐发展成为全球跨境支付信息传递的核心系统，它通过制定统一的报文标准和通信协议，实现了银行间支付指令的快速、准确传递，大大提高了跨境支付的效率，降低了交易成本。在这一阶段，SWIFT 的主要功能是为金融机构提供安全、高效的支付信息传递服务，推动全球贸易和金融的发展，其角色具有明显的公共服务属性。

然而，随着国际政治经济格局的变化，SWIFT 逐渐被卷入国际政治经济博弈，其角色和功能发生了显著转变。在国际政治领域，一些国家开始将 SWIFT 作为制裁工具，将特定国家的金融机构排除在 SWIFT 系统之外，切断其与国际金融体系的联系，从而达到政治施压的目的。

表6.3详细陈述了近年来SWIFT系统作为“金融核弹”被四次引爆的具体内容。

表6.3 SWIFT系统作为“金融核弹”被四次引爆的概述

时间	具体内容
2012年	由于伊朗核问题，欧美以限制核扩散和打击恐怖主义为由，将伊朗多家金融机构从SWIFT系统中剔除，这一制裁措施导致伊朗的对外贸易和金融活动受到严重打击，石油出口量大幅减少，经济陷入困境
2017年	美国以朝鲜发展核武器为由，对朝鲜实施制裁，朝鲜金融机构被剔除出SWIFT系统
2018年	美国退出伊朗核协议，在美国政府的施压下，伊朗金融机构再度被剔除出SWIFT系统，进一步加剧了伊朗的经济困境，货币大幅贬值，通货膨胀加剧
2022年	俄乌冲突爆发后，欧美对俄罗斯实施前所未有的金融制裁，俄罗斯和白俄罗斯的金融机构被剔除出SWIFT系统，卢布汇率大幅波动，金融市场面临巨大压力

在国际经济竞争的背景下，SWIFT已然成为各国争夺金融话语权的重要领域。掌握SWIFT的控制权在很大程度上就意味着在国际金融领域拥有更大的影响力。美国凭借其在国际金融体系中的主导地位，对SWIFT的运营和管理具有重要影响力，通过SWIFT，美国可以获取全球金融交易信息，进而监控其他国家的经济活动，维护自身的经济利益。这种情况引发了其他国家对金融主权和信息安全的担忧，促使一些国家开始探索建立自己的跨境支付系统，以降低对SWIFT的依赖，增强自身在国际支付领域的话语权。

SWIFT的政治化和工具化对全球支付体系和国际经济秩序产生了深远影响。一方面，这种做法破坏了全球支付体系的公平性和中立性，加剧了国际金融市场的不稳定。被排除在SWIFT系统之外的国家，其金融机构无法正常开展跨境业务，国际贸易和投资活动受到严重阻碍，进而影响了全球产业链和供应链的稳定。另一方面，SWIFT的政治化促使各国加快探索支付体系的多元化发展，推动全球支付体系格局的重塑。越来越多的国家意识到，建立自主可控的跨境支付系统对于维护国家金融安全和经济主权至关重要。这种趋势将促进全球支付体系向更加多元化、均衡化的方向发展。未来，全球支付体系可能会形成多个支付系统相互竞争、相互合作的格局，各国在保障自身金融安全的同时，也将共同推动全球支付体系的创新和发展。

（三）现有全球支付体系的缺陷

1. 现有全球支付体系的效率缺陷

现有全球支付体系在效率方面存在诸多问题，这些问题主要体现在跨境支付速度慢、系统复杂性高、支付透明度不足、基础设施不足，以及可扩展性较差等方面。

首先，根据麦肯锡咨询公司的报告，跨境支付的速度仍然是一个关键问题。跨境支付通常需要多个中介机构参与，每个环节都可能引入延迟，跨境汇款可能需要数天甚至数周才能到账。而不同国家的支付系统之间缺乏统一标准，导致互操作性问题，进一步延长了交易时间。其次，现有支付体系的复杂性高主要体现在多级银行参与和支付系统互操作性差两个方面，跨境支付通常需要多级银行参与，增加了交易环节和时间。再次，现有支付体系的透明度问题主要体现在交易信息不透明和费用结构复杂两个方面。根据 Klein，Mössinger 和 Pfingsten（2021）的研究，透明度不足可能加剧金融市场的代理问题。例如，用户可能无法实时了解交易状态，或者无法获取详细的交易记录，且支付系统的费用结构复杂，用户难以了解实际支付成本。此外，跨境支付的基础设施不足也是一个关键问题（Maechler，2024）。例如，全球范围内对应银行数量减少，外汇走廊萎缩，导致跨境支付渠道变窄。这不仅增加了交易成本，还降低了支付效率。最后，支付系统的可扩展性问题体现在技术架构上，许多传统支付系统的技术架构较为陈旧，难以支持大规模的实时支付。

2. 现有全球支付体系的成本缺陷

在现有全球支付体系中，跨境支付的高额交易费用是一个显著的成本缺陷。跨境支付涉及多种费用，包括外汇兑换费、中介银行手续费等，这些费用显著增加了跨境支付的总成本。此外，跨境支付的费用不仅包括直接的交易费用，还包括由汇率波动和流动性管理带来的间接成本。高昂的交易费用使得支付成本过高，跨境支付的费用可能占到交易金额的 10% 以上，这对于小额跨境支付来说是不可接受的。

3. 现有全球支付体系的金融包容性缺陷

发达国家与发展中国家的数字支付存在巨大的使用差距。许多发展中国家缺乏数字支付基础设施，导致数字支付普及率低。此外，数字支付技术的使用存在显著的地区和人群差距，这种数字鸿沟进一步加剧了金融包容性问题。数字金融的普及可以显著提升银行竞争力，缓解融资约束，并促进企业创新。然而，这种普及在不同地区和人群中存在显著差异，特别是在发展中国家，数字支付的普及率远低于发达国家。

首先，金融服务存在可及性问题。许多发展中国家的居民没有银行账户，无法享受金融服务。根据世界银行的数据，尽管全球银行账户的普及率有所提高，但在一些发展中国家，仍有大量人口没有银行账户。同时，现有支付体系对用户的要求较高，如需要银行账户、信用卡等，限制了部分人群的使用。数字支付系统的高门槛限制了低收入群体和弱势群体的使用。此外，数字支付服务的使用还受到互联网接入和移动设备普及率的限制。

其次，支付系统的灵活性不足，难以适应快速变化的市场需求。新兴支付方式如即时支付和电子钱包的快速发展，对现有支付系统的灵活性提出了更高要求。然而，现有支付系统在技术、语义和业务层面存在差异，这使得支付系统的互操作性和扩展性面临挑战。

4. 现有全球支付体系的安全与风险缺陷

全球支付系统面临网络安全威胁。支付系统存储了大量用户数据，容易成为网络攻击的目标。网络攻击者通过钓鱼攻击获取用户的敏感信息，从而进行金融诈骗。此外，网络支付的匿名性增加了欺诈风险。恶意软件可以渗透数字支付平台，导致数据泄露和财务损失。这些安全威胁不仅影响用户的信任度，还可能导致支付系统的不稳定。

现有支付系统高度集中化，一旦出现故障，就可能引发系统性风险。相关研究强调，支付系统的集中化可能导致单点故障，从而影响整个金融系统的稳定性。支付系统的复杂性也增加了系统性风险的可能性。研究表明，支付系统的漏洞可能导致资金流动的中断，进而影响金融市场的稳定性。这些风险不仅影响支付系统的安全性，还可能导致金融市场的动荡。

5. 现有全球支付体系的监管与法律缺陷

现有全球支付体系在支付透明度方面存在显著缺陷，主要体现在交易信息不透明和费用结构不透明两个方面。首先，支付系统中交易信息的透明度不足，容易引发用户信任问题。例如，跨境支付通常涉及多个司法管辖区，每个管辖区都有其自身的监管要求，这增加了交易信息的复杂性和不透明性。

其次，支付系统中的费用结构复杂，用户难以了解实际支付成本。这种不透明性不仅增加了用户的信任成本，还可能导致用户在选择支付方式时更加谨慎，从而影响支付系统的使用效率。

跨境支付监管差异和监管协调困难是现有全球支付体系面临的重大挑战。不同国家的监管政策差异导致跨境支付监管复杂，增加了金融机构的合规成本和运营难度。例如，欧洲的支付服务指令（PSD2）和反洗钱指令（AMLD5）要求金融机构进行严格的客户尽职调查和反洗钱（AML）措施，而美国则有其自身的监管框架，如《多德-弗兰克华尔街改革与消费者保护法》和金融犯罪执法网络。此外，国际支付涉及多个国家的监管机构，协调难度大。不同国家的监管机构之间缺乏有效的合作机制，导致了监管协调的困难，增加了金融机构在跨境支付中的运营成本和支付延迟。

支付法律的差异和跨境支付的法律冲突进一步加剧了现有全球支付

体系的法律风险。不同国家的支付法律存在显著差异，增加了金融机构在跨境支付中的法律风险。此外，跨境支付涉及不同国家的法律，容易产生法律冲突。例如，欧洲的《通用数据保护条例》（GDPR）对数据保护有严格要求，而美国则更注重反洗钱和消费者保护。这些法律冲突可能导致金融机构在跨境支付中面临双重合规压力，增加了运营成本和法律风险。

6. 现有全球支付体系的跨境支付困境

许多银行因合规成本高而减少跨境支付业务，导致对应银行数量减少，这种现象被称为“银行去风险化”。对应银行数量的减少不仅影响了跨境支付的效率，还限制了跨境支付渠道的多样性，提高了支付的复杂性和成本。

外汇走廊的萎缩导致外汇市场流动性下降，影响了跨境支付的效率。根据IMF的报告，外汇走廊的萎缩使得金融机构在进行跨境支付时面临更高的资金成本和更长的结算时间。此外，外汇走廊的萎缩还增加了汇率波动风险，使得企业和个人在进行跨境支付时面临更大的不确定性，增加了交易成本和风险。这种风险不仅影响了跨境支付的效率，还可能导致支付延迟和资金损失。

7. 现有全球支付体系的碎片化缺陷

全球支付体系的碎片化特征显著，不同国家的支付系统在技术、标准和运营模式上存在显著差异。这些差异导致了支付系统的地域化趋势，一些地区形成了区域支付系统，但缺乏全球统一标准。例如，印度的统一支付接口（UPI）系统在数字支付领域取得了显著增长，交易量在2024年上半年达到789.7亿次，同比增长52%。此外，欧洲的即时支付法规要求欧元区支付提供商在2025年初支持即时SEPA转账。这些区域支付系统的成功展示了支付系统的地域化趋势，但也凸显了全球统一标准的缺失。

支付系统的地域差异不仅影响了支付效率，还增加了跨境支付的复杂性，不同国家的支付系统在消息格式、通信协议和支付处理规则上存在差异，这也增加了实现互操作性的难度。这种差异导致了支付系统的碎片化，使得跨境支付变得复杂且成本高昂。

全球支付体系的碎片化可能造成支付系统之间的兼容性差。例如，即时支付系统（FPS）和RTGS在技术上相似，但RTGS系统在多数司法管辖区不提供24/7服务，导致大多数FPS和RTGS系统仍然分离。此外，跨境支付需要不同支付系统之间的无缝连接，但不同国家的支付系统在技术、语义和业务层面存在差异，这使得实现互操作性变得复杂。

三、全球支付体系多元化对金融制裁与中心外围问题的解决

（一）制裁的经济学分析：一个理论分析框架

参考Clayton等（2025）构建的模型框架，考虑一个小型开放经济体n被霸权国家针对，在世界范围内以世界价格p_1，…，p_I进行中间产品$i\in\{1, \cdots, I\}$的国际贸易。国家n专门生产一种中间产品n。国家n有$\bar{x}_{m}$单位的中间产品n的禀赋，可以出售这种中间产品以购买其他种类的中间产品。国家n还有$\bar{k}_{m}$单位的资本品n禀赋，价格为r_n。国家n有一个代表性消费者、一个代表性最终产品生产商和一个政府。

（1）代表性消费者。代表性消费者在国家n生产的最终产品n上的消费有效用函数$u(c_n)=\log(c_n)$。代表性消费者拥有国家n的中间产品的禀赋并且能够获得最终产品生产商的利润$\prod_n$，有预算约束：

$$p_n^f c_n \leqslant p_n \bar{x}_{m} + \prod_n$$

其中，p_n^f是国家n内生确定的最终产品价格。

（2）代表性最终产品生产商。代表性最终产品生产商以中间产品和资本品来生产最终产品的生产函数为：

$$f_n(x_{n1}, \cdots, x_{nI}, k_{n1}, \cdots, k_{nI}) = A_n \cdot \left[\left(\sum_{i=1}^{I} \alpha_{ni} x_{ni}^{\frac{\sigma-1}{\sigma}} \right)^{\frac{\sigma}{\sigma-1}(1-\gamma)} \cdot \left(\sum_{i=1}^{I} \alpha_{ni}^{k} k_{ni}^{\frac{\zeta-1}{\zeta}} \right)^{\frac{\zeta}{\zeta-1}\gamma} \right]^{\beta}$$

其中，σ是中间产品之间的替代弹性；$\beta\in(0,\ 1)$ 表示规模报酬；γ反映资本品相对于中间产品的相对支出份额；k表示全球支付系统；α_{ni}是在国家n的最终产品生产函数中，第i种中间产品的生产率参数，影响生产函数的技术形态，也与价格共同决定各中间产品的使用比例；ζ衡量了资本品的常数替代弹性，度量不同资本品之间的可替代性。柯布-道格拉斯形式的生产函数表达了最终产品生产商支付其支出的γ百分比的费用来使用全球支付系统。

当霸权国家威胁国家n不能使用全球支付系统时，可以理解为霸权国家威胁不再向国家n出售霸权控制的资本品。那么最终产品生产商的利润最大化问题为：

$$\max_{x_{n1},\cdots,x_{nI},k_{n1},\cdots,k_{nI}} p_n^f f_n(x_{n1},\cdots,x_{nI},k_{n1},\cdots,k_{nI})-\sum_{i=1}^{I}p_ix_{ni}-\sum_{i=1}^{I}r_ik_{ni}$$

这里我们关注$\sigma>1$的情况，即中间产品互为替代品，即使国家n没有办法购买到一些特定类别的中间产品，也能够生产出最终产品。

(3) 最终产品市场出清。因为最终产品只在国内消费，所以最终产品的消费量和生产量相等（$c_n=y_n$），从而最终产品市场出清。最终产品的价格p_n^f调整直到最终产品的国内市场出清。

(4) 国内政府。假设国家n的国内政府既关心国内消费者的效用，也关心地缘政治行动$a_n\in\mathbb{R}$。地缘政治行动可以代表联合国投票、承认外国国家或政府或冲突等立场，可以表达霸权国家能够影响的不同国家之间的相互依存关系。假设国家n的政府在消费和地缘政治行动上有分离偏好$\log c_n+\psi_n\log\phi_n(a_n)$。函数$\phi_n$描述了国家$n$政府的地缘政治偏好，决定了其期望采取的行动，$\psi_n$捕捉了国家$n$在地缘政治效用和消费效用间的相对权重。在最终产品市场出清的情况下，消费c_n与最终产品生产商的产出y_n相等。那么国家n的政府目标函数为：

$$U_n(x_n,a_n)=\log f_n(x_{n1},\cdots,x_{nI},k_{n1},\cdots,k_{nI})+\psi_n\log\phi_n(a_n)$$

国家n在资源约束$\sum_{i=1}^{I}p_ix_{ni}+\sum_{i=1}^{I}r_ik_{ni}\leqslant p_n\bar{x}_{nn}+r_n\bar{k}_{nn}$下最大化效用。

国家 n 的政府选择分配序列（x_n，a_n）来最大化国内的福利。能够求得国家 n 在产品 i 上的最优支出比例为 $\Omega_{ni}=\alpha_{ni}^{\sigma}\left(\frac{p_i}{P_n}\right)^{1-\sigma}=\frac{\alpha_{ni}^{\sigma}p_i^{1-\sigma}}{\sum_{j=1}^{I}\alpha_{nj}^{\sigma}p_j^{1-\sigma}}$，在资本品 k_i 上的支出比例为 $\Omega_{ni}^{k}=\frac{(\alpha_{ni}^{k})^{\zeta}r_i^{1-\zeta}}{\sum_j(\alpha_{nj}^{k})^{\zeta}r_j^{1-\zeta}}V_n$①，如果霸权国家控制一部分资本品（支付系统）的集合 J_n，威胁切断全球支付系统的使用（$\bar{\tau}$），国家 n 原本用于被霸权国家控制的支付系统的总支出比例 $\overline{\Omega}^k=\sum_{i\in J_n}\Omega_{ni}^{k}$，那么国家 n 的福利损失为：

$$W=V_n(0)-V_n(\bar{\tau})=\beta\frac{1}{\zeta-1}\gamma\log\left(\frac{1}{1-\overline{\Omega}^k}\right)$$

其中，$\overline{\Omega}^k$ 为被切断的支付系统集合所占的总支出比例，在实际经济环境中可以理解为某支付系统 k 在经济活动中的使用比例，γ 表示最终产品生产商对支付系统的依赖性，在实际经济环境中可以理解为支付系统的外部性强度，ζ 为支付方式的替代弹性。对该式分别对关键参数求偏导可得：

$$\frac{\partial W}{\partial\overline{\Omega}^k}=\beta\frac{\gamma}{\zeta-1}\frac{1}{1-\overline{\Omega}^k}>0$$

$$\frac{\partial W}{\partial\zeta}=-\beta\frac{\gamma}{(\zeta-1)^2}\ln\left(\frac{1}{1-\overline{\Omega}^k}\right)<0$$

$$\frac{\partial W}{\partial\gamma}=\beta\frac{1}{\zeta-1}\ln\left(\frac{1}{1-\overline{\Omega}^k}\right)>0$$

通过上述求导不难发现，支付系统 $\overline{\Omega}^k$ 的采用率越高，则禁用国际支付系统对被制裁国造成的福利损失越大。支付系统的替代弹性 ζ 越高，则禁用国际支付系统对被制裁国造成的福利损失越大。支付系统的外部性强度 γ 越高，则禁用国际支付系统对被制裁国造成的福利损失越大。

① 其中 r_i 是资本品 i 的价格，V_n 是国家 n 的值函数。

1. 全球支付体系碎片化的机制与趋势

近年来地缘经济分裂加剧，地缘经济风险已成为影响国际金融与支付体系的重要因素。地缘经济风险指的是国家利用自身经济实力，通过贸易、金融等手段对他国施加影响以达成地缘政治目的所带来的风险。当大国将经济互联互通作为博弈工具时，全球支付体系开始出现断裂迹象。例如，美国作为霸权国家，长期主导全球支付网络和国际货币体系，这种对关键金融基础设施的控制赋予其巨大的金融胁迫力。如果一个国家能够有效控制全球通用的支付体系，就能在必要时威胁切断他国的接入，从而将经济制裁作为地缘政治工具。在这种情形下，全球支付体系本身变成了大国博弈的前线。美国利用 SWIFT 系统对目标国银行进行“断连”，并将冻结目标国央行外汇资产作为制裁手段。这些措施的逻辑在于，一旦某国失去与全球支付体系的连通，其国际贸易和资金流动就将遭到严重破坏，从而被迫就范。以美元为主导的支付体系为美国政府实现其外交政策提供了独特工具。支付系统本质上是国家间经济互联的基础设施，一旦成为制裁对象，就会在全球贸易和资本流动中引发连锁冲击。

在全球化退潮的背景下，地缘政治动机驱动着各国重新审视相互依存的风险。冷战后几十年来的全球经济一体化曾带来贸易和投资的繁荣，但收益分配的不均衡和各国利益冲突使“逆全球化”暗流涌动。地缘经济分裂（Geoeconomic Fragmentation，GEF）成为描述这一趋势的概念：各国以国家安全和战略竞争为由，通过政策手段减少对他国依赖、逆转全球一体化进程。其表现涵盖贸易、投资、技术和全球支付体系等各个方面的一体化倒退。换言之，全球金融网络正因地缘政治张力而走向碎片化。地缘经济竞争使得越来越多的国家意识到支付体系的网络风险，纷纷寻求支付体系多元化以降低单一货币或结算体系带来的脆弱性。现有研究指出，全球支付体系的结构正在悄然变化：中国推出CIPS，英法德建立 INSTEX，俄罗斯发展 SPFS，印度启动结构化金融信息传递系统（SFMS）等举措应运而生。尽管SWIFT迄今仍处理全球逾90%的跨境交易，这些替代系统的覆盖范围和影响力目前仍无法与SWIFT比肩，但多元化支付体系的雏形已经形成，已显现出各方减少对美元及SWIFT依赖的意图，在某种程度上构建出一个绕开美元体系的“第二回路”。这些举措反映出全球支付体系正从集中统一走向区域化、多极化。

地缘经济风险对全球支付体系最直接的影响，就是跨境支付网络的碎片化趋势越发明显。传统上，SWIFT作为全球跨境支付信息传递的核心系统，美元亦凭借其储备货币地位在全球支付中占主导。然而，当SWIFT被用作制裁工具后，许多国家出于安全考虑开始寻求替代方案。特别是俄乌冲突后西方对俄实施的金融制裁，是支付体系制裁的典型案例。2022年美欧制裁包括将七家大型俄罗斯国有银行踢出SWIFT网络，并冻结俄罗斯央行绝大部分外汇储备。这一系列金融制裁重创了俄罗斯的对外结算能力，也为世界其他国家敲响警钟——对美元及其主导的全球支付体系的高度依赖，可能在地缘政治冲突中转瞬变成致命弱点。研究表明，若俄罗斯金融体系被全面隔离于SWIFT之外，其跨境支付效率将大幅下降；但由于欧盟在能源等关键领域对俄并未施加等量制裁，欧元和美元支付仍通过少数渠道流向俄国。换言之，只切断SWIFT系统本身并未根除美元支付渠道，只要部分银行保留连通，俄罗斯就能继续在CHIPS、联邦储备通信系统（Fedwire）或欧洲TARGET2等系统内进行美元和欧元交易。美国和欧盟不愿全面断绝俄罗斯银行支付接入，部分原因在于全面“断网”可能推高全球能源价格，反而惠及俄罗斯政府；也因为若大范围切断支付，将引发俄罗斯采取报复，或冲击欧盟银行体系，以及影响美元结算体系的核心地位。事实上，全球美元支付并不直接通过SWIFT转账结算，而是依赖CHIPS和Fedwire等美国结算网络。这意味着制裁威胁若要真正切断美元流动，就需从基础的美元结算体系入手。美方确实采取了措施，禁止部分外国银行通过美国银行体系结算和以美元支付。但正如分析所示，即便一些银行被隔离，只要俄罗斯仍可通过欧盟或中国的替代网络完成交易，其与美欧的支付往来就仍会持续。总之，SWIFT 断连和美元结算通道断开，都会给受制裁国造成严重干扰，使跨境支付成本上升、贸易结算拖延甚至暂停。但对于全球经济而言，过度使用这类制裁工具也存在反噬风险，如推动国际贸易脱钩和金融体系分裂等。

这一碎片化过程具有内在的时滞性与动态特征。短期内，地缘政治冲突往往会强化美元作为避险货币的地位：当风险事件发生时，全球投资者倾向于涌向美元资产以求安全，导致 SWIFT 体系中以美元结算的交易占比反而上升。各国央行也会在危机时选择持有更多美元储备以确保流动性，从而在官方储备中体现出对美元的路径依赖。但是长期来看，正如实证研究揭示的那样，地缘经济分裂将促使部分国家逐步减少对美元体系的依赖，转而增加人民币等其他货币的使用。跨境本币结算的增多是重要迹象。近年来，中国与其主要贸易伙伴签署了大量本币互换协议和本币结算协议，用人民币直接结算双边贸易。例如，中国与俄罗斯在能源贸易中扩大人民币计价的比例；部分中东产油国也开始考虑接受以人民币结算石油贸易。这些趋势都表明，地缘政治冲突正从反面推动着全球支付体系朝更加多元化的结构演变。

2. 非美元国家的制度应对与去美元化趋势

面对美元体系可能带来的制裁风险，中国、俄罗斯等非美元国家积极布局替代支付网络和多边合作机制。一方面，中国加速建设 CIPS，2015 年正式上线运行，通过该系统实现人民币支付结算，提升跨境人民币交易效率。同时，中国与共建“一带一路”国家签署货币互换协议，将人民币结算网络扩展至多国金融机构。另一方面，俄罗斯自 2014 年初步制裁后开发了自主支付系统 SPFS，虽仅限国内使用，却在一定程度上分担了与 SWIFT 断连的冲击。印度也推出 SFMS，作为本地区金融消息交换网络。欧盟层面则通过贸易往来支付工具（INSTEX）

为与伊朗和俄罗斯的贸易提供非美元渠道支持。这些努力的初衷是降低对美国主导的支付体系的依赖，逐步推动结算多元化。尽管当前 CIPS 和 SPFS 等系统的参与方与交易量相对于 SWIFT 基数较小，但它们已显示了参与方增强金融主权的意图。此外，金砖国家等倡议加强本币结算合作，一些新兴市场央行也在研发跨境数字货币桥（如中国主导的 mBridge 项目），以探索去美元化的支付框架。总体来看，非美元国家的应对方案包括：扩充本币支付结算网络、多边建立本币贸易结算渠道，以及研究推出 CBDC 跨境连通方案。这些行动表明，在地缘经济竞争背景下，支付体系正逐步分层：美元网络依旧具有优势，但区域性、本币化结算途径正在兴起，将对美元霸权构成长期压力。

（二）全球支付体系多元化的可能方案——CBDC

1. CBDC 对全球支付体系的影响

CBDC 通过实时结算和快速清算，显著缩短了交易时间，提升了支付效率。根据刘靓倩（2024）的研究，CBDC 的引入可以显著提高支付系统的效率，减少交易时间。同时，根据国际清算银行的报告，CBDC 的使用可以减少支付系统的中间环节，提高支付系统的透明度和可审计性。此外，CBDC 还可以通过统一的数据标准和消息格式，减少跨境支付中的数据丢失和人工干预。例如，采用 ISO 20022 等国际标准可以确保支付信息的准确传递。这种技术进步不仅降低了交易成本，还提高了支付的安全性。

CBDC 的引入减少了中间环节，从而降低了交易费用，极大降低了支付成本。传统支付系统中涉及的多个中介机构增加了交易成本，而 CBDC 通过直接的点对点交易，减少了这些中间环节。此外，CBDC 的使用还可以降低跨境支付的成本，因为 CBDC 可以直接在不同国家的支付系统之间进行交易，减少了汇率转换和中间银行的费用。根据国际清算银行的报告，CBDC 的使用还可以减少支付系统的运营成本，提高支付系统的效率。这种成本的降低不仅有助于减轻支付系统的运营负担，还有助于提高支付系统的可持续性。

CBDC为无银行账户人群提供了金融服务，增强了金融包容性，从而促进了经济发展。CBDC在新兴市场和低收入经济体中具有显著的金融包容性。与传统金融服务相比，CDBC的使用成本更低，且不受物理网点的限制，能够为更多人提供便捷的支付和储蓄服务。此外，CBDC的使用可以增加银行存款的供应，从而促进整体贷款的增加。根据国际清算银行的报告，CBDC的使用还可以促进金融服务的普及，提高金融服务的可及性。这不仅有助于减少金融服务的不平等，还有助于促进经济的包容性增长。

CBDC利用区块链技术，增强了支付系统的抗攻击能力，提高了支付安全性。区块链技术的不可篡改性和可审计特性使得CBDC特别适合满足支付系统的要求。此外，CBDC的使用还可以减少支付系统的欺诈风险，因为区块链技术可以提供透明的交易记录，从而增强支付系统的安全性。CBDC的引入还可以增强支付系统的隐私保护，减少支付系统的隐私风险。这不仅有助于保护用户的隐私，还可以提高用户对支付系统的信任度。

CDBC的出现可能会对国际货币格局产生深远影响。一方面，一些国家的CDBC可能会因其技术优势和政策支持而获得更广泛的国际使用。例如，中国的数字人民币已经在跨境支付中展现出强大的竞争力，其跨境结算系统吸引了众多国家和地区的参与。这种趋势可能会削弱美元在全球支付体系中的主导地位。另一方面，CDBC的国际化也可能引发货币替代现象。一些高通胀国家或货币不稳定的国家可能会更倾向于使用其他国家的CDBC，从而影响本国货币的独立性和货币政策的有效性。

2. CBDC在缓解地缘经济风险中的作用

CBDC的出现为跨境支付提供了一种替代方案，减少了对传统支付系统的依赖（邓宇，2023）。传统跨境支付系统如SWIFT，由于其集中化的特点，容易受到地缘政治因素的影响，被用作金融制裁的工具。而CBDC基于区块链和分布式账本技术，具有去中心化的特点，能够在一定程度上绕过传统支付系统的限制，降低跨境支付的风险。例如，mBridge项目通过构建一个去中心化的跨境支付平台，允许各参与方直接进行交易验证与清算，无需依赖传统的第三方中介机构，从而提高了跨境支付的效率与安全性。

CBDC的跨境支付系统可以增强金融体系的韧性，降低汇率波动风险，能够实现信息和资金的同步转移，提升清算效率，减少外汇交易成本和延误风险。通过技术手段，CBDC可以实现汇率的实时调整和稳定，降低地缘政治冲突导致的汇率大幅波动。

CBDC可以降低跨境融资成本，提高资金的流动性和可获得性，从而降低主权债务风险。此外，CBDC的使用可以减少外部货币政策的溢出效应，增强本国货币政策的独立性和有效性。这种技术优势有助于在地缘政治冲突期间维持国家的金融稳定，减少外部冲击的影响。

CBDC可以简化跨境贸易的支付流程，降低贸易壁垒，促进国际贸易的自由化。通过高效的支付系统，企业可以更容易地进行跨境交易，减少地缘政治冲突导致的贸易中断。此外，CBDC的跨境支付系统还可以实现供应链的数字化管理，提高供应链的透明度和效率，增强供应链的韧性。这种技术优势有助于在地缘政治冲突期间维持供应链的稳定，减少贸易中断的风险。

CBDC有助于增强货币主权，减少私人数字货币或外国数字货币对本国货币的威胁。通过CBDC的推广，各国可以在国际支付中更多地使用本国货币，减少对美元等主要国际货币的依赖。这种趋势可能重塑地缘政治动态和权力结构，进而导致全球经济和金融体系的重组。

四、结论与政策建议

（一）人民币国际支付体系的现状、挑战与政策启示

尽管人民币国际化取得了一定进展，其在全球支付体系中的份额仍

然较小。根据统计，人民币经 SWIFT 支付的占比在 2020 年仅为 1.65%，2024 年上升至 4.5%。在国际贸易融资领域，人民币信用证和托收业务的使用率甚至不到 2%。这种低占比反映出美元体系的强大网络效应：绝大多数跨境交易仍使用美元等传统货币。即使个别银行担心被 SWIFT 断连，它们也往往选择使用俄罗斯 SPFS 或中国 CIPS 等系统，而不是直接抛弃美元。学者也指出，只要目前尚无完全可行的替代方案，各国就仍倾向保留美元结算渠道。图 6.5 展示了地缘经济风险指数与 SWIFT 系统中美元交易份额的走势关系。可以看出，自 2021 年以来，地缘经济风险指数呈现剧烈波动和总体上升趋势，SWIFT 系统中美元交易份额也呈现出相似的上升趋势，二者在一定程度上成正相关。这表明在地缘经济风险指数上升时，各国倾向于选择美元作为交易货币。

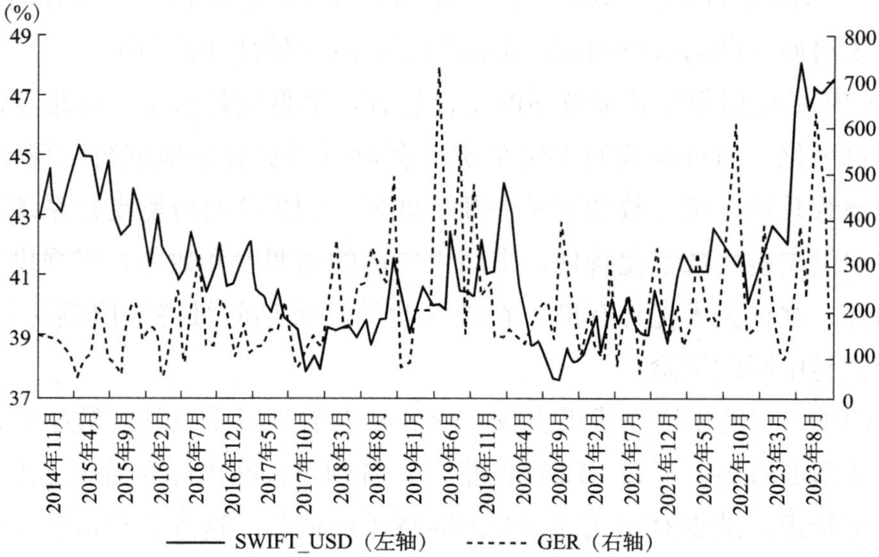

图 6.5　地缘经济风险指数与 SWIFT 系统中美元交易份额

资料来源：地缘经济风险指数由南开大学金融学院王道平团队测算，SWIFT 系统中美元交易份额来源于 SWIFT 系统。

此外，人民币自身面临流动性和可兑换性的限制：资本项目尚未完全开放，汇率波动和跨境资金管理依然严格，抑制了外界对人民币资产的需求。因此，目前人民币国际支付体系的主要挑战包括：国际连通度不足、跨境使用场景有限，以及信任度和交易便利性尚待提升。面对上述挑战，中国应继续发挥支付体系的杠杆作用，稳步推进人民币国际化。首先，要扩大人民币结算网络规模。加快建设人民币银行间结算平台，吸引更多境外银行直接接入CIPS，提高系统互操作性和交易效率；深化与共建“一带一路”国家的本币互换和金融合作，培育更多场景下使用人民币支付的需求。其次，要增强人民币在国际支付中的流动性。继续扩大债券市场对外开放，优化投资者准入机制，提高境外资金对人民币资产的配置意愿，从而提升跨境人民币交易量。再次，要推进数字货币等创新应用。支持CBDC多边试点，如mBridge项目，加速央行间数字货币互换和结算，探索更便捷的跨境支付途径。最后，须稳步放松资本账户管制。适度提升资本项目开放度，允许跨境人民币双向流动，在保证金融稳定的前提下，降低交易成本和汇率风险，增强国际社会对人民币资产的信心。在地缘经济风险时代，支付体系已成为大国博弈中的关键工具。基于Clayton等（2025）的理论框架，可以看到金融制裁对目标国是实质性冲击：切断资金与支付渠道会直接改变目标国的经济激励，使其面临沉重的经济成本。SWIFT断连、美元结算体系封锁等现实案例进一步验证了这一点；同时也促使中国等非美元国家积极布局本币结算和多边结算机制。对中国而言，这既是挑战也是机遇，在积极参与重塑国际支付生态的同时，需要加强政策协同，使人民币支付体系更具竞争力与韧性，为人民币国际化战略提供坚实基础。

（二）数字货币革命与全球支付体系的未来

地缘经济风险背景下的新技术突破，正在为全球支付体系的重塑注入动能。其中，CBDC的兴起尤其值得关注。中国推出的数字人民币及其参与的mBridge项目，正成为应对地缘风险、减少对美元体系依赖的关键工具。

mBridge等多边数字货币平台在地缘政治意义上具有突破性。它绕过了传统以美元为中心的跨境结算体系，使参与国能够直接以本币进行交易，从而在一定程度上规避美国主导的金融网络。比如，中国与沙特阿拉伯已经尝试通过 mBridge 平台以人民币和数字沙特里亚尔完成石油贸易结算。沙特阿拉伯对华原油出口接受人民币计价，所得人民币资金又直接用于投资中国国内项目和支付中国工程服务，形成“能源-货币-产业”的闭环循环。这一创新举措被视为对延续数十年的石油美元体系的历史性挑战。虽然短期内美元仍将在国际油市中占据主要地位，但以数字人民币为媒介的“石油人民币”交易打开了局面，意味着全球大宗商品贸易结算开始出现多元化苗头。

数字人民币革命背后蕴含的深层意义在于：数字技术为国际货币竞争提供了新的赛道。随着区块链和数字货币技术日趋成熟，各国企业和公众对新型支付系统的接受度将提高。从动机上看，新兴经济体和发展中国家更有理由拥抱这些创新，因为去中心化的数字支付网络可以减少它们对传统美元体系的结构性依赖。数字人民币架构在设计上内嵌了制裁规避的特性：点对点的直接结算无需通过美国金融机构，大幅降低了受到第三方冻结或拦截的风险。这对希望在美西方制裁阴影下坚持独立发展的经济体来说无疑具有巨大吸引力。

数字人民币的跨境应用还有望带来政策上的正反馈。传统观点认为，中国的资本管制是人民币国际化的重要制约。如果数字货币系统能够提供高度透明、可追踪的资金流动数据，监管层就可能更有信心适度放松管制，允许资本更自由地进出。这种思路意味着数字人民币的推广反而可能催生金融体制的改革，从而进一步助力人民币国际化。总之，数字技术革命正在部分抵消地缘对立带来的负面影响，使全球支付体系的变革更多一分技术驱动的希望。在未来，技术网络效应或将与地缘政治力量交织决定新的支付格局，效率和成本优势可能促使企业基于经济理性选择使用某种数字货币平台，即便该平台由某个特定国家主导。这为人民币通过数字化渠道实现更广范围的接受提供了现实路径。

（三）实现全球支付体系多元化的路径

实现全球支付体系多元化需要政策支持和灵活的监管框架。各国政府和监管机构需要制定有利于支付体系多元化的政策，建立统一的监管标准。通过提供更高效、透明和安全的支付方式，CBDC 可以补充现有的全球贸易和金融流动，提供新的交易途径。政策支持和监管框架的建立需要考虑国际协调，各国监管机构需要加强国际合作，协调监管政策，以确保 CBDC 的跨境使用符合国际标准。同时，需要建立统一的法律框架，以支持 CBDC 的开发和使用。此外，在开发 CBDC 时，需要平衡隐私保护和反洗钱要求。

技术研发和基础设施建设是实现支付体系多元化的重要环节。根据国际清算银行的报告，CBDC 的开发需要重点关注全球互操作性、安全基础设施以及央行、金融科技公司和监管机构之间的合作。技术研发和基础设施建设需要考虑互操作性，确保不同国家的 CBDC 可以无缝互操作。同时，需要建立强大的安全基础设施，以防止网络攻击和欺诈行为。此外，在开发 CBDC 时，需要确保用户隐私得到保护。

提高市场对新支付方式的接受度和加强用户教育是实现全球支付体系多元化的重要步骤。可以通过有效的市场推广策略，提高市场对 CBDC 的认知度和接受度。同时，需要通过教育和培训，帮助用户理解 CBDC 的优势和使用方法。此外，需要建立央行、金融科技公司和监管机构之间的合作伙伴关系，以推动 CBDC 的开发和使用。

国际合作和协调是实现全球支付体系多元化的重要途径。根据国际清算银行的报告，CBDC 的开发需要从一开始就纳入跨境考虑，并在国际上协调，以避免过去的错误。国际合作和协调需要开发 CBDC 的跨境支付功能，以促进跨境贸易和投资。同时，需要加强国际合作，协调 CBDC 的开发和使用。此外，需要确保不同国家的 CBDC 可以无缝互操作。

建立完善的风险管理体系，确保支付系统的安全运行是实现支付体系多元化的重要保障。CBDC 的开发需要重点关注风险管理，确保支付系统的安全运行。例如，通过使用区块链技术，CBDC 可以提供透明的交易记录，增强支付系统的安全性；定期进行风险评估，以识别和管理 CBDC 开发和使用中的潜在风险。同时，需要建立强大的安全措施，以防止网络攻击和欺诈行为。此外，在开发 CBDC 时，需要确保用户隐私得到保护。以上这些措施将有助于确保 CBDC 的成功实施和全球支付体系的多元化发展。

参考文献

[1] 邓创，徐曼．我国的资产价格调控与货币政策选择：基于有向无环图的分析．中央财经大学学报，2019（12）：41-49.

[2] 邓宇．CBDC 跨境应用与国际监管协调研究．金融监管研究，2023（10）：80-94.

[3] 刘军梅．俄乌冲突背景下极限制裁的作用机制与俄罗斯反制的对冲逻辑．俄罗斯研究，2022（2）：62-88.

[4] 刘靓倩．数字人民币打造新型跨境支付体系的研究．国际金融，2024（5）：49-58.

[5] 陶士贵．主权国际货币的新职能：国际制裁手段．经济学家，2020（8）：90-99.

[6] 朱磊．战后国际金融制裁研究．上海：上海外国语大学，2019.

[7] Bali，M. and Nady Rapelanoro（2021）. How to Simulate International Economic Sanctions：A Multipurpose Index Modelling Illustrated with EU Sanctions Against Russia. *International Economics*，168，25-39.

[8] Bessler，D. A. and Jian Yang（2003）. The Structure of Interdependence in International Stock Markets. *Journal of International Money and Finance*，22（2），261-287.

[9] Clayton，T.，Ravindra Duddu，Tim Hageman，et al.（2025）. Modeling Ice Cliff Stability Using a New Mohr-Coulomb-based Phase Field Fracture Model. *Journal of Glaciology*，71，1-34.

[10] Dreger，C.，Konstantin A. Kholodilin，Dirk Ulbrich，et al.（2016）. Between the Hammer and the Anvil：The Impact of Economic Sanctions and Oil Prices on Russia's Ruble. *Journal of Comparative Economics*，44（2），295-308.

[11] Hoover，K. D.（2003）. Causality：Models，Reasoning，and Inference. *The Economic Journal*，113（488），F411-F413.

［12］ Klein，P.，Carina Mössinger，and Andreas Pfingsten（2021）. Transparency as a Remedy for Agency Problems in Securitization? The Case of ECB's Loan-level Reporting Initiative. *Journal of Financial Intermediation*，46，100853.

［13］ Maechler，A. M.（2024）. Innovations in Global Payment Systems and the Role of the BIS. Speech Presented at the 15th Annual Conference：The Rewiring of the Global Economy. Cusco，19 July.

［14］ Pearl，J.（1995）. Causal Diagrams for Empirical Research. *Biometrika*，82（4），669－688.

第七章　地缘经济风险与储备货币

自20世纪90年代以来，全球外汇储备规模稳步增长。同时，受地缘经济风险和全球金融市场发展等因素的驱动，各国央行在储备货币的选择上呈现出多元化趋势。本章分别从实证和理论两个角度，就地缘经济风险对全球外汇储备结构及一国储备币种选择的影响机制进行了分析。研究发现，地缘经济风险提高所带来的不确定性提升、贸易结算方式改变和金融制裁的可能性，会引发各国央行对其外汇储备资产的币种进行相应调整。非储备货币发行国在地缘经济风险上升时倾向于持有更多的美元资产避险；储备货币发行国的地缘经济风险上升会显著降低其在国际储备货币格局中的占比。

一、国际储备货币格局及演变

在布雷顿森林体系下，美元是唯一的储备货币，其核心在于美元与黄金挂钩、其他各国货币与美元挂钩的固定汇率制度安排。然而，这一体系在20世纪60年代逐渐暴露出结构性矛盾：美国国际收支逆差扩大导致黄金储备持续流失，单一的储备货币难以同时满足提供充足国际储备与维持币值稳定的双重需求，这正是著名的“特里芬难题”。要突破这一困境，就必须构建多元化的国际储备体系。1971年尼克松政府宣布美元与黄金脱钩，标志着布雷顿森林体系实质性解体。1976年，国际货币体系进入牙买加体系时代，开启了由多个国家货币共同构成国际储备货币的多元化趋势。20世纪80年代随着日本和德国的经济地位逐渐上升，日元和马克在国际储备中的占比逐渐达到 8%和 15%，形成“美元-马克-日元”三足鼎立格局。1999 年欧元的诞生进一步重构了国际储备货币格局，在欧元区经济总量与贸易规模的支撑下，欧元迅速成为全球第二大储备货币，最高占比达 27%，但 2010 年欧债危机暴露出欧元区的诸多风险，外加英国脱欧等事件进一步制约了欧元的国际地位。在全球金融危机后，以人民币为代表的新兴市场货币开始崭露头角，2016 年人民币正式加入 SDR 货币篮子，成为首个进入国际储备货币行列的发展中国家货币，并于 2022 年权重增至 12.28%。根据 IMF 数据，截至 2024 年第三季度，美元仍以 57.39%的占比在全球外汇储备中维持主导地位，但较 2000 年的 71%已显著下降。近年来，数字货币与数字资产的兴起也为国际储备货币格局的变化带来了新方向，未来国际储备货币格局将受到技术主权与制度创新的交互影响，而国际货币体系也呈现从“中心-外围”结构向“多极化”转变的趋势。

（一）外汇储备规模稳步增长

根据 IMF 统计，自 20 世纪 90 年代以来，全球外汇储备规模稳步增长，从 1995 年的约 1.4 万亿美元增长到 2023 年的超 12 万亿美元，在 28 年间增长了约 8 倍，如图 7.1 所示。分阶段而言，全球外汇储备在经历了 1995—2008 年的高速增长阶段，2009—2016 年的继续增长和短暂回落阶段，2016—2021 年的稳步回升阶段后，最近几年又进入了相对动荡的时期。

(1) 1995—2008 年的高速增长阶段。在这一阶段，全球外汇储备迅速增长，仅从 2000 年到 2005 年就基本实现了翻倍。这一阶段的高速增长主要由以下几个因素驱动：

第一，20 世纪 90 年代末的亚洲金融危机使得众多发展中国家意识到了积累外汇储备对应对内外部冲击，从而维持经济稳定和经济增长的重要性，这就为外汇储备的迅速积累提供了政策动力。

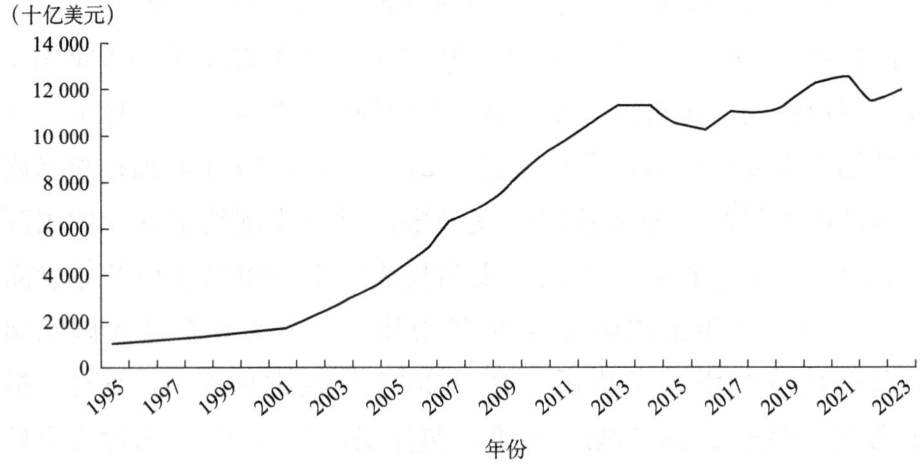

图 7.1　全球外汇储备规模

资料来源：IMF，Currency Composition of Official Foreign Exchange Reserves（COFER）.

第二，随着 90 年代末及 21 世纪伊始世界贸易的迅速发展，出口成为许多国家经济发展的主要驱动因素，出口带来的大量外汇为这些国家外汇储备的高速增长提供了经济动力。例如，中国加入 WTO 以来，出口迎来爆炸式增长，国际贸易顺差为中国外汇储备的迅速增加提供了充足的来源，极大地促进了全球外汇储备规模的迅速扩大；又如，2000 年以来国际大宗商品（如石油等）价格的攀升也为资源出口国带来了大量外汇。全球经济的繁荣和国际贸易的发展共同为外汇储备的高速增长创造了经济条件。

第三，以美元为核心的国际金融体系为外汇储备的迅速增加提供了制度基础。自布雷顿森林体系崩溃以来，虽然不再要求各国锚定美元，但鉴于美国依然在国际贸易中占统治地位，世界上绝大部分国家依然选择美元作为货币锚（Ilzetzki et al.，2019），并在不同程度上稳定本币兑美元汇率（固定汇率制及管理浮动汇率制等）。这些制度安排叠加国际贸易中收支不平衡的快速加剧（如国际贸易顺差），共同导致了全球外汇储备的高速增加。

在以上三个主要驱动因素的共同作用下，全球外汇储备得以在 21

世纪伊始经历了一段时间的快速上涨。

（2）2009—2016 年的继续增长和短暂回落阶段。2008 年全球金融危机极大地影响了国际贸易和国际金融格局，但全球外汇储备的增长趋势仍然维持至 2012 年前后。但这一阶段全球外汇储备增长的主要驱动因素发生了根本变化，该根本变化与 2013—2016 年外汇储备的快速下降息息相关，下面对此进行统一分析。

具体而言，2008 年全球金融危机后，虽然全球经济增长和国际贸易遭受重创，一些国家在应对危机时也动用了外汇储备，但美国等主要经济体应对危机采用的宽松货币政策，特别是后续的量化宽松政策为全球提供了大量低息美元。这些美元迅速涌入发展中国家，取代贸易成为继续推升全球外汇储备的主要动力。这一趋势随着 2013 年前后美国量化宽松政策的结束而结束，叠加全球经济恢复和国际贸易不及预期、国际油价下跌等其他经济因素，全球外汇储备在 2014—2016 年经历了一次快速下降时期。在表现形式上，许多国家通过动用外汇储备来应对美元成本上升带来的资本外流和汇率贬值压力。例如，中国的外汇储备就是在这一阶段从峰值的 4 万亿美元回落到 3 万亿美元左右。

（3）2016—2021 年的稳步回升阶段。2016 年前后，随着世界经济和国际贸易的继续复苏以及国际油价和大宗商品价格的回升，全球外汇储备逐渐企稳并恢复上行趋势。2019 年的新冠疫情虽然让全球经济和国际贸易再一次遭受重创，但由于美联储再次采取宽松的货币政策，全球外汇储备仍然维持了上涨趋势。同时，宽松的货币政策也导致美元走弱，提升了非美元外汇储备的美元价值，在一定程度上导致以美元计价的全球外汇储备继续走高，并于 2021 年达到峰值。

（4）近期趋势。2022 年，随着美联储为应对通胀采取激进的加息策略，叠加新冠疫情后经济恢复和国际贸易不及预期等因素，全球外汇储备在一年之内降低约 1 万亿美元。美联储加息导致日元等货币承受了较大的贬值压力，促使各国央行动用外汇储备来维持币值稳定，成为全球外汇储备下降的主要驱动因素。2023 年，随着美联储加息的放缓，全球外汇储备有所回升，但仍未触及 2021 年的高点。

总体而言，90 年代的亚洲金融危机塑造了央行应持有足够的外汇储备以应对内外部冲击的共识，而国际贸易的蓬勃发展和以美元为中心的国际金融体系为全球外汇储备的快速积累创造了经济和制度上的双重动力，共同推动全球外汇储备稳步增长。作为主要的国际货币，美国的货币政策对全球外汇储备的变化有着重要的影响，这种影响也成为其他国家地缘经济风险的主要来源之一。总之，全球外汇储备在经历了 19 世纪 90 年代末和 20 世纪初的快速增长后，其增速逐渐放缓、波动性有所加强，但仍然保持了震荡上升的趋势。

（二）储备货币多元化

在全球外汇储备稳步上升的背景下，各国央行对于储备货币的选择在近年呈现出多元化趋势，主要表现为传统四大主流储备货币（美元、欧元、日元、英镑）（特别是美元）的地位逐步下降和一些新兴储备货币（如加元、澳元、人民币）等的兴起。图 7.2 展示了主要储备货币占全球外汇储备比例随时间变化的情况。从图中可见，美元的占比

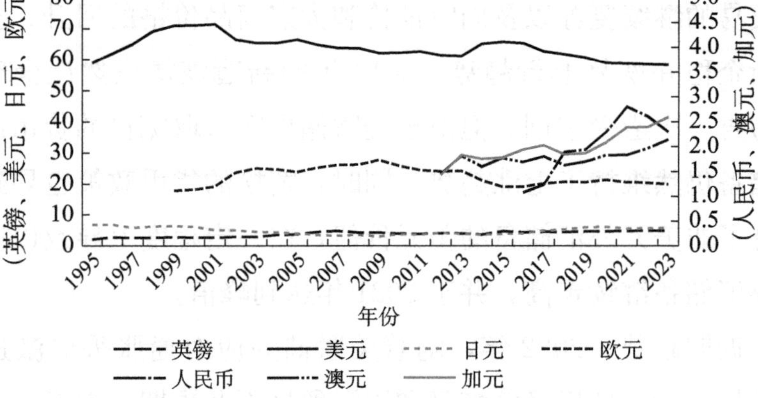

图 7.2　主要储备货币占全球外汇储备的比例

资料来源：IMF，Currency Composition of Official Foreign Exchange Reserves（COFER）.

在2000年左右达到峰值，超70%，随后逐步下降至低于60%；欧元的占比一度上升至约30%，而后逐步下降至20%左右；日元从20世纪90年代的6%～8%降至5%左右，而英镑则从2%上升至5%左右，随后两者的占比保持基本稳定。需要注意的是，占比最高的美元、欧元的份额下降并非由于排名第三、第四的储备货币（日元和英镑）份额上升导致。事实上，前四大储备货币占全球外汇储备的总比例逐步由超过90%降到85%左右。全球央行转而逐步提升非传统储备货币在其外汇中的比重，储备货币呈现多元化趋势。

具体而言，澳元、加元、瑞郎、人民币以及其他非传统储备货币（韩元、瑞典克朗等）在全球外汇储备中的占比逐步增加。尽管每种货币的占比不高，但这些新兴储备货币的总体占比在过去二十年中稳步上升，现在已经超过10%。其中，在20世纪90年代几乎不作为储备货币的澳元、加元等的占比近年来稳定于2%～3%；人民币自加入SDR货币篮子以来，其份额更是在十年内就从0迅速发展到2%～3%，并在延续上升趋势。虽然这些货币的占比略有波动，但大趋势是稳定的：各国央行正逐步多元化其外汇储备的持有，避免过度集中于美元。

储备货币的多元化主要由以下几个因素驱动：

第一，地缘经济风险和地缘政治风险的影响。自俄乌冲突在2022年爆发以来，美国及其盟友对俄罗斯实施了多种金融制裁措施，包括冻结俄罗斯大型国有金融机构在美资产，将部分俄罗斯银行排除在SWIFT支付系统之外，冻结俄罗斯央行的外汇储备资产等。作为回应，俄罗斯将美元储备占比从40%降至16%，并抛售美债，转向黄金和非西方货币结算。西方对俄罗斯实施的全方位金融制裁暴露了美元体系的“武器化”风险，促使各国重新评估过度依赖美元的安全性，转而寻求其他货币以及黄金等资产。与金融风险不同，地缘经济风险和地缘政治风险更强调相关政府（特别是美国政府）的政策，因而主动性更强，也使得各国央行更有意愿多样化其储备货币以减轻对美元的依赖。事实上，这不仅体现在外汇储备的货币选择上，还体现在近年来各国央行争相增持黄金的大趋势上。如图 7.3 所示，各国央行的黄金储备不管是从绝对值还是占比（黄金储备占黄金和外汇总储备的比例）上说，都在近十年稳步上升，并在近两年加速上升，体现了普遍的避险需求。例如，2022 年 11 月至 2024 年 4 月，中国连续 18 个月增持黄金；新兴市场国家（如土耳其、波兰等）也大幅增持黄金，以减少对美元的依赖。

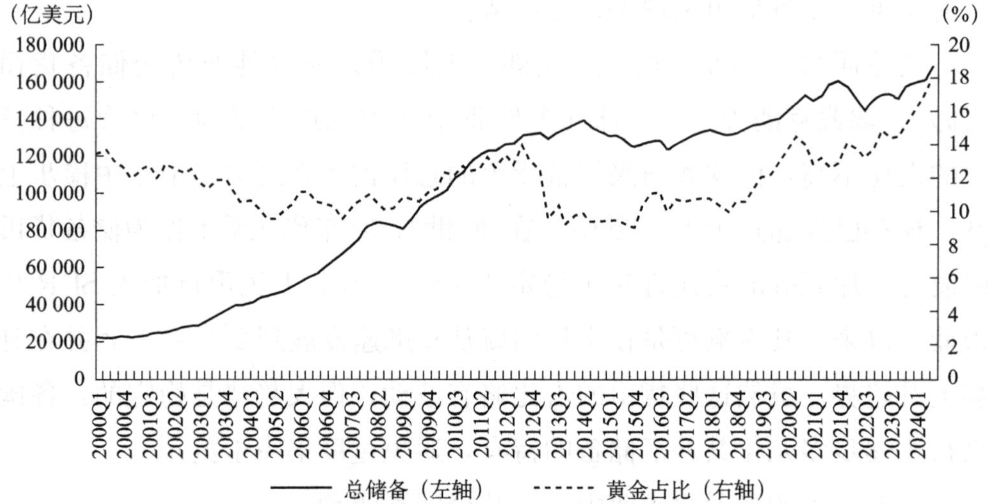

图 7.3　包含黄金在内的外汇总储备规模和黄金储备占比

资料来源：IMF，International Financial Statistics（IFS）.

第二，金融风险考量。鉴于储备货币本质上仍属于金融资产，各国央行有动力多样化其“持仓”以达到风险分散的目的。持有多种货币可以降低持有单一货币的汇率风险，维持外汇储备的价值稳定，也能降低外汇储备对单一国家经济、金融冲击的敏感度，提升本国对地缘经济风险（特别是来自美国的风险）的抗性。近年来，美国经济、金融的波动性增加促进了各国央行对金融风险的考量，是它们选择多样化储备货币的主要推动因素之一。

第三，全球金融市场的逐渐成熟。在过去二十年间，许多国家的金融市场（特别是债券市场）发展迅速且流动性增加，为各国央行持有和交易其货币提供了便利。金融基础设施的逐渐完善也为央行的储备货币管理部门买卖和持有非传统储备货币提供了方便。例如，加拿大、澳大利亚等国的债券交易逐步便捷化，为央行持有以其货币计价的资产提供了方便，而这种债券的高收益也为央行持有该资产提供了分散风险之外的其他动因；又如，离岸人民币市场的发展与清算银行等金融基础设施的不断完善也便利了各国央行交易和持有人民币资产。

第四，国际贸易与国际金融市场的结构性变化。随着国际贸易的逐步发展，全球贸易和金融格局逐渐发生变化。例如，中国在世界贸易中的迅速崛起为其贸易伙伴持有人民币资产创造了动力；又如，澳大利亚在区域贸易中的地位也使得一些央行愿意持有澳元资产。国际贸易和国际贷款，特别是其对计价和结算货币的选择，也是影响外汇储备持有的重要因素。

总体而言，出于风险分散的目的和国际贸易金融体系的结构性变化为各国央行储备货币多样化提供了动力，而全球金融市场的发展成熟则为这种操作提供了便利条件。各国央行还普遍增加了黄金储备，进一步体现出强烈的避险需求。但值得注意的是，储备货币的多元化滞后于世界经济的多极化。如图 7.4 所示，按购买力平价计算，2024 年美国 GDP 占全球的比重已降至约 15%，但美元在全球外汇储备中的占比仍超过 50%；相比之下，当前中国 GDP 占全球的比重约为 19%，而人民币在全球外汇储备中的占比不足 5%，显示出经济实力与货币国际地位的显著差距。储备货币多元化的滞后性与储备货币的网络效应和路径依赖、离岸市场深度不足以及地缘博弈的复杂性密切相关。

二、地缘经济风险对储备货币的影响机制

对储备货币的选择受多方面因素的影响，包括货币发行国的经济体量与债务水平、外汇制度与外汇市场的流动性、贸易关联与贸易结算货

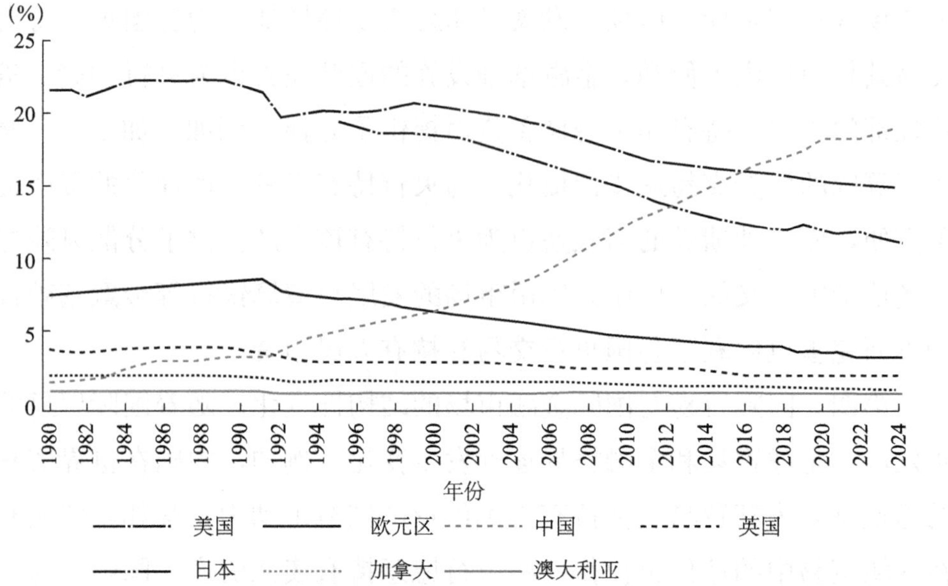

图 7.4 储备货币发行国 GDP 全球占比（按购买力平价计算）

资料来源：IMF，World Economic Outlook.

币、国家地缘经济与政治风险等。下面将在回顾现有文献的基础上，从实证和理论两个角度分析选择储备货币的决定因素，并厘清地缘经济风险对选择储备货币的影响机制。

（一）文献综述

外汇储备的持有动机经历了从单一功能向多维目标的动态演变，其驱动机制与国际经济格局变迁及政治风险变化紧密相关。现有研究中关于外汇储备的影响因素主要从需求侧出发，形成了持有外汇储备的三个核心理论体系：交易性需求、预防性需求和重商主义需求。早期研究强调外汇储备与国际贸易活动的关联性，认为外汇储备的首要功能是满足进口交易与国际贸易结算需求（李少昆，2017）。随着美元在全球贸易计价中的主导地位得到确立（Gopinath and Stein，2021），美元资产在外汇储备中的超比例配置成为普遍现象（Gopinath and Stein，2018），这揭示了国际贸易计价货币选择对外汇储备构成的深层影响。伴随着金融全球化的发展和东南亚金融危机的爆发，预防性需求逐渐得到重视。

预防性需求是为了预防国际资本流入突然停止或国际资本外逃发生而产生的外汇需求（Durdu et al.，2009；杨权和裴晓婧，2011）。研究表明，外债货币结构与外汇储备构成存在显著关联，美元外债的高占比会驱动央行持有更多美元外汇储备以对冲汇率波动引致的偿付风险（Lu et al.，2024）。此外，全球金融周期与美联储的货币政策会对外汇储备的构成产生显著影响（Aizenman et al.，2020）。美联储的货币政策调整（如加息或降息）会引发全球资本流动的变化，进而影响各国的外汇储备规模和结构。重商主义需求随着国际贸易和经济全球化的深入发展而出现，它是为促进出口、防止本币升值而进行外汇市场干预的需求。对资本账户管制较强的新兴经济体更倾向于积累超额外汇储备以干预外汇市场（Chinn and Frankel，2005；Aizenman and Lee，2007；唐爱迪等，2019）。以中国为例，在人民币国际化的背景下，我国外汇储备的交易性需求随进口规模增加而上升，预防性需求是为了干预汇率、防止资本外逃而增加，国际收支经常账户的波动性与跨境资本流动的波动性也对外汇储备需求产生了正向影响（唐亚晖和姚志远，2019）。

随着国际货币体系及金融全球化的发展演进，外汇储备规模不断增加。从实证研究成果来看，大多数研究聚焦于外汇储备规模的影响因素。从长短期因素来看，国内生产总值对外汇储备具有长期影响，外商投资回报率、净出口值、本币汇率对外汇储备具有短期影响（王增磊和张恒义，2017）。新兴国家为维持本币汇率稳定（Ilzetzki et al.，2019）、维系本国金融稳定（Obstfeld et al.，2010）、防范本国企业货币错配（Das et al.，2022）和实施外汇市场干预，其外汇储备增长远超合理水平（Wijnholds et al.，2007）。然而，综合考虑外汇管理成本与收益，外汇储备规模不宜过高（Rodrik，2006；周姝彤，2022）；过高的外汇储备会增加管理成本，如机会成本、汇率风险成本等，同时可能带来资源配置效率低下等问题。从货币国际化角度，在货币国际化初期阶段，应维持一定规模的外汇储备，在发展到一定阶段之后，外汇储备规模应保持相对稳定，不宜增长过快（王晓芳和杨永健，2021）。日本的例子即为明证，外汇储备占比畸高对日元国际化产生了显著的负面影响（白钦先和张志文，2011）。同时，外汇储备结构也在不断变化。从历史上说，英镑曾是主要国际货币，但在布雷顿森林体系建立后，美元占据了主导地位，而欧元诞生后，也在国际储备货币中占有一席之地（Chinn and Frankel，2005）。自21世纪以来，外汇储备结构日趋多元化，以美元、欧元为代表的传统国际货币份额呈现下降趋势，以人民币、澳元为代表的非传统货币外汇储备占比不断提升（陈卫东等，2023），这得益于市场流动性改善和央行外汇储备管理策略变化（Arslanalp et al.，2022）；以中国外汇储备构成为例，美元资产虽然仍是中国外汇储备的主要对象，但在全球金融危机后，其他币种的占比提升了近17%，中国的外汇资产结构体现出明显的多元化特征（王曦和谢睿航，2024）。这反映了全球经济格局的变化以及各国央行对外汇储备风险管理意识的增强。

然而，在全球不确定性不断上升的背景下，外汇储备规模在各经济体中都显著减少，外汇储备规模主要受到贸易渠道、资本流动渠道和汇率渠道的影响（李珂欣，2024），特别是在中美贸易摩擦的背景下，以出口为导向的贸易渠道对外汇储备的影响显著且稳定，贸易摩擦会影响进出口规模和贸易顺差，进而影响外汇储备的积累。

外汇储备本质上是各国持有的国际性金融资产，而且受到收益与风险的影响。从收益角度看，在新兴市场国家内，微观企业的内生风险投资行为会随着外汇储备管理政策发生变化，如企业跨国并购活动（李嘉杰等，2023），合理的外汇储备管理政策能够为企业跨国并购提供资金支持和风险保障。从风险角度看，随着地缘政治风险增加，以发达国家国债为主要构成的外汇储备风险不断积聚（陈卫东等，2023），而外汇储备的规模决定了一国对汇率风险的抵御能力（缪延亮等，2021）。此外，大量研究表明，全球不确定性上升导致国际贸易波动、跨境资本流动波动及产出波动（Baley et al.，2020；Andrikopoulos et al.，2023），进而无法维系贸易结算和外汇储备体系的稳定性；而对外汇储备进行管理不仅有助于降低资本流动波动和本币币值波动（易祯等，2023），而且有助于应对国际资本流动性危机（杨秋菊和杨权，2022），因而外汇储备管理是维护本国金融安全的重要措施。

现有文献大多聚焦于传统的需求理论和外汇储备规模的影响因素，但对非传统因素的关注较少，比如对全球不确定性、地缘经济风险、地缘政治风险等因素对外汇储备的影响的研究仍然比较欠缺。

（二）实证分析

为填补相关研究的空白，特别是探究地缘经济风险对全球外汇储备结构及一国外汇储备币种选择的影响，我们使用第二章构造的跨国地缘经济风险指数进行实证分析。地缘经济风险可能从以下路径影响外汇储备币种选择：

第一，货币发行国自身的地缘经济风险可能影响各央行的选择。一方面，主要储备货币发行国均为世界的主要经济体，其地缘经济风险的变化可能通过网络效应外溢，并影响其他国家央行的外汇储备币种选择；另一方面，储备货币发行国地缘经济风险的变化可能改变以其货币计价的资产的供给和回报率，进而通过资产选择影响央行的外汇储备币种选择。此外，储备货币发行国的地缘经济风险还有可能影响贸易伙伴对贸易结算货币的选择，进而影响其央行的决策。另外，极端地缘经济事件也可能影响其他央行对某货币的信心（包括经济制裁风险），导致它们调整外汇储备的币种结构。总体而言，各国央行的选择又会影响全球外汇储备的整体结构，体现为全球外汇储备币种占比的变化。

第二，各国自身的地缘经济风险可能影响其选择。一方面，当一国面临的地缘经济风险上升时，在当下全球金融市场将美元视为避险资产的前提下，其避险需求可能导致央行持有更多的美元资产；另一方面，如果其面临的地缘经济风险来源于储备货币发行国，则其有动机减持相关资产。因此，对于储备货币选择国而言，其决策一方面取决于自身的地缘经济风险，另一方面也取决于源自货币发行国的地缘经济风险。

第二章中的地缘经济风险衡量的是一国受到的风险，并未对风险来源做出区分。此外，鉴于其起始年份较晚（2000 年起），为了进一步明确货币发行国地缘经济风险对其货币的影响，也为了增加数据覆盖时间，我们进一步使用经济政策不确定性刻画了来自货币发行国的经济政策风险如何影响各国央行的选择。一方面，这可以增强实证结果的稳健性；另一方面，可以更清晰地展现主要经济体（特别是美国）的经济政策不确定性如何外溢并影响各国央行的相关政策和操作。

因此，我们参考现有文献中的主流做法（Arslanalp et al.，2022），从整体和分国别两个层面分析了地缘经济风险对储备货币币种选择的影响。具体而言，在第一节中，我们沿用 Eichengreen（1998）、Chinn 和 Frankel（2005）等的思路，使用 IMF 的“官方外汇储备的货币构成”（COFER）数据，特别是加入了近二十年的最新数据，从整体层面实证探讨了货币发行国的地缘经济风险和经济政策不确定性风险对其货币占全球外汇储备比例的影响；在第二节中，我们使用 Ito 和 McCauley（2020）整理的外汇储备国家面板数据，进一步探讨了一国地缘经济风险的变化对其外汇储备币种选择的影响，以及货币发行国地缘经济风险和经济政策不确定性在国家层面的影响。

（1）主要储备货币份额影响因素：整体层面的证据。我们利用被广泛使用的 COFER 数据库研究主要储备货币在全球外汇储备中份额的影响因素。COFER 数据库由 IMF 编制，出于保密需求，仅披露主要储备货币占全球外汇储备的份额，因而适合研究货币发行国及货币本身的特征对其份额的影响程度。本节研究样本的时间跨度为 1970—2023 年，包含美元、欧元、日元、英镑以及人民币 5 种 SDR 货币（我们使用德国马克和法国法郎代替1999年前的欧元)。

我们的主要解释变量为第二章中构造的地缘经济风险指数，该指数通过计算地缘经济风险事件在《人民日报》报道中的占比来刻画一国当前的地缘经济风险情况。鉴于各国央行是在有限的币种中选择储备货币，所以我们使用相对指数来刻画货币发行国的地缘经济风险，计算方法如下所示：

$$\mathrm{RGER}_i = \frac{\mathrm{GER}_i}{\sum_{j=1}^{5} \mathrm{GER}_j}$$

鉴于本书构建的指标无法溯源地缘经济风险的最终来源，我们同时使用货币发行国的经济政策不确定性指数做稳健性检验。我们使用的经济政策不确定性指数同样采用新闻指数方法构建，即通过统计主要国家中大型报社报道的与经济政策不确定性有关的文章数目来衡量经济政策的不确定性（Davis et al.，2019）。与地缘经济风险相同，我们使用货币发行国经济政策不确定性的相对大小来衡量。

在控制变量方面，参考 Chinn 和 Frankel（2005）的思路，我们的主要控制变量分为两类：一类是货币发行国的基本特征，包括 GDP、CPI 和政府债务数据（源自 WEO 数据库）；另一类是货币本身的特征，包括汇率（源自 IFS 数据库）和外汇市场交易额度数据（源自 BIS 三年期调查数据，并使用对数插值填充空缺值）。另外，具体变量如表 7.1 所示。

表 7.1　储备货币在全球总量份额中影响因素研究的主要变量

变量名	缩写	变量含义
储备货币份额	Share	ln(份额/(1－份额))
储备货币份额滞后项	L. Share	储备货币份额一阶滞后项
地缘经济风险指数	RGER	货币发行国的地缘经济风险相对大小
经济政策不确定性指数	REPU	货币发行国的经济政策不确定性
经济体量	GDP	货币发行国名义 GDP 占全球 GDP 的份额

续表

变量名	缩写	变量含义
汇率变动	Ex_rate	SDR与货币之间的汇率波动（年度），汇率＝每单位SDR的本币价值，5年滚动平均
汇率波动	Ex_var	SDR与货币之间的汇率波动（月度），5年滚动标准差
外汇市场交易额	Fx_turnover	货币发行国外汇市场交易额度，用BIS三年调查数据，通过对数插值获取
通货膨胀率	CPI	货币发行国5年滚动平均CPI
债务变化	Debt	货币发行国一般政府债务占GDP比例的变化值

总之，我们得到了5种货币1970—2023年的非平衡面板数据，并构建了双向固定效应回归模型：

$$\text{Share}_{i,t}=\beta_0+\rho\text{Share}_{i,t-1}+\beta\text{ER}_{i,t-1}+\gamma X_{i,t}+\delta_k+\alpha_i+e_{i,t}$$

式中，$\text{Share}_{i,t}$为货币i在t期占全球外汇储备的份额（logit）；$\text{ER}_{i,t-1}$为我们关注的地缘经济风险或经济政策不确定性风险；$X_{i,t}$为一系列控制变量；α_i和δ_k分别为货币和时间固定效应。

鉴于样本量有限，在参考Arslanalp等（2022）的做法后，我们使用以5年为周期的时间固定效应δ_k，即对样本期内每个连续的5年区间设置虚拟变量，以控制跨期共同冲击的影响。

回归的结果如表7.2所示：当货币发行国相对于其他国家的地缘经济风险上升时，其在全球外汇储备中的占比降低。具体而言，相对地缘经济风险每上升10%，货币储备的对数概率下降6.1%——对于约占全球外汇储备规模60%的美元而言，其货币储备占比约下降1.5%；对于约占全球外汇储备规模20%的欧元而言，其货币储备占比约下降1%。使用货币发行国的经济政策不确定性指数可以得出类似的结果，也就是当货币发行国的经济政策不确定性上升时，其货币在全球外汇储备中的占比下降。该结果对于使用随机效应模型、对$\text{Share}_{i,t-1}$使用工具变量（Arslanalp et al.，2022）等均稳健（限于篇幅未列出）。

表 7.2 主要储备货币在全球总量份额中影响因素研究

	(1) GER Fixed	(2) EPU Fixed
L. Share	0.85***	0.77***
	(0.05)	(0.07)
RGER	−0.61**	
	(0.21)	
REPU		−0.23*
		(0.10)
Ex_rate	−0.53***	−0.40**
	(0.11)	(0.12)
Ex_var	2.18*	−0.44
	(0.99)	(4.10)
Fx_turnover	0.22	0.49
	(0.41)	(0.40)
GDP	−0.53	0.96
	(0.82)	(0.58)
CPI	0.01	0.01*
	(0.01)	(0.01)
Debt	−0.10	−0.21
	(0.08)	(0.13)
_cons	−0.17	−0.34
	(0.21)	(0.19)
Obs	99	159
R^2	0.790	0.867
Within R2	0.790	0.867
Between R2	0.996	0.997
Overall R2	0.994	0.994

括号内为标准差，所有模型均在国家层面聚类。***、** 和 * 分别表示在 1%、5% 和 10% 的水平上显著。

另外，回归结果中控制变量的系数与 Arslanalp 等（2022）基本保持一致。例如，储备货币的份额比较稳定（其惯性项系数约为 0.85）；在与货币相关的变量中，只有过去五年兑换 SDR 的平均汇率［Arslanalp 等（2022）将其列为货币信用的表现］显著影响该货币在全球外汇储备中的占比。其他货币相关变量及宏观变量均不显著。

总之，我们通过整体层面的实证分析发现：货币发行国的地缘经济风险及经济政策不确定性可以显著降低其货币在全球外汇储备中的占比。限于数据因素，我们将在后文的理论分析中通过建模来分析其中的具体作用机制。

（2）主要储备货币份额的影响因素：国家层面的证据。前面的实证研究受限于COFER数据库的局限性，只能对全球外汇储备的货币构成进行分析。下面使用Ito和McCauley（2020）构建的数据库，对国家层面的面板数据进行研究。Ito和McCauley（2020）通过收集中央银行年度报告、财务报表和其他公开信息来源的数据，构建了1999—2020年75个经济体主要储备货币构成的数据库，包含美元、欧元、日元以及英镑4种外汇储备的占比，为我们研究一国如何选择外汇储备货币提供了可能。

我们的主要解释变量仍是分国别的地缘经济风险指数与经济政策不确定性指数。在控制变量方面，我们仍然参考Arslanalp等（2022）的做法，采取以下变量：该国与储备货币发行国的贸易份额、该国以储备货币计价的外债份额、该国的资本账户开放程度、是否为欧元区国家，以及该国以储备货币定价的进口份额。鉴于在样本中，所有国家的汇率安排均不随时间变化，我们舍去这些变量，转而用国家固定效应替代所有不随时间变化的因素。我们的贸易数据源自联合国商品贸易统计数据库；外币债务数据源自世界银行IDS数据库；贸易定价货币数据源自Boz等（2022）测算的面板数据，该数据集包含了1990—2020年115个国家以美元、欧元和其他货币计价的出口及进口份额数据。通过整合，我们总共得到了16个国家2000—2020年的非平衡面板数据，具体变量如表7.3所示。

表7.3　国家层面变量含义

变量名	变量含义
CurrencyShare	货币“Currency”在外汇储备中的占比
GER	样本国家的地缘经济风险指数

续表

变量名	变量含义
EPUCurrency	货币发行国的相对经济政策不确定性指数
TradeCurrency	与货币发行国进行的进出口贸易份额
DebtCurrency	以“Currency”货币计价的外债份额
EuroArea	虚拟变量，是否为欧元区国家
KA_Open	资本账户开放程度

该回归模型构建如下：

$$\text{CurrencyShare}_{i,j,t}=\beta_0+\beta_1\text{GER}_{i,t-1}+\beta_2\text{EPU}_{t-1}+\beta_3\text{Trade}*\text{EPU}_{t-1}+\gamma X_{i,t}+\delta_k+e_{i,t}$$

式中，$\text{CurrencyShare}_{i,j,t}$为某货币（美元、欧元、日元、英镑）在国家$i$、$t$期的外汇储备中的占比；$\text{GER}_{i,t-1}$为该国的地缘经济风险水平；$X_{i,t}$为一系列控制变量；$\delta_k$ 为时间固定效应。与前文类似，受限于样本量，我们使用以 5 年为周期的时间固定效应。

为评估来自货币发行国的风险对外汇储备币种选择的影响，我们加入货币发行国的经济政策不确定性水平 EPU_{t-1}。在此，我们采用经济政策不确定性 EPU 而非地缘经济风险 GER 的主要考量为：在分国别的研究中，有必要确定风险的具体来源。例如，日本的地缘经济风险可能来自美国，而该风险可能同时影响某央行对美元和日元的需求，从而无法测算日元受到的“净”影响。为了避免这种情况，使用储备货币发行国的经济政策不确定性来测算源自该国的风险对持有其货币的央行的影响更为恰当，而且使用该指标还能为我们揭示不同储备货币发行国的经济政策不确定性在影响其他央行的外汇储备币种选择中的异质性。另外，以美国为例，一国受美国经济政策不确定性的影响程度可能还跟其与美国的贸易联系有关。为此，我们进一步加入 EPU 和贸易的交乘项。

表 7.4 显示了基准回归的结果。其中，第（1）列展示了一国地缘经济风险水平和美国的经济政策不确定性与其外汇储备中美元占比的关

系。结果显示：当一国面临的地缘经济风险上升时，其倾向于提高其美元储备的份额并降低其他货币的份额——地缘经济风险上升一个标准差会导致美元储备的份额上升 5.64%。上述结果体现了美元的避险货币地位：当一国面临的风险上升时，其央行选择更多地持有美元资产以应对风险。从整体上说，美国的经济政策不确定性对一国的美元储备占比没有显著影响。

表 7.4　地缘经济风险与外汇储备币种选择

	(1) USDShare	(2) USDShare	(3) EURShare	(4) JPYShare	(5) GBPShare
GER	0.056 4** (2.57)	0.057 7*** (2.60)	−0.038 9* (−1.91)	−0.047 7*** (−5.99)	−0.003 04 (−0.44)
EPU_USA	0.138 (0.24)	0.580 (0.93)			
EPU_Trade_USA		−3.295** (−2.27)			
EPU_EUR			1.331** (2.16)		
EPU_Trade_EUR			−5.748** (−2.13)		
EPU_JPN				−1.272*** (−5.92)	
EPU_Trade_JPN				25.17*** (8.62)	
EPU_GBR					0.043 6 (0.48)
EPU_Trade_GBR					3.299 (0.84)
Trade_USD	0.642*** (6.44)	1.210*** (4.68)	−0.319*** (−3.26)	−0.643*** (−14.72)	0.172*** (5.65)
Trade_EUR	0.221 (1.34)	0.190 (1.14)	1.229** (2.01)	−0.594*** (−6.85)	0.186*** (4.48)
Trade_JPY	1.375*** (2.71)	1.270** (2.48)	−0.870 (−1.64)	−5.814*** (−11.11)	0.354* (1.91)
Trade_GBP	−3.783*** (−3.59)	−3.885*** (−3.66)	4.638** (2.59)	0.245 (0.48)	0.034 8 (0.04)

续表

	(1) USDShare	(2) USDShare	(3) EURShare	(4) JPYShare	(5) GBPShare
Debt_USD	−0.107 *** (−2.95)	−0.117 *** (−3.11)	0.034 2 (0.87)	0.041 2 * (1.92)	0.049 2 *** (4.03)
Debt_EUR	0.668 *** (5.22)	0.657 *** (5.13)	−0.040 4 (−0.17)	−0.236 *** (−3.43)	−0.268 *** (−3.21)
KA_Open	−0.533 *** (−13.70)	−0.539 *** (−13.85)	0.430 *** (13.91)	0.374 *** (23.54)	−0.063 4 *** (−5.51)
EuroArea	0.119 (1.17)	0.128 (1.25)		0.044 3 (1.00)	0.243 *** (4.35)
_cons	0.648 *** (3.57)	0.603 *** (3.28)	−0.221 (−1.17)	0.475 *** (6.61)	−0.091 5 ** (−2.41)
Obs	199	199	141	174	177
R^2	0.710	0.716	0.581	0.850	0.450

括号内为 t 值，而且为稳健标准差。***、** 和 * 分别表示在 1%、5%和 10%的水平上显著。

但是，当我们加入贸易联系与美国经济政策不确定性的交乘项时［第（2）列］，发现该交乘项显著为负。这表明一国受美国经济政策不确定性的影响程度与其和美国贸易联系的紧密程度有关。与美国贸易联系越紧密的国家，当美国的经济政策不确定性上升时，其受到的影响越大。这种效应在欧元［第（3）列］上也有明显体现，在英镑上则不显著。这可能体现了美国和欧洲对全球经济的影响力远大于英国，因而其经济政策不确定性对与其贸易联系紧密国家的影响尤为明显。日元的情况最为特殊，虽然该交乘项显著为正，但并不能严格得出与上述国家相反的结论。因为样本内国家与日本的进出口贸易占本国总贸易比例的均值仅为 4.2%，而日本经济政策不确定性对其他国家日元储备总平均影响系数为−0.21，同时只有日本的贸易关联影响系数显著为负，并且样本内 90%的数据集中于 0～0.1 的范围内，所以我们认为：对于日本而言，交乘项与贸易关联存在较强的共线性并导致回归结果异常。

我们的结果对使用 Tobit 模型、加入国家固定效应、将贸易占比替换为计价货币占比、使用地缘政治风险而非地缘经济风险等均较为稳健。

总体而言，通过整体和分国别的实证分析可以发现：从全球外汇储备币种结构上看，货币发行国的地缘经济风险和经济政策不确定性对于其在全球外汇储备中的占比有负向作用；而分国别来看，当一国的地缘经济风险上升时，其倾向于持有更多的美元资产来避险。美国和欧洲的经济政策不确定性对与其有紧密贸易联系的国家具有显著的负向影响：这些国家倾向于减持美元（欧元）来避险。在作用机制方面，货币发行国的地缘经济风险或经济政策不确定性可能会影响以其货币计价的资产的供给，从而影响各国央行的决策；经济政策不确定性还有可能促使其贸易伙伴选用其他货币结算。在极端情况下，经济制裁风险的加大也会促使其他国家改变外汇储备币种选择。下面通过理论模型进一步探究这些机制。

（三）理论分析

我们参考 Gopinath 和 Stein（2018）、Das 等（2022）以及 Lu 和 Mu（2023）构建理论模型，旨在分析小型开放经济中地缘经济风险对央行储备货币、银行债务以及家庭储蓄等变量的影响机制，为上述实证结果提供理论支撑。

该理论模型中有无数个在单位区间［0，1］上连续分布的同质小型开放经济体，以及美国和欧元区两个大型经济体。每个小型开放经济体由三个部门组成：家庭、银行和中央银行。该理论模型包含 $t=0$ 和 $t=1$ 两期。

（1）家庭。家庭关于消费的效用函数为线性。在 $t=0$ 时，家庭可以选择 4 种资产，即以美元计价的安全资产 $D_{\$}$、以欧元计价的安全资产 $D_{€}$、以本国货币计价的安全资产 D_{h} 和本国权益资产 K。

效用函数形式如下：

$$U = C_0 + \beta E_0(C_1) + \theta_d(D_h + D_\$ + D_€) + f(D_\$, D_€) \quad (1)$$

式中，β 为折现因子，反映未来消费相对于当前消费的重要性，取值越高则未来消费的重要性越大；θ_d 为家庭对流动性资产的偏好；$f(\cdot)$ 为家庭对国外资产的额外偏好，其函数形式可定义为：

$$f(D_\$, D_€) = \alpha_\$ \times \left(\theta_\$ D_\$ - \frac{1}{2}D_\$^2\right) + \alpha_€ \times \left(\theta_€ D_€ - \frac{1}{2}D_€^2\right) \quad (2)$$

满足 $f'(\cdot) > 0$ 以及 $f''(\cdot) \leqslant 0$。其中，$\theta_\$$ 和 $\theta_€$ 分别为美元和欧元给家庭带来的边际流动性效用；$\alpha_\$$ 和 $\alpha_€$ 分别为使用美元和欧元进行贸易结算的需求，较高的 $\alpha_\$$（$\alpha_€$）使得家庭在持有美元（欧元）时可以获得额外的支付便利或较低的交易成本。

假设家庭只能消费本国商品，于是家庭在 $t=0$ 时和 $t=1$ 时的预算约束分别为：

$$C_0 = Z - Q_\$ D_\$ - Q_€ D_€ - Q_h D_h - Q_K K \quad (3)$$

$$C_1 = e_\$ D_\$ + e_€ D_€ + D_h + \pi - X(R_\$, R_€) - \Omega(\tau) \quad (4)$$

式中，Z 为家庭的初始禀赋；$Q_\$$、$Q_€$ 和 Q_h 分别为以美元、欧元和本国货币计价的安全资产在 $t=0$ 时的价格；Q_K 为未来支付为 1 单位本国货币的股权在当前的价格；π 为银行部门在 $t=1$ 时的预期利润；$X(R_\$, R_€)$ 为中央银行的储备头寸对外国的净转移支付；$\Omega(\tau)$ 为税收支出。

假设所有小型开放经济体的本国货币兑美元和欧元的汇率均相同。在 $t=0$ 时，美元和欧元的名义汇率均为 1，分别用 $e_\$$ 和 $e_€$ 表示 $t=1$ 时的美元汇率和欧元汇率。基于 Gabaix 和 Maggiori（2015）的分析框架，假设汇率波动受外生冲击的影响。具体说来，两种汇率的波动幅度均为 z（当外币升值时，汇率为 $1+z$，当外币贬值时，汇率为 $1-z$，且概率都为 $p=1/2$），两种汇率波动的相关系数为 ρ，其联合概率分布如表 7.5 所示。

表 7.5　美元汇率 $e_{\$}$ 和欧元汇率 $e_{€}$ 的联合概率分布

$e_{\$}$	$e_{\$}$	概率
$1+z$	$1+z$	$\frac{1+\rho}{4}$
$1+z$	$1-z$	$\frac{1-\rho}{4}$
$1-z$	$1+z$	$\frac{1-\rho}{4}$
$1-z$	$1-z$	$\frac{1+\rho}{4}$

家庭效用最大化的一阶条件分别为：

$$Q_K = \beta \tag{5}$$

$$Q_h = \beta + \theta_d \tag{6}$$

$$Q_{\$} = \beta + \theta_d + \alpha_{\$}(\theta_{\$} - D_{\$}) \tag{7}$$

$$Q_{€} = \beta + \theta_d + \alpha_{€}(\theta_{€} - D_{€}) \tag{8}$$

家庭对美元和欧元安全资产的需求取决于这两种安全资产的价格。可见，$Q_{\$}$ 和 $Q_{€}$ 满足 $Q_{\$} > Q_h$ 与 $Q_{€} > Q_h$，由于家庭对外国安全资产有额外的偏好，故外国安全资产的价格高于本国安全资产，使得外国安全资产的收益更低。为了便于表述，定义美元与本国货币利差 $S_{\$}$ 为两国安全资产的利率之比减 1，欧元利差 $S_{€}$ 采取类似定义，相关表达式如下所示：

$$S_{\$} = \frac{Q_{\$}}{Q_h} - 1 \tag{9}$$

$$S_{€} = \frac{Q_{€}}{Q_h} - 1 \tag{10}$$

外国资产的价格越高，其收益率越低，与本国资产的利差也就越大。

(2) 银行。每个小型开放经济体中存在无数个测度为 1 的银行。在 $t=0$ 时，银行通过四种方式募集资金并投资于固定规模的项目 I。在非危机状态下，该项目的收益为 γI（其中 $\gamma > 1$）；在危机状态下，该项目的收益为0。银行发行美元债券 $B_\$$、欧元债券 $B_€$、以本国货币计价的债券 B_h 以及外部股权资本 K 来募集资金。在 $t=0$ 时，银行的资产负债表满足：

$$Q_\$ B_\$ + Q_€ B_€ + Q_h B_h + Q_K K = I \tag{11}$$

由于银行面临着货币错配，因而汇率波动使得银行面临着极高的不确定性，尤其当本币兑外币贬值时，银行将面临潜在的损失，这种损失甚至会引发银行破产。在 $t=1$ 且美元升值时，整个银行系统需要偿还的负债增加，更容易引发银行的破产清算和金融危机，假设在这种情况下危机发生的概率为 $q+h$；当美元贬值时，银行的偿付压力减少，假设在这种情况下危机发生的概率为 $q-h$。因此，q 对应着危机发生概率的平均水平，而 h 反映了美元汇率波动对危机发生概率的额外影响。

此外，假设当危机发生时有 m 比例的银行破产，同时各国的金融危机事件完全相关，因而无法通过国际金融市场实现风险分担。但在此情形下，中央银行可以作为最后贷款人对破产银行进行救助，以偿付债务。对于有偿付能力的银行，当本币相对于外币贬值时，货币错配会使得银行的债务成本上升，将美元升值和欧元升值引发的成本分别记为 $\phi B_\$^2/2$ 和 $\phi B_€^2/2$。其中，ϕ 的数值越大，代表货币错配给银行带来的额外成本越高。

银行的目标是实现利润最大化。基于上述假设，银行的预期总收益为 $N=\gamma I[1-p(q+h)m-(1-p)(q-h)m]$。银行的预期成本由以下四种状态下的还款金额构成：

1）当美元和欧元均相对于本币升值时，还款金额为：

$$C_1 = [(1+\rho)/4][1-(q+h)m][B_h + (1+z)(B_\$ + B_€) + \phi B_\$^2/2 + \phi B_€^2/2]$$

2）当美元升值、欧元贬值时，还款金额为：

$$C_2 = [(1-\rho)/4][1-(q+h)m][B_h + (1+z)B_\$ + (1-z)B_€ + \phi B_€^2/2]$$

3）当美元贬值、欧元升值时，还款金额为：

$$C_3=[(1-\rho)/4][1-(q-h)m][B_h+(1-z)B_\$+(1+z)B_€+\phi B_€^2/2]$$

4）当美元和欧元都贬值时，还款金额为：

$$C_4=[(1+\rho)/4][1-(q-h)m][B_h+(1-z)(B_\$+B_€)]$$

因此，银行利润最大化的目标函数可表示为：

$$\max_{B_\$,B_€,B_h,K} N-(C_1+C_2+C_3+C_4)-K \tag{12}$$

与此同时，银行的资产负债表需要满足式（11）。

求解银行的最优化问题，可以得到银行最优的资产组合为：

$$B_\$=\frac{1-qm}{(1-qm-hm)p\phi}\times S_\$+\frac{hmz}{(1-qm-hm)p\phi} \tag{13}$$

$$B_€=\frac{1-qm}{(1-qm-\rho hm)p\phi}\times S_€+\frac{\rho hmz}{(1-qm-\rho hm)p\phi} \tag{14}$$

$$B_h=\frac{I-Q_\$ B_\$-Q_€ B_€-Q_K K}{Q_h} \tag{15}$$

$$K=0 \tag{16}$$

如式（13）和式（14）所示，美元债 $B_\$$ 和欧元债 $B_€$ 的发行量与其相应利差 $S_\$$ 和 $S_€$ 成正比。利差高意味着美元/欧元的利率相较于本国货币来说更低，由于外币负债能够降低银行的融资成本，因而银行倾向于发行更多的外币债券。然而，过度依赖外币融资会加剧货币错配，其成本由参数 ϕ 衡量，因而银行的外币债务与 ϕ 成反比。同时，在缺乏有效金融监管的情况下，银行没有动机采用成本较高的股权 K 进行融资。银行本币债务 B_h 的规模由其资产负债表决定。

（3）中央银行。中央银行充当最后贷款人，为陷入危机的银行提供兜底救助。为了确保在 $t=1$ 时能及时救助陷入困境的银行，中央银行在 $t=0$ 时发行以本国货币计价的政府债券 G_h，并用所得资金购入美元储备 $R_\$$ 和欧元储备 $R_€$。在 $t=0$ 时，储备资产的总价值等于政府债券发行的总价值，即

$$Q_{\$}R_{\$}+Q_{€}R_{€}=Q_{h}G_{h} \tag{17}$$

由于外币资产的收益率低于本国资产，因而中央银行持有外汇储备将面临负的预期收益，其外汇储备持有成本可表示为：

$$X(R_{\$},R_{€})=S_{\$}R_{\$}+S_{€}R_{€} \tag{18}$$

该持有成本实际上相当于本国央行向美国和欧元区的净转移支付，它降低了家庭在 $t=1$ 时的消费水平（假设该持有成本不会引起扭曲性税收）。

当危机发生时，中央银行需要对没有偿付能力的银行进行救助，其救助资金源自国内居民的税收以及央行在外汇储备持有上获得的净利润（或净亏损）。若用 τ 表示政府征收的税额，则扭曲性税收会带来凸性的无谓损失。假设该损失的具体形式为 $\psi\tau^2/2$，其中的 ψ 反映了在危机情境下，为筹集救助资金而提高税收所导致的资源配置扭曲程度，较高的 ψ 意味着税收扩张会引发更大的福利损失。

因此，预期总税收 $\Omega(\tau)$ 由以下四部分构成：

1）当美元和欧元都升值时，危机发生概率为 $q+h$。此时，有

$$T_1=m[B_h+(1+z)(B_{\$}+B_{€})]-z(R_{\$}+R_{€})$$

2）当美元升值、欧元贬值时，危机发生概率为 $q+h$。此时，有

$$T_2=m[B_h+(1+z)B_{\$}+(1-z)B_{€}]-z(R_{\$}-R_{€})$$

3）当美元贬值、欧元升值时，危机发生概率为 $q-h$。此时，有

$$T_3=m[B_h+(1-z)B_{\$}+(1+z)B_{€}]-z(R_{€}-R_{\$})$$

4）当美元和欧元都贬值时，危机发生概率为 $q-h$。此时，有

$$T_4=m[B_h+(1-z)(B_{\$}+B_{€})]+z(R_{\$}+R_{€})$$

因此，预期总税收可表示为：

$$\begin{aligned}\Omega(\tau)=&\frac{1+\rho}{4}\times(q+h)\times\frac{\psi}{2}\times T_1^2+\frac{1-\rho}{4}\times(q+h)\times\frac{\psi}{2}\times T_2^2\\&+\frac{1-\rho}{4}\times(q-h)\times\frac{\psi}{2}\times T_3^2+\frac{1+\rho}{4}\times(q-h)\times\frac{\psi}{2}\times T_4^2\end{aligned} \tag{19}$$

中央银行还可以对银行资本 K 加以监管限制，但从式（13）～式

（16）可以看出，银行资本 K 并不会影响其美元负债和欧元负债的规模，对银行资本的限制实质上等同于对银行本币负债 B_h 的限制。

中央银行的最终目标是实现社会福利最大化。其中，$t=0$ 时的消费 C_0 和 $t=1$ 时的消费 C_1 可以分别表示为：

$$C_0 = Z - I - Q_\$ (D_\$ - B_\$) - Q_€ (D_€ - B_€) - Q_h (D_h - B_h) \tag{20}$$

$$\begin{aligned} E_0(C_1) = & N + (D_h - B_h) + (D_\$ - B_\$) + (D_€ - B_€) \\ & - p(1 - qm - hm) \times \frac{\phi B_\$^2}{2} - p(1 - qm - \rho hm) \times \frac{\phi B_€^2}{2} \\ & - X(R_\$, R_€) - \Omega(\tau) \end{aligned} \tag{21}$$

其中，式（20）是将银行的资产负债约束式（11）代入式（3）中得到，表明 $t=0$ 时的消费等于初始禀赋减去项目投资以及三种货币的净储蓄；式（21）表明 $t=1$ 时的消费等于银行的净利润和经济体的净储蓄收益之和，再扣除中央银行外汇储备持有成本及总扭曲税。综上所述，我们可以忽视外生变量 Z、I、N，将该小型开放经济体的福利函数写为：

$$\begin{aligned} W = & f(D_\$, D_€) - D_\$ f'_\$ (D_\$, D_€) - D_€ f'_€ (D_\$, D_€) \\ & + B_\$ (Q_\$ - \beta) + B_€ (Q_€ - \beta) + B_h (Q_h - \beta) \\ & - \beta [p(1 - qm - hm) \times \frac{\phi B_\$^2}{2} + p(1 - qm - \rho hm) \times \frac{\phi B_€^2}{2} \\ & + X(R_\$, R_€) + \Omega(\tau)] \end{aligned} \tag{22}$$

从式（22）可以看出，社会总福利由三部分构成：第一部分为家庭持有美元资产和欧元资产所带来的额外效用；第二部分为银行从美元、欧元及本币储蓄中获得的超额利润；第三部分为银行及中央银行持有外币所承担的成本。由于该理论模型的构建是基于小型开放经济体，所以该国对美元和欧元资产的需求规模很小，不足以影响其价格。因此，对于该国中央银行来说，外国资产的价格 $Q_\$$ 和 $Q_€$ 不受其决策的影响。该国家庭的美元和欧元资产的持有量由 $Q_\$$ 和 $Q_€$ 确定，故可忽略第一部分，将中央银行的福利最优化问题改写为局部福利 W_L 的最大化问题。其表达式为：

$$W_L = B_{\$}(Q_{\$} - \beta) + B_{€}(Q_{€} - \beta) + B_{h}(Q_{h} - \beta)$$
$$- \beta\left[p(1 - qm - hm) \times \frac{\phi B_{\$}^2}{2} + p(1 - qm - \rho hm) \times \frac{\phi B_{€}^2}{2}\right.$$
$$\left. + X(R_{\$}, R_{€}) + \Omega(\tau)\right] \tag{23}$$

中央银行通过调控银行持有的本币资金 B_h 以及其自身持有的美元储备 $R_{\$}$ 与欧元储备 $R_{€}$ 来实现福利最大化。通过对式（23）求导化简后，可得出如下表达式：

$$R_{\$} = b_1 S_{\$} + b_2 S_{€} + b_3 \tag{24}$$

$$R_{€} = b_4 S_{\$} + b_5 S_{€} + b_6 \tag{25}$$

可见，央行持有的外汇储备取决于外币资产的收益率。其中，b_1、b_2、b_3、b_4、b_5、b_6 表示相应的系数项和常数项。详细表达式及计算过程较为冗长，参见本章附录 A1。

（4）市场出清。该理论模型的市场出清条件如下：

$$B_{\$} + X_{\$} = R_{\$} + D_{\$} \tag{26}$$

$$B_{€} + X_{€} = R_{€} + D_{€} \tag{27}$$

$$D_{hi} = B_{hi} + G_{hi} \quad \forall i \in [0,1] \tag{28}$$

式中，$X_{\$}$ 和 $X_{€}$ 分别为美元和欧元安全资产的外部供给，如美国国债。

式（26）和式（27）分别表明，美元资产和欧元资产的外部供给以及本国银行发行的外币债券构成了外币安全资产的总供给，用以满足本国家庭对外国资产的偏好和本国中央银行的储备需求。式（28）为本币安全资产的市场出清条件，表明家庭对本币安全资产的需求可以由本国银行和本国国债的供给来满足。

根据家庭、银行与中央银行的一阶条件可知，家庭对外国资产的需求（$D_{\$}$，$D_{€}$），银行发行的外币债券规模（$B_{\$}$，$B_{€}$）以及中央银行的外汇储备需求（$R_{\$}$，$R_{€}$）都是美元和欧元利差（$S_{\$}$，$S_{€}$）的函数。因此，上述市场出清条件确定了均衡下的外国资产价格（$Q_{\$}$，$Q_{€}$）及外国利率。详细计算过程参见本章附录 A1。

需要注意的是，该理论模型中的家庭出于贸易结算的需要形成了对外国资产的额外偏好，中央银行为了应对金融风险而持有外汇资产，但在现实中，中央银行持有国际储备会同时考虑这两方面的因素。因此，该理论模型中家庭的外国资产持有量（$D_{\$}$，$D_{€}$）对应着现实中中央银行出于贸易结算的动机而持有的储备资产，该理论模型中中央银行的外国资产持有量（$R_{\$}$，$R_{€}$）对应着现实中中央银行出于金融稳定的动机而持有的储备资产。

（5）参数赋值与比较静态分析。为了分析地缘经济风险相关因素对外汇储备的影响机制，我们参考 Das 等（2022）对模型参数进行赋值，并进行了比较静态分析，具体参数取值如表 7.6 所示。

表 7.6　美元汇率 $e_{\$}$ 和欧元汇率 $e_{€}$ 的联合概率分布

参数	取值
I	100
β	0.9
θ_d	0.1
m	0.5
z	0.75
q	0.05
h	0.025
ψ	0.12
ϕ	0.001 2
$\alpha_{\$}$	0.001
$\theta_{\$}$	100
$\alpha_{€}$	0.001
$\theta_{€}$	100
ρ	0.1
p	0.5

续表

参数	取值
$X_{\$}$	80
$X_{€}$	60

地缘经济风险的影响可体现在多个方面，比如外国安全资产供给量的变化、国际贸易结算货币的变化、外国资产冻结等。接下来，我们将通过相应模型参数的变动，探讨以上因素对国际储备货币的影响机制。

美国在世界经济和政治格局中均具有重要的影响力，这使得美元得以保持其在国际货币体系格局中的霸权地位。美债成为继黄金之后，最具吸引力的“避险资产”。在国际金融体系动荡时期，往往会出现美元流动性的结构性短缺。例如，2008 年全球经济危机爆发后，美债成为资金的“避风港”，从而推动美债价格上升、收益率大幅下降；2020 年新冠疫情暴发致使美股剧烈震荡，而对冲基金的高杠杆投资组合净值大跌，导致美元需求骤然升温，并引发了“美元荒”。图 7.5 显示了美元资产外部供给（$X_{\$}$）变化的影响。美元安全资产外部供给的减少，导致美元资产价格上升、收益率下降，这意味着美元与本币资产利差 $S_{\$}$ 上升。家庭将因美元资产收益率的下降而降低美元资产的持有量 $D_{\$}$，银行将因使用美元融资成本的下降而增加美元负债 $B_{\$}$。此外，由于银行的美元负债增加，其破产时所需偿付的美元还款也相应增加，导致中央银行持有的美元储备资产 $R_{\$}$ 上升。

由于家庭对美元资产和欧元资产都具有额外的偏好，同时美元和欧元的融资成本均低于本国利率，因而两者具有一定的替代性。美元资产的供给减少使得外国资产的总供给相应减少，导致欧元资产价格和欧元利差 $S_{€}$ 有所上升，故家庭持有的欧元资产 $D_{€}$ 相应减少，银行的欧元负债 $B_{€}$ 相应上升。但由于美元汇率和欧元汇率相关性的设定值 ρ 较低，仅为 0.1，因而欧元资产相关变量的变化幅度要小于美元资产相关变量的变

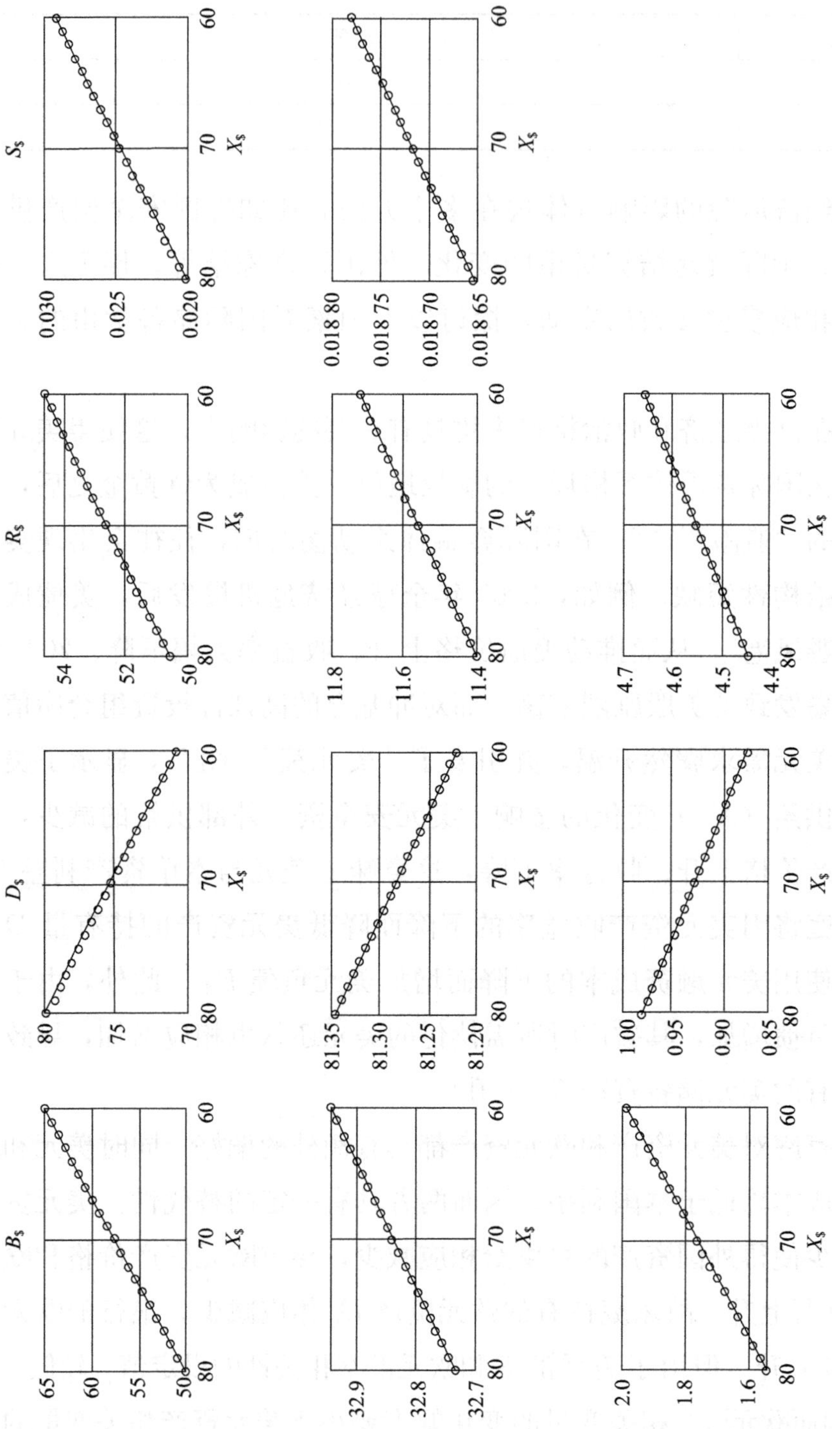

图 7.5　美元资产外部供给（$X_\$$）减少的影响

化幅度，导致中央银行持有的储备资产中美元资产的比重明显上升。这意味着减少美元资产在国际金融市场中的供给量反而会提高美元的国际储备地位，表明一国货币的国际储备地位与其稀缺性密切相关。

在国际局势紧张、地缘经济风险上升的背景下，贸易结算货币会在一定程度上从美元转向其他货币。例如，2022 年俄乌冲突爆发后，为应对西方国家冻结外汇储备的金融制裁，俄罗斯宣布：与“不友好国家”的天然气交易必须以卢布结算，并将其逐步扩展至石油、粮食等领域。此举直接挑战了美元和欧元在能源贸易中的主导地位。随着贸易结算币种的改变，企业和家庭对美元的需求随之减少，我们在模型中使用参数 $\alpha_\$$ 的变化来刻画此情形，相关经济变量的影响如图 7.6 所示。随着 $\alpha_\$$ 的减小，家庭对美元资产的需求减少，转而持有更多的欧元资产。对美元资产需求的减少使得美元资产的价格下降、收益率有所提高，因而美元利差 $S_\$$ 随之下降。银行发行美元债券的融资成本上升，因而银行的美元负债 $B_\$$ 规模减小。这意味着当银行发生破产时，中央银行进行救助所需的美元资产相应减少，因而中央银行持有的美元储备 $R_\$$ 也有所降低。

美元与欧元之间存在一定的互补性。银行持有美元负债的降低意味着当银行破产时，中央银行进行救助所需付出的预期成本也相应降低，于是中央银行的欧元储备持有量 $R_€$ 也有所降低。因此，更多地使用本币结算可以有效地降低本国外汇储备的规模。对欧元资产来说，一方面是家庭对其需求增加，另一方面是中央银行对其需求减少。在当前的参数取值下，中央银行需求减少的影响占据主导作用，因而欧元资产的价格和利差 $S_€$ 下降。随着欧元资产利率的上升，商业银行降低了其欧元负债 $B_€$ 的规模。由于家庭对于美元资产偏好的变化对美元资产的影响更加直接，对欧元资产只有间接影响，因而欧元相关变量的变化较小，美元相关变量的变化更为显著。

值得注意的是，中央银行在选择储备资产时，既要考虑危机救助的

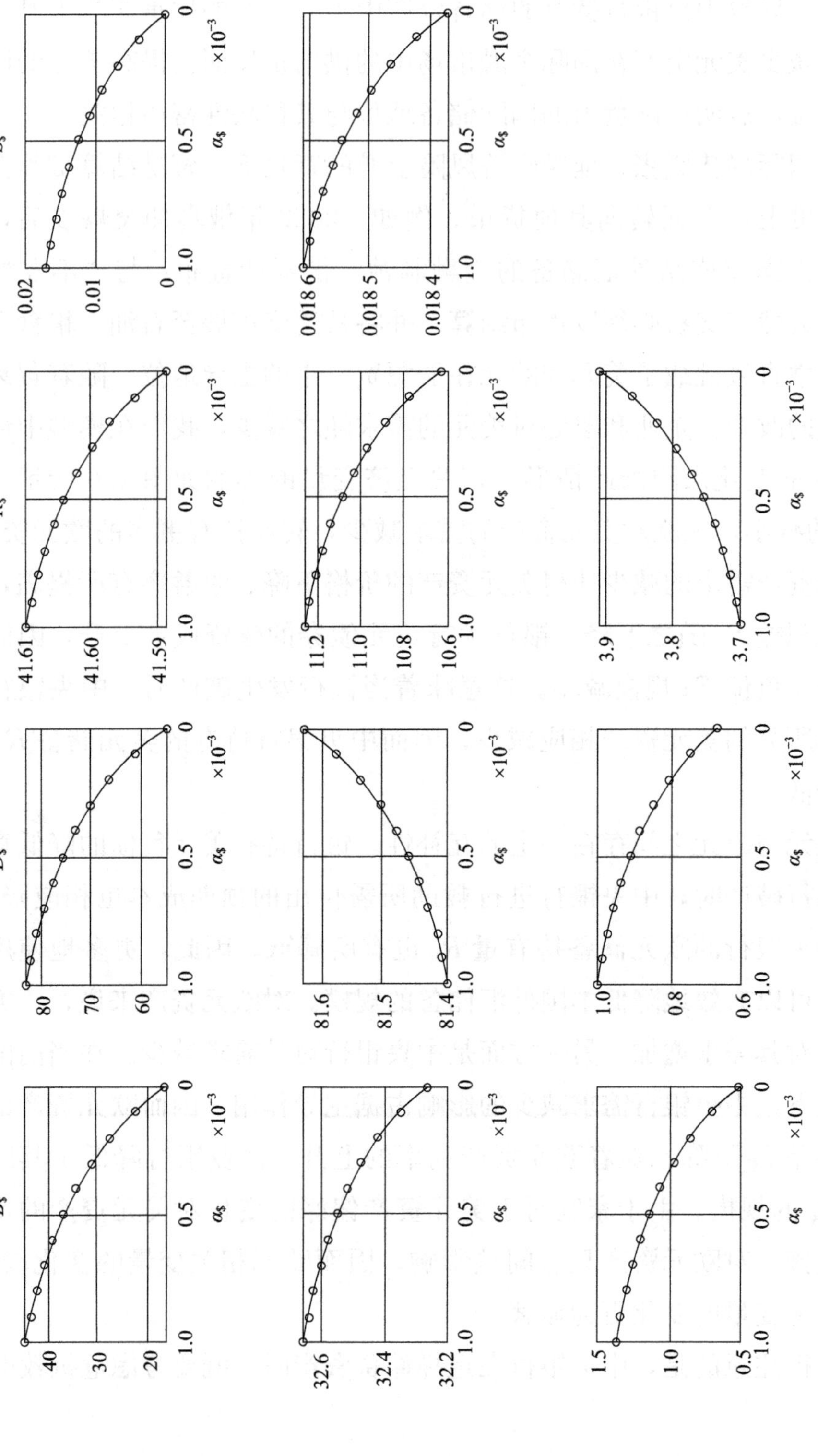

图 7.6 对美元资产偏好（$\alpha_\$$）降低的影响

需求，又要考虑储备资产的收益。家庭对于美元资产需求的降低缓解了美元资产的稀缺性，使得美元资产的收益率有所上升，而且其上升幅度大于欧元资产。因此，中央银行出于金融稳定动机而持有美元储备的比例反而有所增加。与之相对的是，家庭持有的美元资产比例有所下降，这对应着现实中一国出于贸易结算需求所持有的国际储备。

2022 年 2 月美国财政部宣布，禁止与俄罗斯中央银行、俄联邦国家财富基金及俄罗斯财政部进行交易，冻结其约 3 000 亿美元外汇储备（占俄罗斯外汇储备总额近一半），这直接限制了俄罗斯中央银行通过干预外汇市场稳定卢布汇率的能力。在地缘经济风险显著上升的背景下，若一国居民预期美国未来可能采取经济和金融制裁措施，冻结其美元账户并限制交易，那么美元资产的预期收益率将大幅下降。假设家庭和中央银行持有的美元资产被冻结的概率为 η（引入美元资产冻结概率的模型推导过程见附录 A2），当冻结风险上升时，各关键变量的变化趋势如图 7.7 所示。

美元资产冻结概率的增加直接导致了家庭和中央银行对美元资产的需求减少，这使得美元资产价格下降，利差 $S_\$$ 随之收窄。美元融资成本的上升使得银行美元债务的规模 $B_\$$ 有所下降，进而降低了中央银行对美元储备的需求，使得储备规模 $R_\$$ 有所下降。同时，美元资产被冻结的可能性使得家庭持有的美元资产 $D_\$$ 减少。

与对美元资产偏好（$\alpha_\$$）降低的影响类似，欧元与美元资产之间存在替代效应，中央银行在降低美元储备的同时增加了欧元储备 $R_€$，对欧元储备需求的上升致使欧元资产的价格和利差 $S_€$ 有所上升。欧元资产利率的下降使得银行部门使用欧元融资的成本下降，导致欧元债务量 $B_€$ 上升，进而增加了中央银行提高欧元储备持有量的动机。同时，欧元利率的下降使得家庭部门的欧元资产持有量 $D_€$ 也下降。总体来看，美元资产冻结的可能性使得家庭的美元资产、银行的美元负债以及中央银行的美元储备占比都有所下降。

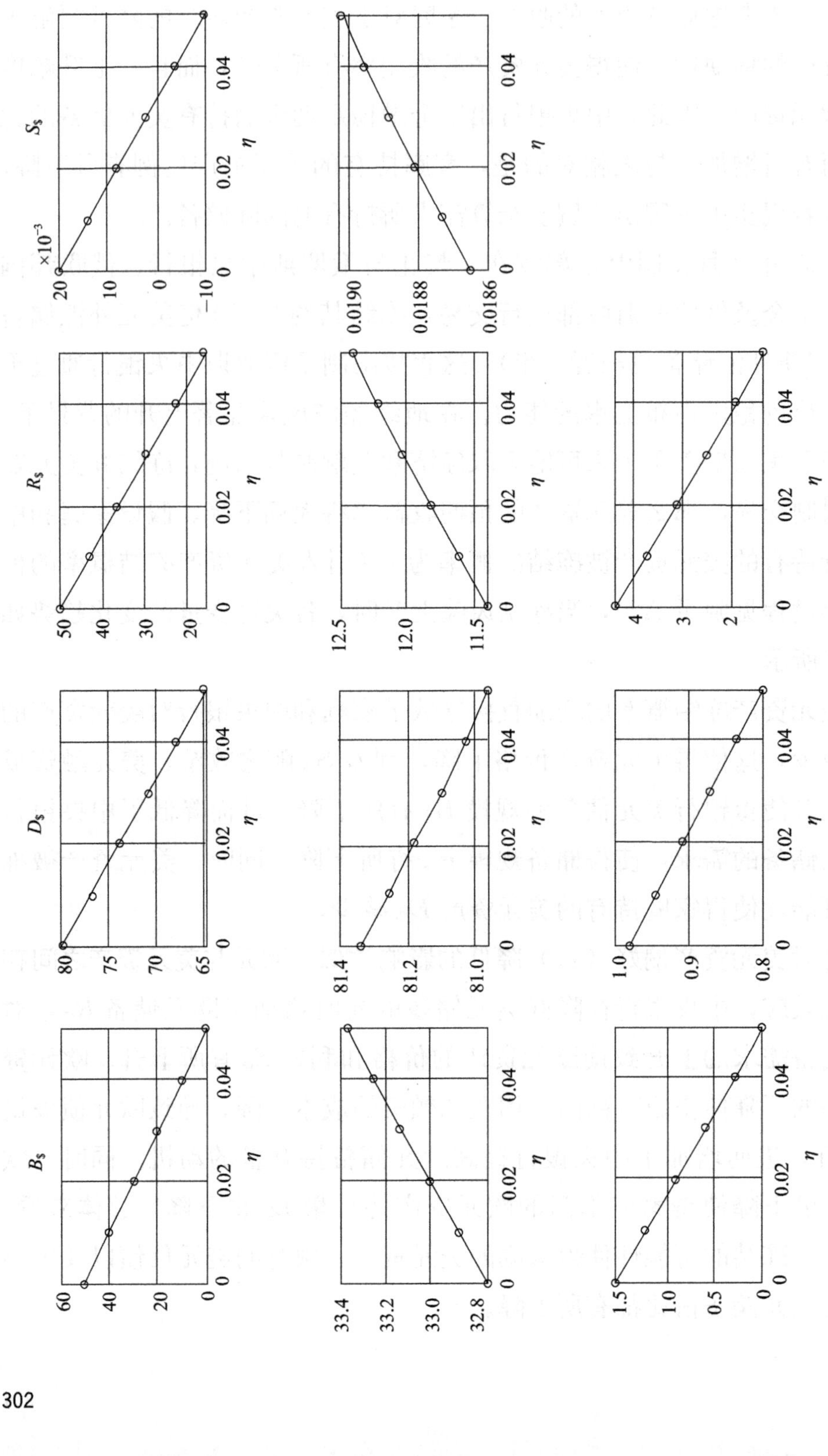

图 7.7 美元资产冻结概率（η）增加的影响

通过上述模型分析可知，地缘经济风险对经济体的影响具有多层次、多维度的特征，其传导效应并不局限于单一市场，而是通过多种渠道相互影响。具体而言，地缘经济风险会通过储备资产供给、贸易结算币种改变、资产冻结等多种途径，对国际货币体系产生深远影响。各国在应对地缘经济风险时，必须充分认识到其多维度的传导机制，采取综合对策，从而在全球经济一体化的背景下，有效地降低系统性风险，确保国际金融市场的稳定与健康运行。

（四）研究小结

通过实证分析可知，储备货币发行国的地缘经济风险和经济政策不确定性对于其在全球外汇储备中的占比具有显著的负向影响；非储备货币发行国的地缘经济风险上升会使其倾向于持有更多的美元资产来避险。

为了进一步剖析地缘经济风险对储备货币的影响机制，我们构建了理论模型进行分析。研究发现，一国出于金融稳定动机所持有的储备资产规模与储备资产的外部供给量呈负相关关系；一国出于贸易结算动机所持有的储备资产直接取决于该国对于结算货币币种的选择。此外，外国资产冻结的可能性会降低中央银行对该国储备资产的持有规模。因此，地缘经济风险提高所带来的不确定性提升、贸易结算方式改变和金融制裁的可能性，都会引发各国中央银行对其外汇储备资产的币种进行相应调整。

三、对策与启示

随着国际政治经济格局的深刻变化和地缘经济风险的不断累积，国际货币体系正面临着前所未有的改革压力，以美元为中心的传统国际货币体系的局限性日益凸显，如权责不对等、霸权外溢等。外汇储备是抵御地缘冲突、贸易保护主义、美联储货币政策转向等冲击的第一道防线。推动加元、澳元、人民币等其他主要货币的国际使用，形成多元化的储备货币体系，是未来改革的推进方向。

对新兴市场国家而言，为了更好地应对地缘经济风险，应从安全性、流动性等方面对外汇储备资产进行管理：一是密切关注国际政治经济形势，采取多元化的投资策略，合理配置包括美元、欧元、日元、人民币在内的多种货币，从而降低单一货币波动带来的风险，减少对传统美元资产的依赖，降低地缘经济风险对外汇储备资产的影响。二是适度调整外汇储备规模，在确保经济安全的前提下，根据自身经济状况和外部风险，合理调整外汇储备规模，使之既能应对地缘经济风险的外溢，又能避免资源闲置。

随着世界经济多极化的趋势更加明显，欧元区、中国等非美元储备货币的发行国可进一步提高本币的国际化程度，降低储备资产的风险，增加货币政策的空间。从历史上看，货币国际化具有一定的历史惯性和路径依赖。例如，美国在 19 世纪末的经济总量就已经超过英国，但那些曾被英国殖民的国家和地区仍在大量使用英镑，所以自然的币种转换需要比较长的时间。因此，本币的国际化过程离不开政策的合理推动，比如发展离岸市场、推动双边贸易本币结算、签订央行货币互换协议等都是扩大本币使用范围、降低美元依赖的有效途径。

自 2009 年起，中国人民银行已与 40 多个国家和地区的中央银行或货币当局签署了双边本币互换协议。对于本币不可兑换的国家而言，如果互换对手方国家的货币是可兑换的，它们就可以通过货币发行近乎零成本地获得国际货币。因此，一些发展中国家会将现存的货币互换协议总额纳入其外汇储备的统计范围。例如，白俄罗斯于 2009 年首次与中国签订了一份规模为 200 亿元人民币的双边货币互换协议，随即宣布其外汇储备增加了 200 亿元人民币；阿根廷也获得了中国的许可，将货币互换额度内的人民币计入国际储备。这直接提高了人民币作为国际储备货币的地位。

参考文献

［1］白钦先，张志文．外汇储备规模与本币国际化：日元的经验研究．经济研究，2011，

46（10）：137－149.

［2］陈卫东，熊启跃，赵雪情．全球储备资产：历史趋势、形成机制和中国启示．国际金融研究，2023（4）：3－16.

［3］李嘉杰，黄新飞，张弛．外汇储备与跨国并购：来自新兴市场国家的经验证据．南方金融，2023（12）：3－18.

［4］李珂欣．全球不确定性与外汇储备变动．国际金融研究，2024（10）：50－61.

［5］李少昆．美国货币政策是全球发展中经济体外汇储备影响因素吗？．金融研究，2017（10）：68－82.

［6］缪延亮，郝阳，杨媛媛．外汇储备、全球流动性与汇率的决定．经济研究，2021，56（8）：39－55.

［7］唐爱迪，陆毅，杜清源．我国外汇储备的溢出效应研究：基于引力模型的分析．金融研究，2019（4）：1－19.

［8］唐亚晖，姚志远．新常态下我国外汇储备需求的决定因素及动态调整．当代经济研究，2019（6）：64－73.

［9］王曦，谢睿航．一个估计外汇储备币种-资产组合的新框架：兼评中国外汇储备构成的动态演进．经济学（季刊），2024，24（3）：995－1013.

［10］王晓芳，杨永健．外汇储备、黄金储备和国际负债对人民币国际化的影响：基于VAR模型的实证分析．经济问题探索，2021（8）：94－104.

［11］王增磊，张恒义．中国外汇储备规模的生成机制及其影响因素研究．华东经济管理，2017，31（7）：94－103.

［12］杨秋菊，杨权．双部门流动性冲击、银行挤兑与外汇储备救援．金融理论与实践，2022（9）：1－11.

［13］杨权，裴晓婧．资本账户开放、金融风险与最优外汇储备．国际金融研究，2011（7）：22－33.

［14］易祯，郝天若，朱超．外汇干预对汇率水平变动及波动率的影响与应对：来自全球53个经济体的证据．国际金融研究，2023（6）：73－85.

［15］周姝彤．宏观审慎政策、外汇储备与三元悖论中间化：基于24个新兴市场国家的实证分析．云南财经大学学报，2022，38（10）：52－64.

［16］Aizenman，J.，Yin-Wong Cheung，and XingWang Qian（2020）．The Currency Composition of International Reserves，Demand for International Reserves，and Global Safe Assets. *Journal of International Money and Finance*，102，102120.

［17］Aizenman，J. and Jaewoo Lee（2007）．International Reserves：Precautionary Versus

Mercantilist Views. *Open Economies Review*, 18, 191 - 214.

[18] Andrikopoulos, A., Zhongfei Chen, Georgios Chortareas, et al. (2023). Global Economic Policy Uncertainty, Gross Capital Inflows, and the Mitigating Role of Macroprudential Policies. *Journal of International Money and Finance*, 131, 102793.

[19] Arslanalp, S., Barry Eichengreen, and Chima Simpson-Bell (2022). The Stealth Erosion of Dollar Dominance and the Rise of Nontraditional Reserve Currencies. *Journal of International Economics*, 138, 103656.

[20] Baley, I., Laura Veldkamp, and Michael Waugh (2020). Can Global Uncertainty Promote International Trade? . *Journal of International Economics*, 126, 103347.

[21] Boz, E., Camila Casas, Georgios Georgiadis, et al. (2022). Patterns of Invoicing Currency in Global Trade: New Evidence. *Journal of International Economics*, 136, 103604.

[22] Chinn, M. and Jeffrey Frankel (2005). Will the Euro Eventually Surpass the Dollar as Leading International Reserve Currency? . NBER Working Papers, No. 11510.

[23] Das, M., Gita Gopinath, Taehoon Kim, et al. (2022). Central Banks as Dollar Lenders of Last Resort: Implications for Regulation and Reserve Holdings. NBER Working Papers, No. 30787.

[24] Durdu, C. B., Enrique G. Mendoza, and Marco E. Terrones (2009). Precautionary Demand for Foreign Assets in Sudden Stop Economies: An Assessment of the New Mercantilism. *Journal of development Economics*, 89 (2), 194 - 209.

[25] Eichengreen, B. (1998). The Euro as a Reserve Currency. *Journal of the Japanese and International Economies*, 12 (4), 483 - 506.

[26] Gabaix, X. and Matteo Maggiori (2015). International Liquidity and Exchange Rate Dynamics. *The Quarterly Journal of Economics*, 130 (3), 1369 - 1420.

[27] Gopinath, G. and Jeremy C. Stein (2018). Trade Invoicing, Bank Funding, and Central Bank Reserve Holdings. *AEA Papers and Proceedings*, 108 (5), 542 - 546.

[28] Gopinath, G. and Jeremy C. Stein (2021). Banking, Trade, and the Making of a Dominant Currency. *The Quarterly Journal of Economics*, 136 (2), 783 - 830.

[29] Ilzetzki, E., Carmen M. Reinhart, and Kenneth S. Rogoff (2019). Exchange Arrangements Entering the Twenty-First Century: Which Anchor will Hold? . *The Quarterly Journal of Economics*, 134 (2), 599 - 646.

[30] Ito, H. and Robert N. McCauley (2020). Currency Composition of Foreign Exchange Reserves. *Journal of International Money and Finance*, 102, 102104.

[31] Lu, D. and Yuhao Mu (2023). A Parsimonious Model of Trade, Finance and Endogenous Currency Choices in International Reserves. *Economics Letters*, 225, 111063.

[32] Lu, D., Xingwang Qian, and Wenyu Zhu (2024). External Debt Currency Denomination and the Currency Composition of Foreign Exchange Reserves. *Pacific-Basin Finance Journal*, 86, 102438.

[33] Obstfeld, M., Jay Shambaugh, and Alan Taylor (2010). Financial Stability, the Trilemma, and International Reserves. *American Economic Journal: Macroeconomics*, 2 (2), 57 - 94.

[34] Rodrik, D. (2006). The Social Cost of Foreign Exchange Reserves. *International Economic Journal*, 20 (3), 253 - 266.

[35] Wijnholds, J. de Beaufort and Lars Søndergaard (2007). *Reserve Accumulation: Objective or By-Product?*. ECB Occasional Paper, No. 73.

本章附录

第八章　地缘经济风险对人民币国际化的影响

一、引言

在全球化深入发展与全球政治经济格局深刻变革的背景下，人民币国际化作为中国参与全球经济治理、提升国际金融话语权的重要战略，其发展进程不仅深刻影响着中国经济金融体系的稳定与发展，也对全球货币格局演变产生了深远影响。人民币国际化程度的提升，有助于降低国际交易中的货币错配风险，增强中国在国际经济活动中的定价权，同时为全球经济参与者提供了多元化的货币选择，促进了国际货币体系的均衡发展。

近年来，地缘经济风险呈现出高频化、复杂化的特征，随着贸易保护主义抬头、地缘政治冲突加剧、区域经济竞争升级等因素的交织，全球经济秩序与金融生态正在发生深刻变革。地缘经济风险作为外部冲击的重要来源，可能通过影响国际贸易的规模与结构、跨境资本的流动方向、国际投资者的风险偏好等渠道，对人民币国际化进程产生影响。然而，现有研究大多聚焦于经济基本面、金融市场开放等传统因素对人民币国际化的作用，对于地缘经济风险如何影响人民币国际化的定量分析有待完善。厘清地缘经济风险与人民币国际化之间的内在逻辑关系，不仅有助于深入理解人民币国际化的演进机制，也为中国在复杂多变的国际环境中推进人民币国际化提供了重要的理论依据与实践指导。

本章在对现有研究进行充分回顾的基础上，从货币的国际计价支付功能和国际储备功能两方面编制人民币国际化指数，并据此构建计量模型进行实证分析，探究地缘经济风险对人民币国际化的影响，为完善人民币国际化理论与政策实践贡献新的视角与思路。研究发现，随着我国地缘经济风险的增加，人民币国际化程度显著提升；相较于美元、欧元、英镑等欧美货币，地缘经济风险对人民币与日元国际化具有促进作用。这表明人民币在高地缘经济风险环境下具备避险资产的属性，但不是要替代传统的主要货币，而是为国际货币体系提供了多元化的避险选择。

二、典型事实

（一）人民币国际化指数的最新走势

近年来，随着全球地缘政治经济格局的深刻演变，地缘经济风险日益成为影响国际货币体系变革的重要因素。为定量衡量地缘经济风险对人民币国际化的影响程度，我们编制了人民币国际化指数（RMB Internationalization Index，RII）。我们选取能够反映人民币履行国际货币功能的两大类指标构建了 RII 指标体系：第一类指标反映人民币的国际计价支付功能，具体包括国际贸易中使用人民币的指标，以及资本与金融交易中使用人民币的指标。第二类指标反映人民币的国际储备功能。相关指标体系及原则[①]基本沿用中国人民大学国际货币研究所在此前人民币国际化报告中的编制方法，仅对金融交易的相关三级指标进行了适当微调。

2024 年，全球地缘政治格局持续动荡，经济复苏进程仍不平衡，产业链供应链加速重构，国际经贸合作面临新的挑战与机遇。我国经济在复杂多变的国际环境中展现出强大韧性，不仅扎实推进了高质量发展，而且加快构建了新发展格局。我国进一步深化金融领域改革开放，稳步扩大制度型开放，持续优化人民币跨境使用环境，显著提升了人民币在国际贸易、投融资中的占比，推动人民币国际化迈上新台阶。

① 具体编制方法详见附录 1。

在2024年的四个季度中，RII分别为4.84、7.40、6.30、5.68（如图8.1所示）。2024年的RII季度平均值为6.06，与2023年的RII季度平均值5.46相比增长了约11%，表明人民币的国际使用水平进一步提升。过去5年，全球政治经济格局深刻演变，RII波动上行，年均复合增长率高达17.33%。2024年第四季度，美元、欧元、英镑、日元的国际化指数分别为51.13、24.07、3.69、4.47。不难发现，即使在外部环境极其严峻、中国经济和贸易备受打压的情况下，与其他主要国际货币的同期表现相比，人民币国际化依然展现出强劲的发展动能与韧性（如图8.2所示）。

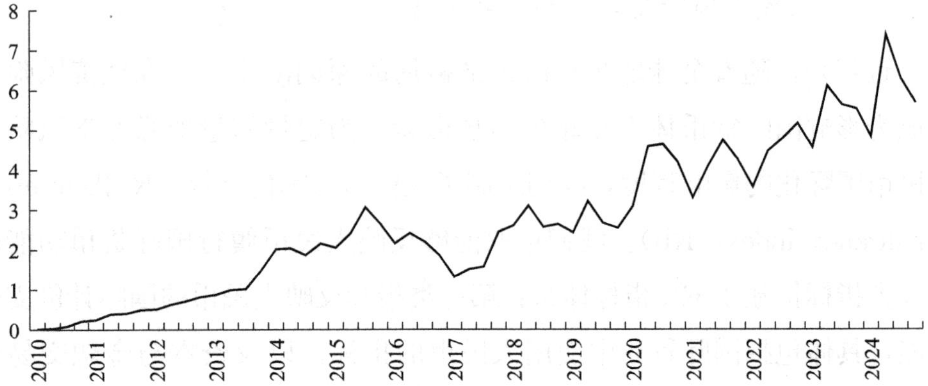

图8.1 人民币国际化指数

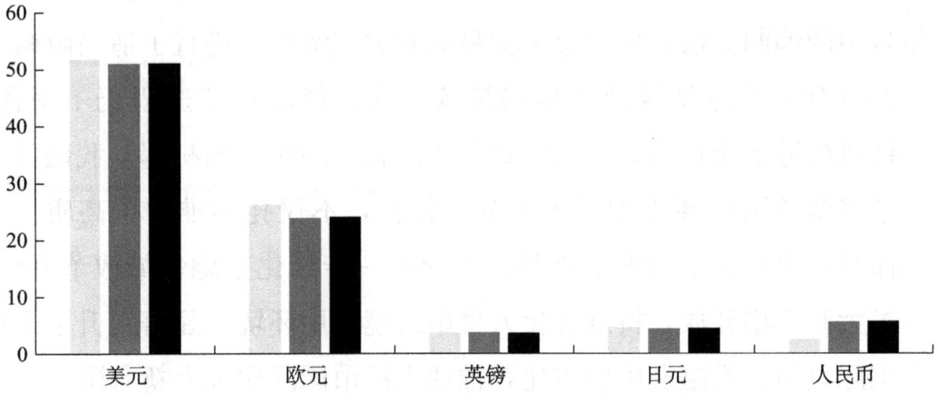

图8.2 主要货币国际化指数对比

（二）地缘经济风险对人民币国际化指数的影响

2019 年全球地缘政治和经济不确定性上升，中国对外投资和外商投资减少。自 2018 年起，美中贸易摩擦加剧，国际市场对中资企业审查趋严，导致投资环境恶化。特别是美国、欧盟、澳大利亚等国，对中国企业在高科技、基础设施等领域的收购设限显著增加。美国海外投资委员会（CFIUS）否决了多起中资并购案（如半导体、AI 领域），美国《外国投资风险审查现代化法案》（FIRRMA 法案）（2018）、《欧盟外资审查框架法案》（2019）生效，旨在限制中资收购高科技、基础设施等领域的企业。同时，外资企业对中国市场的政策预期变得不明朗，对华投资观望情绪加重。科技领域受“实体清单”（如华为事件）的影响，致使外资对华技术投资更加谨慎。在当前的全球贸易环境下，地缘政治风险加剧，产业链供应链加速重构，部分国家的贸易保护主义抬头，而不稳定的贸易环境使得企业在贸易结算货币的选择上更为审慎。因此，2019 年人民币对外投资额大幅下降，但随着中国与“一带一路”共建国家投资合作的稳步推进，地方对外投资活跃，对外承包工程保持平稳，人民币对外投资额开始稳步上行，如图 8.3 所示。

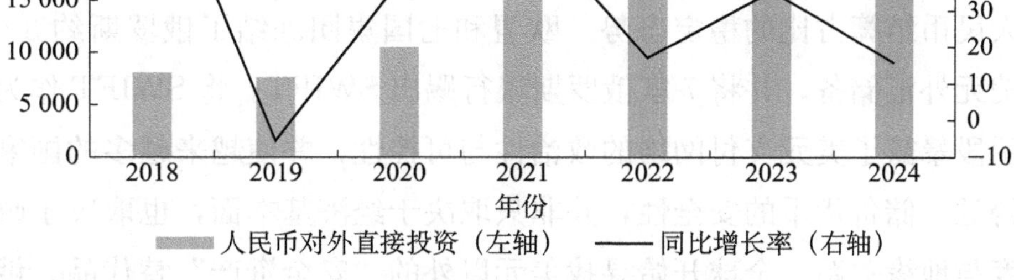

图 8.3　人民币对外直接投资年度数据

资料来源：中国人民银行.

地缘政治风险与地缘经济风险的不确定性，叠加美国的经济政策频繁调整，引发了市场的不确定性。在贸易摩擦、经济制裁等风险持续的背景下，人民币的稳定性以及中国经济展现出的强大韧性逐渐获得国际社会的广泛认可。人民币作为相对稳定的货币，在复杂环境中保持了相对稳定，逐渐成为国际资本分散风险的选择之一。一方面，中国作为世界第二大经济体和第一大货物贸易国，其稳定的经济基本面、庞大的市场规模及持续扩大的开放政策，为人民币提供了坚实的信用基础；另一方面，地缘经济风险引发的全球价值链重构与针对支付体系安全性的考量，促使更多国家开始寻求以本币或区域货币替代美元的可能性，而人民币凭借自身稳定性成为重要选项。

2022 年俄乌冲突爆发，全球“去美元化”态势加速。以美国为首的西方发达国家将国际货币体系“武器化”，严厉制裁俄罗斯，把俄罗斯排除在现有的美元主导、欧元跟随的国际货币体系之外，这些变化助推了俄罗斯、东盟、中东以及拉美等经济体强调以本币计价和结算的权益，开始探索并实施本币贸易计价、结算和清算体系，旨在提高自身参与国际贸易和投资的安全性。与此同时，人民币在全球贸易中的使用量迅速增加，尤其是在与俄罗斯等国的双边贸易中。自 2022 年 2 月俄罗斯受到西方国家的制裁以来，人民币在俄罗斯的使用率显著上升。2024 年，在中俄贸易中，人民币的结算比例达到了 65%。这种合作不仅有助于规避地缘经济风险带来的货币波动，还为双方的贸易往来提供了更稳定的结算环境，进而有力地推动了人民币在跨境贸易中的使用，维持了人民币结算占比的稳定态势。欧盟和七国集团冻结了俄罗斯约 3 000 亿美元外汇储备，并将 7 家俄罗斯银行踢出 SWIFT。将 SWIFT 作为制裁手段暴露了美元支付网络的政治性与可控性，并使越来越多的国家开始警觉。储备货币的安全性，并非只取决于经济基本面，也取决于政治态度与地缘关系。全球开始寻找美元以外的“安全资产”替代品。俄罗斯、伊朗等国建立了“非 SWIFT”双边支付通道，其中人民币的结算比例分别达到34%和28%。能源贸易结算体系也面临重构，人民币外汇储备占比达到近五年峰值，如图8.4所示。2023年3月，沙特首次接受人民币支付部分石油款项，中国进口沙特原油的10%改用人民币计价；印度-俄罗斯煤炭贸易采用人民币/卢比双币结算，2023年交易额突破50亿元。多边机制也有所突破：2023年金砖国家新开发银行发行85亿元人民币债券，募集资金用于各成员的美元债务置换；上合组织设立"扩大本币结算份额路线图"，9成员间的本币结算占比从2021年的19%升至2023年的37%。

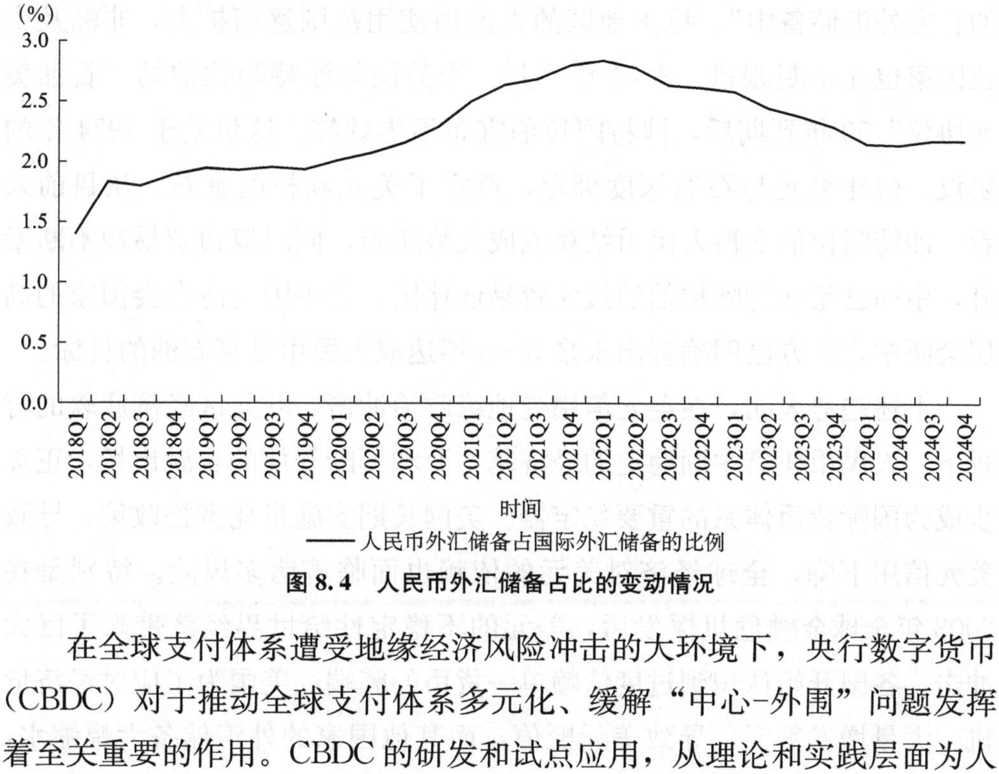

图8.4　人民币外汇储备占比的变动情况

在全球支付体系遭受地缘经济风险冲击的大环境下，央行数字货币（CBDC）对于推动全球支付体系多元化、缓解"中心-外围"问题发挥着至关重要的作用。CBDC的研发和试点应用，从理论和实践层面为人民币跨境支付带来了积极影响：一方面，它可能提升了人民币跨境支付的效率，使得资金能够快速到账，减少了结算时间成本；另一方面，它增强了支付的安全性，通过先进的加密技术和分布式账本技术降低了支付风险和欺诈可能性。这种更便捷的支付体验和更低的交易成本，无疑会吸引更多国家和企业在跨境贸易中选择人民币结算。当前，CBDC已覆盖多国央行，为人民币在国际支付领域的长期发展提供了有力支持，对于人民币国际化进程具有深远的战略意义。

2024年，在地缘政治冲突持续升级、美元流动性波动加剧的背景下，人民币在全球外汇储备中的地位相对平稳。俄罗斯在金融领域“去美元化”的举措也将进一步提升人民币的国际化程度。2024年6月，俄罗斯中央银行宣布人民币将成为俄罗斯的主要外币，人民币/卢布汇率将为其他外币汇率的设定轨迹。2024年5月，沙特阿拉伯正式接受人民币作为石油贸易的结算货币，同时提出“将人民币纳入沙特阿拉伯的官方外汇储备中”。拉美地区的人民币使用范围逐渐扩大，非洲及中亚国家也在不断跟进。2024年6月。当美国与沙特阿拉伯的“石油美元协议”50年到期后，沙特阿拉伯宣布不再续签。这份始于1974年的协议，曾让美元与石油深度绑定，奠定了美元霸权的基石。从目前来看，沙特阿拉伯支持人民币结算或成大势所趋，同时双边贸易额不断攀升，中国已是沙特阿拉伯的最大贸易伙伴国。在中国与海合会国家的高层会晤中，双方已明确提出未来3～5年达成人民币结算石油的目标。

上述趋势表明，在美元信用受地缘政治冲击、欧元区经济疲软的背景下，人民币凭借中国稳定的经济基本面和不断开放的金融市场，正逐步成为国际货币体系的重要稳定器。美国长期实施量化宽松政策，导致美元信用下降，全球经济对美元的依赖也面临着诸多风险。特别是在2008年全球金融危机爆发后，美元的不稳定性给世界经济带来了巨大冲击，各国开始认识到过度依赖单一货币的弊端。美国为了应对经济危机，大量增发美元，导致美元贬值，而其他国家的外汇储备大幅缩水，并使国际贸易和投资受到了严重影响。在这样的背景下，各国纷纷寻求货币多元化，以降低对美元的依赖，增强自身经济的稳定性和抗风险能力。近年来，随着人民币汇率抗风险能力持续增强，在地缘政治冲突等短期风险因素下，人民币保持了基本稳定，为中外跨境贸易人民币结算打下了坚实基础，如图8.5所示。此外，CIPS目前已覆盖186国，新加坡大华银行借助 CIPS 的清算效率超越纽约，交易速度达“T+0”级别，为跨境支付的发展持续发力。未来，随着更多新兴经济体寻求“去风险化”的储备策略，人民币国际化进程有望进一步提速。

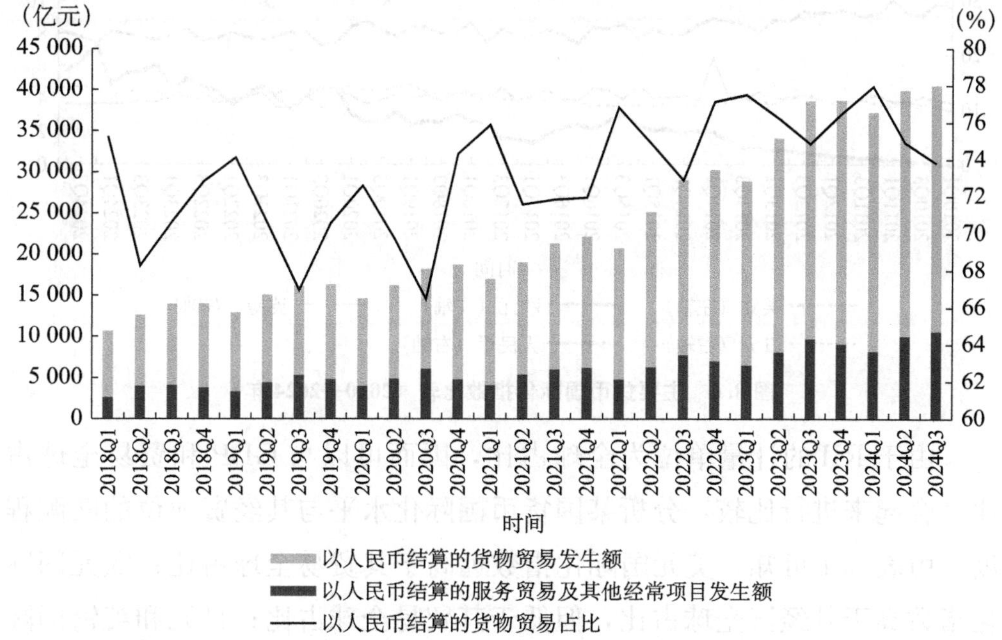

图 8.5　以人民币结算的货物贸易和服务贸易及其他经常项目规模

资料来源：中国人民银行.

（三）主要货币国际化指数比较

为了客观评估国际货币格局变迁，动态反映人民币与主要货币国际化水平的变化，我们基于相同的逻辑和方法，同时编制了美元、欧元、英镑、日元的国际化指数。

从纵向上看，国际货币格局正在发生变化。2019—2024 年美元、欧元、英镑、日元、人民币的国际化指数（均值）年均复合增长率分别为－0.24％、－1.65％、0.00％、－0.32％、17.41％。人民币国际化水平的增长速度较快，美元国际化水平稳中有退，欧元、英镑国际化水平有所降低，日元国际化水平相对稳定。图 8.6 对主要货币国际化指数进行了比较。

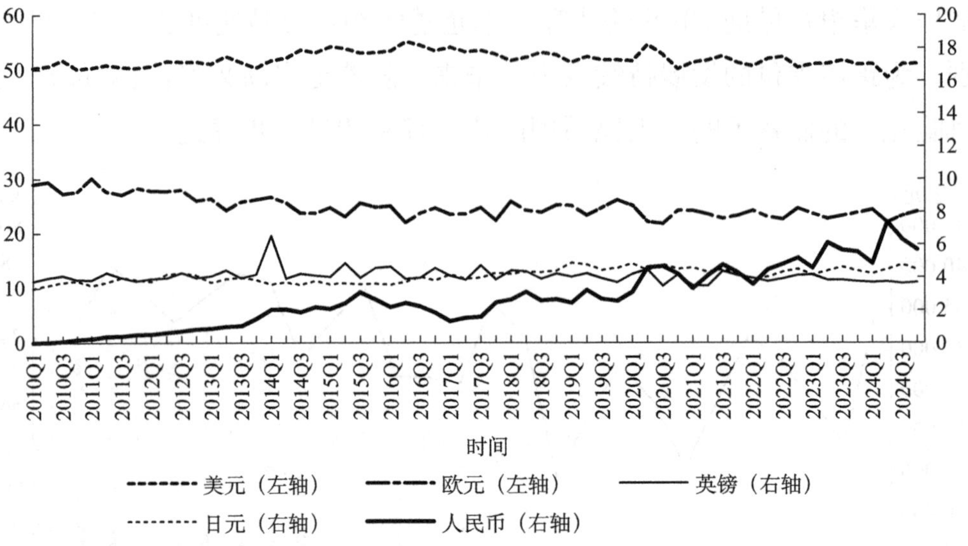

图 8.6　主要货币国际化指数比较（2010—2024 年）

由于 RII 的计量单位为全球占比，因而可以与 GDP 和贸易全球占比结合起来进行比较，分析某国货币国际化水平与其经贸地位的匹配程度。由表 8.1 可知，美元国际化指数远高于其贸易全球占比；欧元国际化指数高于其经济全球占比，但低于其贸易全球占比；日元和英镑国际化指数与其经济、贸易全球占比基本匹配；人民币国际化指数低于其经济、贸易全球占比。从总体上看，货币国际化程度与经济、贸易地位存在较明显的错配，主要货币的国际使用情况与其发行主体的经济、贸易全球占比存在较大的差异。

表 8.1　GDP 份额、贸易份额和货币国际化指数

国家和地区	2019 年			2024 年		
	GDP 份额	贸易份额	货币国际化指数	GDP 份额	贸易份额	货币国际化指数
美国	24.36% (1)	19.87% (3)	51.75 (1)	25.27% (1)	21.27% (3)	51.13 (1)
欧元区	15.29% (3)	43.64% (1)	26.16 (2)	14.19% (3)	42.95% (1)	24.07 (2)
英国	3.25% (5)	6.19% (5)	3.69 (4)	3.15% (5)	4.72% (5)	3.69 (5)

续表

国家和地区	2019 年			2024 年		
	GDP 份额	贸易份额	货币国际化指数	GDP 份额	贸易份额	货币国际化指数
日本	5.83% (4)	6.94% (4)	4.54 (3)	3.48% (4)	5.88% (4)	4.47 (4)
中国	16.27% (2)	23.36% (2)	2.55 (5)	16.23% (2)	25.17% (2)	5.68 (3)

注：括号中的数字反映了该指标在五个经济体中的排名。

2024 年，全球地缘政治经济格局复杂多变，全球经济增长动能偏弱：总需求增速下滑，总供给逐步改善，通货膨胀压力总体回落，贸易规模总体上升。主要经济体表现分化，美国经济保持韧性，欧洲经济温和增长，日本经济复苏不及预期，新兴经济体相对稳健。主要发达经济体货币政策分化，美联储重启降息周期，欧洲央行多次降息，日本两次加息并退出负利率。外汇市场波动加剧，美元指数整体呈现上升态势。跨境资本流动规模回升，区域分化显著。美债收益率触底反弹，日本国债收益率持续抬升。全球股市震荡上行，大宗商品价格中枢下移。

其中，美元的国际地位保持稳定，美国 GDP 达 29.2 万亿美元（增速为 2.9%），消费拉动强劲（私人消费对 GDP 同比拉动提升至 1.9 个百分点）。美联储于 9 月起三次降息至 4.25%～4.5%。美元国际债券发行全球占比同比升 4.34 个百分点，全球储备占比 57.8%（较上年降 0.61 个百分点），国际化指数为 51.13（升 0.22%），继续维持全球第一大储备货币地位。欧元的国际地位小幅上升，欧央行 4 次降息刺激复苏，欧元区经济增速 0.8%（欧委会预测）。在地缘政治风险加剧的条件下，欧元区的 Sentrix 投资信心指数降至两年低点－28.5，国际贸易占比同比降 0.56 个百分点，国际债券发行额占比降 1.45 个百分点。欧元全球储备占比 19.83%（降 0.11 个百分点），国际化指数为 24.07（升 1%）。英镑的国际地位承压，英国 GDP 增速 0.9%（略超预期），国际贸易结算占比降 0.06 个百分点，直接投资占比升 1.64 个百分点。

英镑全球储备占比 4.73%（降 0.14 个百分点），国际化指数为 3.69（较上年降 1.32%），市场信心持续削弱。日元的国际地位整体提升，日本 GDP 增速放缓至 0.1%（创自 2020 年以来新低，主因私人消费疲软、企业投资低迷及贸易环境恶化），国际贸易结算占比降 0.01 个百分点，直接投资占比 6.91%（升 1.55%），全球储备占比 5.82%（升 0.13 个百分点），国际化指数为 4.47（升 0.6%）。

美元和欧元作为全球最主要的储备货币及交易媒介，从目前的全球格局看，两者仍有很强的领先优势，在短期内仍将保持国际领先地位，不会被其他货币轻易取代。该领先地位主要得益于综合国力、网络效应、成熟的金融市场体系以及地缘政治惯性等原因。这种规模效应使得货币转换成本极高，市场惯性强大。与此同时，石油、大宗商品等国际贸易和美元金融体系的深度绑定难以快速替代。从制度与市场成熟度来说，美国和欧盟都拥有全球最发达的资本市场、法治环境和金融基础设施，如美元清算系统 CHIPS、欧元区 TARGET2。美国国债市场规模庞大、流动性强，是全球投资者避险首选。尽管欧元区有内部不平衡问题，但欧洲央行的信用评级和政策框架仍被视为可靠。从地缘政治惯性来看，美国通过 SWIFT 制裁、美元“武器化”等手段强化了美元体系的政治黏性，其盟友在短期内难有替代方案。

但从长期来看，美元和欧元的主导地位将面临多重挑战。近年来，“去美元化”趋势显著加速——金砖国家推动本币结算（如印度-俄罗斯卢比贸易）、央行增持黄金等。中国的 CIPS 覆盖多国，可能削弱美元在新兴市场的份额。美国国债占 GDP 比例达 124%，而长期财政赤字可能削弱美元信用。同时，若美联储的政策不能保持稳定，将会加剧人们对美元体系的质疑。对于欧元来说，欧盟内部的政治协调复杂，财政政策不统一；欧元区部分成员的经济增长缓慢，债务问题反复；在英国脱欧后，欧元金融市场受到极大影响。此外，多极化货币体系崛起（如人民币在 IMF SDR 货币篮子中的权重提升至 12.28%、沙特接受人民币结算石油）和技术颠覆（如CBDC或利用区块链绕过传统清算系统）可能会逐步稀释美元及欧元的份额。

在俄乌冲突及全球“去美元化”浪潮中，人民币成为替代性安全资产的重要选项，这从本质上反映了国际货币体系需要深层次的结构性变革。人民币成为替代性安全资产具有重大意义，既反映了全球经济权力结构的调整，也对国际货币体系、地缘政治和中国自身发展产生了深远影响。从国际层面来看，它有助于推动国际货币格局的多极化，降低美元过度主导所带来的系统性金融风险。对于其他国家，特别是面临美元制裁或外部金融压力的新兴市场经济体而言，人民币提供了一种“去美元化”的可行选项，有利于提升它们的金融自主性和抗风险能力。然而，要真正实现人民币作为安全资产的广泛国际接受，中国仍需在资本账户开放、金融体系透明度、汇率机制市场化以及国际信任建设等方面不断推进改革与完善。人民币能否真正成为“全球安全资产”，取决于自身市场建设、政策稳定性与国际信任建设，以及与更多国家建立人民币资产使用与流通机制。

（四）RII与其他人民币国际化指数的关系

RII作为衡量人民币国际化进程的综合性指标，需要与同类指数进行系统性对比分析，以明确其独特的价值与定位。为了客观、综合地测度人民币国际化程度，不少官方机构和学者开始选择能够反映国际货币三大职能的多种结构性指标，然后使用科学的权重计算方法来构建人民币国际化指数模型，再从纵向、横向两个维度追踪人民币国际化程度，并与世界主要国际货币进行对比分析。

中国银行发布的跨境人民币指数（Cross-border RMB Index，CRI）、离岸人民币指数（Off-shore RMB Index，ORI），以及渣打银行编制的人民币环球指数（RMB Globalization Index，RGI）是市场关注度较高的观测指数。主流的人民币国际化指数的构成指标如表8.2所示。CRI是反映人民币在跨境及境外交易中活跃程度、体现人民币国际化发展状况的指示性指数，由“出、转、回”三部分构成，主要跟踪经常账户、资本账户和境外流转资金的流动，统一采用流量指标计算；ORI通过反映人民币在离岸市场（如香港等主要离岸市场）的发展水平，衡量人民币在跨境循环过程中的使用情况，包括离岸市场人民币存款、交易、融资等业务指标的综合计算；RGI用于追踪人民币国际化进程变化、衡量国际化程度，覆盖香港、伦敦、新加坡三个主要人民币离岸市场，计算存款（财富储存）、点心债和存款证（融资工具）、贸易结算和其他国际付款（国际商贸）以及外汇（交易渠道）四项业务增长。

表8.2　不同指数的构成指标

指数	一级指标	二级指标	三级指标
RII	国际计价支付功能指标	贸易	世界贸易总额中人民币结算比重
		金融	全球直接投资中人民币直接投资比重 全球国际存款总额中人民币存款比重 全球对外贷款总额中人民币贷款比重 全球国际债券和票据发行额中人民币债券和票据比重
	国际储备功能指标	官方外汇储备	全球外汇储备中人民币储备比重
CRI	跨境流出 境外流转 跨境回流	经常项目	经常项目下跨境人民币结算量
		资本项目	人民币在跨境直接投资中的使用规模 人民币跨境证券投资结算规模
		离岸市场	人民币在全球支付结算中的使用份额
ORI	价值贮藏	存款	离岸人民币存款规模
	融资货币	贷款	境外承担或向境外发放的人民币贷款及融资总量
	投资货币	投资	离岸人民币债券（不含CD）余额
			境外持有的人民币计价权益
	交易货币	外汇	人民币外汇交易占全球外汇交易的份额
	储备货币	储备	人民币资产占外汇储备资产的比重
RGI	价值贮藏	存款	主要离岸人民币存款
	交易货币	支付	跨境人民币支付
		交易	离岸人民币外汇交易
	融资货币	融资	离岸人民币计价债券（点心债）的发行
	投资货币	投资	外资对在岸资产的投资

(1) 区别。RII的编制严格以国际货币职能理论为基础，将人民币国际化进程划分为国际货币的三大核心职能维度：交易媒介、计价单位、价值储藏。该理论框架要求在构建指数时必须系统覆盖货币在国际贸易结算、金融资产计价、官方储备配置等领域的渗透情况。这种“全职能评估模型”旨在捕捉人民币从“跨境使用”向系统性纳入“全球货币体系”的动态变化。

相对而言，CRI采用货币流通分析范式，其核心逻辑聚焦于人民币在“跨境流出—境外流转—跨境回流”三个环节的循环效率。该指数通过央行跨境支付系统（CIPS）交易流量、离岸市场存款规模动态、点心债发行增量等高频流量指标，刻画人民币在国际支付清算和离岸融资市场的短期流动性扩张特征。这种设计逻辑契合货币国际化初级阶段对“流通渠道可达性”的监测需求。

ORI构建了涵盖跨境流通、离岸投融资、市场基础设施成熟度及货币主权信用溢价的多维评估框架，其创新性在于将香港金融管理局人民币流动资金安排机制、SWIFT 报文标准采用率等制度性指标纳入测算体系。

RGI采用离岸市场五维观测法，该设计实现了对离岸人民币市场纵深发展的立体监测。而中国人民银行的官方评估框架更强调政策传导有效性，其指标体系设计严格遵循“跨境贸易—直接投资—金融市场交易”的三级市场渗透路径，借助银行代客涉外收付款等高频监管数据，实时捕捉市场主体的货币选择行为特征。

(2) 联系。首先，所有指数均服务于人民币国际化进程的量化监测需求。各指数通过差异化的发布频率形成监测周期互补：CRI（月度发布）、ORI（季度发布）、RGI（月度发布）依托高频数据构建市场流动性压力指数，通过高频数据为市场参与者提供流动性风向标，而RII（年度发布）基于BIS、IMF中等低频高质量数据，系统追踪货币职能的结构性变迁。这种“高频市场诊断＋低频结构扫描”的协同机制，完整覆盖了从短期流动性管理到长期战略性规划的需求。

其次，指数框架存在互补空间。央行在《人民币国际化报告》中虽未直接使用“职能”表述，但通过跨境使用、储备货币地位、金融市场开放等多个维度，间接覆盖了国际货币的核心职能。例如，跨境收付金额（交易媒介）、全球外汇储备占比（价值储藏）、熊猫债发行规模（计价单位）等指标，与RII形成理论呼应，均以国际货币职能理论为底层框架。人民币国际化需要从“跨境结算工具”向“深度嵌入全球金融体系的储备货币”转型，强调货币职能的长期结构性提升（如储备货币占比）与短期流动性扩张（如跨境支付份额）的平衡。

综上所述，RII与其他指数分别从职能深度与流转广度切入，构建了人民币国际化的“立体评估坐标系”，为市场主体优化跨境策略、监管机构完善制度设计提供了差异化但互为支撑的决策依据。

（3）评价。CRI的独特视角是从货币流转维度构建指标体系，其架构严谨且逻辑脉络连贯统一；覆盖范畴全面，可综合反映人民币在跨境流通中的活跃程度；分析框架具备清晰指引性，能为提升人民币跨境使用水平指出实践方向；数据解读直观明了，便于开展不同时期的动态比较。ORI和RGI对于监测离岸人民币市场发展具有重要意义，通过这两个指数可深入了解境外人民币资金供求关系及交易活跃度，有助于全面把握人民币在关键离岸市场的国际化进展及业务发展趋势，为市场参与者研判离岸市场形势、监管部门优化政策框架提供关键信息支撑。

整体来看，RII作为综合量化评估指标，旨在以客观量化的方式描述人民币在国际经济活动中的实际使用程度。该指数跟踪全球范围内贸易计价、金融交易和外汇储备三方面的人民币份额动态，并与其他主要国际货币开展横向比较。其指标体系覆盖国际货币的主要职能，能够综合反映人民币国际化的整体程度，对准确把握人民币国际化整体动态及在国际货币体系中的地位和作用具有重要价值。

三、文献综述

目前，已有众多学者对人民币国际化的影响因素展开研究，涉及对外贸易、金融市场等多个维度，但关于地缘经济风险与人民币国际化关系的研究尚显不足，缺乏更为系统的实证分析。

（一）人民币国际化

（1）定义。人民币国际化是让人民币在国际范围内行使货币功能，发展成国际贸易和国际投融资的主要计价结算货币以及重要的官方国际储备货币、为世界经济增加公共产品的过程（涂永红和王一森，2024）。货币国际化可以带来国际铸币税收益和运用境外储备投资的金融业收益，降低对外经济贸易活动的汇率风险，畅通国际资本流动，以及提升货币发行国在国际金融体系中的话语权等诸多利益（陈雨露等，2005）。人民币国际化不仅是货币职能的拓展，也是中国实现可持续发展、建设“金融强国”的内在要求，同时还是规避美元体系风险的重要依托。

近年来，人民币国际化水平保持长期上行趋势，在面对外部环境动荡、地缘政治冲突加剧、逆全球化趋势等多重挑战下，人民币与其他主要国际货币相比依然呈现出强劲的发展势头，展现了人民币国际化的强劲动能和发展韧性（中国人民大学国际货币研究所，2024）。陈卫东和赵雪情（2010）认为，人民币国际化从总体上可以分为四阶段：第一阶段（2009—2012 年），人民币国际化从无到有，跨境政策逐步放开；第二阶段（2013—2015 年第三季度），人民币国际化在单边升值预期下大幅推进；第三阶段（2015 年第四季度至 2017 年），在贬值预期下，人民币国际化遇阻，离岸市场萎缩；第四阶段（2018 年至今），市场驱动为主、政策为辅，人民币国际化企稳回升，市场情绪与信心显著修复。涂永红和陈昭晶（2024）指出：自 2009 年以来，人民币国际化指数（RII）经历了从快速攀升到遇阻急降，再到企稳回升的曲折过程。尽管人民币已跻身主要货币行列，但未与我国在世界经济中的地位相匹配，尤其是在金融交易以及国际储备货币中，人民币的使用程度仍然较低（涂永红和王一森，2024；王芳等，2015）。随着我国进入新发展阶段，人民币国际化也进入攻坚阶段，我国应充分挖掘历史机遇，防范周期性风险，坚持稳慎扎实推进的原则，持续推进人民币国际化进程（赵雪情，2021）。

（2）影响因素。现有研究普遍认为，经济规模、贸易规模和结构、金融市场发展水平、外汇交易量、资本账户自由化程度、汇率波动等是影响货币国际化的关键因素（何青等，2021）。

跨境贸易与直接投资是人民币国际化发展的“基本盘”。2023 年，跨境贸易结算与直接投资交易对人民币国际化指数增长的贡献度分别为 30.17%和 76.37%（中国人民大学国际货币研究所，2024）。国际经贸合作可以通过直接和间接两个渠道推动货币国际化（中国人民大学国际货币研究所，2023）。一方面，通过签订自由贸易协定等方式推动国际经贸合作，有利于增加国际贸易和投资机会，为区域内主要贸易和投资国家的货币国际化创造有利条件。对外贸易规模越大，说明一国参与国际经济活动的程度越高，用该国货币进行结算就能更大程度地节约交易成本、繁荣国际贸易，因而对外贸易的不断发展必然会促进该国货币的国际化（涂永红和张铜钢，2017）。刘璐通过实证研究发现，中国贸易规模的扩大对人民币国际化具有显著的正向影响。Ito 和 Chinn 指出，中国全球贸易大国的地位推动了人民币在贸易结算中的应用，中国对外贸易规模越大，人民币国际化程度越高。另一方面，广泛深入的国际合作有利于伙伴国经济金融的发展和稳定，能够增强非居民市场主体对区域内国际货币发行国的信任与信心，从而间接促进了货币的国际使用。Cai 研究发现，中国与其他国家的贸易一体化程度和投资依存度越高、政策合作越紧密以及人民币基础设施越完善，人民币被该国作为锚定货币的概率就越大。何青等（2023）研究表明，对于发展中经济体来说，与中国贸易越多，两国货币联动性越强。人民币货币互换协议显著增强了人民币的流动性、稳定性，互换增加了人民币与较发达经济体货币联动的概率。宋科等（2022）研究发现，双边货币互换通过提供人民币流动性、提升外界对人民币的信心以及增强人民币网络外部性等渠道推动了人民币国际化。人民币国际化还能对国际贸易产生反向促进作用。王芳等（2017）研究发现，与使用区域外主要国际货币相比，使用区域内货币进行交易，在初期将增加区域内贸易和结算的成本，但当区域内货币的使用达到一定规模后，会对区域贸易一体化产生明显的促进作用。此外，对外直接投资是推动人民币国际化的重要动能。2023 年，我国全行业对外直接投资额为 10 418.5 亿元人民币，同比增长 5.7%，其中"一带一路"共建国家是我国对外直接投资的重要目的地（中国人民大学国际货币研究所，2024）。对外投资可以通过资本输出、带动贸易及促进金融机构国际化等方式推动人民币在海外的使用（涂永红和张铜钢，2017）。王芳等（2015）采用重力模型研究表明，货币流出国和货币流入国的双边投资额，以及货币流出国对货币流入国的贸易额占货币流出国贸易总额的比重，能够扩大国际货币在货币流入国的流通和使用范围，从而显著增加国际货币在当地的交易比重。伍晓光和孙文莉（2023）发现，"一带一路"倡议的提出显著推动了人民币国际化进程。宋科等（2022）利用人民币跨境交易数据的实证研究表明，"一带一路"倡议显著提升了共建国家人民币跨境交易金额和笔数，推动了人民币国际化进程。分货币职能来看，"一带一路"倡议显著增强了人民币在国际市场上承担交易媒介和计价结算货币的作用。在"一带一路"共建国家的投资中，人民币在一定程度上发挥了"货币锚"作用，有利于人民币计价结算规模进一步扩大（何青等，2023；涂永红和王一森，2024）。因此，建立全方位、多层次的国际经贸合作网络，坚持高水平对外开放，对于稳固人民币的价值，推动人民币国际化进程具有重要意义。

金融市场发展和开放水平也是影响人民币国际化的关键因素（Liu et al.，2019；钱宗鑫等，2019）。高效的金融体系能够及时供应和回笼人民币，建立人民币的国际循环体系，推动人民币国际化发展；稳定的金融体系有助于进一步建立人民币“供应-回流”闭环，为世界其他国家提供人民币的融资渠道和投资市场（钱宗鑫等，2019）。张礼卿（2024）认为，深化金融改革、加快建立和完善市场化的现代金融体系对于人民币国际化至关重要。Ly 指出，金融制度和政策会影响人民币国际化程度，“一带一路”倡议和亚投行的建设将通过增加双边贸易、促进对外直接投资等方式，进一步提升人民币的国际货币地位。此外，一国货币金融体系服务供应链可持续发展能力的增强将有助于推动该国货币的国际化。具体而言，金融服务可以影响企业的贸易和投资决策，进而对全球供应链产生影响（钱宗鑫，2024）。在全球供应链上具有广泛联系的经济体，其金融体系融资和风险管理能力的增强，不仅能够极大地改善全球供应链上各经济体的福利，也能够更有效地增强全球供应链的稳定性。因此，中国金融体系融资和风险管理能力的增强有利于全球供应链的效率提升与稳定，进而增强国内外经济主体对人民币的信心，加速人民币国际化进程（钱宗鑫，2024）。

此外，绿色低碳经济、数字人民币的发展也为人民币国际化带来了新的机遇与挑战（宋科等，2024）。综合国力是主权信用货币国际化之锚，碳达峰碳中和目标的提出对我国产业结构调整和经济高质量发展提出了新的要求，有助于提升我国的整体科技水平和综合国力，从而大大增强人民币的硬实力（中国人民大学国际货币研究所，2023）。在此背景下，利用我国在新能源领域的优势，使人民币成为在非碳能源技术投融资、碳排放交易等环节的主要计价货币，并取得产业主导权和国际定价权，进而获得结算货币主导权，可以有力推动人民币国际化发展（刘阳等，2023）。此外，在数字化时代，国际货币体系也将迈入数字化竞争新阶段（赵雪情，2021）。宋科等（2024）指出，央行数字货币有望给货币国际化带来以下三方面的边际改进：一是通过提高效率、降低成本以及规避制裁等方式，推动跨境支付体系的变革；二是利用智能合约技术拓展跨境支付的应用场景，降低跨境使用风险，提升央行数字货币的国际接受度；三是利用便利性与匿名性方面的相对优势，提高公众接受度。

（二）地缘经济风险对人民币国际化的直接影响

地缘经济风险（即与地理位置相关的经济风险）涵盖了地缘政治冲突、贸易保护主义、区域经济合作的不确定性以及金融市场波动等诸多方面。地缘经济风险不仅是影响人民币国际化进程的重要因素，也给中国的经济政策和国际战略带来了新的挑战与机遇。

地缘政治冲突是地缘经济风险的重要组成部分，其对人民币国际化的影响尤为显著。近年来，中美关系的复杂化以及地缘冲突事件频发，使得全球政治经济格局的不确定性显著增加。美国作为全球经济和金融体系的核心参与者，通过贸易制裁、金融限制、实体清单等手段，试图遏制中国的经济发展，这不仅影响了中国与其他国家的经贸合作，也直接限制了人民币的跨境流通和在国际市场上的使用（胡志丁和毕诗瑶，2024；Blackwill and Harris，2016）。此外，地缘政治冲突增加了金融市场波动性，导致投资者信心下降，进一步降低了人民币在国际市场上的吸引力。

区域经济合作的不确定性也对人民币国际化产生了重要影响（李正等，2014）。欧盟内部的经济政策调整和英国脱欧等事件对全球金融市场产生了重大冲击，也给人民币国际化进程带来了挑战，中国在推进人民币国际化过程中需要更加谨慎地评估和应对各种风险。

全球贸易格局的变化同样对人民币国际化产生了深远影响。一方面，随着中国贸易地位的提升，人民币在国际贸易结算过程中扮演着越来越重要的角色，并使人民币在国际市场上的接受度逐步提高。另一方面，全球贸易保护主义的抬头和各国贸易摩擦的不断加剧，导致人民币汇率的波动性提高，从而增加了人民币在国际贸易中的使用成本（马光明等，2025）。在此背景下，中国需要进一步加强与周边国家的经贸合作，积极推动区域经济一体化，以应对全球贸易格局变化带来的挑战。

在金融领域，地缘经济风险对人民币国际化的冲击同样显著。例如，地缘政治冲突中的金融霸权威胁可能导致金融市场恐慌，从而对人民币国际化产生冲击。随着国际金融市场的波动加剧，人民币汇率的双向波动幅度明显增加，这为人民币国际化进程带来了新的挑战（马光明等，2025）。中国需要进一步提高金融体系的监管水平和开放程度，提升人民币资产在国际市场上的吸引力，增强人民币的流动性，以应对金融市场波动带来的风险。

面对地缘经济风险对人民币国际化的挑战，中国也在积极采取措施，在复杂多变的国际经济环境中寻求新的发展机遇。一方面，中国通过签署双边本币互换协议和合作备忘录、完善跨境人民币业务服务实体经济的功能等多种形式，提升人民币对境外交易者的吸引力，提高人民币资产在国际市场上的接受程度（Bahaj and Reis，2024）。另一方面，通过“一带一路”倡议推动区域经济一体化，加强与共建国家的经济合作，进一步扩大人民币在国际市场上的使用范围（刘立军和王开田，2025）。

（三）地缘经济风险对人民币国际化的间接影响

人民币国际化是人民币在国际范围内发挥计价、结算和储备货币功能的过程。人民币作为计价和结算货币，通常应用于国际贸易和资本与金融交易，与贸易、金融体系密切相关，人民币作为储备货币又与外汇储备联系紧密。因此，下面对地缘经济风险与贸易、外汇储备和金融体系相关的文献进行综述，以便更全面地回顾地缘经济风险与人民币国际化相关的研究基础。

（1）地缘经济风险对贸易的影响。地缘经济风险对全球贸易格局产生了重要影响。贸易保护主义抬头和严格的贸易限制措施的实施，导致了国际贸易规模的萎缩和贸易成本的上升。地缘经济风险上升也促使各国重新评估其贸易伙伴和市场，以寻找更安全、更可靠的贸易关系。这种重新定位可能导致贸易流向的改变，一些原本依赖特定国家市场的国家可能会转向其他地区，寻找新的贸易机会。例如，一些新兴经济体可能会减少对传统发达经济体的依赖，加强与其他新兴经济体或区域集团的贸易合作，从而形成新的贸易格局（丁云宝，2019）。这种贸易格局的重塑不仅会影响各国的贸易利益，还会对全球经济的平衡和发展产生深远影响。地缘经济风险也对对外投资产生了重要影响。Zhang 等发现，东道国与中国的地缘经济联系越紧密，中国对东道国的对外直接投资规模越大。此外，伴随着贸易摩擦、经济制裁，地缘经济风险会对全球货币体系产生深远影响，各国为了避免对美元的过度依赖，积极寻求替代货币作为贸易计价、结算货币，推动“去美元化”进程，从而为推动人民币国际化进程带来了新机遇（黄晓薇等，2024；王孝松等，2022）。

（2）地缘经济风险对外汇储备的影响。地缘经济风险的上升往往导致汇率波动加剧，从而影响外汇储备的价值。当一个国家面临地缘经济压力时，国际贸易受阻可能降低该国货币的流动性，影响币值稳定性（Olivier and Son，2024）。此外，地缘经济风险还会影响国际资本流动方向。在风险加剧的情况下，投资者出于避险考虑往往倾向于将资金从新兴市场国家转移至发达国家，从而使新兴市场国家面临资本外流的压力（邓富华等，2025）。

地缘经济风险还可能影响外汇储备的结构和配置。在风险上升的情况下，各国会调整其外汇储备的货币构成，增加避险货币的持有（邓富华等，2025）。这种外汇储备结构的调整可能会对全球货币体系的稳定产生影响，也可能给新兴经济体的货币政策和汇率政策带来挑战。

（3）地缘经济风险对金融体系的影响。地缘经济风险不仅会影响金融市场的稳定，提高系统性金融风险的发生概率，还会影响投资者的预期和信心（胡志丁和毕诗瑶，2024）。投资者和金融机构在面对地缘经济风险时，倾向于减少风险资产并增加避险资产投资，而大量投资者抛售股票和债券可能引发市场恐慌性下跌，甚至导致系统性金融危机（刘立军和王开田，2025）。

四、研究设计

（一）研究样本与数据来源

下面以中国、美国、欧元区、英国、日本五个主要经济体作为研究对象，选取2010年第一季度至2024年第四季度数据。货币国际化程度与地缘经济风险指数属于自行编制，其他宏观经济数据源自世界银行、国际货币基金组织、经合组织数据库。为减少极端值影响，所有连续变量分布两端均进行1%的缩尾处理。

（二）变量选取与度量

被解释变量：货币国际化程度。首先，选取人民币在国际支付、国际债券发行、外汇储备等领域的份额，编制人民币国际化指数体系，全面反映人民币在国际货币体系中的使用范围和影响力；其次，基于相同的方法，计算出美元、欧元、英镑、日元的国际化指数。具体指标编制方法参见附录1。

解释变量：地缘经济风险。基于文本分析，识别各国主要新闻报道中与地缘经济风险相关的文章数量，据此构建地缘经济风险指数体系，包括总指数与贸易、投资、技术、金融、供应链及其他六个分项指数。具体指标编制方法参见第二章。

控制变量：参考既往研究，在回归中控制各国实际GDP增速、贸易差额与GDP之比、实际有效汇率指数、通货膨胀率、汇率波动率。

（三）计量模型构建

首先，基于中国样本，研究地缘经济风险如何影响人民币国际化程度。我们构建的回归模型如下：

$$\mathrm{RII}_t = \alpha_1 + \beta_1 \cdot \mathrm{GER}_t + \gamma_1 \cdot \mathrm{Controls}_t + \sum_{n=1}^{3} \theta_n \cdot Q_{n,t} + \varepsilon_t \quad (1)$$

式中，RII_t 为季度 t 时的人民币国际化程度；GER_t 为地缘经济风险指数；Controls_t 为控制变量；$Q_{n,t}$ 为季度虚拟变量（以第四季度作为基准组）；ε_t 为随机误差项。

考虑到时间序列数据的相关性特征，对回归标准差进行 Newey-West 调整。

进一步基于跨国面板数据进行实证分析，研究前面选取的五个主要经济体，观察地缘经济风险如何影响货币国际化程度。我们构建的回归模型如下：

$$\text{MII}_{i,t}=\alpha_2+\beta_2\cdot\text{GER}_{i,t}+\gamma_2\cdot\text{Controls}_{i,t}+\mu_i+\lambda_t+u_{i,t}\quad(2)$$

式中，$\text{MII}_{i,t}$为经济体 i 在季度 t 时的本币国际化程度；$\text{GER}_{i,t}$为经济体 i 在季度 t 时的地缘经济风险指数；$\text{Controls}_{i,t}$为控制变量；μ_i 为个体固定效应；λ_t 为时间固定效应；$u_{i,t}$为随机误差项。

五、实证结果分析

（一）基准回归

下面针对中国样本进行分析，回归结果如表 8.3 所示，其中第（2）列相比第（1）列加入了更多控制变量。地缘经济风险指数（GER）的系数在 1%水平上显著为正，表明随着地缘经济风险增加，人民币国际化程度呈现上升趋势。

表 8.3　基准回归

变量	(1) 人民币国际化指数	(2) 人民币国际化指数
GER	0.011 7** (2.596)	0.008 0*** (2.725)
GDP 增速		−0.031 2 (−0.422)
贸易差额/GDP		0.303 0* (1.694)
实际汇率		−0.000 1 (−0.240)

续表

变量	(1) 人民币国际化指数	(2) 人民币国际化指数
通货膨胀率		−0.007 2*** (−3.131)
汇率波动率		0.002 8 (1.472)
常量	0.005 9 (0.776)	0.019 0 (0.498)
季度虚拟变量	YES	YES
观测值	60	59

从国际货币体系演进的理论逻辑与现实经验出发，地缘经济风险可能通过以下逻辑驱动人民币国际化程度提升：一是交易媒介职能的避险需求。在贸易保护主义抬头的背景下，使用人民币进行跨境结算可有效规避第三方货币制裁风险，降低汇兑成本与汇率波动冲击，体现了双边贸易对安全结算货币的现实需求。二是价值储藏职能的分散化选择。当地缘经济风险上升时，美元等传统储备货币可能因发行国的政策波动导致价值不稳定，致使市场对传统储备货币的信任可能下降，转而寻求更稳定的替代性货币。人民币资产的相对低波动性与中国金融市场的深度发展，使其成为国际储备多元化配置的优选。三是交易媒介职能的拓展深化。随着人民币跨境支付系统逐渐覆盖更多国家和地区、央行数字货币试点提升了跨境支付效率，人民币的使用网络不断扩展，进而降低了市场主体的转换成本，形成“使用越广—接受度越高”的强化机制。以上基于风险规避与效率改进的货币选择逻辑，为地缘经济风险环境下人民币国际化程度的提升提供了理论支撑。

（二）地缘经济风险分指数回归

在基准回归的基础上，下面将地缘经济风险总指数拆分为贸易、投资、技术、金融、供应链、其他六个分项指数，探究不同维度地缘经济风险对人民币国际化的影响，相关结果如表 8.4 所示。贸易、投资、技术、供应链及其他维度风险指数的回归系数均显著为正，而金融地缘经济风险指数的影响不显著。这一差异反映出不同维度地缘经济风险对货币国际化的作用效果存在差异：当贸易、投资等实体经济层面的风险上升时，市场主体可能会选择人民币结算或配置人民币资产，以规避自身对传统国际货币的依赖；技术与供应链风险会加速区域价值链重构，强化人民币在新兴产业协作和本土供应链中的计价功能。当金融地缘经济风险提升时，人民币国际化仍需突破资本账户开放、人民币金融产品深度不足等瓶颈。

表 8.4　地缘经济风险分项指数与人民币国际化

变量	(1)	(2)	(3)	(4)	(5)	(6)
	人民币国际化指数					
贸易 GER	0.003 6** (2.051)					
投资 GER		0.003 1** (2.023)				
技术 GER			0.003 0** (2.373)			
金融 GER				−0.000 9 (−0.747)		
供应链 GER					0.008 3*** (5.072)	
其他 GER						0.009 9*** (3.743)
实际 GDP 增速	−0.025 3 (−0.323)	−0.012 3 (−0.156)	−0.013 2 (−0.171)	0.022 8 (0.341)	−0.031 3 (−0.479)	0.020 4 (0.311)
贸易差额/GDP	0.293 9 (1.500)	0.130 6 (0.679)	0.230 9 (1.349)	0.039 6 (0.245)	−0.018 7 (−0.110)	0.128 5 (0.785)
实际汇率	−0.000 1 (−0.156)	0.000 2 (0.604)	−0.000 0 (−0.099)	0.000 4 (0.817)	0.000 2 (0.782)	−0.000 1 (−0.222)
通货膨胀率	−0.008 1*** (−3.075)	−0.006 6** (−2.337)	−0.008 1*** (−3.307)	−0.006 2** (−2.041)	−0.005 1*** (−2.687)	−0.006 2*** (−2.734)
汇率波动率	0.004 1** (2.078)	0.005 2** (2.596)	0.004 4** (2.605)	0.005 8*** (3.079)	0.001 4 (0.917)	0.005 5*** (3.611)

续表

变量	(1)	(2)	(3)	(4)	(5)	(6)
	人民币国际化指数					
常量	0.026 8 (0.575)	−0.007 1 (−0.133)	0.025 9 (0.567)	−0.012 8 (−0.234)	−0.005 6 (−0.162)	0.019 4 (0.457)
季度虚拟变量	YES	YES	YES	YES	YES	YES
观测值	59	59	59	56	59	59

(三) 分经济体回归

将上述回归扩展至美国、欧元区、英国、日本等主要经济体，相关结果如表 8.5 所示。地缘经济风险的增加对人民币和日元国际化程度的正向影响在 1%水平上显著，这可能归因于日本与中国同处东亚地区，在经济结构、贸易模式等方面存在一定相似性，使得其货币在面对地缘经济风险冲击时展现出相似的避险资产属性。地缘经济风险对于欧元的影响在 10%水平上显著，体现出欧元也具有一定的避险能力；地缘经济风险对于美元和英镑的国际化程度并未产生明显影响。

表 8.5 地缘经济风险与不同经济体的货币国际化

变量	(1) 中国	(2) 美国	(3) 日本	(4) 欧元区	(5) 英国
GER	0.008 0*** (2.725)	0.075 3 (0.387)	0.165 3*** (2.956)	0.490 4* (1.824)	0.026 9 (0.323)
实际 GDP 增速	−0.031 2 (−0.422)	−13.488 3*** (−2.714)	−0.881 2 (−0.375)	3.810 5 (0.582)	−3.598 2** (−2.512)
贸易差额/GDP	0.303 0* (1.694)	39.698 5 (0.683)	2.123 4 (0.584)	−79.922 6* (−1.844)	2.933 2 (0.723)
实际汇率	−0.000 1 (−0.240)	0.032 9 (1.109)	−0.017 6*** (−2.767)	0.142 7 (1.053)	0.012 2 (1.324)
通货膨胀率	−0.007 2*** (−3.131)	−0.256 8* (−1.968)	−0.064 8 (−0.877)	−0.433 7** (−2.348)	−0.051 4*** (−2.765)
汇率波动率	0.002 8 (1.472)	−2.010 6 (−1.579)	−0.031 5 (−0.854)	0.630 0*** (2.813)	0.008 0 (0.201)
常量	0.019 0 (0.498)	50.805 0*** (10.614)	5.427 7*** (9.656)	9.677 2 (0.710)	3.076 7*** (2.735)

续表

变量	(1) 中国	(2) 美国	(3) 日本	(4) 欧元区	(5) 英国
季度虚拟变量	YES	YES	YES	YES	YES
观测值	59	58	58	55	58

进一步，将各国样本整合为跨国面板数据进行实证分析，相关结果如表 8.6 所示。综合表 8.5 和表 8.6 来看，当地缘经济风险上升时，人民币国际化程度实现提升，同时美元等主要储备货币的国际化程度并未下降，最终在跨国面板全样本中表现为地缘经济风险增加提升了整体货币国际化水平。

表 8.6 跨国面板回归

变量	(1) 货币国际化指数	(2) 货币国际化指数
GER	0.483 8*** (3.074)	0.485 2*** (2.821)
实际 GDP 增速		−0.624 2 (−0.132)
贸易差额/GDP		−4.125 0 (−0.739)
实际汇率		0.000 2 (0.026)
通货膨胀率		−0.014 7 (−0.334)
汇率波动率		0.126 6 (1.409)
常量	16.227 3*** (66.049)	15.741 7*** (17.466)
观测值	300	287
调整后的 R^2	0.997	0.997
Country FE	Yes	Yes
Year-Quarter FE	Yes	Yes

本部分的结果说明，在地缘经济风险增大的背景下，人民币凭借自身的优势和稳定性，逐渐被市场视为一种具有吸引力的避险资产，吸引了更多的国际投资者和市场主体使用，同时也未对美元、英镑等传统主权货币形成替代作用。这一方面体现了人民币在国际货币体系中的地位和影响力的逐步提升，另一方面也表明在当前复杂的国际经济和地缘政治环境下，人民币与欧美主要货币之间并非简单的此消彼长关系，人民币的国际化进程具有其独特的内在动力和外部机遇。人民币在高地缘经济风险环境下成为国际投资者新的避险资产选择。

（四）趋势预测

最后，我们尝试在前文实证分析的基础上，对 2025 年的人民币国际化发展趋势进行预测。以向前一步预测为例，选择 2020 年第一季度至 2024 年第四季度数据作为训练集，在方程（1）的基础上将地缘经济风险等解释变量均滞后 1 期，并加入时间趋势项，然后建立预测模型，即

$$\mathrm{RII}_t = \alpha_1 + \beta_1 \cdot \mathrm{GER}_{t-1} + \gamma_1 \cdot \mathrm{Controls}_{t-1} + \delta \cdot t + \varepsilon_t \tag{3}$$

使用训练集估计出回归系数后，将 2024 年第四季度的解释变量数据代入模型，即可得到 2025 年第一季度的人民币国际化指数预测值。同理，通过更改模型设定，可相应得到 2025 年第二季度至第四季度的预测值。同时，考虑到季节因素，使用移动平均法对预测结果进行季节调整。

使用预测结果绘制 2020—2025 年人民币国际化指数趋势图，如图 8.7 所示，图中对 2025 年四个季度的预测值单独进行了数值标示。从图中可以看到，2025 年第一季度人民币国际化程度稍有下降，这种季节性趋势与历史值保持一致；第二季度至第四季度继续呈现稳中有升的趋势。该模型的预测结果较为合理，与现实预期相符，表明未来的人民币国际化水平持续向好。

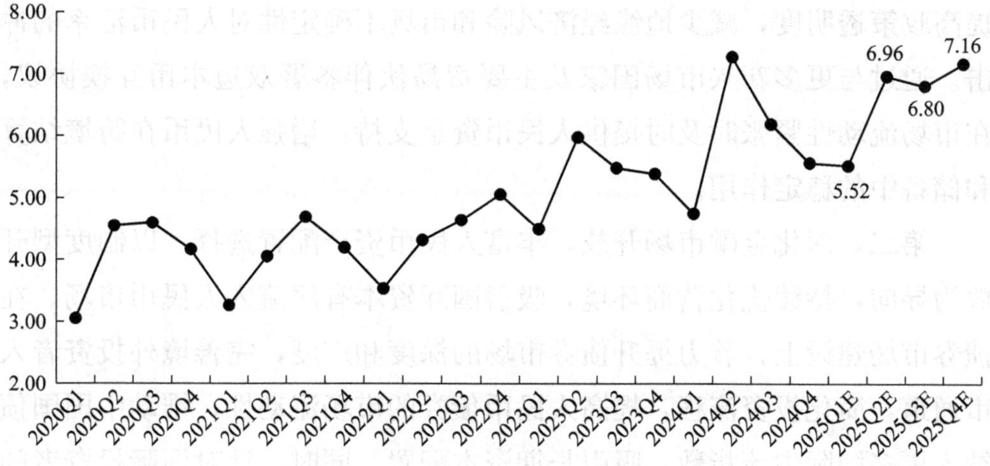

图 8.7　2020—2025 年人民币国际化指数

六、结论与政策建议

（一）研究结论

本章从货币的国际计价支付功能和国际储备功能两方面编制了人民币国际化指数，并在此基础上构建了计量模型，实证分析地缘经济风险对人民币国际化的影响。研究发现，当地缘经济风险上升时，人民币国际化程度提升。人民币作为新兴国际货币并未替代传统主权货币，而是为投资者提供了新的避险资产选择，推动国际货币体系向更加均衡、多元的方向发展。

（二）政策建议

基于以上结论，为了更好地应对地缘经济风险，推动人民币国际化进程，我们提出了以下政策建议：

第一，夯实人民币币值稳定的基础，增强国际市场对人民币的预期与信心。在高地缘经济风险的背景下推动人民币国际化，需要保持宏观经济政策的连续性与可预期性，通过稳健的货币政策和财政政策，将人民币汇率维持在合理均衡水平，避免出现大幅波动，从根本上筑牢国际市场对人民币的信任基础。此外，要进一步优化人民币汇率形成机制，提高政策透明度，减少地缘经济风险和市场不确定性对人民币汇率的冲击。通过与更多新兴市场国家及主要贸易伙伴签署双边本币互换协议，在市场流动性紧张时及时提供人民币资金支持，增强人民币在跨境结算和储备中的稳定作用。

第二，深化金融市场开放，丰富人民币资产配置选择。以制度型开放为导向，持续优化营商环境，吸引国际资本有序流入人民币市场。在债券市场建设上，着力提升债券市场的深度和广度，完善境外投资者入市通道，简化投资流程，提高人民币债券的市场流动性，推动中国国债纳入更多国际主流指数，吸引长期资本配置。同时，针对国际投资者的多元化需求，加快创新以人民币计价的金融产品，丰富股票、绿色债券、跨境理财等投资品类，打造更具吸引力的人民币资产池。充分发挥香港国际金融中心的优势，依托粤港澳大湾区建设，推动人民币与国际金融市场规则对接，支持香港发展离岸人民币债券市场和资产管理业务，构建更成熟的人民币金融产品生态，提升人民币资产的全球配置价值。在资本账户开放方面，坚持风险可控原则，逐步放宽 QFII、RQFII 额度限制，探索“负面清单”管理模式，扩大外资参与人民币市场的自由度。与此同时，推进外汇期权、利率互换等金融衍生品市场发展，为市场主体提供更完备的风险对冲工具。

第三，完善跨境支付体系，强化跨境金融基础设施支撑。进一步拓展人民币跨境支付系统的全球覆盖范围，通过政策引导和市场合作，吸引更多境外金融机构加入，提升跨境清算效率。加强与主要经济体及“一带一路”共建国家支付系统的对接联通，降低人民币跨境使用成本，推动更多国家在贸易结算、直接投资中选择人民币计价。深化多边及双边货币合作机制，利用区域合作平台促进本币结算，减少对第三方货币的依赖。加快央行数字货币的研发迭代和试点应用，拓展其在跨境贸易、投融资等方面的应用场景，以更加安全高效的底层技术提升人民币跨境支付体验，增强各国企业使用人民币结算的便利性和意愿。

第四，健全风险管理体系，保障人民币国际化稳步推进。面对复杂的地缘经济环境，需要建立全链条风险防控机制。加强对地缘政治冲突、贸易壁垒、金融制裁等风险因素的动态监测，构建量化评估模型，精准分析不同风险对人民币跨境流动、汇率稳定和离岸市场的影响程度。建立场景化风险预警机制，定期开展压力测试，针对汇率波动、资本异常流动等情况制定专项应急预案，确保在极端情况下人民币体系的稳定性。同时，持续强化金融系统内生抗风险能力，优化汇率政策与资本流动管理的协同机制，以高效稳健的风险防控体系为人民币国际化保驾护航，让国际市场对人民币资产的安全性和稳定性保持长期信心。

参考文献

［1］陈卫东，赵雪情．人民币国际化发展路径研究：基于十年发展的思考．国际经济评论，2020（4）：28－37，4.

［2］陈雨露，王芳，杨明．作为国家竞争战略的货币国际化：美元的经验证据：兼论人民币的国际化问题．经济研究，2005（2）：35－44.

［3］邓富华，李淼，倪铭杰．稳慎扎实推进人民币国际化：美元经验、逻辑比较与路径选择．国际经济评论，2025（2）：33－55，5.

［4］丁云宝．“一带一路”视域下的新地缘经济观．同济大学学报（社会科学版），2019，30（2）：35－44.

［5］何青，冯浩铭，余吉双．应对新冠疫情冲击的货币政策国际协调．经济理论与经济管理，2021，41（5）：4－16.

［6］何青，杨海龙，刘舫舸，等．人民币和发展中经济体货币的联动性研究．新金融，2023（9）：18－22.

［7］胡志丁，毕诗瑶．理解西方地缘经济与地缘经济学．地理科学进展，2024，43（2）：387－401.

［8］黄晓薇，张卓识，卞洋．“去美元化”背景下的人民币贸易计价研究：基于双边货币互换协议视角．国际金融研究，2024（1）：15－26.

［9］李正，陈才，熊理然．欧美地缘经济理论发展脉络及其内涵特征探析．世界地理研究，2014，23（1）：10－18.

［10］刘立军，王开田．地缘政治因素与人民币国际化研究．现代经济探讨，2025（2）：59－66.

[11] 刘阳，杨玉刚，韩立岩．国际能源大变局下的中国能源定价权．国际金融，2023 (5)：24－27.

[12] 马光明，丁波鹦，赵峰，等．人民币国际化的汇率波动平抑效应研究：基于交换媒介与价值贮藏的双重视角．当代经济科学，2025，47 (3)：1－17.

[13] 钱宗鑫．增强金融服务供应链功能推动人民币国际化．当代金融家，2024 (8)：31－33.

[14] 钱宗鑫，王芳，刘超．高水平金融开放与人民币国际化．当代金融家，2019 (6)：48－50.

[15] 宋科，侯津柠，夏乐，等．"一带一路"倡议与人民币国际化：来自人民币真实交易数据的经验证据．管理世界，2022，38 (9)：49－67.

[16] 宋科，孙翼，朱斯迪．央行数字货币能带来货币国际化吗?．国际经济评论，2024 (6)：103－124，7.

[17] 宋科，朱斯迪，夏乐．双边货币互换能够推动人民币国际化吗?：兼论汇率市场化的影响．中国工业经济，2022 (7)：25－43.

[18] 涂永红，陈昭晶．人民币国际化发展趋势与香港作为国际金融中心的机遇与挑战．新金融，2024 (11)：23－28.

[19] 涂永红，李胜男，赵雪情．人民币国际化的新亮点新动能及重点推进建议．当代金融家，2014 (7)：33－36.

[20] 涂永红，王一森．稳慎扎实推进人民币国际化．中国金融，2024 (18)：30－32.

[21] 涂永红，张铜钢．对外直接投资是人民币国际化的新动能．现代管理科学，2017 (7)：3－5.

[22] 王芳，何青，郭俊杰，等．国际货币的全球分布与人民币国际化研究．上海金融，2015 (5)：13－20，35.

[23] 王芳，张策，何青，等．人民币区域化能促进贸易一体化吗?．国际金融研究，2017 (7)：86－96.

[24] 王孝松，周钰丁，肖尧．地缘经济因素的贸易效应：来自"一带一路"沿线国家的证据．经济研究，2022，57 (9)：174－191.

[25] 吴泽林．"一带一路"倡议的功能性逻辑：基于地缘经济学视角的阐释．世界经济与政治，2018 (9)：128－153，160.

[26] 伍晓光，孙文莉．"一带一路"倡议下的人民币国际化及影响因素研究．财经问题研究，2023 (10)：3－15.

[27] 张礼卿．稳慎扎实推进人民币国际化：发展历程与路径探析．人民论坛·学术前沿，2024 (1)：24－32.

[28] 赵雪情. 对当前人民币国际化推进的思考与建议. 中国外汇, 2021 (14): 7-9.

[29] 赵雪情. "十四五"时期人民币国际化需要破解四大难题. 中国货币市场, 2021 (3): 44-49.

[30] 中国人民大学国际货币研究所. 人民币国际化报告 2024: 可持续全球供应链体系与国际货币金融变革. 北京: 中国人民大学出版社, 2024.

[31] 中国人民大学国际货币研究所. 人民币国际化报告 2023: 更广泛多层次经贸合作. 北京: 中国人民大学出版社, 2023.

[32] 中国人民大学国际货币研究所. 人民币国际化报告 2022: 低碳发展的机遇与挑战. 北京: 中国人民大学出版社, 2022.

附录 1　人民币国际化指数 RII

中国人民大学“人民币国际化课题组”于 2011 年成立，依托财政金融学院国际金融团队和国际货币研究所（IMI）开展有组织的科研。

为了动态追踪人民币国际化的发展过程，课题组率先编制了人民币国际化指数 RII，并与年度课题成果同步对外披露。该指数综合考虑了人民币在贸易计价结算、金融交易和官方储备等方面执行国际货币职能的发展动态，既可以观察人民币国际化发展的纵向变化，也可以与其他主要货币国际化指数进行横向比较。RII 数值越大，说明人民币国际化水平越高。

一、RII 编制方法及现状

（一）RII 指数编制的原则

课题组选取能够反映人民币履行国际货币功能的两大类指标构建 RII 指标体系，这两类指标与国际货币基金组织（IMF）颁布的国际收支手册中定义的两大类国际经济交易是一致的。从理论上讲，货币具有三种功能——价值尺度、支付手段和价值贮藏。考虑到在国际贸易中，计价货币通常就是结算货币，编制 RII 的目的之一是要侧重反映人民币在国际经济活动中的实际使用情况，因此课题组将价值尺度功能与支付手段功能合二为一。

根据 RII 编制的原则之一，即向实体经济交易流通功能方面加以引导，人民币在国际贸易中实现的结算功能是用于评价人民币国际化水平指标的重要组成部分，具体指标选择世界贸易总额中人民币结算比重。

根据国际收支平衡表，金融账户囊括了居民与非居民之间的金融交易活动。金融交易包括直接投资、国际证券、国际信贷三大类。我们的指标体系中分别针对人民币在这三大类金融交易中的实际功能设置了相应的指标（见表 A.1 和图 A.1)。现对证券交易部分的指标设置做如下说明。

表 A.1 人民币国际化指数指标体系

一级指标	二级指标	三级指标
国际计价支付功能指标	贸易	世界贸易总额中人民币结算比重
	金融	全球直接投资中人民币直接投资比重 全球国际存款总额中人民币存款比重 全球对外贷款总额中人民币贷款比重 全球国际债券和票据发行额中人民币债券和票据比重
国际储备功能指标	官方外汇储备	全球外汇储备中人民币储备比重

其中：
世界贸易总额中人民币结算比重＝人民币跨境贸易金额/世界贸易进出口总额
全球直接投资中人民币直接投资比重＝人民币直接投资额/全球直接投资额
全球国际存款总额中人民币存款比重＝人民币国际存款金额/全球国际存款总额
全球对外贷款总额中人民币贷款比重＝人民币对外贷款金额/全球对外贷款总额
全球国际债券和票据发行额中人民币债券和票据比重＝人民币国际债券和票据发行额/全球国际债券和票据发行额
全球外汇储备中人民币储备比重＝人民币官方储备余额/全球外汇储备余额

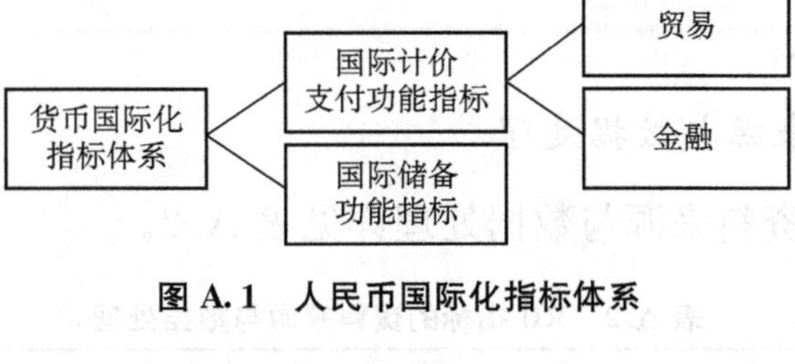

图 A.1 人民币国际化指标体系

国际证券交易包括债券和股票两部分。由于国际金融存在巨大的信息不对称风险，具有固定收益的债券的风险可控性优于股票，因此国际债券市场规模远远超过股票市场规模，在国际证券市场中占据主导地位。而且主要国家股票市场规模往往以本币标价，缺乏按照币种对非居民股票投资的统计。从金融学原理和数据可获得性两方面考虑，课题组使用国际清算银行（BIS）的国际债券和票据指标来反映国际证券交易。BIS 目前将发行目标市场不在直接发行人居住国的证券视为国际债券和票据。具体而言，BIS 会评估直接发行人的居住地、证券注册地、管辖法律、上市地，当所有四个特征均指同一个国家时，该发行被归类为国内债务证券；当至少一个特征指向不同国家时，该证券被归类为国际债务证券。按照 BIS 的统计分类标准，国际债券和票据包括：第一，所有由国内机构和非国内机构发行的非本国货币的债券和票据；第二，所有本国市场上由国外机构发行的本国货币的债券和票据；第三，所有非居民购买的本国市场上由本国机构发行的本国货币债券和票据。由此可见，国际债券和票据指标能够很好地反映一国货币在国际证券市场中的国际化程度。

国际储备功能是国际货币职能最典型、最集中的体现。通常，一国货币在国际储备中的比重是一个最直接、最明了的货币国际化衡量指标。目前，IMF 明确公布比重的货币包括以下 8 种：美元、英镑、日元、瑞士法郎、加元、澳元、人民币、欧元。此外，世界上多数政府从自身利益出发，一般不公布官方外汇储备中具体的货币结构，这就给人民币国际储备功能指标的数据搜集造成极大困难。随着我国统计制度的不断完善，以及国际合作的深入，人民币官方储备指标的数据可获得性有望得到改善。

（二）资料来源与数据处理

RII 指标的资料来源与数据处理详见表 A. 2。

表 A. 2　RII 指标的资料来源与数据处理

指标	资料来源	数据处理
世界贸易总额中人民币结算比重	人民币跨境贸易金额：中国人民银行； 世界贸易进出口总额：国际货币基金组织 IFS 数据库	汇率换算采用人民币兑美元期间平均汇率（IFS）

续表

指标	资料来源	数据处理
全球国际存款总额中人民币存款比重	人民币境外存款金额：各国（地区）央行或货币当局； 全球国际存款总额：国际清算银行	人民币境外存款金额＝中国香港、中国澳门、中国台湾、新加坡、韩国、英国离岸市场人民币存款
全球对外贷款总额中人民币贷款比重	中国人民币境外贷款：中国人民银行； 全球对外贷款总额：国际清算银行	人民币对外贷款金额/全球对外贷款总额
全球国际债券和票据发行额中各币种债券和票据比重	国际清算银行	各币种国际债券和票据发行额/全球国际债券和票据发行额；
全球直接投资中人民币直接投资比重	人民币外商直接投资与对外直接投资：中国人民银行货币政策执行报告； 全球直接投资规模：经济合作与发展组织	汇率换算采用人民币兑美元期间平均汇率（IFS）
全球外汇储备中主要币种储备比重	国际货币基金组织 COFER	各币种储备规模/可区分储备规模（allocated reserves）
世界贸易总额中主要币种结算比重	各国贸易全球占比：国际货币基金组织； 各国贸易结算币种结构：Goldberg and Tille（2008）；Kamps（2006）	以美国、欧元区、中国、日本、英国贸易规模构成全球贸易总量，以此贸易比重与国别贸易中币种结构占比加权估算各币种全球贸易结算占比
全球对外贷款总额中主要币种信贷比重；全球国际存款总额中主要币种信贷比重	世界银行业国际资产负债币种结构：国际清算银行	以世界银行业国际资产负债币种结构替代
全球直接投资中主要币种直接投资比重	直接投资国别占比：国际货币基金组织 IFS 数据库、经济合作与发展组织	以直接投资国别规模占比替代

RII 编制中面临的最大难题来自资料来源方面的限制。课题组对无法获得币种结构的指标采取了两种处理方式。其一，对于某些指标，有较可靠的渠道来估计人民币比重，依据尽可能详细的现有信息与数据进行加总，对这些指标进行估计。虽然这些估计值与真实值有所出入，但

是本课题组认为这些差异并不会对RII造成实质性影响。而且随着人民币国际化进程的深化，这些指标的资料来源与数据质量将会得到改善，因此这些指标被保留在指数体系中。其二，部分指标没有可靠的渠道进行估计。本课题组查找了主要国际组织（IMF、世界银行、WTO等）、主要国家的统计局、央行、贸易部门等网站与数据库，发现各国在贸易计价结算、直接投资、证券投资、银行信贷等方面普遍没有进行币种结构统计。尽管日本、英国政府也曾在某些报告中发布了本国贸易中使用不同货币规模的报告，但是这些报告不是连续的年度报告，仅是一些专项调查统计，缺乏持续性。考虑到RII的客观性要求，我们放弃了那些虽然体现货币国际化程度，但是数值难以估计的指标，例如本币股票规模的全球占比。我们最终选取具有代表性的、资料来源可靠的6项指标来体现货币国际化程度。

随着国际货币体系的改革以及人民币国际化程度的提高，我们相信未来国际金融统计指标会有所改进，不仅统计指标将进一步细化到币种结构分析，人民币的单独统计也将实施。因此，展望未来，RII的指标体系有可能随着国际金融统计指标的改进与细化进一步纳入更多的指标，并且在指标赋权上进行适当的调整。在未来，我们也将尝试抽取样本国家进行调查，从而更好地估计各项指标的币种结构。例如抽选各国银行的贸易结算数据，分析各国对外贸易的币种结构，从而提高贸易币种结构指标的精确度。

（三）人民币国际化指数模型及含义

RII指标体系中的每一个指标本身都是比重，不存在数量级差别，因此无须进行无量纲化处理，可以直接进行加权平均并编制RII，即：

$$RII_t = \frac{\sum_{j=1}^{5} X_{jt} w_j}{\sum_{i=1}^{5} w_j} \times 100 \tag{A.1}$$

其中，RII_t 表示第 t 期的人民币国际化指数，X_{jt} 表示第 j 个变量在

第 t 期的数值，w_j 为第 j 个变量的权数。

由于每个指标都是在全球总量中的占比，因此在此基础上构造的指数具有完全的横向可比性和动态可比性，满足 RII 的编制原则。

对于 RII 的含义应做如下解读：如果人民币是全球唯一的国际货币，则 RII 指标体系中的各项指标的数值就应该等于 100%，此时 RII 为 100。反之，如果人民币在任何国际经济交易中均完全没有被使用，则其各项指标的数值就等于 0，此时 RII 为 0。RII 的数值变大表明人民币在国际经济活动中更多地发挥了货币职能，人民币国际化程度更高。

（四）人民币国际化指数各指标贡献度及增长率

具体来看，2024 年 RII 增长主要源于直接投资交易与跨境贸易结算的拉动，其贡献度分别为 83.48%和 27.25%（见表 A.3）。同时，从增长率来看，人民币贷款和人民币直接投资实现较快提升，成为人民币国际化发展的年度亮点。在以美元计价的全球官方外汇储备数据中，人民币占比自 2023 年以来有所下降，从而也拉低了 RII 表现。

表 A.3 2023—2024 年 RII 增长各指标贡献度及增长率

人民币国际化指标	增长率	贡献度
跨境贸易本币结算占比	11.52%	27.25%
国际金融计价综合	15.92%	87.46%
人民币直接投资全球占比	16.82%	83.48%
人民币贷款全球占比	46.65%	4.50%
人民币存款全球占比	6.13%	0.71%
人民币国际债券发行额全球占比	−3.94%	−1.24%
外汇储备全球占比	−10.79%	−14.71%
RII	10.84%	100%

注：贡献度为各指标年度变化值按权重调整后在 RII 年度变化中的占比。

二、RII 分指标解读

（一）人民币国际贸易计价结算

2024 年，在全球经济复苏步伐分化、地缘政治紧张、政策不确定性增加的背景下，我国跨境人民币结算规模延续稳定增长态势。2024年，经常项目下跨境贸易人民币结算业务发生16.27万亿元，同比增加2.24万亿元，同比增长15.97%。

从全球跨境贸易结算规模来看，以人民币计价结算规模依然保持着较高水平。2024年四季度，全球跨境贸易人民币结算占比分别为4.46%、4.60%、4.64%和5.06%（见图A.2）。

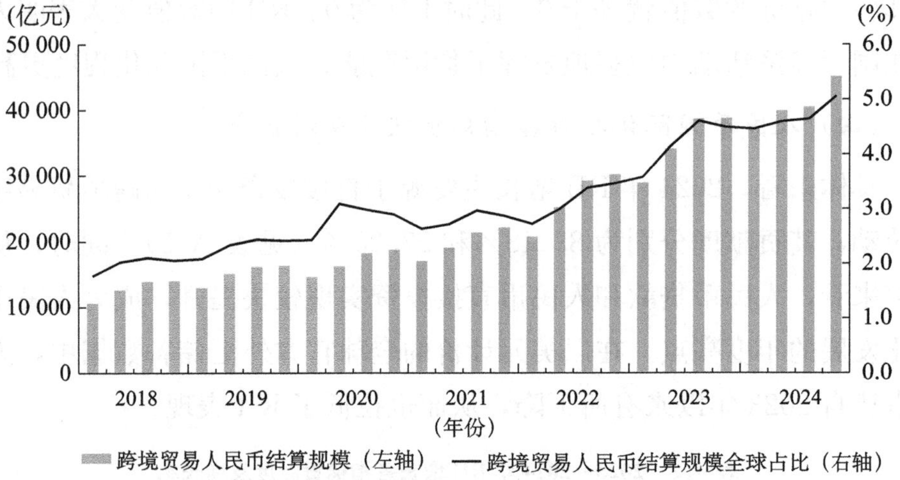

图A.2　跨境贸易人民币结算规模及其全球占比

资料来源：中国人民银行、国家外汇管理局

（二）人民币国际金融计价交易

1. 直接投资

人民币对外投资持续增长。据商务部、国家外汇局统计，2024年，我国全行业对外直接投资11 592.7亿元人民币，同比增长11.3%（以美元计为1 627.8亿美元，增长10.1%）。其中，我国境内投资者共对全球151个国家和地区的9 400家境外企业进行了非金融类直接投资，累计投资10 244.5亿元人民币，增长11.7%（以美元计为1 438.5亿美元，增长10.5%）。2024年，人民币对外直接投资累计3.01万亿元，同比增长15.77%，近三年维持高增长。

自2018年以来，人民币对外直接投资整体呈现稳步增长的趋势。

2017年，人民币对外直接投资回归理性，结构优化，规模有所下降。2019年受国际局势影响，人民币对外投资规模呈现负增长。2020年到2024年，人民币对外投资规模逐年扩大，年均增幅为30.12%。从季度数据来看，人民币对外直接投资呈现一定的季节性特征，全年中三、四季度显著高于一、二季度的规模（见图A.3）。

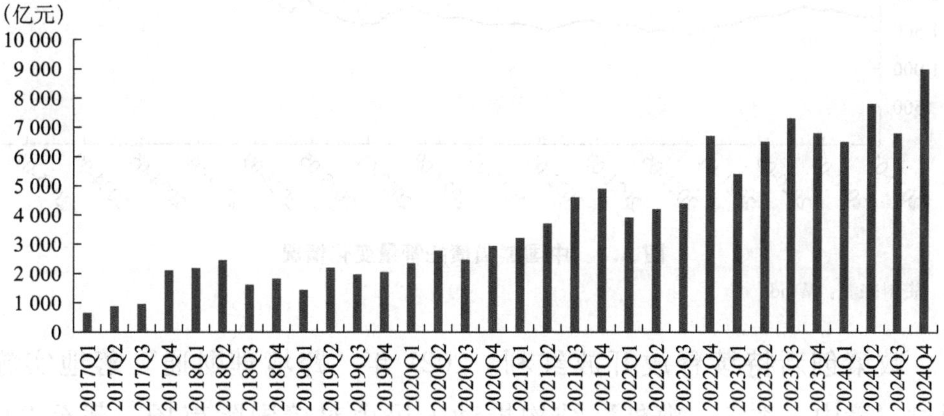

图A.3 人民币对外直接投资季度数据

资料来源：中国人民银行

2\. 证券市场

跨境债券融资优势进一步凸显。在中美利差维持高位、人民币汇率弹性增强的背景下，2024年熊猫债市场迎来爆发式增长（见图A.4），全年发行规模达1 948亿元，创历史新高，发行主体多元化，扩展至超主权机构、跨国企业和国际开发银行，外资背景企业的熊猫债发行主体占比显著回升，所发熊猫债规模占发行总额的37.6%。点心债发行量同步跃升，突破了万亿大关。

中国债券国际认可度持续提升。2024年富时世界国债指数分阶段纳入中国政府债券的过程已经完成。自2019年以来，中国债券被纳入彭博巴克莱全球综合指数、摩根大通全球新兴市场政府债券指数和富时世界国债指数等三大国际债券指数，目前中国债券在富时世界国债指数和彭博巴克莱全球综合指数中的权重分别为10.17%和9.7%。市场韧性与制度优势的共振，正推动人民币债券从“融资工具”向“全球核心储备资产”进阶。

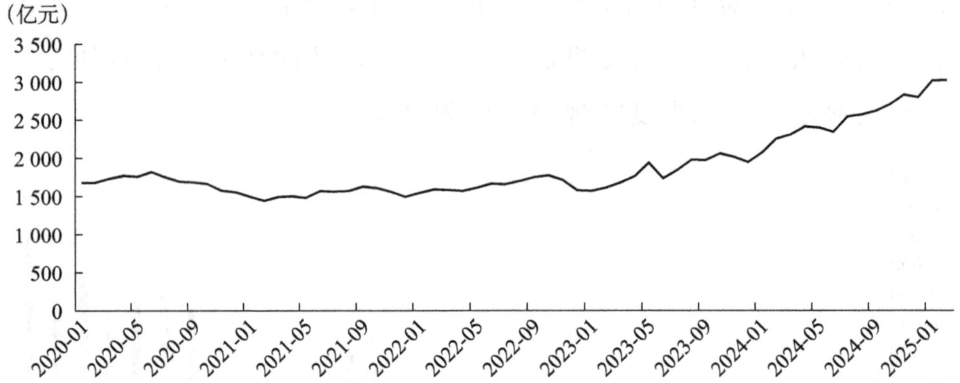

图 A.4　中国熊猫债托管量变化情况

资料来源：Wind.

政策创新持续释放开放红利。2021 年“跨境理财通”落地实施，通过“境内—香港—海外”结构推动人民币对接国际市场。截至 2024 年底，有 866 家 QFII（合格境外机构投资者）获得了投资资格，外资通过 QFII、沪深股通这两个渠道共持有 A 股大约 3 万亿元人民币（见图 A.5）。截至 2024 年 12 月 31 日收盘，北向资金持股的 A 股公司共有 3 383 家，持股总市值约为 22 089 亿元。2024 年 4 月实施的“新国九条”明确扩大资本市场双向开放，推动沪深港通纳入 REITs 和 ETF，6 月进一步优化沪深港通 ETF 标的范围。外资持股结构从消费、金融向科技、高端制造延伸。2024 年推出的“互换通”机制日均交易量达 120 亿元，外资通过衍生品对冲风险的使用率提升至 45%，套保效率较 2023 年提高 0.2 个百分点。QFII/RQFII 扩容，主权基金占比提升，截至 2024 年末获批合格境外投资者资格的机构增至 866 家，较 2023 年末增加 72 家，主权基金及养老金占比提升至 38%，挪威央行、阿布扎比投资局等机构显著增持银行股及高股息资产。境外机构通过 QFII/RQFII 渠道持有 A 股市值占比小幅提升，显示长期资金对中国市场的配置意愿增强。

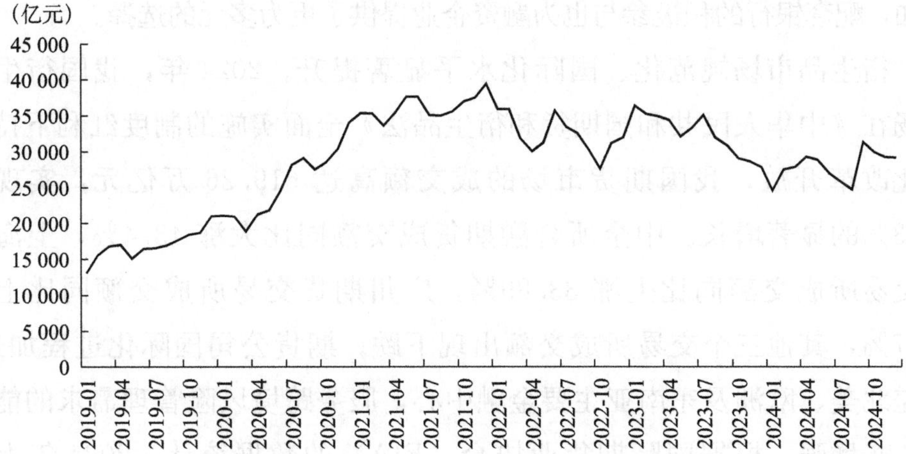

图 A.5 境外机构和个人持有中国股票变化情况

资料来源：Wind.

跨境人民币贷款加速扩容。2024 年，中国信贷市场在政策引导与结构性改革中保持稳健增长，人民币贷款规模持续扩张，跨境信贷与绿色金融成为两大亮点。截至年末，人民币贷款余额达 255.68 万亿元，同比增长 7.6%，全年新增人民币贷款 18.09 万亿元，较 2023 年减少 4.66 万亿元，主要因宏观经济增速放缓及金融监管强化。在政策支持与企业"走出去"需求推动下，人民币国际信贷规模持续增长。全年跨境人民币贷款增量主要投向中欧经贸合作、海外基建及贸易融资领域，例如中国进出口银行与建设银行合作落地欧洲首笔跨境人民币贷款，优先支持绿色能源项目。政策层面，2024 年 7 月发布的《关于加强商务和金融协同更大力度支持跨境贸易和投资高质量发展的意见》明确提出，鼓励银行机构对境外企业优先采用人民币贷款，进一步拓宽融资渠道。境外贷款业务的迅速发展有其深刻的内在原因：一是境内优质人民币对公贷款息差收益较低，境外贷款能结合银行特有对外业务优势，息差收益更加丰厚；二是境内外汇存款规模逐年增大，贷款具备较为充足的资金来源；三是我国上海自贸区等开放区域金融机构发展逐渐完善，境外贷款业务参与者日益增多；最重要的一点是，随着我国企业加快"走出去"，融资需求迅速增加，配套银行的积极参与也为融资企业提供了更为多元的选择。

衍生品市场规范化、国际化水平显著提升。2024 年，我国衍生品市场在《中华人民共和国期货和衍生品法》全面实施的制度红利下持续深化改革开放，我国期货市场的成交额高达 619.26 万亿元，实现了 8.93%的显著增长。中金所金融期货成交额同比大涨 43.4%，上海期货交易所成交额同比上涨 33.89%，广州期货交易所成交额同比上涨 78.7%，其他三个交易所成交额出现下跌。期货公司国际化进程加速，覆盖北美、欧洲及东南亚主要金融中心，服务跨境风险管理需求的能力进一步增强。根据国际期货业协会（FIA）的数据统计，2024 年上半年，郑州商品交易所、大连商品交易所、上海期货交易所、中国金融期货交易所和广州期货交易所在全球交易所期货与期权成交排名中分别位列第 9、第 10、第 12、第 24 和第 27。单个品种方面，在全球农产品成交量 40 强排名中，中国内地商品交易所持续包揽了前 10 强中的 9 席，在前 40 强中占有 26 席，与 2023 年同期持平。分品种看，能源类衍生品成交量同比增长 18%，与美国的差距进一步缩小；农产品、化工品合约继续主导全球市场，棕榈油、碳酸锂期货成交量分别突破 3 亿手和 1.5 亿手，位列全球农产品及新能源金属衍生品首位。

3. 外汇市场

中国外汇市场在宏观政策协同发力与市场机制完善的双重驱动下，呈现“总量回升、结构优化、韧性增强”的特征。2024 年，人民币汇率在复杂国际环境中保持基本稳定，跨境人民币使用深度与广度持续拓展，中国外汇市场在政策精准调控与基本面改善支撑下，实现交易量回升与汇率预期趋稳。人民币汇率弹性增强与衍生品工具丰富化，为市场主体提供了更高效的风险管理能力。如图 A.6 所示，2024 年中国外汇市场累计成交 293.01 万亿元人民币，同比增长 15.9%。其中，即期市场累计成交 8.86 万亿元人民币（等值 1.23 万亿美元），衍生品市场累计成交 17.83 万亿元人民币（等值 2.48 万亿美元）。

图 A.6　2024 年中国外汇市场交易量变化情况

资料来源：Wind.

（三）人民币国际储备职能

据国际货币基金组织（IMF）统计，截至 2024 年末，全球各国共计拥有价值 11.47 万亿美元的外汇储备。美元外汇储备占比从 2000 年的 72%左右降至 57.8%，欧元外汇储备占比 19.83%，日元外汇储备占比 5.82%，英镑外汇储备占比 4.73%，人民币外汇储备占比 2.18%。2024 年四个季度，人民币在全球可划分币种的官方外汇储备中的占比分别是 2.15%、2.14%、2.18%和 2.18%。

2024 年，在地缘政治冲突持续演进与美元流动性波动加剧的双重背景下，人民币在全球外汇储备中的地位保持相对稳定。俄罗斯在金融领域推进的去美元化，进一步推动人民币国际化发展。2024 年 6 月，俄罗斯央行宣布将人民币确立为主要外币，并明确以人民币/卢布汇率作为其他货币的定价基准。同年 5 月，沙特阿拉伯正式接纳人民币作为石油贸易结算货币，并提出将人民币纳入官方外汇储备的计划。在拉美地区，人民币使用范围不断拓展，非洲及中亚国家亦纷纷跟进这一趋势。

附录 2　人民币国际化课题组研究成果概览

中国人民大学“人民币国际化课题组”长期聚焦人民币国际化以及国际货币体系改革、全球金融治理等重点领域，广泛吸引国内外高校学者、实务部门和决策部门专家，深度合作研究相关重大理论问题和政策难题。

课题成果以专著形式公开出版，通过年度盛会“国际货币论坛”对外发布。“人民币国际化”系列丛书，曾先后译成英、日、韩、俄、德、阿等多种语言出版，成为相关领域的重要文献。年度盛会“国际货币论坛”，吸引了来自欧、美、亚、非等世界各地专家学者参与研讨，得到国内外媒体的广泛宣传报道，在学界、业界、政界有一定知名度和影响力，咨政启民作用日益明显。课题组主要成员曾赴香港、澳门、纽约、法兰克福、伦敦、新加坡、首尔、阿拉木图、拉合尔等地发布课题成果，产生重大国际影响力。

以下对 2012—2024 年课题成果做简要介绍。

《人民币国际化报告 2012》是该系列研究的第一份成果，也是该系列丛书中惟一没有主题的著作。其中选取跨境贸易人民币结算、香港人民币离岸金融市场套利活动等若干重大问题，从政府决策和市场发展两个视角进行了解读；并围绕资本账户改革、人民币汇率等热点问题展开深入的理论分析。我们认为，人民币国际化最大的长期挑战来自中国实体经济，实现自主创新的技术突破和产业升级，是夯实人民币国际化经济基础的关键；金融体系市场化程度不足和效率低下，降低了人民币国际使用的吸引力和竞争力，构成人民币国际化的中期挑战；人民币离岸金融市场尚未形成规模，是导致人民币国际化在低水平上徘徊的短线制约。课题组建议，不能用搞运动的方式来推进人民币国际化；要将人民币国际化与利率市场化、汇率市场化以及资本账户有序开放等有机地结合在一起；资本账户开放尤其应该谨慎，在加快提高名义开放度的同时，应通过技术手段和程序设置把握实际开放度，将投机性热钱流动控制在经济金融安全运行的可承受范围内。

《人民币国际化报告 2013》以“世界贸易格局变迁与人民币国际化”为主题，通过对世界贸易格局调整、货币替代以及国际货币体系演变的历史经验分析，总结货币国际化与实体经济国际化之间的理论联系与一般规律。我们发现，历史上曾经出现过的货币强国都是以贸易强国为前提，但未必贸易格局调整总能引起国际货币格局变化；在当前的国际经济金融形势下，人民币国际化肩负着重大历史使命，或可破解“一超多元”国际货币体系滞后于多元竞争世界贸易格局而导致的“新特里芬难题”。课题组认为，应当抓住世界贸易格局调整的有利时机，以东盟10＋3、上合组织、金砖国家、拉美、非盟等多个新兴经济体为突破口，充分利用区域贸易、双边贸易等各种便利条件，强化人民币贸易计价功能；要通过人民币直接投资、人民币对外信贷等资本流出方式，带动贸易人民币计价结算份额的继续提高；要深刻反思阻碍跨境贸易人民币计价结算份额进一步提高的主要因素，尽可能地为国内外企业和机构主动选择人民币创造机会、提供方便。

《人民币国际化报告 2014》主题是“人民币离岸市场建设与发展”。根据对历史经验和相关文献的梳理，深入探讨了离岸金融市场促进货币国际化的内在逻辑，重点分析了当前人民币离岸市场发展的意义和影响，并对其全球布局问题进行了初步讨论。课题组指出，完善、高效的离岸市场机制，为国际交易使用第三方货币提供了便利性和安全性，对于巩固国际货币地位至关重要；短期内人民币离岸市场的快速发展，既将跨国资本流动的风险控制在有限范围内，又以变相的放松资本管制来助推人民币国际化，同时为资本账户改革赢得了必要时间，创造了有利条件；从长远来看，伦敦、法兰克福等主要国际金融中心的人民币离岸金融业务规模与交易比重，将是检验人民币是否已经成为主要国际货币之一的重要标志。我们建议，近期要处理好离岸市场与实体经济的关系，强调人民币离岸市场建设服务于中资企业和中资金融机构的国际化战略；中远期则要处理好人民币在岸—离岸金融市场的关系，逐步实现在岸市场价格引导离岸市场价格的理想模式。

《人民币国际化报告 2015》以“‘一带一路’建设中的货币战略”为主题。课题组指出，“一带一路”和人民币国际化是中国在新世纪提出的两项重大国家发展战略，符合中国国家利益，可为新兴大国提供必不可少的支撑力量；同时也符合全球利益，是对现行世界经济秩序和国际货币体系的进一步完善，体现出中国提供全球公共物品的大国责任与历史担当。本书从理论探讨、历史经验和实证检验等多个角度系统梳理了“一带一路”与人民币国际化两大战略相互促进的逻辑，强调二者应当协同发展。我们认为，大宗商品计价结算、基础设施融资、产业园区建设、跨境电子商务等应当成为借助“一带一路”建设进一步提高人民币国际化水平的有效突破口；且“一带一路”建设中的人民币国际化必须继续坚持“改革开放”——国内经济成功转型、技术进步和制度创新是“一带一路”建设和人民币国际化的根本保障，以更高标准对外开放，坚持包容的发展理念，动员全球资源，造福沿线各国，才能为“一带一路”和人民币国际化两大战略的最终成功创造有利条件。

《人民币国际化报告 2016》将主题确定为“货币国际化与宏观金融风险管理”。我们认为，随着人民币加入 SDR 货币篮子，人民币国际化即将开始新的发展阶段，表明我国已经进入汇率管理、资本流动管理等重大宏观政策的调整敏感期。历史经验表明，德国和日本的货币国际化起点虽然相似，但是由于各自选择的政策调整路径不同，对国内经济和金融运行产生了迥然不同的深刻影响，使其货币国际化成果大相径庭。因此要特别重视提高宏观管理能力，以免成为制约人民币国际化继续推进的短板。课题组强调，在政策调整过程中必须处理好汇率波动对国内经济金融运行的冲击，还要尽快适应跨境资本流动影响国内金融市场、金融机构以及实体经济的全新作用机制，尤其要重视防范和管理系统性金融风险。我们建议：应当基于国家战略视角构建宏观审慎政策框架，以其作为制度保障，将汇率管理作为宏观金融风险管理的主要抓手，将资本流动管理作为宏观金融风险管理的关键切入点，全力防范和化解极具破坏性的系统性金融危机，确保人民币国际化战略最终目标的顺利实现。

《人民币国际化报告 2017》以“强化人民币金融交易功能”为主题，原因是国际金融交易人民币计价综合占比的上升势头明显，继跨境贸易人民币结算之后成为驱动 RII 的又一重要因素。鉴于国际金融市场上或将开启一个以跨国银行、跨国公司甚至货币当局为主体积极配置人民币资产的有利窗口期，我们认为：应当充分利用人民币加入 SDR 的制度红利，深化国内金融改革，以完善的金融市场为对外贸易和资本输出提供“后勤保障”；通过顶层设计和相关法律、政策的国际协调，充分发挥直接投资对贸易、离岸市场等的杠杆撬动效应；将人民币债券市场作为中国提供全球“安全资产”的主渠道，以提高国际债券市场的人民币占比作为阶段性任务；发挥银行主导的优势，将贸易路径作为人民币信贷拓展的主要策略选择；构建多层次外汇市场，为人民币全面发挥国际货币职能创造条件；以人民币跨境支付清算体系建设、金融相关法律制度建设以及征信和信用评级体系建设，作为当前完善金融基础设施、便利人民币国际使用的工作重点。

《人民币国际化报告 2018》的主题为“结构变迁中的宏观政策国际协调”。课题组指出，每一次主要国际货币的更替都导致国际政策协调的发展演变，在一定程度上，创新协调机制的成败决定了新兴国际货币的地位高低；国际政策协调效率与货币国际化相互促进、相辅相成；由于大国特别是货币强国的政策溢出效应更加明显，所以大国政策协调是决定世界经济发展和全球金融稳定的关键。我们认为：要正确看待人民币国际化进程中的调整，越是面对压力，越要保持定力，不骄不躁，苦练内功，努力提升实体经济效率和国际竞争力，倡导本币优先，重点服务实体经济发展与国内改革开放进程；要实现高质量经济发展，获得人民币国际化所需的国际网络效应，迫切需要全方位、高效率的宏观政策国际协调；应当将贸易、货币政策作为短期国际协调的重点，并将结构改革、宏观审慎政策逐步纳入协调范畴；应当重视多层次国际组织，积极寻求在新兴国际协调平台上发挥中国的引领作用。本书强调，要在“一带一路”上开展内容丰富的区域合作机制创新，为国际协调理论和实践提供新样本、新模式；要妥善处理中美贸易摩擦和政策分歧，这是实现无危机可持续发展和人民币国际化的关键，也是当前我国进行国际政策协调需要解决的主要矛盾。

《人民币国际化报告2019》的主题为“高质量发展与高水平金融开放”。课题组认为，高质量发展的内涵在于富有效率、稳健有序和包容共享，高质量发展决定着人民币国际化的未来。高质量发展的效率内涵和稳健内涵可增强国家整体经济实力，稳定市场信心；高质量发展的包容内涵是人民币国际化的最好背书。高质量发展赋予人民币国际化以时代特征和中国属性，有利于实现与中国经济贸易地位相匹配的货币地位。本书指出，高质量发展要求与之适配的金融体系，高水平金融开放有助于实现高质量经济发展。由于金融开放对经济发展进程影响巨大，在条件不成熟的情况下贸然开放，可能因负面冲击而产生灾难性后果，所以高水平金融开放要在进一步改革中实现。当前工作重点包括：培育适应高水平金融开放的微观经济主体，重点是提高企业和金融机构的国际竞争力和抗风险能力；大力发展金融市场，以货币市场、债券市场、股票市场、外汇市场的深化改革为主要任务；抓紧建设安全、高效、国际化的金融基础设施，兼顾硬件与软件，重视发挥CIPS对金融市场双向开放和“一带一路”建设的服务功能；不断完善负面清单制度，以宏观审慎政策防范跨境资本流动风险，提高开放中的金融管理能力，确保国家经济金融安全和产业优势。

《人民币国际化报告2020》的主题为“上海如何建设全球金融中心”。课题组系统阐述了上海建设全球金融中心的必要性与紧迫性；在揭示全球金融中心建设与人民币国际化之间逻辑关系的基础上，从世界与中国、历史与现实、机遇与挑战等多个维度全面深入地探讨了上海建设全球金融中心的模式选择、基础条件和发展策略等重要问题。我们认为：上海应当抓住第四次工业革命的有利时机，充分发掘改革开放以来在金融深化和创新发展过程中积累的深厚基础，建设成为科创中心、经济中心、金融中心、贸易中心、航运中心协同发展的全球中心城市，引领中国高质量发展和高水平开放，为人民币国际化提供坚实的基础和持久的动力。本书强调：上海建设全球金融中心要坚持五位一体的发展模式；坚持金融服务实体经济和高水平开放，将“上海价格”打造为全球人民币资产以及人民币计价大宗商品的定价基准；完善营商环境，集聚世界高端企业和高级人才，吸引全球优质资本和优势资源，不断追求科技进步，引领全球产业升级，促进各国共同发展；运用金融科技手段构建鼓励创新、平衡风险的金融监管体系，提高应对投机冲击和管理重大风险的能力。

《人民币国际化报告2021》的主题为“双循环新发展格局与货币国际化”。课题组系统阐述双循环、高质量发展与人民币国际化之间的理论逻辑和历史逻辑，并在此基础上探讨构建双循环新发展格局的若干工作重点。我们认为：高水平的经济内、外双循环才能支撑起主权信用货币的高水平国际使用；加快形成双循环新发展格局，是中国经济把握新发展阶段、贯彻新发展理念、实现高质量发展的重要战略规划，关系到我国现代化建设全局，将全方位地增强人民币硬实力与软实力，为人民币国际化再上新台阶创造重大历史机遇。本书强调：畅通国内大循环要选准生产端和市场端突破口，抓住提升供给创造需求能力和提高国家治理水平两个关键问题，释放国内大市场的潜力与魅力，保障人民币资产的盈利性和安全性；畅通国际大循环要以立足中国本土的高水平开放为突破口，保障人民币供给充裕和使用便利，通过多种形式贸易创新重塑中资企业和机构的国际经济合作与竞争新优势，提高话语权；要充分发挥“一带一路”和离岸人民币市场对于国内国际双循环相互促进的积极作用，基于制度规则和市场使用加速形成人民币国际化的网络效应。

《人民币国际化报告 2022》的主题为“低碳发展的机遇与挑战”。课题组详细阐述了中国经济实现低碳转型的必要性和紧迫性，从机遇和挑战两个角度系统论证了低碳发展与人民币国际化之间的逻辑关系，并在此基础上深入探讨推进低碳发展的重点难点。我们认为：低碳发展是应对气候变化的必然要求，也是中国经济实现可持续高质量发展的必由之路，从长远看可增强人民币硬实力与软实力，是人民币国际化行稳致远的重大机遇；资源禀赋和发展阶段使我国减排降碳任务更加艰巨，如不能妥善解决减排成本过高、制约经济发展、增加转型风险等问题，“双碳”目标可能受阻，也对人民币国际化形成巨大挑战。本书强调抓住三个重点方向做好低碳转型相关工作：一是构建全面支持低碳发展的政策体系，基于国情建立健全工作推进机制和监督考核机制，形成“政府搭台，市场主导”的低碳转型模式；二是对内有序推进实体经济和金融体系的低碳转型，积极应对可能出现的各种风险和挑战，改革提升我国碳市场成熟度和开放度，为人民币未来争取国际碳定价主导权奠定基础；三是中国可以在“一带一路”低碳化投资、绿色低碳政策协调和弥补全球治理缺口等对外工作方面扮演更加积极的角色，推动低碳发展的全球治理改革，从而扩大影响力，为未来打造人民币货币区创造条件。

《人民币国际化报告 2023》的主题为“更广泛多层次经贸合作”。课题组系统阐述了构建覆盖全球范围的全方位经贸合作网络对于高质量发展和人民币国际化的重要意义和作用机制。本书从主权信用货币的市场信心与信任来源出发，在文献梳理、经验比较和实证研究的基础上，按照从一般到特殊的分析逻辑，聚焦《区域全面经济伙伴关系协定》《中欧全面投资协定》《数字经济伙伴关系协定》等三个国际合作协定，根据不同阶段的不同建设重点和发展路径分别讨论各自框架下对人民币国际化提出的机遇与挑战。我们认为：对于主要面向发展中国家的国际经贸合作，要充分发挥区域内大国整合要素资源及产业链供应链的核心作用，不断优化成员国使用和持有人民币的硬件和软件条件，使之发展成为促进人民币国际使用的重要机制平台；对于主要面向发达经济体的国际经贸合作，要以高标准经贸规则为抓手，为以高水平开放促进高质量发展创造有利条件，为建立东西方强大的经济共生关系提供制度保障，为稳定全球经贸发展大局发挥积极作用；对于面向未来的数字贸易规则制定和全球数字经济治理建设，要发挥我国在数字化转型和央行数字货币研发测试方面的优势，做好数字经济时代国际货币供应的技术准备和制度准备。

《人民币国际化报告 2024》以“可持续全球供应链体系与国际货币金融变革”为主题，系统阐述了国际货币金融改革对全球供应链可持续发展的重要意义，也充分论证了一国货币金融体系服务于全球供应链的可持续发展将有助于该国货币的国际化进程。课题组为探讨国际货币金融体系与可持续全球供应链的关系提供了一个理论分析框架，重点讨论了金融服务全球供应链可持续发展的三大功能：融资、风险管理和支付体系。我们认为，越是处于全球供应链重要位置的经济体，其通过金融服务功能来提升供应链合作伙伴的福利水平、增强全球供应链韧性的效果越是显著；而且伴随一国金融体系服务全球供应链可持续发展的能力的提高，该国货币的国际使用基础也必然更加坚实。反之，在现行国际货币金融体系中处于优势地位的国家一旦将金融服务功能异化为地缘政治工具或大国竞争武器，其对全球供应链安全和可持续发展所产生的破坏就无疑是灾难性的。当这种情形发生时，为了全球供应链上更多国家的安全与福利，立足全球供应链的可持续发展而推动国际货币金融变革就成为一项必要且迫切的正义事业。在理论分析之外，本书也梳理了全球供应链面临的主要问题和挑战，并基于对国际货币金融体系服务全球供应链可持续发展的现状分析，提出了相应的政策建议。

后　记

中国人民大学人民币国际化课题组在2025年的课题研究中做了新的尝试。首先是“新”在风格转变，全部内容以学术著作形式呈现，重在学理化阐释，凸显学院派观点。其次是“新”在成建制的团队合作，实现了两个国际金融团队的联合科研行动，双方共同策划和推进重大选题攻关。出于对课题成果的质量考虑，我们保留了选题研讨、开题论证和提纲细化等前期准备工作，课题组内部汇报研讨的中期审核机制，以及后期的外部专家评审环节。感谢课题组每位成员的努力和付出！

“人民币国际化丛书”之《不断深化的地缘经济风险》由中国人民大学国际货币研究所组织撰写，是以中国人民大学、南开大学两校国际金融团队为主体，邀请国际金融学者和硕博研究生共同完成的年度课题成果。除高校一线教师外，众多研究生、本科生参与了数据采集、信息处理等基础性工作。特别感谢国际货币研究所学术委员会前主任委员、《人民币国际化报告》前任主编、南开大学校长陈雨露教授对本书选题、写作、评审、修改等各个环节给予的学术指导。感谢中国人民银行总行、发展改革委、商务部、中国银行、上海清算所、中国社会科学院、中国国际贸易促进委员会研究院等机构在数据获取、市场调研、政策信息核对以及书稿撰写等多方面给予的全面支持。王信、丁志杰、马贱阳、穆长春、曹莉、曲凤杰、陈卫东、鄂志寰、姚枝仲、赵萍等各界专家及其研究团队对本书的修改完善提出了中肯的意见和建议；南开大学金融学院范小云院长和中国人民大学财政金融学院庄毓敏院长、张杰教授、马勇教授也多次参加课题组研讨，为提升内容质量贡献良多；对此，我们表示由衷的感谢！

王芳、钱宗鑫、王博负责对本书全文进行统纂。

各章作者如下：

导论：王芳

第一章：钱宗鑫、郭一鸣、马坭亚、张奇乐

第二章：王道平、王业东、沈欣燕

第三章：李力、夏天

第四章：谭小芬、王欣康、杨雅涵、刘子雨

第五章：芦东、俄美合、谢宏杰、林雨桐、张瑞洁

第六章：王博、陈天鑫、鄢若兰、李佳祺

第七章：王晨曦、王景业、夏泽龙、张天宇、曹育玮

第八章：陆利平、关师育、段紫霞、杨翔宇、张祖贤、赵雪情

附录 1：陆利平、王芳

附录 2：王芳

特别感谢重阳投资教育基金对人民币国际化课题组和国际货币研究所的长期资助！感谢国际货币研究所行政团队的组织保障！感谢中国人民大学中国财政金融政策研究中心和中国人民大学出版社的出版支持！感谢编辑同志的辛苦工作！

中国人民大学国际货币研究所

2025 年 7 月

“IMI·大金融书系”目录

1.《欧元的故事——一个新全球货币的激荡岁月》

［英］戴维·马什 著，向松祚 宋姗姗 译；

出版时间：2011 年 5 月第一版第 1 次印刷

出 版 社：机械工业出版社

2.《财政危机下的金融困局与突破：国际金融形势评论 2013》

曹彤 编著

出版时间：2013 年 5 月第一版第 1 次印刷

出 版 社：机械工业出版社

3.《后金融危机时代全球货币治理的坚守与革新：国际金融形势评论 2014》

曹彤 编著

出版时间：2014 年 5 月第一版第 1 次印刷

出 版 社：机械工业出版社

4.《人民币国际化报告 2012》

中国人民大学国际货币研究所

出版时间：2012 年 9 月第一版第 1 次印刷

出 版 社：中国人民大学出版社

5.《人民币国际化报告 2013：世界贸易格局变迁与人民币国际化》

中国人民大学国际货币研究所

出版时间：2013 年 11 月第一版第 1 次印刷

出 版 社：中国人民大学出版社

6.《人民币国际化报告 2014：人民币离岸市场建设与发展》

中国人民大学国际货币研究所

出版时间：2014 年 7 月第一版第 1 次印刷

出 版 社：中国人民大学出版社

7.《人民币国际化报告 2015："一带一路"建设中的货币战略》

中国人民大学国际货币研究所

出版时间：2015 年 7 月第一版第 1 次印刷

出 版 社：中国人民大学出版社

8.《人民币国际化报告 2016：货币国际化与宏观金融风险管理》

中国人民大学国际货币研究所

出版时间：2016 年 10 月第一版第 1 次印刷

出 版 社：中国人民大学出版社

9.《人民币国际化报告 2017：强化人民币金融交易功能》

中国人民大学国际货币研究所

出版时间：2017 年 7 月第一版第 1 次印刷

出 版 社：中国人民大学出版社

10.《人民币国际化报告 2018：结构变迁中的宏观政策国际协调》

中国人民大学国际货币研究所

出版时间：2018 年 7 月第一版第 1 次印刷

出 版 社：中国人民大学出版社

11.《人民币国际化报告 2019：高质量发展与高水平金融开放》

中国人民大学国际货币研究所

出版时间：2019 年 7 月第一版第 1 次印刷

出 版 社：中国人民大学出版社

12.《人民币国际化报告 2020：上海如何建设全球金融中心》

中国人民大学国际货币研究所

出版时间：2020 年 7 月第一版第 1 次印刷

出 版 社：中国人民大学出版社

13.《人民币国际化报告 2021：双循环新发展格局下的人民币国际化》

中国人民大学国际货币研究所

出版时间：2021 年 7 月第一版第 1 次印刷

出 版 社：中国人民大学出版社

14.《人民币国际化报告 2022：低碳发展的机遇与挑战》

中国人民大学国际货币研究所

出版时间：2022 年 7 月第一版第 1 次印刷

出 版 社：中国人民大学出版社

15.《人民币国际化报告 2023：更广泛多层次经贸合作》

中国人民大学国际货币研究所

出版时间：2023 年 7 月第一版第 1 次印刷

出 版 社：中国人民大学出版社

16.《人民币国际化报告 2024：可持续全球供应链体系与国际货币金融变革》

中国人民大学国际货币研究所

出版时间：2024 年 7 月第一版第 1 次印刷

出 版 社：中国人民大学出版社

17.《*The Internationalization of the Renminbi*：*2012 Annual Report*》

International Monetary Institute，Renmin University of China

出版时间：2012 年 12 月第一版第 1 次印刷

出 版 社：中国人民大学出版社

18.《*Internationalization of the RMB*：*2013 Annual Report*》

International Monetary Institute，Renmin University of China

出版时间：2014 年 4 月第一版第 1 次印刷

出 版 社：Enrich Professional Publishing，Inc

19.《人民币国际化报告 2012》(日文版)

中国人民大学国际货币研究所

出版时间：2014 年 2 月第一版第 1 次印刷

出 版 社：科学出版社东京株式会社

20.《人民币国际化报告 2015》(俄文版)

中国人民大学国际货币研究所

出版时间：2017 年 11 月第一版第 1 次印刷

出 版 社：机遇国际出版公司

21.《*RMB Internationalization in 2023*》

Wang Fang, Qian Zongxin

出版时间：2014 年 4 月第一版第 1 次印刷

出 版 社：Palgrave macmillan Publishing, Inc

22.《大国货币 I 政治篇》

涂永红、戴稳胜 著

出版时间：2014 年 7 月第一版第 1 次印刷

出 版 社：科学出版社

23.《大国货币 II 军事篇》

戴稳胜、涂永红 著

出版时间：2014 年 7 月第一版第 1 次印刷

出 版 社：科学出版社

24.《大国货币 III 文化篇》

涂永红 著

出版时间：2014 年 7 月第一版第 1 次印刷

出 版 社：科学出版社

25.《欧洲的未来》

[英] 大卫·马什 等著，许钊颖 译

出版时间：2014 年 7 月第一版第 1 次印刷

出 版 社：中国经济出版社

26.《布雷顿森林体系 70 年：国际货币体系重构与人民币国际化——2014 国际货币论坛会议文集》

中国人民大学国际货币研究所

出版时间：2015 年 3 月第一版第 1 次印刷

出 版 社：中国金融出版社

27.《负利率效应下的中国经济》

伍聪 著

出版时间：2015 年 6 月第一版第 1 次印刷

出 版 社：中国人民大学出版社

28.《人民币作为计价货币：理论与政策分析》

涂永红 著

出版时间：2015 年 9 月第一版第 1 次印刷

出 版 社：中国金融出版社

29.《“新特里芬难题”与人民币国际化战略》

王芳 著

出版时间：2015 年 10 月第一版第 1 次印刷

出 版 社：中国人民大学出版社

30.《全球货币政策的分化与协调——供需再平衡：国际金融形势评论 2015》

曹彤 编著

出版时间：2015 年 11 月第一版第 1 次印刷

出 版 社：机械工业出版社

31.《2015 中资银行国际化报告》

贲圣林 俞洁芳 顾月 吕佳敏等著

出版时间：2015 年 12 月第一版第 1 次印刷

出 版 社：中国金融出版社

32.《新秩序——美联储货币互换网络重塑国际货币体系》

徐以升著

出版时间：2016 年 4 月第一版第 1 次印刷

出 版 社：中国经济出版社

33.《“一带一路”战略与人民币国际化——2015 国际货币论坛会议文集》

中国人民大学国际货币研究所 编

出版时间：2016 年 8 月第一版第 1 次印刷

出 版 社：中国金融出版社

34.《2016 中资银行国际化报告》

贲圣林 俞洁芳 顾月 吕佳敏等著

出版时间：2016 年 12 月第一版第 1 次印刷

出 版 社：中国金融出版社

35.《新常态下北京金融可持续发展研究》

涂永红、赵雪情著

出版时间：2016 年 12 月第一版第 1 次印刷

出 版 社：中国金融出版社

36.《资产价格、产出波动与货币政策》

闫先东、朱迪星著

出版时间：2016 年 12 月第一版第 1 次印刷

出 版 社：中国财政经济出版社

37.《黄达传略》

宋科 编著

出版时间：2017 年 3 月第一版

出 版 社：中国人民大学出版社

38.《守住底线——全球金融安全网及中国作为》

曲双石著

出版时间：2018 年 6 月第一版第 1 次印刷

出 版 社：机械工业出版社

39. 《大金融思想沙龙》（第一辑）

中国人民大学国际货币研究所

出版时间：2018 年 7 月第一版第 1 次印刷

出 版 社：中国经济出版社

40. 《大金融思想沙龙》（第二辑）

中国人民大学国际货币研究所

出版时间：2019 年 7 月第一版第 1 次印刷

出 版 社：中国经济出版社

41. 《大金融思想沙龙》（第三辑）

中国人民大学国际货币研究所

出版时间：2021 年 8 月第一版第 1 次印刷

出 版 社：中国经济出版社

42. 《货币政策学习百问》

中国人民大学国际货币研究所

出版时间：2024 年 7 月第一版第 1 次印刷

出 版 社：人民出版社

IMI 财经观察，
只分享最有价值的财经观点！

围绕大金融理念，
专注传播优秀学术成果！

图书在版编目（CIP）数据

不断深化的地缘经济风险 / 王芳等著. -- 北京：中国人民大学出版社，2025.7. -- ISBN 978-7-300-34247-4

Ⅰ. F123

中国国家版本馆 CIP 数据核字第 2025UP4695 号

不断深化的地缘经济风险

王　芳　钱宗鑫　王　博　等　著

Buduan Shenhua de Diyuan Jingji Fengxian

出版发行	中国人民大学出版社		
社　　址	北京中关村大街 31 号	**邮政编码**	100080
电　　话	010-62511242（总编室）		010-62511770（质管部）
	010-82501766（邮购部）		010-62514148（门市部）
	010-62511173（发行公司）		010-62515275（盗版举报）
网　　址	http://www.crup.com.cn		
经　　销	新华书店		
印　　刷	固安县铭成印刷有限公司		
开　　本	720 mm×1000 mm　1/16	**版　　次**	2025 年 7 月第 1 版
印　　张	24.25 插页 1	**印　　次**	2025 年 9 月第 2 次印刷
字　　数	320 000	**定　　价**	89.00 元